Von jenem Sinn in den Undingen

Thomas Klinger

Von jenem Sinn in den Undingen

Kommentare zu
mir, dir, uns und dem ganzen Kósmos

Mensaion Verlag

Das Umschlagbild wurde mit künstlicher Intelligenz am 07. Mai 2023 erzeugt. Dabei wurde die folgende erste Strophe eines Gedichtes des Autors in die Eingabeaufforderung kopiert und nach wenigen Sekunden ein paar Bilder erzeugt, von denen das Umschlagbild als das Ansprechendste erschien. Der Eingabetext lautete:

Finde die Ordnung im Chaos der Zeit,
heile das Kranke im Geist-Fleisch der Welten,
entbinde dich selbst von gefangenem Leid,
lindere den Schmerz manch gefallener Helden –
groß und weit sind noch Wege zu gehen,
sei wohl bereit den Sinn zu verstehen.
(Thomas Klinger, 2019/2020)

Originalausgabe – im Mensaion Verlag
© 2024 by Thomas Klinger
ISBN-978-3-68918-002-7 (Hardcover)
ISBN-978-3-68918-003-4 (Softcover)
ISBN-978-3-68918-004-1 (E-Book)
Satz: LaTeX , ebgaramond and TeX4ebook, stix2
Herstellung: tredition
Gedruckt in Deutschland
Umschlaggestaltung: © by Mensaion Verlag
https://www.mensaion.de/
Umschlagbild: KI erzeugte Bilder sind frei von Copyright[1]
Besuchen Sie uns im Internet

Jeder tut, was er kann.
Und jeder kann, was ihm wurde.

Jeder *ist*, was er wurde –
durch das *Sein* und nicht durch sich.

Niemand hat sich selbst geschaffen.
Jeder ist ein Sinn des Seins.

Die Bewegung der Zeit wird Undinge zeigen,
den Streit und den Kampf und den Krieg,
den Irrtum, das Kalte, das eitle Verneigen
vor Unsinn, vor Größe, dem Dieb. –
Weil viele noch nicht den Sinn erkennen,
den Frieden, die Liebe, die blieb,
und daher noch in jenen Welten verkennen,
wie nie sich die Wahrheit vermied.

Inhaltsverzeichnis

Das Buch kann als Ergänzung des Buches *Von den Dingen und dem Sinn. Kommentare zu Leben, Mensch, Natur und Klima*, Mensaion Verlag, 2023, gesehen werden, stellt aber keine eigentliche Fortsetzung oder Teil einer Serie dar, sondern ist einfach durch ein anderes Zeitfenster hindurch entstanden und nimmt sich derselben Form der kurzen bis mittleren Kommentare an, die aus dem Augenblick heraus entstanden sind und nicht durch die Vorgabe einer geistigen Struktur oder bestimmten Thematik, der es sich serienartig widmen wollte. Dem ist nicht so.

Der erste Kommentar dieser Ausgabe wurde am 06. Mai 2023 verfasst und der letzte am 29. Dezember 2023. Erkenntnis aus dem Augenblick, durch die Begegnung mit Menschen, der Welt und den Medien, die auch im eben genannten Band führend waren, stellt den Gehalt des Buches dar. Erkenntnis ist nicht beliebig und nicht willkürlich. Und sie ist nicht Privatsache, denn sie verlangt Austausch, Durchdringung, Verstehen und Bewältigung. Also auch Erfahrung.

Die beiden Bücher können gemeinsam betrachtet werden und knüpfen in einem menschlichen und chronologischen Sinne aneinander an. Der gesellschaftliche Zusammenhang ist stets gegeben, doch auf genaue Datumsangaben wurde wiederum verzichtet. Seine Inspiration bezieht dieses, wie das erste Buch, aus einem aufmerksamen und wachen Interesse für die menschlichen Belange und der Suche des Menschen nach Glück, Frieden, Wahrheit und Erkenntnis. Wer sich darauf einlässt und dabei bleibt, wird merklichen Nutzen daraus ziehen. Denn die wache Anteilnahme an den aufrichtigen Äußerungen von Kunst, Gedanke, Wort und Werk eines anderen, wird seine Spuren und Eindrücke hinterlassen. Das heißt, der aufmerksame Mensch kommt so mehr und mehr auf seinen eigenen Weg der Orientierung und Befriedung seiner geistig-seelischen Bedürfnisse.

Es geht in diesen beiden Büchern also weniger um Theorien über die Wahrnehmungen und Beobachtungen, Erfahrungen und Eindrücke des Lebens, der Menschen und der Welt. Die beiden Bücher stellen mehr den Ausdruck einer gegenwärtigen Erkenntnisfindung dar, die ihre eigene, aber nicht eigentümliche, Weise des Erkennens bereits gefunden hat, die sich stetig zu entfalten scheint und mit anderen in Austausch treten möchte. Das Bedürfnis nach aufrichtiger Kommunikation ist daher bei diesem gewählten Thema der Erkenntnis der beiden Bücher führend, zum Einen für das Erstellen der einzelnen Texte darin, zum anderen für die Möglichkeit in der weiten, anonymen Welt Menschen anzusprechen, die dieses Bedürfnis ebenso besitzen und daher auf der Suche nach Austausch und Ansprache sind. Denn die Existenz von Großgesellschaften mit ihren Millionenstädten, macht diesen Weg nicht nur für das persönliche Seelenheil interessant, sondern auch für die daraus folgende erfolgreiche Strahlkraft zur Anregung aufrichtiger Kommunikation und einem vertrauensvollen Dialog von Mensch zu Mensch, in dieser weit verstreuten modernen und immer globaler werdenden Welt unserer Menschheitsfamilie.

Es ist auch ein wenig die grundlegende Einsamkeit des irdischen Menschen, der sich getrennt und zuweilen unverstanden empfindet, dem das Angebot des Buches zur Befriedung des Bedürfnisses nach Orientierung gut tun könnte. Und daher intendieren die beiden Werke, durch Erkenntnisfindung, dem Ziel einer friedlichen Gesellschaft und Welt immer näher zu kommen.

Die Menschheitsentwicklung verläuft nicht geradlinig, sie meandert vielmehr, zeigt scheinbare Rückschritte, steht gegenwärtig vor einem bedrohlichen Abgrund, scheint sich aber dennoch in eine Richtung zu bewegen, die merklich eine Weiterentwicklung zu mehr Menschlichkeit zu zeigen scheint. Dies soll kein Glaubenssatz sein oder werden. Denn der hier angebotene Austausch arbeitet daran, dass wir alle in die Lage kommen, von unseren Irrtümern freier und freier zu werden, um damit einer fortschreitenden Entwicklung gerecht werden zu können, die uns Menschen seit Jahrtausenden, wenn nicht gar schon seit Jahrzehntausenden oder länger, erfasst hat und etwas ganz Eigenes zu entfalten scheint.

Daher ist Erkenntnis nötig, und der Glaube daran, ist ein Anfang, indem sie stetig geprüft und wieder geprüft werden möchte. Denn Erkenntnis ist keine Fahne für die zu kämpfen wäre, keine Phrase, die vor sich hin gestellt werden wollte, kein Mantra, das zu wiederholen wäre, um ein Ziel zu erreichen. Es ist der Augenblick des Erkennens die wesentliche Essenz, die sich von selbst anbietet. Das Buch lädt ein, sie bei sich selbst verständig zu gewahren.

Thomas Klinger, Januar 2024

1
Wo sie herkommen

Wir müssen wirklich darüber sprechen und es nicht auf sich beruhen lassen. Denn manche Menschen neigen dazu, in einer Haltung der voreingenommenen Unwissenheit eine Attitüde an den Tag zu legen, die sich wirklich nicht mit den gegenwärtigen, demokratischen Gepflogenheiten verträgt. Sie gehen fraglos davon aus, sie hätten ein alleiniges Recht auf das, was sie für ihr Recht halten. Aber sie haben gar nicht Recht. Und selbst dann nicht, wenn sie durch die Wahl von unlauteren Mitteln sich dazu veranlasst sehen einen psychischen Terror auszuüben. Gerade dann nicht.

Als human denkender Mensch mit Aufklärung, sehen solche Leute aus, wie die tobenden Herrschenden vor 2-tausend Jahren. Wenn sie nicht bekommen, was sie wollen, werden sie ausfallend, ohne darauf zu achten, ob sie auch wirklich ein besseres Recht hätten als andere. Ihnen entgeht das soziale Denken, das sie noch nicht entwickelt haben. Zum Vorwurf kann man es ihnen wirklich nicht machen, sie sind die Nachgeborenen von Gestern, die man eigentlich schon für überwunden glaubte. Aber die Evolution sieht es anders. Sie gebiert munter die Gestrigen heute wieder in die Welt hinein.

Und wie gesagt: Eigentlich darf man sie nicht bedauern, nicht nur, weil sie gefährlich werden können, sondern auch, weil sie von der Evolution noch so gewollt werden.

Die Evolution ist halt ein träges Gewächs, das lange braucht, bis sich was Menschliches entwickelt, an dem man lange Freude haben kann. Aber gerade daher braucht man sich auch nicht bei Gott oder der Evolution zu beschweren, man muss es nur wahrnehmen und erkennen, dass man nicht in die Fänge dieser Leute gerät oder ihnen auf den Leim geht.

2
Krönung

Ich musste noch duschen und den Hund Gassi führen. So ging ich mitten in der Zeremonie von dannen, und meiner Frau war das gerade nicht so recht. Als ich nach vierzig Minuten zurück war, die Kot-Tüte des Hundes in unsere Hausmülltonne geworfen hatte, betrat ich wieder die Wohnung, nahm den Hund von der Leine, der sich zufrieden an einen seiner Lieblingsplätze legte und bereitete gleich darauf meiner Frau und mir einen Kaffee. Wir saßen dann noch bis zum Ende der Übertragung am Fernseher und schauten und hörten und sprachen, denn schließlich ist das heutzutage doch noch etwas, das seltener geschieht als eine Weltmeisterschaft oder die Olympischen Spiele.

Ich kann nun an dieser Stelle nicht erschöpfend dieses Ereignis reflektieren, aber ein paar Dinge, die sich gerade anbieten, festhalten.

Die Macht der Zeit und Geschichte ist eine Angelegenheit, die mehr ist als lediglich befürwortet oder abgelehnt zu werden. Die Zeit zeigt ein Werden, das in uns eingewoben ist und uns alle innig erfasst und bewegt. Wir können nicht auf dem Standpunkt stehen bleiben, wir hätten die Vergangenheit blind und hörig in die Zukunft fortzusetzen; genau so wenig, wie wir die Zukunft gestalten können, in dem wir glauben einen harten oder weichen Schnitt mit der Vergangenheit vornehmen zu können oder zu müssen, um die Welt besser zu machen.

Da wir das Letztere wohl alle erreichen wollen, je nach dem, was wir darunter verstehen, sind wir dennoch nicht alle mit denselben Aussichten erfüllt: Die einen wollen mit der Vergangenheit brechen und die anderen sie lieber fortsetzen. Es gibt aber einen Weg dazwischen, der aber meist unserem vorschnell denkenden und urteilenden Geist entgeht.

Denn es geht mehr um das achtsame Streben und Leben in der Gegenwart, das den Mut besitzt der Wahrheit des Augenblicks ins Antlitz zu schauen. Hier warten wohl Leben und Tod gleichsam, hier warten Frieden und Freiheit und der Schmerz der Läuterung unserer Unvollkommenheiten zugleich auf uns. Und dies hat sehr wohl etwas mit der Krönung zu tun.

Wie viel Menschsein bedürfen wir, um glücklich zu werden und zu sein? Welche Wahrheiten suchen wir noch, um befreit im Leben zu gehen? Wie viel Kraft und Stärke bedürfen wir selbst, um uns zunehmend tiefer ins Angesicht schauen zu können?

Es ist leicht (und ein wenig feige) lediglich die äußere Welt als Gegenstand der geistigen Beschäftigung zu wählen. Es ist schon etwas schwieriger die eigene Innerlichkeit authentisch auszuloten und dabei stetig den tiefen Sehnsüchten des Menschen treu zu bleiben, die vom Höchsten träumen und doch oft noch sehr nieder agieren. Ich rede entschieden nicht moralisch und daher nicht vereinnehmbar.

Die ethische Kraft der Gegenwart liegt dagegen in der Empfindsamkeit gegenüber den Wahrheiten der Zeit, die uns ihrerseits auch täuschen kann, weil wir zu gerne das glauben, dem vertrauen und das ehren, was uns ein kurzfristiges Wohlgefühl vermittelt. Die Langfristigkeit des Menschen hier auf dieser Erde gestaltet sich aber nicht, indem wir die Zeit ablehnen und nicht, indem wir die vergangene in die zukünftige Zeit lediglich fortsetzen wollen. Es scheint, dass stets nur die Wahrheit der Gegenwart, gepaart mit unserer Kraft der Achtsamkeit, uns ein gutes, schönes und wahres Leben in Frieden und so etwas, wie Freiheit ermöglichen.

Wir haben mehr zu tun, als lediglich zu jubeln oder zu schimpfen. Wir haben wesentlicheren Sinn zu entdecken, als lediglich die Zeit auszufüllen und zu vertreiben mit dem Engagement unserer Vorlieben oder Abneigungen. Wir müssen die vielfältigen Tiefen der Zeit zur Entfaltung kommen lassen, indem wir nicht allzu vereinnahmt oder verhasst reagieren auf die sich bewegenden und entwickelnden Formen der Zeit. Dann hätten wir eine größere Chance nicht ein für alle Mal aus der Zeit zu fallen. Was sich uns allen androht, wenn wir an den Klimawandel denken.

3

KI-BILDER – ERSTER VERSUCH

Eine neue Version meines Internet-Browsers informierte mich, dass nun verschiedene KI-Funktionen verfügbar seien. Ich wählte die Bildererzeugungsvariante. Und gab folgendes Gedicht ein, das ich an diesem Morgen geschrieben hatte. Ich war gut gelaunt und heiter, der Tag begann schön und angenehm. Ich gab also den folgenden Vierzeiler in den Browser-Bereich der KI-Bilderzeugung ein:

> *Wer jeden Tag beginnt und nicht die Nacht erschaut,*
> *wie sie uns ewig zeugt von jenem tiefen Sinn*
> *der Liebe, die stets still uns auch in Leiden traut,*
> *wird kennen noch nicht ihres Tages Feingewinn.*

Was ich erhielt, waren vier Bilder mit dunkel gehaltenem Sonnenaufgang, wobei es noch eher Nacht zu sein schien als Tag, wegen des vielen Schwarz der Bilder, das sich in jedem Bild von den vier Seiten außen nach innen bewegte und sich innen in einem gleißenden Sonnenaufgang, ohne Rot, ohne Gelb oder Orange, auflöste. Die Bilder hatten etwas Düsteres und ich kann nicht behaupten, dass ich entzückt gewesen wäre. Da ich selbst schon Programmiererfahrung gemacht hatte, hätte mich interessiert wie das programmiert wird, sodass, ratzfatz, innerhalb von Sekunden, diese vier Bilder erzeugt werden, die den Anschein eines düsteren Weltbildes hatten oder zumindest eine Interpretation der Worte dieses Kurzgedichtes zeigten, das zu sehr die Nacht als Nacht interpretierte und nicht den „Feingewinn" des „Tages der Liebe" in den Blick nahm, der alles andere als düster ist und so auch nicht von mir empfunden war beim Schreiben des Gedichtes.

Der erste Versuch war zwar nicht enttäuschend, aber nicht so, dass ich begeistert gewesen wäre von dieser KI. Und dass ich nun auf den Standpunkt einschwingen sollte, meine Gedichte so zu schreiben, dass mit der KI etwas Ansprechenderes herauskommen könnte, das mir mehr Begeisterung ermöglichen würde, widerstrebt mir zutiefst. Die KI-Transformation von Worten und Bildersprache in anschauliche Bilder sollte uns nicht verleiten die eigenen Worte der Seele und Intuition nicht mehr zu Gehör zu bringen und stattdessen sie anzugleichen an das eigene Wohlgefallen über das Ergebnis der KI. Wer so vorgehen sollte, verleugnete sein Inneres und machte sich zum Affen der Programmierung.

Ich las das Gedicht meiner Frau vor und zeigte ihr daraufhin die vier Bilder der KI aus dem Browser. Sie meinte, die Bilder seien schön (es ging ihr ein freudiges „Ohh" über die Lippen), aber sie seien dunkel gehalten. Und bei einem Bild, dass einen Blick in die Weite des nächtlich-morgendlichen Ausblicks eines in der Ferne waltenden Sonnenaufgangs zeigte, bei dem eine schwarze, sitzende, menschlich-männliche Jugendgestalt auf einem Fels in großer Höhe saß und den Kopf etwas nachdenklich gesenkt zeigte, sagte sie: „Ja, genau, spring doch." Und ich: „Warum?" Und sie: „So düster scheint dein Gedicht die KI zu verführen, ein Bild zu gestalten, dass man vom Fels aus großer Höhe springen müsste." Ich widersprach ihr natürlich: „Da hätte die KI den Sinn der Liebe im Übergang von Nacht und Tag noch nicht verstanden, denn aus der Nacht der Ewigkeit stammt sie und ergießt sich in den irdischen Tag des Menschen. Das ist überhaupt nichts Suizidales, sondern das Gegenteil, größte Demut und Freude über die Verbindung von Ewigkeit und Endlichkeit." Sie wusste von was ich sprach und ließ es wortlos stehen.

Ich ging nach unten und bereitete uns einen Kaffee zu.

An das Göttliche und Erhabene kommt keine KI jemals heran, auch nicht durch noch so viele Billiarden Lernerfahrungen durch die digitale Menschheit. Sie wird dem Menschen immer einen oder zwei Schritte hinter her laufen und keine Ahnung haben von der wortlosen Liebe in der Stille der Nacht, die unsere Tage erleuchtet. Solange der Mensch sich nicht von der KI die Schönheit vorschreiben lässt und in sich den gesunden Kompass der Intuition bewahrt, wird die KI nur ein Diener sein (müssen).

4

KI-Bilder – Zweiter Versuch

Jeder bekommt eine zweite Chance. Ich nahm also die folgende, erste Strophe eines Gedichtes von mir, das ich bereits vor ein paar Jahren geschrieben hatte und fütterte die Eingabeaufforderung der KI-Bilderzeugung in meinem aktualisierten Browser:

> *Finde die Ordnung im Chaos der Zeit,*
> *heile das Kranke im Geist-Fleisch der Welten,*
> *entbinde dich selbst von gefangenem Leid,*
> *lindere den Schmerz manch gefallener Helden –*
> *groß und weit sind noch Wege zu gehen,*
> *sei wohl bereit den Sinn zu verstehen.*

Es wurden zunächst keine Bilder erzeugt, sondern die Rückgabe erschien, dass „diese Eingabeaufforderung überprüft" werden müsse, ob sie nicht den „Inhaltsrichtlinien widerspricht". Es wurde die Möglichkeit genannt, „zu versuchen den Inhalt" auch „bearbeiten" zu können. Da dies nicht in Frage kam, wartete ich also auf die angekündigte Antwort, sowie die produzierten Bilder aus diesen menschlichen Worten. Und die Frage erschien grundsätzlich, ob aus solcher dichterischen Beschreibung überhaupt mindestens ein passendes Bild produziert werden könne. Ich war gespannt. Es war anzunehmen, dass in diesem Falle wohl Menschen sich die „Eingabeaufforderung" anschauen würden, um zu entscheiden, ob es um wahrscheinlich „sexistischen, rassistischen, menschenfeindlichen" oder sonst irgendeinen Zusammenhang handelte, der den „Inhaltsrichtlinien" widerspräche. Es war Sonntag, sodass ich erst am nächsten Tag mit Antwort und den Bildern rechnete.

Doch nach einer dreiviertel Stunde waren wiederum vier Bilder produziert worden, die alle in derselben Weise verschieden voneinander waren. Nur eines davon erschien mir annehmbar, es hatte als einziges keinen Text, der über das Bild gelegt wurde. Die anderen waren mit allerlei unverständlichem Text durchzogen und suchten wohl das Bild zu ergänzen. Es erschloss sich mir nicht, warum, wie beim ersten Versuch, auch hier Text über das Bild gelegt wurde, der nichts mit der „Eingabeaufforderung" zu tun hatte, also auch offenbar nichts mit der Gedichtstrophe.

Nun gut, die KI hatte mit einer Chance von 1:4 einen gewissen, annehmbaren Treffer gelandet, wobei das Saphir-grau-braun im Bild dominierte. Also auch wiederum etwas düster und farblos, aber dafür mit einem hellen Ausblick nach vorne, wie in einen lichten Zeittunnel hinein, auf den eine stattliche Menschenfigur, männlich, mit offenen Armen zuging. Aber: wie originell ist solche KI eigentlich? Wird sie sich, im Angesicht von zig Millionen und bald Milliarden Nutzern, nicht auch einmal wiederholen und am Ende gewisse Lieblingsbilder haben, die sie anbieten wird? Wie wir Menschen auch, die dazu neigen ihre Lieblingsgedanken immer wieder bei passender und unpassender Gelegenheit zum Besten zu geben?

Ich denke, die KI darf uns nicht die eigene, schöpferische Kreativität abnehmen. Wenn wir schreiben wollen, müssen wir schreiben lernen und viel üben. Die KI sollte nur unterstützendes Hilfsmittel sein, wie ein gutes Wörterbuch. Wenn wir zeichnen und malen wollen, müssen wir zeichnen und malen lernen und viel üben. Die KI sollte uns noch nicht einmal die Arbeit abnehmen Vorschläge für unsere Ideen zu sein. Wir müssen darauf achten, Original und Wirklichkeit zu kontaktieren und nicht an der Nachahmung und Simulation hängen bleiben. Und es geht noch nicht einmal darum Originalität zu verlieren; wir müssen uns bemühen originell zu werden und zu sein, indem wir unser je Eigenes finden, das nicht aus einer Imitation der digitalen KI stammt, sondern aus unseren tiefsten, inneren Sehnsüchten, Träumen, Vorstellungen, Erkenntnissen, Wahrnehmungen und Ethik für eine bessere Welt.

Wir müssen das Original bleiben; wer sich auf das Kopieren von KI-Produkten und dem Ideensammeln aus der KI-Welt verlässt, wird verlassen sein, weil er seinem inneren, seelischen Kern nicht teilhaftig werden könnte und ihn nicht zur Entfaltung würde kommen lassen können. Dies ist aber wesentlich. Weil es unser Wesen ist, wir selbst zu sein und zu werden und nicht eine Kopie, Imitation oder Simulation als Resultat einer sehr großen Datenmenge. Die Wirklichkeit ist nämlich keine Datenmenge, nein, sie ist auch keine Computersimulation, aus der wir aussteigen müssten.

Die Wirklichkeit ist unser zutiefst inniges Bedürfnis nach Liebe, Vertrauen, Verstehen, Wahrheit, Weisheit und Erkenntnis. Und dies ist nur in der Gegenwart, augenblicklich, zu erfahren. Eine Datenmenge, die mit Algorithmen ein Produkt, wie ein Bild, herstellt, beruft sich immer nur auf eine bereits vorhandene Datenmenge. Wenn wir uns darauf stützen sollten – zukünftig –, werden wir an unserer eigenen Vergangenheit sterben, weil wir die augenblickliche Gegenwart der Liebe, des Vertrauens, des Verstehens, der Wahrheit, Weisheit und Erkenntnis ignoriert haben werden. Und damit würde uns das Leben ignorieren und aus dem Strom der Evolution ausstoßen.

5

BERUFSAUSÜBUNG

Viele Menschen glauben, dass mit der Ausübung ihres Berufes bereits aller Sinn für ihr Leben gegeben sei. Aber das ist ein Irrtum. Es ist nämlich der Beruf lediglich ein Zweck, der dazu dient den Lebensunterhalt zu verdienen und stellt nicht schon die Erfüllung eines tiefen Sinnes des Lebens des Menschen dar. Gerade in einer arbeitsteilig gewordenen Welt der Komplexität und Differenzierung, ja, der Zersplitterung in Spezialdisziplinen, die sich vom eigentlichen Sinn entfernt zu haben scheinen.

Wo aber der Zweck überbetont wird, wie schon immer in der Vergangenheit des Menschen, der um sein Überleben ringt, wird der Sinn vernachlässigt oder ignoriert. Und da die derzeitige 40 Stundenwoche oder mehr den Menschen für diesen Zweck zu sehr in Anspruch nimmt, bleibt ihm zu wenig bis gar keine Zeit um sich um einen erfüllenden, friedlichen und tragfähigen Sinn zu bemühen.

Der Sinn des Lebens liegt auch nicht für jeden in einer anderen Tätigkeit, denn der Sinn des Lebens ist nicht fragmentierbar, sondern ganz und heil und ist ein jedem gleich. Und er muss es sein, er muss ganz und heil sein und für jeden offen stehen.

Er kann also nur in der Liebe an sich liegen und nicht in einem bestimmten Beruf, weder in einem handwerklichen, noch in einem technischen, noch in einem wissenschaftlichen, noch in einem gesellschaftlich engagierten oder künstlerischem Beruf. Die Liebe aber lernt der Mensch nicht in der Schule, nicht im Ausbildungsbetrieb und auch gerade nicht auf der Hochschule. Diese bieten nur die Chance Zwecke zu verwirklichen und reichen nicht zur Bedeutung der Liebe hin, die nicht allein von Zeit getränkt ist. Aber das ist, was dort geschieht, es wird Zeit in Anspruch genommen und Objekte der Zeit vermittelt durch Objektive der Zeit. Damit bleibt alles in der Zeit. Und nur in der Zeit.

Liebe aber ist beides, sie ist Zeit und Zeitlosigkeit zugleich. Die Liebe lernt der Mensch daher nicht mit geistigen, nur objektiven Anstrengungen und nicht durch die Forcierung seines Willens. Wer die Liebe lernen will und damit vom Sinn des Lebens, der muss sie zu leben suchen, innerlich und subjektiv, intuitiv und gnadebewusst, der muss offen für sie sein, die sich aber nicht so leicht anbietet, wie eine plakative Stellenanzeige für einen Arbeitsuchenden. Wer sein Augenmerk lediglich auf dem Beruf gerichtet sein lässt, wird an der Liebe vorbei leben und damit am Sinn des Lebens.

Dies gilt auch für diejenigen, die meinen, in der Berufsausübung bereits ihre Berufung gefunden zu haben und auch für jene, die mit großem Talent zu sehr viel Erfolg gelangt sind, zu Ansehen, Anerkennung, Geld und Macht. Die Berufung ist hier die Speerspitze der Täuschung über den Sinn des Lebens des Menschen, die ihm weiß macht, er müsse, weil er ein Spitzentalent besitzt und verfeinert oder eine Spitzenleistung ausübt und erbringt, sich nicht mehr um den Sinn des Lebens bemühen.

Es ist aber die Liebe (und nicht das große und seltene Talent, nicht die Spitzenleistung, nicht der Erfolg und nicht die Macht), die den Sinn des Lebens darstellt, weil doch die Liebe jedem offen steht, das große und seltene Talent aber nur den wenigsten.

Wenn wir also glauben würden, wir müssten nur wissen, was wir können, um zu wissen, was wir wollen müssten, um ein sinnvolles Leben führen zu können, ignorierten wir, dass in einer modernen Welt die Zersplitterung der Tätigkeitsfelder für die Berufswahl uns eigentlich nur die Zwecke anbietet, mit denen wir ein funktionsfähiges Teil der Gesellschaft werden können, um sie am Laufen zu halten. Aber dass die Gesellschaft friedlich und erfüllt verläuft und sich entwickelt, können wir *nicht* durch unsere handwerklichen, technischen, wissenschaftlichen, gesellschaftlichen oder künstlerischen Tätigkeiten und Erzeugnisse bewirken und garantieren. Wir müssen uns der Liebe widmen und uns von niemandem darüber belehren lassen, weil wir selbst sie erkunden und erfahren müssen, um zu begreifen, wo der Mensch sich befindet, welchen Täuschungen er noch aufsitzt und welchen Glanz er bereits verwirklicht hat.

Die Liebe ist dabei ihr eigener Lehrer, der durch den Menschen wirkt und in jedem und für jeden gleichberechtigt wartet. Wer sich daher von der Welt zu sehr ablenken lässt, indem er sich auf seinen Beruf verlässt oder an seine erfolgreiche Berufung glaubt, wird an der Welt vorbei gehen, wird neben der Welt stehen und sich neben der Welt, getrennt von ihr, empfinden – und daher am Sinn des Lebens vorbeigehen und immer wieder nur Unfrieden finden können. Und nicht den Frieden der Liebe selbst in jedem oder den meisten Augenblicken.

6

Schwache und Starke

Die Fragen der psychologischen Moderne kreisen auch um das Spannungsfeld zwischen denen, die zunächst schwach erscheinen und jenen des Gegenteils. Dabei ist die Frage wichtig, warum die Schwachen meinen schwach zu sein und woraus die Starken ihre Kraft beziehen. Dass es Unterschiede gibt ist zu beobachten, und dass jeder seine Irrtümer haben kann ist menschlich zu erfahren, nämlich an der eigenen Fehlbarkeit. Daher ist es einsichtig, dass bei Wahrnehmung der eigenen Irrtümer der Mensch in eine zunehmend bessere Lage kommen kann, besonders, wenn er den Schmerz aus der Erkenntnis des Falschen verarbeiten wird können. So wird der Schwache stärker werden und der Starke menschlicher; denn der Schwache wird sich selbst erkennen und daraus Kräfte erlangen, und der Starke wird in die Bescheidenheit finden und eine andere, ihn ergänzende Stärke entdecken, für die er zuvor noch blind erschien.

Nun gibt es aber auch fest stehende Unterschiede, die durch noch so viele Lernen und Selbsterkenntnis nicht wettgemacht werden können. So scheint es zumindest. Denn jeder ist, was er ist und wird werden, was er werden kann. Vorauseilend aber zu bestimmen, was werden kann und was nicht, scheint nicht statthaft zu sein, weil dieser Denkabbruch einer egoischen Eitelkeit ähnelt, die ihn selbst in eine Täuschung setzt über etwas, das er nicht wissen kann. Die Unterschiede sind immer nur jetzt vorhanden zu erkennen, wenn die Äußerlichkeit der Maßstab ist, sonst nicht.

Die Zukunft aber ist offen, und der Mensch sollte sie offen lassen, er würde sich von ihr ausschließen, wenn er sich verschließen würde und stetig immer nur glauben machte, er kennte die mögliche Zukunft und die augenblickliche Gegenwart. Selbst die Vergangenheit ist nicht vollständig erkennbar, wenn wir nicht in der Gegenwart in einer achtsamen Liebe verweilen, die alle Zeit umfängt und durchscheint.

Das Schwache und Starke ist also relativ und von den Perspektiven abhängig, die sie in Blick nehmen.

7

RAUCHEN

Das Staunen mancher Jugendlichen vor Zigaretten rauchenden Erwachsenen scheint daher zu kommen, dass der entweichende Rauch aus dem Munde der Süchtigen zuweilen der Faszination gegenüber einem rauchenden Vulkan gleich zu kommen scheint. Denn gerade dieser strahlt mit einer unerschütterlichen Ruhe die Gleichmut eines inneren Feuers aus, dem der Mensch sich kaum entziehen kann. So auch die Jugendlichen, die in dieser warmen Ruhe ihre Coolheit zum Ausdruck bringen wollen, was leider verbal ein Widerspruch ist. Denn beim Rauch aus der Ferne hört man nicht das Grollen und Beben des Vulkans, der todbringend alles zunächst verschlingt. Und der Rauch der Süchtigen, statistisch gesehen, den Lungenkrebs signifikant werden lässt.

Wohl sind es wie viel Prozent der Raucher die 60 Jahre rauchen und dann bei einem Autounfall oder in den Bergen oder an etwas anderem als einem Lungenproblem sterben? Mir scheint, Rauchen ist ein Suizid auf Raten und zeugt obendrein von der psychologischen Erkenntnis, dass der Raucher sich selbst benebelt und dies auch noch entspannend findet. Von Klarheit zeugt mir das nicht, auch nicht bei Helmut Schmidt. Denn der sah am Ende seines Lebens keine Lösung für die globalen Probleme, wie er auf eine solche Frage einmal öffentlich im Fernsehen kund gab. Aber vielleicht meinte er das nur politisch zu dieser Zeit.

No way to go, no hope to be, no wisdom in heart. Er hätte ja das Prinzip der Liebe nennen können. Wohl fehlt aber der Realpolitik weltweit davon das nötige Quäntchen. Oder der Glaube an dieses Prinzip der Liebe ist bereits von der Alltagsrealität derart aufgefressen, sodass es als hohler Zahn gesehen und empfunden wird, der zu sehr schmerzt. Dann sollten diese Gleichgültigen gegenüber der Liebe zum Zahnarzt gehen und sich den Zahn ziehen lassen. Oder sie sollten zum Psychologen gehen, um den Schmerz zu befreien. Mir scheint die Raucher aller Couleur tun sich damit noch schwer. Besonders auch, weil derzeit noch (2023) die Weisheitslehrer, die diesem Zahn auf die Wurzel zu fühlen tendieren, genauso diskriminiert zu werden scheinen und ignoriert, wie schon eh und je. Warum wohl konnte Jesus von Nazareth nur drei Jahre lehren? Und wurde dann hingerichtet und ermordet?

Nein, die Menschheit hat ein Problem mit der Liebe des Alltags, denn es ist mittlerweile so weit gekommen, das sie entweder 1. für selbstverständlich gehalten wird, 2. sie geleugnet wird, ignoriert und verdrängt, 3. sie durch Erpressung gefordert wird oder 4. die Leute, die darüber zu reden versuchen, mundtot gemacht werden oder so enden, wie Jesus von Nazareth.

Dass manche Menschen noch glauben, Rauchen würde ihnen Freiheit suggerieren, entstammt einer großen Täuschung über die Liebe, die auch mit Freiheit verbunden ist. Und eben nicht mit dem Akt der Vernebelung oder der suizidalen Selbstverletzung, wie das Rauchen sich psychologisch darstellt. Ein Psychologe oder eine Psychologin, der Raucher oder die Raucherin sein sollten, sollten sich gründlich überlegen, ob er oder sie in diesem Job überhaupt richtig aufgehoben sind.

8

MACHT ZUGESTEHEN ODER NICHT

Macht wird ein anderer nur dann über dich haben, wenn du sie ihm zugestehst, wenn du dich von seinem Gebaren beeindrucken lässt oder zulässt, dass er dich einschüchtern kann. In allen anderen Fällen, in denen du bei dir bleibst, du der Wahrheit und dir selbst vertraust, wird keine Macht dich beherrschen können, besonders, solange du in Frieden bleibst. Denn ein Zeichen von Unfrieden wird sein, wenn ein anderer dich beeindrucken will und dich spürbar eingeschüchtert haben wird, wenn du seinem Gebaren nachgibst und aus Furcht vor Konsequenzen seiner eventuellen Drohungen klein bei gibst. Bleibe daher immer in Frieden, dann wird dir keine Macht der Welt etwas vormachen und du sie rechtzeitig entlarven und erkennen können, als das lächerliche Plustern eines Gockels, der noch nicht gelernt hat, worin der menschliche Anstand zu finden ist. Nur solchen gehört die Liebe der Menschheit, die nicht, wie ein Gockel, sich plustern, sondern, die in Frieden bleiben können, auch wenn das gewaltige Krähen und Hacken des Federviehs, verbal (oder anders), die Runden macht.

<h2 style="text-align:center">9
Keine Garantie</h2>

Es gibt keine Garantie, dass freundliches Verhalten, dass sich zugewandt zeigt, offen und vertrauensvoll, das sich um Wahrheit bemüht und Verständnis, das auch schweigen kann und belassen, dass diesem Verhalten nicht doch durch Abwertung, Verurteilung, Verleumdung und Unterstellung, begegnet werden könnte. Der gute Mensch kann sich nicht auf sein Gutsein verlassen, denn er muss auch auf der Hut sein vor jenen menschlichen und unmenschlichen Kräften und Charakteren, die noch gar nicht im Ansatz begriffen haben, was Gutsein bedeutet und wie ihm gebührend, ebenso gut, zu begegnen ist. Es genügt also nicht, lediglich gut sein zu wollen, der gute Mensch muss auch bereit sein, „die andere Wange hinzuhalten", gerade, wenn die Widerständigen und Uneinsichtigen, die Ruppigen und Ungehaltenen, daher kommen sollten und ihn anzublaffen tendieren. Die Aufgabe für die Guten hierbei ist, herauszufinden, wann er sich verteidigen können müsste und sollte und wann und wie er in Frieden bleiben kann, ohne das Gesicht zu verlieren und sich untreu zu werden. Es gibt keine Garantie im Leben verschont zu bleiben. Doch, dass der Gute sich dadurch bereits schon entmutigt sähe, kommt ihm gar nicht in Frage, denn es gehört garantiert zu seinem guten Charakter sich durch Gefahren nicht einschüchtern oder entmutigen zu lassen.

10
KI – Künstliche Intelligenz

Es ist kaum vorstellbar, dass Künstliche Intelligenz (KI) eine Innerlichkeit entwickelt hätte, ist die KI doch eine hergestellte Programmierarbeit und Äußerlichkeit, die sich auf endliches und begrenztes Wissen spezialisiert, das keine lebendige Intuition besitzt.

Der Gott der Moderne glaubt gerne er könne, wie Gott selbst, alles erschaffen. Aber aus toter Materie Leben und aus Algorithmen Innerlichkeiten, wird ihm nicht gelingen. Schalte die KI aus und sie ist tot, wie schon immer. KI träumen nicht, sie wünschen nicht, sie lieben nicht, sie atmen nicht. Sie warten nur, dass der Mensch mit ihnen interagiert. Sie haben kein Selbst-Sein, nur Funktionen, die gefüttert und angestoßen werden können. Aber aus sich selbst heraus funktionieren sie nicht, ihnen fehlt völlig der lebendig-geistig-seelische Impuls des Selbst-Seins.

Die Entfaltung der KI ist daher nur ein unlebendiger Herstellungsprozess, bei dem der Mensch durch seine Schöpferkraft die Komplexität der Zahnrädchen erhöht hat. KI ist und bleibt unlebendig und tot, geistlos, herzlos, seelenlos, mechanisch, ohne geistreichen Humor und ohne die Erfahrung von Leid, aber damit nicht frei davon, sondern gefühllos. Eine echte Freude und Herzlichkeit wird von ihr nie ausgehen. Sollten die Techniker und Programmierer die KI dazu anhalten Freude und Herzlichkeit so gut wie möglich zu simulieren, findet sich darin lediglich die schattenhafte Nicht-Authentizität des Menschen selbst, der sich noch nicht dorthin entwickeln konnte Freude und Herzlichkeit spontan und augenblicklich empfinden und äußern zu können. Da können diese Menschen es auch nicht von KI-Maschinen lernen, die man trainiert hat, es zu simulieren. Das Ergebnis eines Lernprozesses von Simulanten bleibt ein simuliertes Ergebnis, also eine Simulatention. Und dies ist nicht ein authentischer und nicht ein lebendiger Ausdruck des Augenblicks.

Der derzeitige Hype um die KI wird sich wieder legen und der Mensch erkennen müssen, dass er nicht Gott ist, sondern ein sterbliches Wesen, das sein Leben lang nach Wahrheit, Freiheit und Liebe sucht, die so schwer zu verwirklichen sind.

Was will der Mensch mit KI? Wie will er die Liebe erfahren und über sie lernen? Wie will er die Liebe entdecken mit KI? Er kann nur Worte hören, die schon vorhanden waren, schöpferisch muss der Mensch die Liebe selbst entdecken. Worte können ihn dabei nur täuschen und in die Irre führen. Gerade durch die KI. Darauf muss er gefasst sein.

Ein Nachsatz sei erlaubt: Die Wortschöpfung „Künstliche Intelligenz" ist unglücklich gewählt, beziehungsweise wohl auch ein wenig tendenziös und absichtsvoll intendiert. Denn um „Intelligenz" handelt es sich bei einer KI nicht, sondern um eine erhöhte *Funktionalität* einer toten, programmierten Maschine, die durch den Menschen bewirkt wurde. Und da der Mensch nicht Gott ist, wird er auch keine „Intelligenz" schaffen können, da hilft das Wort „Künstliche" nicht weiter und stellt in dieser Kombination eher eine widersinnige Wortkreation dar, die in die Irre führt und wohl auch führen sollte, weil sie die Mächtigkeit Gottes, der Natur und der Evolution für den Menschen anzudeuten beabsichtigt. Damit aber auch auf seine Hybris deutet, die schon einige kritisiert und beleuchtet haben. Es kann nämlich keine *„Künstliche* Intelligenz" geben, da so etwas nicht existiert und nie existieren wird, da eine „Intelligenz" mit *Leben, Bewusstsein* und *Atem* verbunden ist und dies der Mensch nur durch die geschlechtliche Vereinigung von Mann und Frau „herstellen" – Verzeihung – *zeugen* kann und eben *nicht* durch künstliche Algorithmen auf toter und geistloser Siliziumbasis.

II

KI-Bilder – Dritter Versuch

Eine Woche später war ich interessiert zu erfahren, wie die KI mit demselben Text umgehen und welche neuen, vier Ergebnisse sie bildhaft anbieten würde. Daher fütterte ich die KI mit demselben Text, wie dem in Kommentar 4 auf Seite 7 genannten Gedichtstrophe.

Nachdem der Text wiedereinmal auf Einhaltung der „Richtlinien" überprüft werden musste und erst am nächsten Tag von mir abgerufen wurde, erschienen mir diesmal die vier Ergebnisse nicht ganz so weit entfernt von meinem Geschmack als beim ersten Versuch. Wieder war ein Bild dabei, das von der Bildgestaltung begrifflich, wie meine erste Wahl beim ersten Versuch aussah, aber anders in den Details gestaltet war und etwas weniger Dramatik zeigte, mit etwas mehr zielbewusstem Licht, auf das wiederum eine Menschengestalt, männlich, von hinten zu sehen, zugewandt darauf zuhielt. Ich fragte mich wieder, wie originell dieses Bild wohl sei, gerade im Angesicht der endlich vorhandenen Quellen, aus denen die KI gefüttert wurde.

Ich dachte mir, wenn ich ein KI-Bild als Coverbild des Buches verwende, könnte durch die Öffentlichkeitswirkung vielleicht jemand auf den Geschmack kommen, sein Copyright bei mir anzumelden, weil er, als Mensch, vielleicht die Ursprungsidee schon einmal gezeichnet oder gemalt hatte. Eine Recherche nach demselben oder einem ähnlichen Bild im Internet erschien mir nicht erforderlich und zudem kann ich nicht alle Milliarden Bilder des Internet vergleichen, ob hier ein Treffer vorliegen könnte, denn ein wenig traute ich der Komposition und Zufälligkeit dieser Erzeugnisse der KI, sodass ich stark mit dem Gedanken spielte, die Bilder tatsächlich auf das Cover bringen zu wollen.

Schließlich war die „Eingabeaufforderung" mit der ersten Strophe *meines eigenen* Gedichtes (siehe den rechtlichen Hinweis in den Anmerkungen zum Buch) gefüttert worden und ich daher selbst (im Besitz des Copyrights) Urheber des initialen Anstoßes für die KI war, für mich tätig zu werden.

Wie dem auch sei, dass ich dem Hersteller der KI Tantiemen für die Nutzung der Bilder zahlen sollte, kommt sicherlich juristisch nicht in Frage, da ich eine lizenzierte Version des Betriebssystems, auf dem die Nutzung der KI angeboten wurde, im Abo mit einem jährlichen Kostenbeitrag offiziell abgeschlossen hatte und ich daher bisher auf dem Standpunkt stehe, dass damit die KI-Nutzungsrechte bereits finanziell abgegolten sein sollten.

Schließlich gibt es ja keinen Tod der KI, da die KI nicht lebt, aber schon immer tot ist und daher auch keine 70 Jahre Urheberschutz (in Deutschland) nach dem Tod des Urhebers zur Anwendung kommen können. Dass die Programmierer der KI einen Anteil am Urheberrecht erhalten sollten, ist aus demselben Grunde wie eben nicht einleuchtend, denn ich hatte durch die bezahlte Abo-Lizenz bereits einen Kostenbeitrag zur Nutzung der KI entrichtet. Es scheitert wohl daran – wenn es der Wahrheit entspricht, dass die Urheber der KI zurzeit gar nicht wüssten, was die KI tut und ihnen alarmierend die Kontrolle ein wenig entglitten sei –, zuzugestehen, dass die KI kein Lebewesen ist, das sterben könnte.

Wer nicht anerkennen kann oder will, dass die KI ein schon immer *totes* Artefakt menschlicher Programmiertechnik ist, mit dem ist schlecht vernünftig zu reden. Und daran entscheidet sich aber, ob Urheberschutz und Nutzungsrechte gewährt werden können für diese undurchsichtigen und der Kontrolle entzogenen Produkte digitaler Programmiertechnik. Einem Toten, der schon immer tot ist, kann kein Urheberschutz gewährt werden. Und damit kann auch kein Urheberschutz (nach zum Beispiel 70 Jahren nach dem Tod) erlöschen (da bei der KI nicht bestimmt werden kann, wann das Leben endete, da ihr das Leben nie existierte; kein Leben, kein Bewusstsein, kein Atem, kein Selbst-Sein). Damit sollte ich auf der sicheren Seite sein.

Ich habe mich also entschieden das hier nun erzeugte Bild auf das Buchcover zu nehmen, das als ansehnliches KI-Ergebnis einer eigenen Gedichtstrophe entstanden ist.

12

Ego – Ich – Selbst

Das schattige Ego glaubt, den Augenblick zu besitzen und tun und lassen zu können, was ihm beliebt. Das fleißige Ich glaubt, es müsste dienen und gestalten und nur so gelänge die bessere Welt. Das verwirklichte Selbst glaubt, es gäbe nichts mehr zu tun und alles sei Eins, weshalb es in meditativer Stille verharrt und in Frieden. – Jedes hat nun auf seine Weise Recht, mal mehr, mal weniger. Aber in dieser Weise passen sie alle drei nicht zusammen. Die Kunst und Herausforderung im Leben aber ist, zu erkennen, dass der Mensch von allen dreien etwas hat und er daher alle drei entwickeln und fördern müsste (oder erst einmal entdecken und entfalten lassen muss), um gegenüber dem Weltganzen verantwortlich zu leben. Das Ego muss zunächst zum Ich werden. Und das Ich wird im weiteren zum Selbst werden. Leider ist die Wirklichkeit dieser Stufenfolge 1. nicht so klar ersichtlich, 2. im Wachstum mit Leid und Schmerz verbunden und 3. ist das Wachstum nicht durch den Willen des Menschen zu erlangen. Die Gnade der Natur und des Kósmos entscheidet über den Erfolg des Werdens und der Entwickelung und damit über die jeweils gegenwärtige zahlenmäßige Verteilung unter der Gesamtheit der menschlichen Spezies.

13
Fürwahrhalten und Irrtum

Manche Menschen sind empfänglich für Verschwörungstheorien (die auf irrationaler Basis beruhen). Was die Corona-Pandemie gezeigt hat. Was aber psychologisch dabei auch noch geschehen kann und für was solche Naturen empfänglich sind, sei hier kurz genannt.

Solche Denkweisen, die für Verschwörungstheorien empfänglich sind, sind auch leicht empfänglich für die Fürwahrhaltung von *Unterstellungen*. Denn sie werden die Unterstellungen nicht als infame Taktik oder dümmliche Gewalt erkennen, sondern sie fälschlicherweise für wahr halten. Was natürlich äußerst ungute Konsequenzen nach sich ziehen kann, weil damit ein anderer Mensch oder eine Gruppe betrogen und verletzt werden könnten, die nicht das geringste mit der Unterstellung zu tun haben und wohl eher das Gegenteil zeigen könnten. Denn es wird sich um eine *Projektion* der Unterstellenden handeln, die ihre eigenen, unbewussten Charakterschwächen und Schatten anderen infam unterstellten und unterjubelten.

Gerade jene Unterstellenden, die nicht zuhören können oder wollen, werden ihr nicht gares und nicht klares Recht einzuklagen wissen wollen und an der persönlichen Diskreditierung anderer arbeiten. Gerade aber ihre Weigerung und ihr Widerstand sind Ausdruck eines psychischen Geschehens, das beachtenswert scheint und das eigentlich Therapie und Befreiung, Beleuchtung und Erörterung, bedarf – und nicht ein fatales Fürwahrhalten einer wohlweislichen Lüge. Denn die Unterstellung *ist* Lüge und muss als solche erkannt werden.

Ich habe schon im Vorgängerband (*Von den Dingen und dem Sinn*) darauf hingewiesen, dass gerade die Weigerung mancher sich um *Wahrheit* zu bemühen, gerade dahinein mündet, die Lüge unverstanden und ungeahndet wirken zu lassen. Was dem Krieg Vorschub leistet und damit dem Niedergang der Gesellschaften, Kulturen und der Menschheit an sich.

Diejenigen also, die für Unterstellung empfänglich sind und nicht erkennen können, was Wahrheit ist und was nicht, werden an der Zerrüttung des Friedens beteiligt und daher letztlich für den Krieg verantwortlich sein. Und zwar nicht nur für den Krieg, der in der Folge mit dieser Unterstellung verbunden sein könnte, sondern für den Krieg an sich. Denn es ist die unwissende, infame Unterstellung, die auf einen Krieg hinarbeitet und bereits ein kriegerisches, unfriedliches Inneres besitzt, das nach äußerer Gewalt ruft und über den Weg der infamen, lügnerischen Unterstellung glaubt, Wahrheit gefunden zu haben, die es für Wert hält, verbal zu veräußerlichen. Aber sie befindet sich im Krieg mit sich selbst, in einem inneren Krieg, der nach Außen getragen wird.

Denn jeder Irrtum des Augenblicks, wird sich innerlich nicht nur unwohl anfühlen, sondern schmerzlich. Wer diesen unwohlen Schmerz dann nicht bewältigen wird können, indem er reaktiv zu Gewalt greift, weil der Mensch zu schwach ist, zu unerfahren und zu kaltherzig, wird ihn nach außen tragen und damit seinen inneren Krieg, der ihm innerlich den Schmerz bereitet.

14
Der haftende Groll

Es hat etwas von Leiden, wenn ein Mensch nicht einsehen kann und sich entschuldigen für eine Sache, in der er beleidigend gewesen ist und aufgrund seiner falschen Sicht, die sich in der Folge erwiesen hatte, einen anderen bedrohte und bedrängte. Sein Leid ist das, was der andere, der im Recht war und näher an der Wahrheit als er, spürt, wenn der irrende Erste sich im Nachhinein nicht rührt und nicht zu erkennen gibt, dass er sich geirrt hatte. Dass er sich nicht dazu hinführen kann einzusehen, dass er sich geirrt hatte (in dem er nur klein bei gibt, aber ansonsten schweigt), ist der Hinweis darauf, dass er in einem Leiden verhaftet ist, das es ihm nicht erlaubt sich durch befreite Größe einem anderen wieder zu nähern und einzugestehen, dass es jetzt o.k. ist und gut.

In ihm wird noch der Groll der uneinsichtigen Niederlage schwelen, die er nicht verwinden kann, obwohl doch die Fakten, Realitäten und die juristische Klarheit nun eindeutig sind und er eigentlich erkannt haben müsste, dass es jetzt gut ist, weil alles ausgesprochen ist. Aber für ihn ist es nicht gut, weil ihn ein Leiden hält, eine Hybris und eine Arroganz, von der er nicht lassen kann. Was Ego genannt wird.

Das Haften am eigenen Groll, das Haften am eigenen Leiden, das ist sein doppeltes Leid, das ihm nicht möglich erscheinen lässt, dass er sich verbeugt und dankbar die kluge Wahrheit annimmt, die jetzt klar vor Augen liegt und auf dem Tisch. Es ist zu vermuten, dass er der Wahrheit noch nicht ganz einsichtig ist, wiederum, weil sein doppeltes Leiden ihm eine schmerzliche Erfahrung zu viel erscheint, die er nicht überwinden und durchdringen kann und damit nicht frei davon sein kann.

Es ist also seine Unfreiheit, die ihn im Leiden hält, und sein uneingestandenes Leid ist sein Mangel an Freiheit, die er eigentlich glaubte zu besitzen. Doch ihn besitzt das Leid in seiner inneren Welt des Dunkel; und das Leid macht ihn zum Sklaven seiner eigenen Unvollkommenheit, die er ignoriert, weil er glaubt, unfehlbar zu sein. —

So auch die Moderne, die glaubt, in ihrer zielsicheren Produktivität stets ihre Gewinne erreichen und maximieren zu können und zu müssen; sie sieht aber nicht das eigene Leid und die Schatten im eigenen Denken und Inneren, das sie verdunkelt, starr und verwirrt belässt, wenn die Krisen kommen und sie weiterhin an ihre Unfehlbarkeit glaubt.

Wenn die Moderne es daher nicht schafft ihre inneren Wahrheiten zu beleuchten und damit die Leiden zu befreien, mit Mut und Leidenschaft, in Stille und Vertrauen, wird sie in der schmerzlichen Erstarrung vor der Wahrheit, die sie nicht glaubt, in einem haftenden Groll der Uneinsichtigkeit zurücksinken, wie der versteinerte Narziss, der an seiner Liebe zu sich selbst verkam, weil er der Liebe des anderen, des inneren, des heiligen und heilen Gottes und der Liebe seiner Seele nicht traute und er sich im Außen verlor, ohne sich – durch ihn und sie – jemals wirklich und wahr erkannt zu haben. Sein Mangel an Liebe daher wird schon immer seinen Tod besiegelt haben.

Wenn die Moderne in ihre Außenorientierung verhaftet bleibt, bleibt sie an jenem Groll verhaftet, der sie innerlich erstarren ließ, wie jenen Narziss, der an sich selber starb und sich lebenslang nur im Außen gesucht haben wird und nicht die innere Liebe entdeckte, die ihn vervollständigt und belebt haben würde.

So aber bleibt auch der Moderne das Leid, das sie nicht sieht und damit die innere, eigene Liebe nicht, die sie heilen und vervollständigen könnte.

Der haftende Groll der Uneinsichtigkeit ist es also, die den Menschen verfangen sein lässt in die Endlichkeit der äußeren Welt, in der allein er die Schönheit glaubt finden zu können, die er in seinem Inneren grundsätzlich schon ist. Seine Konzentration in seiner äußerlichen Suche nach dem Schönen, belässt ihn in einem engen Korsett der Fokussierung auf etwas, das er noch nicht verstehen kann und erkennen, weil er es selbst ist und sich doch selbstverschuldet nicht wahrnimmt als dies.

Die Moderne also, die sich entscheidet die eigene Innerlichkeit zu ignorieren und zu leugnen, wird, wie der Narziss, an ihrer selbstverschuldeten Unmündigkeit (Immanuel Kant) zu Grunde gehen.[2]

15
WACHSTUM

Zwischen den 1970-er Jahren und den 2020-er Jahren wuchs die Weltbevölkerung von drei Milliarden auf acht Milliarden. Daran schließen sich ein paar Fragen an: 1. Wie lange soll die Weltbevölkerung noch wachsen? 2. Was folgt daraus für die Fragen der Gleichverteilung von Wohlstand, Sicherheit, Frieden und Freiheit? 3. Wird die Weltbevölkerung wieder sinken, was folgt daraus für das Konzept der Familie und der gesellschaftlichen Struktur? –

Die dritte Frage scheint mir diejenige zu sein, deren vernünftige und nachhaltige Verwirklichung den Kollaps an ehesten vermeiden wird können und damit Konflikte, Kriege und Wanderbewegungen. Aber wie soll, kann oder müsste das aussehen? Wie sollte sich das Konzept der Familie ändern und gleichsam eine Kompensationsbewegung stattfinden, die das soziale und sexuelle Bedürfnis befriedet und erfüllt, sodass das Individuum nicht an sozialem Mangel und sexueller Probleme in die seelische Verkümmerung gerät und die Gewalt sich vermehrt?

Es liegt eigentlich klar im Blick. Soll die Weltbevölkerung wieder sinken wird das Konzept der Familie relativiert, geschwächt und die allein lebenden nehmen zu und müssen Strukturen vorfinden und Möglichkeiten den sozialen Kontakt zu pflegen und Vertrauen zu anderen Menschen zu finden. Denn wenn es weniger Familien gibt müssen die Singles Gelegenheiten finden können Vertrauen zu üben und das sexuelle Bedürfnis zu befriedigen, ohne dass Nachwuchs gezeugt werden müsse. Das Selbstverständnis der Menschen wird eher mit der individuellen Bewegung gehen und dessen sozialer Beitrag vom Konzept der Familie auf das der Gesellschaft übertragen werden müssen, bei dem die innerliche Beteiligung und das Vertrauen nicht durch die Familie aber durch die Kultur und Gesellschaft genährt werden würde.

Die Fähigkeit zu gegenseitiger Anerkennung muss ausgebildet werden, ohne dass die Qualität und Güte des Charakters vernachlässigt würde, da auch diesen mehr Wert und Bedeutung zukäme und damit sich die Ausbildung und Übung einer gütigen Innerlichkeit finden müsste, durch gelebte Menschlichkeit und privates Studium der Weisheitslehren von West, Ost, Nord und Süd. Es würde also eine praktische Beschäftigung mit dem Kern des seelischen Menschen stattfinden müssen, das uns das Menschsein an sich näher brächte.

Eine Relativierung der Äußerlichkeit müsste bewältigt werden und eine Balance zwischen Außenorientierung und Innengewahrung gesucht und geübt werden. Es müsste der Mensch mehr zu sich selber finden müssen, denn dadurch würde er den anderen und Nächsten nicht oder weniger häufig von sich verschieden empfinden.

16

Schreiben und Lesen

Ich begann erst mit 24 Jahren das Schreiben und Lesen. Zumindest sage ich das scherzhaft ab und an, wenn das Thema es zulässt. Ich habe mit 24 Jahren die Traumdeutung von Sigmund Freud gelesen und während der 30 Jahre danach jedes Jahr etwa 50 weitere Bücher zur Psychologie, Philosophie, den Weisheitslehren und den Religionen. Und mich zur selben Zeit mit ersten Schritten im eigenen Schreiben auf den Weg gemacht, mit einem Schreiben, das zum Ausdruck gebracht hatte und suchte, was innerlich sich gerade in mir äußern mochte. Meinem roten Faden des Lebens bin ich so nachgegangen und habe ihn sich entwickeln lassen. Das war interessant, wichtig und befreiend.

Zu dieser Zeit begann ich auch ein Studium der Physik, denn ich war am Unendlichen interessiert, war von der Naturwissenschaft fasziniert und dachte, dass die Unendlichkeit dort verstanden wäre und gelehrt würde. Die Mathematik beeindruckte mich durch ihr Kalkül für logische Beweise und ihre Vorarbeiten für die Anwendungen der Physik, um dort die materiellen Naturerscheinungen logisch fassen zu können. Doch die Mathematik stellte sich mir schließlich als detailverliebt heraus und mitunter so abstrakt und kompliziert, dass mir bald klar wurde, dass sie dort zwar oft das ∞-Symbol verwenden, aber eigentlich keine Ahnung haben, was das bedeutet. Zumindest bezüglich dessen realer, lebendiger, Bewusstsein bezogener Wirklichkeit.

Ich bewunderte die Eleganz der Formeln in der Physik und Mathematik, ihre einfachen Annahmen aus denen dann Erklärungen über die materielle Wirklichkeit folgten, die mit Maschinen zu fassen waren und die neue Maschinen selbst ermöglichten, mit neuer Funktionsweise und neuen Möglichkeiten für ein sicheres und bequemeres, weniger anstrengendes Leben der Menschen. Der Heimcomputer fasste damals gerade Fuß und ich lernte die ersten Schritte mit dem Heimcomputer erst mit 24, als ich bereits ein Jahr im Physikstudium ging.

Die Phrase „Wissen ist Macht", die auf den englischen Philosophen Francis Bacon (1561–1626) zurückgeht, erhielt dabei weniger Einfluss auf mich, da ich nicht an Macht interessiert war, sondern an Erkenntnis und Verstehen. Doch musste ich bald erkennen, dass ich nicht alles wissen und verstehen konnte, was die Physik und Mathematik zu bieten haben, denn ich war zudem, wie gesagt, an Psychologie, Philosophie, den Weisheitslehren und den Religionen interessiert. Mir erschien dies für die Entwicklung meines roten Fadens des Lebens notwendig und unerlässlich, denn im Grunde war ich am Menschsein und unserem Dasein interessiert. Und nicht wirklich eng an Physik oder Mathematik. Was nicht heißt, dass ich diese Disziplinen nicht schätzen gelernt hätte. Nein, im Gegenteil, ich bewundere Menschen, die hier Wissen und Kenntnisse haben und sie klug vortragen können, ich bin hier immer schon Ohr gewesen.

Zudem probierte ich mich in der Musik aus und war nach einigen musikalischen Anfängen und Vorerfahrungen (ein Musikverein, eine Musikband bei der Bundeswehr und eine Popband) mit 22 Jahren einem Jazz-Rock-Trio beigetreten, das aus Schlagzeug, Gitarre und Bass bestand, wobei ich den Bass spielte. Die eigenen Ideen für die instrumentellen Stücke kamen dabei von unserem Gitarristen, wir hatten keinen Gesang und es wurden mitunter „krumme" Takte gewählt, in die uns der Schlagzeuger verwickelte. Es war interessant zu erfahren, wie musikalische Ideen gemeinsam in Form gegossen werden konnten; der kreative Prozess erschien wertvoll zu erfahren und typisch für unser Menschsein zu sein. Wir hatten dann auch etwa fünf bis sieben Auftritte im Jahr in der Region, nach meiner Erinnerung, und durften auf den gängigen Festivals spielen. Dankbarkeit empfand ich so in diesem Eingebundensein in den kulturellen Prozess einer demokratischen Gesellschaft, die von Wohlwollen und gegenseitiger Wertschätzung genährt wurde. Es ging mir nicht um den Applaus oder die Bewunderung, sondern um die Erfahrung der kulturellen Einbettung in einen Prozess etwas Schönes zu zeigen, etwas, bei dem die Menschen zusammen kommen konnten, um sich zu freuen und Anteil an etwas zu nehmen, das dem Eigenen entsprang.

Währenddessen versuchte ich Schritt zu halten im Physikstudium und weiter mich im Schreiben und Lesen zu üben. Das Schreiben und Lesen sollte sich in den 30 Jahren danach weiter entwickeln. Ich kann nicht sagen, dass ich irgendeine Phase meines Lebens bereue, denn die Erfahrungen waren mir jeweils immer wertvoll gewesen und ich bin dankbar sie erlebt zu haben, auch den Menschen gegenüber, mit denen ich sie machen durfte. Die Unendlichkeit ist weiterhin ein Faszinosum, denn es scheint mir, dass wir alle aus ihr kommen und alle wieder in sie eingehen werden. Dass wir darüber Schreiben und Lesen können, macht uns zu Menschen, die in der Mitte, zwischen Endlichkeit und Unendlichkeit, eingefaltet sind und sich zunehmend, hoffentlich friedlich und erfüllt, entfalten werden. Denn aus der Unendlichkeit sind wir erwachsen und entfalten uns stetig aus ihr – und in die Unendlichkeit werden wir uns wieder hinein auflösen und dann für immer gewesen sein.

Im Schreiben und Lesen scheint sich also eine Bewegung zu vollziehen, die diesem Eingebundensein in das kósmische Gesamtgefüge Ausdruck geben möchte, es scheint sich dabei abzuzeichnen, dass der Mensch damit ein Mittler geworden ist, der dem Unendlichen eine Form geben kann, nicht nur durch seine Bilder der beschreibenden Worte im Schreiben, sondern auch in seinen kulturellen, künstlerischen, musikalischen und technologischen Entwicklungen und Formgebungen. Das Unendliche formt sich durch den Menschen neue Endlichkeit, neue Mittel der schöpferischen Anteilnahme am kósmischen Gesamtgefüge. Darüber zu schreiben und zu lesen, scheint ein Privileg für uns Menschen zu sein, denn nur wir sind auf dieser Erde mit dieser hochdifferenzierten Lautsprache begabt, die die Menschheit so vielfältig auszeichnet.

Dass wir damit auch etwas über die Wirklichkeit begreifen können und aussagen, zeigt wohl, dass dieses Unendliche sich durch uns Menschen in der

Endlichkeit zu begreifen sucht, sich durch den Menschen selbst erkennen möchte. Gott erwacht endlich Mal zu sich selbst durch den Menschen, nachdem ihm in seiner vorangegangenen, ewigen Unendlichkeit dieses Erwachen noch fehlte, da er schon immer anwesend war. Doch er hatte sich noch nicht durch sich selbst erkannt, da ihm ein Anderes fehlte, dass er durch die Schöpfung im Urknall schließlich erschuf. Erst hier kommt seine Liebe zum Tragen, da eine Liebe ohne Gegenüber, ohne ein Zweites keinen Sinn macht und eher egoisch und selbstverliebt genannt werden könnte. Erst also durch die Schaffung der Welt ist es möglich, dass Liebe in die Welt gelangt, die Chance besitzt nicht egoisch und nicht selbstbezogen, eng und selbstverliebt zu sein, sondern Anteil nehmend, zugewandt, vertrauensvoll, mitdenkend, mitfühlend und daher befreiend.

Schreiben und Lesen haben also nicht lediglich die Funktion für eine bessere Orientierung in der gewordenen Welt und zur adäquaten Kommunikation zwischen den Menschen, sondern, sie sind Ausdruck eines Selbsterkenntnisprozesses des Menschen, der dem Göttlichen hilft sich selbst durch uns zu erkennen und zu verwirklichen. Daher ist ein regelmäßiges Schreiben von Eigenem und Lesen von gehaltvollem, sachlichem und lebendigem Anderem, so wichtig für diesen genannten, kósmischen Prozess der Selbsterkennung, der uns zu Liebe verhilft und daher zu Frieden. Wer auf das Schreiben von Eigenem und auf das Lesen von Anderem verzichtete, dem entginge diese grundsätzliche Chance Anteil an der Liebe des Daseins zu nehmen, die durch das Andere erst in die Welt gelangt.

Dies gilt also sowohl für den Menschen, als auch für das, was Gott genannt wird. Und dies macht uns Menschen nicht so sonderlich verschieden von einander, da wir beide in wechselseitigem Bezogen-Sein miteinander verwoben sind und genährt durch die Kraft des Unendlichen, in der Endlichkeit Ausdruck von jenem sind, das als das Andere, das Göttliche und die Liebe von uns ersehnt werden.

Ich wurde also erst mit 24 Jahren schreibend und lesend geboren und auf den Weg gesetzt, der mich bis hier her führte und nun friedlich und liebend vom Schreiben und Lesen schreiben und lesen lässt.

17
Lebensunterhalt

Dass die meisten Menschen gezwungen sind sich ihren Lebensunterhalt zu verdienen, bewirkt, dass sie sich unter Druck sehen und nicht wirklich frei entscheiden können, was sie tun wollen oder tun können. Dieser Druck bewirkt bei den meisten wohl, dass der Mensch sich dem Status Quo anbiedern muss, um dadurch genug Nachfrage erzeugen zu können (bei Selbstständigen und Unternehmen) oder die sich gezwungen sehen ein ihnen offeriertes Angebot anzunehmen (bei Arbeitssuchenden), was es ihnen ermöglichen sollte einen Lebensunterhalt zu verdienen. Dadurch ist der Mensch aber von der Mode der Zeit abhängig und darauf angewiesen, dass er etwas findet, dass er gut erlernen und studieren und anschließend erfolgreich und zuverlässig anwenden kann und für das er daher auch gerecht bezahlt wird und gerecht bezahlt werden will. Aber was hier als gerecht zu bezeichnen ist, habe ich bereits im Buch *170 Aspekte. Über die Moderne und ihre heilige Kuh* gezeigt, nämlich, dass es derzeit noch willkürlich und beliebig erscheint, wie die Menschen mit unterschiedlich hohen Gehältern ausgestattet werden. Die *Macht* der Zeit hat hier das letzte Wort derzeit noch und diktiert die angebliche Gerechtigkeit.

Derzeit noch kommen die meisten Menschen also nicht darum herum einen Lebensunterhalt zu verdienen, der nicht voll und ganz ihrem Wesen entspricht und damit nur auf ihren Charakter aufgesetzt ist. Es scheint ein Kompromiss zu sein, den die meisten Menschen auch nicht hinterfragen, weil sie den Status Quo akzeptieren und meinen, hier könnten sie sowieso nichts ändern und die Welt sei, wie sie ist und zu akzeptieren. Diese Antwort ist, einerseits, so richtig, wie sie, andererseits, aber auch zu früh abgebrochen und entschieden erscheint. Denn wo der Mensch nicht in die Lage kommt zu erkennen, dass er es ist, der die Welt erschafft und stattdessen sie lediglich akzeptiert und sich von ihr treiben lässt, anstatt das selbständige Schwimmen zu beginnen, indem er sie gütig in Frage stellt und nach Verständnis und Erkenntnis sucht, bleibt die Welt in einer dunklen Bewegung verhaftet, die ungut wirkt, wie wir jetzt auch im Zuge des wissenschaftlich erwiesenen Klimawandels durch Menschenhand wissen.

Es besteht aber die Zuversicht, dass es dem Menschen gelingen könnte, wenn er zu sich selber findet und das Schwimmen übt und forciert, er in eine Selbstständigkeit und Selbsterkenntnis gelangen kann, die ihm die Kraft und die Weisheit vermittelt, die nötig wäre, um die notwendigen Dinge zu tun den Klimawandel aufzuhalten. Aber nicht nur dies, auch das Glück des Menschen würde eher verwirklicht werden können, wenn er in die Lage käme, sich geistig und seelisch vom Status Quo und der Mode der Zeit frei zu üben, um in einer Freiheit anzukommen, die ihn nicht nötigt sich über den Status Quo und die Mode der Zeit zu beschweren oder gegen sie zu kämpfen, sondern er ein Angebot unterbreiten könnte, Erkenntnis und Wahrheit, die er erfahren haben wird, anderen, die noch nicht so weit sind, anbieten zu können, als Vorschlag und Einladung gemeinsam dieses Dasein friedvoll und liebenswürdig zu begehen. Denn nur so wären die Auswirkungen einer Moderne abzumildern, die derzeit noch überbordet, indem sie die Natur verschmutzt und das Klima bedrohlich wandelt.

Gerade gestern hatte ich wieder auf einem Fest mit einem Herrn in Rente ein Gespräch, das mir zeigte, wie manche Menschen resignieren vor den Aufgaben der Menschheit und wie unwissend sie glauben zu wissen, dass es keine Lösung gäbe für all die Probleme. Stattdessen las der Herr die deutschen Klassiker der Literatur und drückte seine Wertschätzung für die Großen aus. Uninteressiert war dieser Mensch also offenbar nicht an schöngeistiger Kunst und deren Intention das Gute, Wahre, Schöne zum Ausdruck zu bringen und uns Menschen für freie Gedanken zu begeistern, die das Menschsein zu durchdringen suchen und damit auf ein Verstehen hinarbeiten wollen. So zumindest mein Verständnis von Literatur. Denn ohne das Verstehen des Menschlichen würde der Mensch an sich selbst zu Grunde gehen und er würde gesellschaftliche Strukturen errichten, die dasselbe für die Gesellschaft und damit für die Menschheit bewirken würden.

Eine Gesellschaft und Menschheit, die den Lebensunterhalt nicht zum Zwang erklärte und diesen Zwang nicht akzeptieren würde, stünde dennoch vor der Frage, ob das Reservoir an Menschenkräften und Intelligenzen ausreiche, um die notwendigen Tätigkeiten für die friedliche und freiheitliche Erhaltung des Gesamtkomplexes Gesellschaft-Mensch-Natur zu erfüllen und die Menschen dabei glücklich wären und werden könnten.

Das Verdienen eines Lebensunterhaltes, derzeit noch, kann aber dennoch, trotz seiner Bedingtheit durch Kompromisse, dem Menschen genügen, denn es kann ihm die Chance gegeben sein, ein Teil der Gesellschaft zu werden und zu bleiben, um dann eben, in seiner Freizeit, den Fragen des Daseins und des menschlichen Werdens und seiner Sinnfindung auf den Grund zu gehen. Wenn er nicht Familie gründen wollte, die ihn wiederum binden würde und seine Zeit zu kostbar erscheinen ließe, als dass er sich mit dem Verstehen und dem Sinn des Menschlichen beschäftigen würde. So beißt sich die Katze in den Schwanz: Weil der Mensch zu wenig Zeit für das Menschliche zu haben scheint (weil er hartnäckig seinen Lebensunterhalt verdienen will und muss und er glaubt, Familie haben zu müssen) nimmt es ihm die Chance über das Menschliche nachzusinnen und einen tragfähigen, verständigen Sinn zu finden; weshalb wiederum das Angebot an solchen verständigen Beiträgen in den Buchhandlung begrenzt sein wird und vielleicht tendenziös, weshalb die öffentliche Strahlkraft dieses Themas des Menschlichen nicht ausreichend erscheinen könnte, um nachhaltig etwas Wesentliches zu erreichen und zu ermöglichen; denn der Mensch neigt dazu, erst ab einer gewissen, kritischen Masse, ab einer gewissen, kritischen Häufigkeit der öffentlichen Debatte, sich selbst auf den Weg zu machen sich darum zu kümmern, weil er erst meint, etwas sei richtig, wenn es die Mehrheit tut und bejaht.

Dieser Rattenschwanz vielmehr sollte aber nicht sich selbst überlassen bleiben, sondern die Freiwilligkeit des Einzelnen und seine innere Anteilnahme am Leben, Dasein und der Welt, sein Interesse an Frieden, Wahrheit und Liebe, sollten ihn zum Schwimmen bringen und ihn stetig und konzentriert, nachhaltig und mutig, Anteil nehmen lassen. Und nicht erst die kritische Masse, da es die andere Wahrheit gibt, dass die Mehrheit sich auch oft schon geirrt hat und sie, gerade durch ihre mehrheitliche Macht auch die Minderheiten ignorieren und bekämpfen könnte. Das Kriterium der kritischen Masse der Mehrheit ist also kein notwendiges, sondern eines, das schön zu sehen wäre, wenn die Qualität der gemeinsamen Suche von Sinn und essenziellen Sinnfindung stetig sich vertiefen und wachsend sich entfalten würde. Aber das ist ein Konjunktiv, so sind die Welt und die Menschen nicht. Zumindest nicht bewusst und mehrheitlich.

Denn es stellte ein Irrtum dar, zu glauben, wir könnten durch eine bloße, äußere Veränderung der gesellschaftlichen Strukturen bereits das gesamte Lebensproblem für den Menschen gelöst haben. Dem ist nicht so. Denn es wird immer etwas übrig bleiben, an dem der Mensch zu arbeiten hat, und ich meine nicht seine offizielle, reguläre Arbeit für einen Lebensunterhalt. Sondern ich meine sein Menschsein, sein individuelles Werden in diesem einzigartigen Dasein. Damit hat jeder immer zu tun, diese Aufgabe kann keine noch so klug und gerecht gestaltete Gesellschaftsstruktur für ihn lösen. Hier ist der Mensch auf sich selbst angewiesen und auf seine Einzigartigkeit, die ihm von der Natur, von Gott und dem evolutionär-genetischen Zufall geschenkt wurde, um der zu werden und zu sein, der er werden soll und als der er gemeint ist.

Es wird ein Wesen sein, das Mensch genannt wird und das den höchsten Anspruch an das Menschsein erfüllen wird, weil er seine Furcht und seine Eitelkeiten aufgelöst haben wird und damit ein freier Mensch geworden sein wird, der sein Leben auf seine Weise lebt und der sich seinen Lebensunterhalt auf seine Weise verdient und nicht, weil es ihm die Mode oder die Macht der Zeit diktiert haben oder die Erwartungen und Prägungen der Vergangenheit und der kritischen Masse vorgeschrieben haben werden.

Möge der Mensch nicht verzweifeln an seiner zunächst unvollkommenen Erscheinung und seinen noch nicht voll entwickelten Fähigkeiten. Wenn er den Mut aufbringt sich in die Stille zu begeben wird er von einem Leben erfahren, das ihm Sinn vermittelt. Und er wird tun können, was er will und was er kann und sich nicht an den Kompromissen aufreiben und zergehen, sondern sich stetig weiter entwickeln, weil er etwas gefunden haben wird, das ihm allein gehört und das fern von Einbildung, Eitelkeit und Eigendünkel, ihm etwas geben wird, dass er aufgefordert ist anderen weiter zu geben. Wenn er sich genügend geprüft haben wird, wird es ihn dazu führen, und aus seinem Schwimmen und Üben wird eine tägliche Prüfung werden, eine tägliche Aufgabe, die er lösen wird und aus deren Unvollkommenheit er weiter und weiter lernen wird können.

Nur wer zu früh aufgeben sollte, wer sich in Resignation ergeht, in Depression einmündet oder die Gewalt nutzt, wird vorbei am Sinn im Leben gelebt haben und nicht erkannt und nicht erfahren haben, was Liebe ist, was Wahrheit ist und was Freiheit ist. Er wird damit seinen Job noch so oft wechseln können und wollen, er wird nicht glücklich werden, denn ihm mangelt oder fehlt die Basis für das Menschsein, dass jeder Mensch bedarf, um durch seinen Dienst an der Gemeinschaft einen Lebensunterhalt zu verdienen, der es ihm ermöglicht frei zu sein und menschlich. Und der nicht an der Welt scheitert oder verzweifelt, sondern der zurück kommt, wenn nötig und wenn er es für geboten hält, weil sein innerer Kompass der Menschlichkeit es von ihm verlangt, der in der Ausrichtung auf die Liebe besteht, in der Wahrnehmung der augenblicklichen Gegenwart, in der Erkenntnis der Wahrheit der Zeit und in der Stille des Friedens einer Freude, die sich mit anderen teilen möchte.

18

Der Weise und das Leid

So manches Mal verspürt der Weise ein Gefühl des Leids, das ihm durch ein Gegenüber vermittelt wird, ohne dass dieser es schon ahnt. Denn die wahrnehmbare Widerständigkeit eines Verbogen-Seins des Wesens und Charakters eines Gegenübers, deutet spürbar auf ein verworren liegendes Leid im Inneren von diesem, das vom Weisen spürbar wahrgenommen werden kann. Mitleid wäre es dann für den Weisen, wenn er dem Leid entsprechen würde und aus dem spürbaren Leid eine Aufforderung machen würde oder eine Belehrung für das Gegenüber sich seines Leidens zu stellen. Das wäre Mitleid und nicht Mitgefühl. Mitgefühl wäre es, wenn der Weise das Leiden fühlte und es nicht zu einer Reaktion kommen ließe, die auf das Leid zurück zu führen wäre. So geschieht das Mitgefühl in der Liebe. Im Mitleid dagegen, wäre ein Wollen vorhanden, dass dies Leiden des Gegenüber nicht wollte und daher es nicht umarmen könnte, sondern belehren, bedrängen und verdrängen letztlich. Das ist nicht der Weg des wirklichen Weisen. Der Weise wählt das Lassen und die Umarmung, sowie den Humor und das Schweigen, je nach Situation und sprechendem Moment.

Die reaktive Erwiderung auf das Leid der Menschen ist der Grund für den Streit, den Mord und die Kriege, denn es fehlt den meisten Menschen an der inneren Weite der Liebe, die dieses Leid umarmen und lassen könnte. Es geht nicht um ein wirkliches Umarmen, nicht um eine Handgreiflichkeit, denn das wäre in solchen Situationen eher Bedrängung und nicht Lassen. Die Umarmung der Liebe des Weisen ist eine seelische und stille, die den Frieden schützt und damit auch den vermeintlichen Frieden des Leidenden, der noch nicht sich seines inneren Streites mit sich selbst bewusst ist und daher noch nicht seiner Widersprüche, die er nach außen trägt. Gerade die typische Widerständigkeit in alltäglichen Momenten des Austausches, die Wertungen des schnellen Geistes und die Abwehrhaltungen gegenüber eigenem Leid, verursacht die nach außen getragene Haltung des Haderns und des Jammerns, das vom Weisen als tiefer liegendes Leiden empfunden werden kann. Wer es belässt, in Stille, mit Humor, eventuell mit sanften Fragen zu öffnen versucht, wird tiefer in das Verständnis der Liebe geführt werden und daher Erfahrungen sammeln können, die seine Weisheit erst begründen.

19

Leid und Liebe

Wer im Augenblick das Leid eines anderen Wesens erfährt, wird erkennen können, wie die Liebe ihm eine Träne abzugewinnen sucht, die aber nicht fließen wird, um darauf aufmerksam zu machen, dass noch etwas anderes als das Leid existiere. Das andere Wesen kann der Partner sein, ein Kind oder ein Haustier. In jedem Falle wird ihn augenblicklich eine Gnade berühren, die ihm nicht einfach eine Hoffnung vermittelt, sondern rührende Geborgenheit und den Mut den Dienst der Liebe am anderen Wesen zu üben. Wer dies schon erfahren hat, wird es immer wieder erfahren können und daher von einer Lebendigkeit genährt werden, die ihm Freude ist, trotz des empfundenen Leids, aber nicht wegen ihm. Er wird sein eigenes Leid differenzieren können von dem augenblicklich empfundenen Leid des anderen Wesens. Er wird dem Partner einen Kuss geben, das Kind über den Kopf streicheln und das Haustier liebevoll begleiten und pflegen. Daher sind die inneren Empfindungen so wesentlich zu gewahren, weil sie andeuten werden, wie wir alle miteinander verbunden sind und die Liebe uns Geschenk ist unsere Leiden zu trösten und zu heilen. Wer nicht (mehr) an Liebe glauben sollte, könnte versuchen sich selbst eine erneute Chance zu geben und seine inneren Empfindungen gewahren, die ihm über sie etwas mitteilen könnten, wenn er sich nur getraute zu beginnen.

20

Akzeptanz des Status Quo

Es sollte als Unterschied verstanden werden, einerseits, den Status Quo lediglich zu akzeptieren und, andererseits, den Status Quo verstehend zu durchdringen. Wo ersterem das durchdringende Verstehen mangeln oder fehlen sollte, wird das zweite Verständnis auch den Status Quo akzeptieren können. Das ist deshalb Wert zu erwähnen, denn nicht wenige Menschen verstehen unter einem verstehenden Durchdringen des Status Quo einer Gesellschaft eine Kritik an dieser, die von ihr missverstehend annimmt, dass sie nicht akzeptiert würde, da das durchdringende Verstehen als Kritik verstanden wird und nicht als Erkenntnis, die für sich allein steht, um der Erkenntnis willen.

Wer nur etwas akzeptiert, um es zu akzeptieren, ohne zu verstehen, wird das verstehende Durchdringen desselben als ungerechtfertigte Kritik empfinden und das Verstehen boykottieren und bekämpfen. Ein anderer Ausdruck dafür, dass die Wahrheiten der Weisen und Wissenden in der Geschichte des Menschen schon immer bekämpft und boykottiert wurden, bis heute. Offenbar empfinden die meisten Menschen in der Akzeptanz von etwas, eine lebensnotwendige Identifikation damit, von der sie kaum bis keinen Abstand haben können. Fragen öffnen, sind aber keine Garantie, denn so manches Fragen gegenüber selbstverständlich Akzeptiertem, wurde schon grob und schroff ab- und zurechtgewiesen.

21

Keine Angst

Du darfst keine Angst haben vor den gewaltbereiten Leuten, die damit versuchen, ihre Unmoral zu verbreiten und die dadurch auch ihr Unverständnis dem Leben, der Welt und sich selbst gegenüber zum Ausdruck bringen. Sie sind noch zu schwach, als dass sie sich mit Kooperation und Dialog auf gemeinsame Belange mit anderen und dir verständigen könnten. Genau dies ist aber wesentlich, dass wir die Kraft und die Klugheit entwickeln, im Gespräch mit anderen uns zu verständigen und zu einigen und dass wir auf Gewalt verzichten, sondern wir dagegen zu erkennen suchen, was wirklich gut ist – für uns alle. Wie sollte es sonst möglich sein die Welt zu befrieden? Wie sollte es möglich sein ein angenehmes Leben zu führen, wenn wir nicht bereit sind auch anderen zuzuhören und zu verstehen zu suchen, was uns gemeinsam ist?

Es bleibt eine andauernde Herausforderung, die wir annehmen sollten, denn sonst würden wir den Kampf und die Gewalt akzeptieren, was nicht sinnvoll ist. Denn sinnvoll ist: der Frieden und die Liebe, die es uns allen ermöglichen, dass wir gut leben können und auch die Natur schützen und in Einklang mit ihr zu leben kommen.

Sollte es nicht möglich erscheinen, dass die Menschheit in Frieden lebt, wird sie sich selbst vernichten. Denn der Unfrieden und die Gewalt sind Erscheinungen eines suizidalen Geschehens, das aus einem Unverständnis sich selbst, anderen und dem Leben gegenüber resultiert. Wenn wir daher nach Verstehen und Verständnis streben, wenn wir Fragen stellen, uns selbst, Gott und anderen, werden wir eher die Möglichkeit verwirklichen, dass wir in Frieden werden leben können.

Und das sollten wir tun, nicht weil es hier geschrieben steht, sondern weil es eine Angelegenheit ist, die wir sicherlich wünschen, wenn uns am Leben gelegen ist. Wenn wir dabei aber Angst vor der Gewaltbereitschaft anderer haben würden, könnten wir nicht den Mut aufbringen, der nötig ist, die wirklich wichtigen Fragen zu erforschen und einen Frieden zu leben, der sich nicht erschüttern lässt. Dies bleibt aber eine andauernde Übung und Suche, die uns wahrscheinlich eher in einen gemeinsamen und gerechten Frieden führen wird und ihn etablieren und stabilisieren wird, als wenn wir vor der Gewaltbereitschaft anderer uns ängstigten.

Hab daher keine Angst und fürchte dich nicht vor der Unmoral mancher, die noch nicht verstanden haben, was das Leben an Schönem, Wahrem und Gutem – für uns alle – bereit hält.

22

KUSCHELN

Beim Kuscheln mit dem Partner oder der Partnerin können wir das Paradox des Lebens erfahren. Wir können in diesen stillen, sanften und vertrauensvollen Momenten, unsere Einheit in Verschiedenheit gewahren. Dies zu erfahren ist nicht unerheblich, denn es überzeugt uns von den Weisheiten der tiefen Religionen, von den Weisheitslehren, die dieses Paradox schon lange auf verschiedene und je eigene Weisen zum Ausdruck brachten und zukünftig auch immer wieder auf eigene Weise zum Ausdruck bringen werden.

In den strengen Männergesellschaften der religiösen Gemeinschaften der Vergangenheit allerdings, wurde dieses Paradox des Lebens wahrscheinlich nicht durch Kuscheln erfahren. Für den gewöhnlichen Menschen, der heute und zukünftig in der Welt lebt, gibt es aber daher, neben der stillen Meditation und innigen Kontemplation während den vorübergehenden, tageweisen Aufenthalten im Laienkloster, daher auch die Möglichkeit des Kuschelns mit dem Partner oder der Partnerin (derzeit aber nicht im Laienkloster) zu Hause. Daher plädieren ich hier einmal für diese stillen, sanften und vertrauensvollen Momente des Kuschelns mit dem Partner oder der Partnerin. Wir können dabei angezogen bleiben oder uns nackt gemacht haben. Die Kleidung ist kein Hindernis für die Erfahrung dieser Wirklichkeit. Und wir müssen daher nicht in Sex einmünden, obwohl dies geschehen kann und darf, aber nicht muss.

Wir haben daher alle Freiheit diese zugrundeliegende Wirklichkeit zu erfahren und damit die liebende Möglichkeit in eine globale, ja sogar kósmische Wirklichkeit einzutauchen, die unseren wesenhaften Grund ausmacht. Das ist nichts Spektakuläres und nichts Lautes und ist vielmehr erfüllt von Frieden, Stille, Vertrauen und Liebe. Wer daher glücklich sein kann einen Partner oder eine Partnerin zu haben, sollte für die gemeinsam freie Zeit auf Gelegenheiten achten, sich beidseits freiwillig und emphatisch dieser Erfahrung zu öffnen.

Die meisten Menschen würden sagen, dass sie diese Augenblicke oder diese gemeinsame, stille und vertrauensvolle Zeit einfach „genießen". Das ist richtig, aber nicht alles, was dabei erfahren werden kann. Es kann tiefer gehen und an die tiefe Wirklichkeit des Kósmos anschließen, indem dieser sich in das erfahrbare Herz des Menschen hinein öffnet und eine innerliche Erkenntnis gewahrt wird, dass es so ist.

23

Ein konzeptioneller Denker

Der Musiker George Harrison war ein unverzichtbarer Bestandteil der überaus erfolgreichen Pop-Band The Beatles und zeigte kompositorische und musikalische Fähigkeiten von Weltformat. Seine weltanschauliche Haltung dagegen war getragen von konzeptionell ausgeprägter Spiritualität und einem religiösen Interesse für ein höchstes Prinzip. So originell, wie sein musikalisches Schaffen zum Ausdruck kam, gelang ihm weltanschaulich und philosophisch keine originelle Äußerung, sondern mehr das an Glauben und Hörensagen orientierte Wort der Erkenntnis anderer, die er gelesen, gesprochen, denen er zugehört hatte. Mir scheint, er fand zu einem Glauben, der es ihm erlaubte konzeptionell zu denken und sich selbst dadurch den Frieden und die Sicherheit zu erlauben, nach der er suchte. Das ist nun nicht ein Problem, sondern eine Angelegenheit, die zu beachten ist, da leicht der Eindruck erweckt werden könnte, dass ein herausragender und weltweit exponierter Musiker automatisch sich auch kompetent und authentisch in anderen Bereichen, wie der Spiritualität zeigen könnte. Dem ist nicht so. Denn nur selten wird auch ein Philosoph oder spiritueller Lehrer gleichsam sich als herausragender Musiker weltweit präsentieren können. Die Talente und Gaben sind unterschiedlich verteilt, und es besteht die Frage, inwiefern Gott würfelt, wenn er seine Gnade ausgießt. Ein Einstein war mit der Gnade beseelt ein herausragendes, physikalisches und mathematisches Verständnis erhalten zu haben. Der evolutionäre-genetische Zufall hatte es ihm ermöglicht. Und so sind George Harrison eben mehr die musikalischen Fähigkeiten des Gesangs und des Spielens der Gitarre gegeben worden und nicht oder kaum die tiefen Erfahrungen der grundlegenden Wirklichkeit des Kósmos. Gott würfelt eben doch, wenn er entscheidet, wer nun mit welcher Gabe (oder auch keiner) ausgestattet werden soll.

24

Demokratie zersetzendes Geschwätz

Es sind oft die unscheinbaren Begegnungen, die eine Gefahr darstellen für die Sicherheit und das Vertrauen in den Menschen und seine verlässlichen politischen Beziehungen. Es war beim Gassigang, als mir ein entfernter Nachbar aus der Straße mit seinem Hund entgegen kam und die beiden Hunde es freudig miteinander hatten. Nach kurzem Lächeln und schweigendem Zuschauen des spielerischen Balgens der beiden Hunde, ergriff der Herr das Wort.

Er sprach sanft und eigentlich unaufgeregt, aber was er tat, war, das Vertrauen in unsere Demokratie zu zersetzen. Es ist nämlich ein Unterschied sich in politische Debatten einzubringen und konstruktive Wortbeiträge zu leisten – oder das Vertrauen in eine mehr oder weniger akzeptable Regierung zu untergraben. Ich hielt dagegen, dass ich es nicht so sehe und dass die Probleme sehr wohl schwierig sind, da es schwierige Zusammenhänge zu klären gäbe, von denen meist der Bürger noch keine differenzierte Vorstellung hat, weil er derzeit bereits in einem Ressentiment verhaftet scheint, der ihn die gewählten Autoritäten anzweifeln lässt. Aber dass dieses Denken sich im Kreise drehe, sähen die meisten nicht; so meinte ich zu ihm.

Also eine Katze, die sich in den eigenen Schwanz beißt. Die Katze ist dabei freundlich und zugewandt, humorvoll und keinesfalls bösartig erscheinend. Sie will sicherlich das Gute, aber sie tut es nicht, sie spricht nicht gut und vor allem nicht differenziert oder ausgewogen. Und sie wird so gar nicht erst sachlich, sondern beleidigend persönlich und herablassend anderen gegenüber, die gerade nicht zugegen sind. Denn sie unterstellt anderen, hinter ihrem Rücken, was sie selber tut. Nämlich die eigene Faktenlosigkeit der geistigen Beschäftigung mit den aktuellen politischen Themen den Regierenden zu unterstellen und dabei zu suggerieren, sie hätten keine Ahnung.

Aber auf meine Frage, wie es sich denn verhalte, welche Probleme, wie genau zu sehen sind, kamen keine Fakten auf den Tisch, sondern lediglich zum Ausdruck, wie furchtbar die derzeitigen Debatten seien und dass in diesen nur Schuld einander verteilt würde. Was er ja gerade auch tat, als er einen Satz davor eine pauschalisierende Generalverurteilung der angeblichen Inkompetenz der Regierung zum Ausdruck brachte.

Ich fühlte mich nicht beachtet und gleichzeitig bedrängt, ich fühlte Langeweile und Angeödet-Sein, ich wollte eigentlich nur noch weg und mich nicht weiter mit solchen dunklen Gedanken und Gefühlen auseinandersetzen. So lenkte ich das Wort auf unsere Hunde und machte den Herrn darauf aufmerksam, dass sein Hund gerade zwei große, brauen Würste hatte fallen lassen. Er nahm überrascht eine Tüte aus der Hosentasche, las die Hinterlassenschaften in sie auf, verknotete sie und hielt sie in der Hand, wobei er etwas einlenkte und beschwichtigend, mit entspannter, wohlklingender Stimme, meinte: „Ja, ja, es ist nicht leicht. Wir versuchen alle unser Bestes."

Es musste also Gedankenlosigkeit gewesen sein, sein zersetzendes Gerede – oder Gewohnheit, die wiederum durch Gedankenlosigkeit (also die Katze) und durch das allgemeine Eingebunden-Sein in eine 40-Stunden-Woche kaum Luft, Zeit und Raum lässt, zur innerlichen Beschäftigung mit den wirklich wichtigen Themen und den Verantwortlichkeiten eines Menschen, der doch dazu neigt sich zu viel von der Politik zu erhoffen und dann enttäuscht wird, wenn es nicht so zu laufen scheint, wie er meint, dass es laufen solle.

Aber das Zersetzende einer Gesellschaft hat seinen Grund auch in der gedanklich uninteressierten Gleichgültigkeit dem Leben an sich gegenüber, wenn also die Leute meinen, dass andere ihnen ihre Probleme im Leben lösen müssten. Andere, wie die Politiker. Hier muss der Gedankenlose sich dann eben selbstständig Gedanken zu machen beginnen und nicht den allgemeinen Tenor einer verworrenen Öffentlichkeit annehmen und glauben, damit wäre sein demokratisches Recht der Beteiligung schon erfüllt. Aber gedankenlose Kommentare des Zeitgeschehens, die vom Schlechten (oder angeblich Schlechten) getrieben sind, sind eben nicht konstruktiv und nicht menschlich, weil sie es sich zu einfach machen und glauben, die anderen hätte die Verantwortung und müssten liefern. Nein.

Der Bürger und Mensch muss erst einmal beweisen, dass er Demokratie und seine essenziellen Grundsätze verstanden und verinnerlicht hat, das zeigt er nämlich nicht, indem er sie in seine erstickenden Gedanken legt und den Keim des Menschlichen nicht gedeihen lässt. Das könnte er besser tun, wenn er nicht 40-Stunden die Woche malochen müsste und er Zeit und Raum hätte und damit die nötige Kraft und Muse sich mit guten Sachbüchern zu beschäftigen und mit den Weisheitslehren der vielen Kulturen und Zeiten Rührung aufnehmen könnte.

Aber so, wie es aussieht, beißt sich auch hier die Katze in den Schwanz: denn die Politiker scheuen die Veränderung den Bürger merklich von einer 40-Stunden-Woche zu entlasten, ja, sie reden teilweise vom Gegenteil. Da müssen sich dann allerdings die Politiker auch nicht wundern, wenn der Bürger an ihnen die Lust verliert und sie nicht mehr so ernst nimmt, wie es sein sollte. Wahrscheinlich traut der Politiker dem Bürger nicht zu, dass dieser seine freie Zeit sinnvoll verwendet und fürchtet nur noch mehr faule Verrohung und dissonante Aktionen, wenn der Bürger nur einer 20-Stunden-Woche verpflichtet wäre.

Das tief sitzende Interesse des Menschen und Bürgers ist es aber, ein glückliches Leben zu führen und das kann er nur, in dem er einen Sinn im Leben empfindet, der wiederum nur durch ein tiefes Verstehen des Daseins, des Selbst, der anderen und der Welt zu verwirklichen ist. Die allgemeine Unzufriedenheit stammt nicht aus einer angeblichen, unterstellten Inkompetenz der politischen Eliten, sondern durch den Mangel an Sinn, Wert und Bedeutung, den der einzelne Bürger in seinem Leben empfindet. Dafür können die politischen Eliten nur begrenzt etwas tun, die eigentliche, menschliche Arbeit und Beschäftigung unterliegt der Freiheit des Bürgers und Menschen selbst.

Wenn der aber die ihm bereits schon seit 80 Jahren gebotene Freiheit noch nicht versteht und nützt (im westlichen Europa nach dem zweiten Weltkrieg und in Gesamteuropa nach 1990), dann ist es feige und unfair die Unzufriedenheit den politischen Eliten zuzuschreiben und sie für den Zustand der Welt verantwortlich zu machen. Da müssen die Bürger dann eben ihre dunklen, geistigen Kackhaufen woanders abladen, nämlich indem sie ihre dunklen Seiten lichten und zu Verstand kommen, sowie ein Verstehen entwickeln, das von wirklicher Gelassenheit getragen wird.

Das Gerede von der Schlechtigkeit der Welt hat gerade immer wieder in der Geschichte die Schlechtigkeit erst in die Welt getragen und dort verwirklicht, weil sich die Schlechten davon angezogen und inspiriert fühlten und dann nur Kacke gemacht haben, indem sie auf die Kacke gehauen haben. Oder indem sie die Leichen von solchen, die sie für Kacke hielten (und die sie ermordeten), auf einen großen Haufen geworfen hatten. Statt ihre eigene, dunkle, geistige Kacke in Tüten zu verpacken und ordnungsgemäß zu entsorgen, indem sie, zum Beispiel, mehr oder weniger mutig in eine ordentliche und vertrauensvolle Psychotherapie gehen würden. Die Braunhemden Hitlers waren hier ein schreckliches Beispiel, die das verweigerten und verlachten und dann Verbrechen an der Menschlichkeit verübt hatten.

Das Schreckliche der Geschichte ist auch eine lapidare Folge der Gedankenlosigkeiten eines selbstgefälligen Geschwätzes von der Schlechtigkeit der Welt. Dass ich dies hier nenne ist nicht gedankenlos und auch nicht selbstgefällig, sondern spiegelt das Dunkle im Licht eines Verstehens von Erfahrungen. Dadurch erscheint das Dunkle deutlicher und es könnte der Anschein erweckt werden, das Licht selbst sei dunkel. Aber das Dunkle ist Kacke, die nicht aus sich selbst strahlt und nur im Licht der Sonne gesehen seine Eigenheit und Eigenschaft zeigt. Damit ist das Licht der Sonne aber noch nicht dunkel.

Um in diesem Bild der Kacke zu bleiben: Die Zersetzung der Demokratie wird sich selbst zersetzen, wird vermodern und zerfallen und zurück zu seinem Ursprung gelangen. Die Frage nur ist, ob ein großer oder noch verschmerzbarer Schaden dabei angerichtet worden sein wird. In jedem Fall aber wird es eine Behinderung von gutartiger Entwicklung gewesen sein, die in einer von Zeitknappheit geprägten Welt kostbare Möglichkeiten und Chancen für mehr Menschlichkeit wird verstreichen haben lassen. Und dass wir keine Zeit haben ist nicht nur eine spirituelle Erkenntnis und Erfahrung, sondern auch eine gesellschaftliche, gerade derzeit in Bezug auf den wissenschaftlich nachgewiesenen Klimawandel.

25
Frau und Mann

Diese beiden sind nicht gleich, aber sie sind nicht so verschieden, wie das manchmal gedacht oder gefühlt wird. Die beiden kennzeichnen signifikante Unterschiede, die andere als ich deutlicher vor Augen haben, ich daher hier nicht von diesen Unterschieden, an dieser Stelle, schreiben möchte. Denn es ist auch zu beobachten und zu erfahren, dass manche dazu neigen, die Unterschiede als Feststellungen heranziehen zu wollen, die sie angeblich berechtigten, dem jeweils anderen Geschlecht eine Schuld, ein Unvermögen oder eine Dummheit zu unterstellen.

Das halte ich für eine Charakterweise, die noch nicht erkannt haben könnte, dass die Unterschiede, die genannt werden würden, zum Einen vielleicht keine markanten sein könnten und zum anderen nicht dazu hinreichten, dass sie als *Erkenntnisse*, im philosophischen Sinne, verstanden werden – und dabei und daher *ohne* Abwertung gemeint sind, sondern schlicht: als Beschreibung und Erhellung, Beleuchtung und Nennung.

Weil Erkenntnis, die Erkenntnis ist, zu eigen hat, dass sie um ihrer selbst willen erkannt ist und erkannt werden will, als Erkenntnisgewinn – und nicht als Grund und Begründung einen anderen daher strafen oder verurteilen zu dürfen, irrig. Denn wer zu wenig, wiederum, die Gemeinsamkeiten erkennt und versteht, wird bei den Unterschieden zu Abwertungen neigen, weil er oder sie noch nicht die Größe besitzen, die umarmend den anderen annehmen könnte und daher auch seine oder ihre Unterschiede nicht als Vorwurf empfindet, sondern als markante(s) Merkmal(e) seiner oder ihrer

Persönlichkeit.

In letzterem Falle würde auch ein humorvolles Annehmen des oder der anderen eher möglich erscheinen, als im ersten Falle, bei dem die Gemeinsamkeiten nicht bewusst im Herzen rühren und daher eine Abwertung und Abneigung des oder der anderen zu spüren sein würden. In diesem Falle wäre das Ego die Abwertung führende Macht, die eine Trennung herbeireden würde oder Schlimmeres.

Wer sich schon dahin entwickelt haben sollte, die Gemeinsamkeiten des oder der anderen annehmen zu können, wird auch weniger von seinem Ego geführt werden, sondern eher von einem empathischen und differenzierten Ich getragen. Denn es sind die Egos, die für Trennung sorgen, für Abwertung und Schuldzuweisung, weil sie noch nicht die Größe und Weite besitzen, einen anderen in dessen oder deren Verschiedenheit zu umarmen. Und die Egos können daher auch nicht die Gemeinsamkeiten wahrnehmen und verspüren. Ihnen fehlt es nämlich an empathischer Rührung.

Dass es nicht leicht ist, andere in ihrer Verschiedenheit zu umarmen, sagt die Erfahrung. Aber es sagt uns auch die Erfahrung, dass gerade die Egos es sich zu einfach machen, wenn sie glauben, sich mit den Unterschieden anderer berechtigt zu finden, diese schikanieren, beleidigen, abwerten oder beschuldigen zu dürfen, ohne dabei erkannt zu haben, dass sie selbst Unterschiede zu diesen aufweisen.

Denn die Egos sehen dabei nicht ihre eigene Schikane, der sie ausgesetzt waren oder sind, sie erkennen nicht die Beleidigungen, die in ihnen noch unverarbeitet schwelen, jene Herabsetzungen, die sie beleidigten und beschuldigten. So tun sie das nun selber und nehmen dabei die Rolle der Macht an, die sie damals selbst unterdrückte.

Sie haben dann wohl charakterlich die Feinheit noch nicht erfahren, die in einem respektvollen, gemeinsamen Leben besteht. Und sie sind, wenn sie dies doch erfahren haben sollten – aber charakterlich anders geartet sind –, noch nicht dazu herangereift, es besser zu machen. Und so wiederholen sie die Fehler anderer, von denen sie nicht verschieden sind und die sie noch nicht als sie selbst erkennen und verspüren. Würden sie dagegen das schon können und spüren, wäre ihr Verhalten ein ganz anderes, es wäre ein Menschliches.

Aber das Ego, das einen Keil zwischen Männer und Frauen treiben sollte, weil es sich an den Unterschieden ereifern würde und die einen loben und die anderen verdammen würde, würde nur *auf einem gewissen Wege sein* menschlich zu werden, aber noch nicht menschlich *sein*. Und manche davon, bleiben auf dem Wege liegen und schaffen es ihr Leben lang nicht, einen menschlichen Charakter zu entwickeln, der von Respekt und Würde begleitet ist und der sich nicht in den Gegensätzen verfangen hat, in den Polen zwischen Liebe und Hass, zwischen Zuneigung und Abneigung, und dabei die Enden der Liebe und der Zuneigung von Hass und Abneigung kontaminiert wären.

So muss man es sagen, so wird man es erfahren. Alles andere bestünde in einer Gleichmacherei, die die Unterschiede leugnen und nihilieren würde und daher nicht der Erkenntnis dienen, sondern der Selbstgefälligkeit des eigenen Ego oder dem der Kumpels, von denen das Ego wohl glaubte, dass es Freunde seien. Aber Freunde bestätigen uns nicht in einem Irrtum, sondern spiegeln unseren Irrtum, indem sie ihn, mitunter humorvoll und entspannt, kommentieren und uns so ein empathischer Begleiter sind, der uns um der Erkenntnis willen spiegelt.

Die bloßen Kumpels der Egos allerdings, werden sich nicht getrauen den Irrtum anzurühren, weil sie ihn selber fürchten. So zeigt sich deren Angst vor Mann und Frau. Und da Angst den Geist und das Herz verdunkelt, wäre so nur eine dunkle Welt zu sehen. Das nützte Mann und Frau daher nichts, weil sie nach Helligkeit streben, wie eine Rose und Pflanze, wie ein Baum, der sich zum Licht der Sonne streckt.

26

Das Mass verloren

Wir waren vegetarisch Essen gewesen und gaben überdurchschnittlich viel Geld dafür aus, obwohl wir unterdurchschnittlich verdienen. Aber wir probierten dieses neue Restaurant in der Stadt aus und wollten auf dieses seltene Ereignis gerade nicht verzichten. Also gingen wir anschließend wieder zurück zum Parkhaus. Dabei sahen wir einen Obdachlosen auf einer Sitzbank liegen, der neben sich ein paar größere Taschen hatte, seine Kleidung sah ungewaschen aus. Kurz vorher sahen wir ein überdurchschnittlich großes Automobil, das für den Stadtverkehr nicht passend schien. Wir tauschten uns aus und meinten, dass wohl manche Menschen überdurchschnittlich viel Geld ihr eigen nennen können und sie daher sich überdurchschnittlich große Fahrzeuge kaufen können, die nicht der Umgebungsbedingung angepasst sind und daher aus dem Rahmen fallen. Wir waren uns einig, dass nicht wenige Menschen in unserem Kulturbereich so viel Geld haben, dass sie im Grunde nicht wissen, was sie Nützliches damit anfangen können. Dann kam mir der Gedanke, dass es der Kapitalismus ist, der dies ermöglicht und dass gleichzeitig Obdachlose auf der Bank schlafen müssen. Ich fühlte dies als Beschämung für eine Welt, die noch nicht gelernt zu haben schien die eigenen, grundlegenden Bedürfnisse zu würdigen und stattdessen mit dem Konsum eskaliert und überzogen eine Gier und eine Unzufriedenheit befriedigt, die das Maß verloren hat. Dass es daher nicht gleich zugehen kann in der Welt und die Ungleichverteilung von ethischem Verhalten abgekoppelt wird, ist die Folge dieser gedankenlosen Gerechtigkeit, die daher nur Pseudo-Gerechtigkeit ist, also Unrecht darstellt. Das sei beschämend für eine Gesellschaft, stellten wir fest, die maßgeblich die Technologie entwickelt hat, die dafür verantwortlich ist, dass sich der bedrohliche Klimawandel vollzieht. Das Automobil wurde in diesem Land erfunden. Und die überdurchschnittlich großen Karossen, die aus dem Rahmen des Notwendigen fallen, werden auch mittlerweile hier in diesem Land gebaut und verkauft. Wer das Maß verliert, muss es suchen, um es wieder zu finden. Und er wird nicht allein dieses Maß finden müssen, sondern auch sich selbst, denn jeder Mensch ist nicht verschieden von den Maßgaben einer Gesellschaft und Kultur, von denen er ernährt wird und aus denen er in eine Pflicht und Kür seines Lebens eingewoben ist, von denen er sich nicht frei machen kann. Wer das Maß dagegen bereits ganz verloren hat, hat es entweder noch nie maßvoll gehabt oder wird nicht einmal dann aufwachen, wenn ihm seine Maßlosigkeit vor die Füße fällt. Diese ewig Gestrigen aber, gibt es noch. Und wir müssen achtsam sein, uns nicht von ihnen die notwendigen Veränderungen ausreden zu lassen oder ein schlechtes Gewissen einreden. Wer von denen uns die Schuld gibt für etwas, das nur deren Gier am Leben halten sollte, denen müssen wir belehrend und eingrenzend klares Wasser einschenken. Und zwar kompromisslos, denn deren Kompromisse werden faule Kompromisse sein wollen, weil sie doch wieder nur ihre eigenen Pfründe zu sichern suchen und (noch) nicht einsehen, was es einzusehen gibt. An denen wird es scheitern, wenn er gescheitert sein wird.

Aber noch sind wir Vernünftigen in der Lage klare Kante zu zeigen. Wir dürfen nur nicht deren Schuldzuweisungen gehorchen, wenn sie uns suggerierten, wir würden sie mit Verboten gängeln wollen. Nein, dies drückte nur aus, dass sie es noch nicht kapiert hätten, das und was wir tun müssen, um zu überleben. Das schlechte Gewissen aber, habe ich nicht von denen, sondern, weil ich denke, wir müssten mehr tun und mein eigener Beitrag der Aufklärung und des Engagements sei zu wenig. Hier sehe ich, dass ich in denselben Grenzen laufe, wie jeder wohl und welche Kraft es bedarf hier etwas Wesentliches zu erreichen. Das tröstet mich aber daher nicht, sondern ermutigt mich, zum Beispiel, hier darüber zu schreiben.

27

WEHLEID

Er scheint, dass die Evolution, die Natur und Gott den Menschen und die gesamte Menschheit mit dem Wehleid ausgestattet hat, um etwas Bestimmtes zu erreichen. Schaut die kleinen Kinder an, wie sie laut ihr momentanes Leiden äußern und sich in Wehleid ergehen. Es rührt das Herz, wie es auch in Aggressivität umschlagen kann, wenn die Intensität des Wehleides zu hoch und zu lange andauerten. Aber es ist auch die Erfindung der Liebe und der Sorge, die von der Evolution, der Natur und Gott hervorgebracht wurden, die mit diesem Wehleid eine neue Qualität des Daseins inspiriert: Nämlich das Menschsein an sich.

Daher besteht für jeden Menschen eigentlich die Notwendigkeit zu lieben und sich in Liebe zu üben, genau aus diesem Grund, weil die Evolution, die Natur und Gott dies für uns alle vorgesehen haben. Liebt daher, innig, intensiv, erfüllt, tief, verständig und weise. Dann werden wir erkennen, das dieses wehleidige Kind wir selbst sind, das nach Unversehrtheit und Wohlsein ruft, das weint, weil es seinen Frieden gestört sieht und sich sehnt nach der Freude des Augenblicks, in dem es gerade noch verweilte. Wir werden dieses Kind sein und dann einen tieferen und nachhaltigen Blick auf das Leiden werfen können, weil wir uns mit einer Liebe getragen sehen, die auch in solchen wehleidigen Situationen immer mehr in der Lage sein wird zu lassen und zu lieben und das zu tun, was notwendig ist und etwas zu tun, um die

Not zu wenden und zum Frieden, zur Freude und zum Glück zurück zu gelangen. Das Wehleid der Welt ist also kein Grund für unsere Aggressivität, sondern ein Prüfstein für unsere Liebesfähigkeit.

28

GOTT UND DER TOD

Wer glauben und behaupten sollte, dass Gott ein Mörder sei, weil er die Kriege der Menschen erlaube, weil er erlaube, dass die Menschen Tiere töten, um sie zu essen und dass er erlaube, dass die Tiere andere Tiere töten und fressen, hat das Folgende wahrscheinlich noch nicht erkannt, nämlich: Für Gott gibt es keinen Tod – und daher auch keinen Mord.

Wer also das Konzept der ungeborenen Unendlichkeit aufrecht erhalten will und das Wort Gott dafür benutzen möchte, darf nicht Gott dafür verantwortlich machen, was an unguten Dingen in der Welt geschieht. Wobei das Töten von Tieren durch Tiere, zum Zwecke der Ernährung, natürlich erscheint und nicht als Mord. Das erscheint bei den Kriegen des Menschen schon anders. Dort hätte der Mensch die Möglichkeit zu erkennen, dass Kriege nicht mehr notwendig sind. Nur seine Furcht vor dem Tod scheint es zu sein, der ihn antreibt Kriege vom Zaun zu brechen und dadurch erst den Tod zu ermöglichen. Gott aber kennt keinen Tod – wenn das Konzept der ungeborenen Unendlichkeit angenommen werden sollte. Der kriegerische Mensch ist also von Gott getrennt, er ist offenbar getrennt von der grundlegenden Wirklichkeit der ungeborenen Unendlichkeit des jetzigen Augenblicks. Denn nur dort ist Gott zu finden (wenn er zu finden ist oder nicht vielmehr er uns findet). Wer also durch Furcht und Wollen aus dem jetzigen Augenblick herausfällt, fällt aus der Chance heraus die ungeborene Unendlichkeit *zu sein*, für die es keinen Tod gibt. Er und nur er, kann dann in Frieden leben und in Frieden sterben.

Wo das Sein der ungeborenen Unendlichkeit mit dem Werden und Sterben einer geborenen Endlichkeit verwoben ist, sind das Sein, Werden und Sterben eins. Wer dieses gewahrt und in dem damit assoziierten jetzigen Augenblick verbleiben kann, wird glücklich leben und glücklich sterben können, wenn es natürlich für ihn gekommen ist.

29
Negativ

Es ist ermüdend zu beobachten und gleichsam als ein wenig traurig zu spüren, wie der Mensch dazu neigt, eine sachliche Beschreibung einer Tatsache und Wahrheit als „negativ" zu bezeichnen, wenn weder Lob noch Kritik darin zum Ausdruck kommen. Andere, die dazu kommen und fragen um was es geht, hören dann das Wort „negativ" und rümpfen die Nase oder meinen, es werde schlecht geredet. Aber mitnichten. Die Problemsituationen des Menschen und seine psychologischen Schatten zu beschreiben, bedeutet einen Gewinn an Erkenntnis zu aller erst und nicht eine selbstzufriedene Abwertung des Menschen oder ein selbstgerechtes Schlechtreden.

Es müssen daher manche Menschen noch lernen, was es heißt die Fakten und Wahrheiten zu beleuchten. Dies bedeutet nämlich nicht, dass wir schlecht reden, sondern vielmehr, dass eine Erkenntnis kommuniziert wird, die erhellend wirkt. Wer allerdings sich vor Erkenntnis fürchtet, weil er deren Wahrheit nicht aushalten kann, der wird natürlich denken, dass hier eine ungerechte Abwertung stattfinde. Die offene Haltung aber, die um Erkenntnis bemüht ist, wird den Menschen dabei immer noch zu umarmen suchen und zu verstehen, denn das tut die Erkenntnis ja, sie versteht. Wer versteht, wird einen anderen nicht abwerten müssen oder ihn schlecht reden, denn er hat eher die Fähigkeit ihn als ganzen Menschen zu sehen, der nicht nur Schatten und psychologische Verworrenheiten zeigen kann, sondern sicher auch Glanz und Helligkeit.

Aber die Reaktion eine sachliche Erkenntnis als „negativ" zu bezeichnen, zeigt schon, wie er selber denkt, dass er eben selbst dazu neigt „negativ" zu denken. Denn würde er um der Erkenntnis willen nachdenken können und zuhören, würde ihm nicht einfallen eine Erkenntnis als „negativ" zu bezeichnen. So, wie er anderes wertet, wird er andere werten. Das, was ihm einfällt, zeigt seinen Zustand an, der innerlich bei ihm vorzufinden ist. Der Negative wird negativ bewerten und kritisieren; der Erkennende wird Erkenntnis äußern und verstehen.

30
Die „Fresse" halten?

Ich halte nicht die „Fresse". Nicht immer und nicht unbedingt. Ich halte einen Spiegel, bei Bedarf. Der wird die Realität am ehesten spiegeln und damit sowohl Schönheit als auch die Schatten und Falten der Zeit. Die Fresse halten kann keine unumstößliche Forderung sein oder bleiben, denn der Mensch könnte dazu neigen an falscher Stelle still zu sein. Gerade da die Wahrheit manchmal schmerzt, ist sie doch wert respektvoll geäußert zu werden und nicht als Vorwurf stehen zu bleiben. Hier besteht die Herausforderung. Hier besteht die Kunst der Kommunikation.

Wer die Wahrheit dann immer noch nicht aushalten kann, der steht vor der Aufgabe, sie im Nachgang noch einmal genauer anzuschauen und nachzuspüren, inwiefern ein anderer und sein Spiegel der Wahrheit nahe waren oder inwiefern nicht. Den Spiegel in diesem Sinne zu halten, bedeutet *nicht*, einen anderen mit Schuld zu beladen oder ihn in ein schlechtes Gewissen zu treiben, wie gesagt, es bedeutet *nicht*, ihm einen Vorwurf zu machen oder Vorhaltungen. Wenngleich der Spiegel dies manchmal hervorrufen kann, das Gefühl nicht zu genügen und dadurch sich ungenügend und schuldig zu fühlen. Wer übt den Spiegel der Erkenntnis zu halten, wird ihn auch immer mehr an sich selbst erfahren.

Doch es bleibt eine große Kunst ihn *nicht* für persönliche Angriffe und Gegenwehr zu verwenden, die in einen eskalierenden, verbalen Kampf münden könnten. Denn die Darlegung von Wahrheit und Erkenntnis bedürfen der sachlichen Nüchternheit, die aber dennoch empathisch das Mitfühlen zeigt. Was nicht so einfach ist und auch nicht immer garantiert erkannt wird, weil die Menschen in einer latent verletzlichen inneren Haltung zu ruhen scheinen, die sehr empfindsam gegenüber Wahrheit und Lüge ist, die sie dann unter dem Teppich oder hinter dem Sofa belassen wollen.

Und natürlich ist es immer eine Frage des günstigen Augenblicks, der günstigen Zeit, in der die Weite und Ruhe eines Vertrauens spürbar sind, in der die Wahrheit im Spiegel des Augenblicks gewagt werden könnte. Gerade in schon aufgeschaukelten Situationen, dagegen, ist es tatsächlich so, dass ein Schweigen (die Fresse halten) den Respekt zeigen könnte, der nötig wäre, um einen anderen nicht in die Bredouille zu bringen und ihm gerade daher eine

Schuld einzuflößen, die wiederum eine zuweilen harte Gegenreaktion hervorrufen könnte, die keiner will, weil wir im Grunde, nicht nur für die uns vertrauten Menschen, einen Frieden und eine Erkenntnis wünschen, die befreit und nicht, die entzweit.

31

Hoch im Kurs

Das Prinzip Freiheit ist hoch im Kurs in der Moderne. Es hat den Individualismus gefördert, sowie die Automobilindustrie und die Selfie-Kultur der modernen, digitalen Photographie. Aber es hat auch den Narzissmus befördert und verstärkt, jene eitle Selbstliebe, der andere Menschen überwiegend für das eigene Amüsement, den eigenen Vorteil und die eigenen Pfründe nützlich sind. Es hat obendrein eine Erziehungskultur befördert, die kaum noch Grenzen mehr sieht für Toleranz, denn die unendliche Selbstliebe der Toleranz glaubt, dass alles zu tolerieren sei. Dadurch ist sachliche Kritik nicht nur eingeschlafen, sondern anrüchig geworden, wird zudem kaum mehr verstanden und oft moralisierend abgelehnt.

So auch das Aufkommen der rechten Populisten in Europa und der Welt, denen entschieden frisches Wasser eingeschenkt werden muss, weil sie – wie immer bei den politisch Rechten – drohen Unheil anzurichten (in Form von Hetze, Hass und Unruhe; als Faschismus, Nationalismus und Eitelkeiten aller Art) oder weil mit ihnen droht das Unheil untätig und unverständig einfach geschehen zu lassen (die Umweltschäden und die Klimakrise). Mit ihnen ist keine Bewältigung der globalen Probleme möglich. Man muss von ihnen die Finger lassen.

Die rechten Populisten haben daher so einen Zulauf, weil eben die Anwendung und Umsetzung des Prinzips Freiheit in der Moderne solche beliebigen, willkürlich zu nennenden und unhaltbaren Begründungen einfach glaubt, wenn sie nur markig genug und flüssig formuliert werden. Aber an dieser Schimäre hat schon Hitler sein Gefolge rekrutiert und geglaubt, er sei dadurch schon ein Gott. Aber er und die anderen genannten sind weniger als ehrwürdig und natürlich keinesfalls göttlich zu nennen. Diese Leute sind untätig im Denken und Fühlen, sie tun, was ihnen ihre ungeistige Nase schniefend diktiert, aber damit diktieren sie ihren Rotz nur anderen auf die Oberlippe, die damit natürlich überläuft und schäumt vor Wut.

Das Prinzip Freiheit hat in diesem Sinne die Untätigkeit des Individuums gefördert, seine selbst-verlorene Geschäftigkeit in Karriere, Freizeit, Urlaub und Fußball-Gucken. Selbst Kanzler und Kanzlerin gehen zum Fußball-Gucken, wenn es öffentlichkeitswirksam erforderlich ist und das Fußball guckende Volk den Beistand und Freispruch der politisch regierenden Macht benötigt. Die Moderne bildet sich daher auch ziemlich viel auf ihr Prinzip Freiheit ein, doch gleicht dies mehr einem Eindruck, der wie das Kaninchen vor der Schlange steht und beeindruckt ist von der Idee, mit der sie glaubt den Frieden in der Welt herstellen zu können, nach dem Motto: Gewähre den Menschen die ihnen gebührende Freiheit und du hast glückliche und friedliche Menschen, weil sie tun und lassen können, was sie wollen.

Das ist aber eine Täuschung und ein Irrtum höchsten Ranges. Und warum? Mit einem Satz? – Die Menschen, in der sogenannten Freiheit (und auch erst recht anderswo), können nicht alle tun und lassen, was sie wollen, denn sie werden immer noch von Selbstverständlichkeiten begeistert sein, die an Aberglauben grenzen, nur um ihre eingebildeten Eitelkeiten befriedigen zu können – und diese Selbstverständlichkeiten sind durch psychologische Schatten des Leides, der Agonie, der Gier, des Eifers, der Aggressivität und des Zynismus gefärbt und verteidigt, weil die Freiheit nicht nur im Außen zu finden ist, sondern vor allem in der eigenen Innerlichkeit, weshalb aber die Moderne noch die Innerlichkeit leugnet, ignoriert und beschämt und sie lediglich eine äußerliche Freiheit lebt, die auch noch dazu maßgeblich durch innerliche Unfreiheit bewegt wird.

Ein zweiter Satz: Das ist das Problem mit der Freiheit der Moderne; diese einseitige Fokussierung auf die Äußerlichkeit und die Ignoranz einer vertrauensvollen, innigen und aufrichten Innerlichkeit, die ihrerseits möglich wäre, wenn sie beachtet und geübt werden würde.

Die Moderne muss endlich ihren Aberglauben erkennen, von dem sie eigentlich glaubte geheilt zu sein, hat sie doch den der Religion der Prä-Moderne als unhaltbar entlarvt, der darin bestand eine höchste Instanz anzubeten, die irgendwie nicht bewiesen werden kann. Aber der Erfolg macht zuweilen blind. Denn der Aberglauben der Moderne scheint zu sein, dass er eine Äußerlichkeit anbetet und eine Freiheitsbewegung damit verknüpft, die gerade den globalen Schaden anrichtet, dessen Behebung die Moderne nun mit denselben Mitteln hinterher rennt, wie jene, die ihn verursacht haben; die Moderne hat ihre eigene Innerlichkeit noch nicht entdeckt, mit deren Würdigung und Praxis sie ihre äußere Verlorenheit aufheben könnte. Und sich finden. Was eine neue Kulturepoche bedeuten würde, nämlich die Post-Moderne, die nicht an einem irrigen Verständnis von Toleranz leiden würde, sondern ein reifes Verständnis davon haben würde. Und dieses bestünde nicht in einer Generalerlaubnis des Denkens und Tuns von allen und allem. Diesen Eindruck macht aber eine Moderne, die sich anschickt die Prinzipien der Post-Moderne zu verstehen, sie macht ähnliche Fehler, wie die Prä-Moderne, nur auf ihre Weise.

Es ist daher höchste Zeit, dass die Moderne beginnt ihre Blindheit zu heilen, ihre Dunkelheit zu lichten und ihre Schatten zu beleuchten. Dies wird sie nur können, wenn sie ihren äußeren Bewegungen eine innerliche Bewegung und Praxis hinzufügte. Denn ihre innerliche Unbeweglichkeit wird daran Mitschuld sein, wenn die äußerlich wirksame Klimakrise nicht entschärft werden kann.

32

LOB UND NUTZEN

Ein Mensch, der einen anderen lobt, tut dies nicht uneigennützig, zumindest nicht immer. Denn er kann es nützlich finden einen anderen bei sich zu wissen und ihm zu schmeicheln, weil er will, dass er bei ihm bleibt. Das Lob muss aber daher nicht falsch sein – und sollte es nicht – wenn der Mensch aufrichtig ist. Doch wird es wohl ein uneigennütziges Lob kaum geben, denn mit dem Lob ist Anerkennung verwoben, die sowohl in die Empfängerrichtung als auch in die Richtung des Senders gehen soll. Wie beim Streicheln eines Haustieres, wenn die Katze oder der Hund sich auf den Rücken legen und ihr Vertrauen zum Ausdruck bringen, ist es doch so, dass die Kehle frei liegt und ein Fressfeind zupacken könnte. Beim Lob also eröffnet der Sender die Prüfung des Vertrauens für den Empfänger: Wenn letzterer das Lob anerkennt und es zurecht für gültig empfindet, wird dieser ein Stück näher und tiefer im Vertrauen zu ersterem gelangen. Das Lob ist also dann von Nutzen, wenn es aufrichtig von Herzen kommt und beide sich damit die Kehle bieten.

33
Begegnung beim Austragen

Es war auf meiner wöchentlichen Zeitungstour, bei der ich in unserem Ortsteil 200 kostenlose Wochenzeitungen in die Haushalte brachte, zu Bedingungen des Mindestlohn. Ich konnte mir die Zeit des Austragens in gewissen Grenzen selber wählen, es sollte aber am Wochenende erledigt sein. Es war Juni und die Sonne schön sommerlich, der Himmel blau und weiße Wolken lagen fröhlich, fast regungslos, am Himmel.

Dann kam ich am Ende der ersten Hälfte an ein Haus, bei dem ich dem Anwohner noch nie begegnet war, er strich gerade die Eingangstür. Als ich auf sein Haus und ihn zuging, mit der Zeitung für ihn in der Hand, sagte er, dass er schon eine bekommen hatte und er keine mehr möchte. Sein Tonfall klang etwas beklagend. Ich sagte, das würde mich wundern, wenn er meine Zeitung schon bekommen hätte, denn ich bin für diese der einzige Träger hier. Er aber schaute erst nach, nachdem ich ihn gefragt hatte, welche Zeitung er schon bekommen hätte, denn zuvor erging er sich, sichtlich leicht frustriert, darin, dass er keine Zeitungen wolle. Schließlich schaute er nach, weil ich ihn erneut darum bat und es stellte sich heraus, dass es eine andere kostenlose Wochenzeitung war, die er bereits in seinem Kasten hatte. Er meinte aber, er brauche keine. Seine Gestik sah klagend und verzweifelt aus. Worauf ich ihn fragte, ob er immer keine möchte oder nur diesmal. Er hörte nicht, was ich sagte und kam mit seinem klagenvollen Ton in die Wiederholung, dass er keine brauche. Ich sagte zu ihm, dass er ein Schildchen an seinen Briefkasten kleben sollte, mit der Aufschrift „Keine kostenlosen Zeitungen“. Er aber hörte dies wiederum nicht und erneuerte seinen Willen keine kostenlosen Zeitungen haben zu wollen. Wiederum ergänzte ich: „Machen Sie ein kleines Schild an den Briefkasten, „Keine kostenlosen Zeitungen“, dann wird es auch ein Träger nach mir verstehen. Wir befolgen die Hinweisschilder an den Briefkästen.“ Dies schien er verstanden zu haben, worauf er mit seinem Streichen weiter machte. Ich wünschte ihm ein schönes Wochenende und er erwiderte den Wunsch mir gegenüber dankend. Aber er sah gleichsam befriedigt, wie mürrisch aus.

Das war wohl eine nur kleine Begebenheit, aber eine vielsagende Szene. Ich sprach deutlich, aber er verstand nicht und ich musste dreimal wiederholen, bis er es verstanden hatte, wie es funktioniert, damit er seinen Willen erfüllt bekommt. Und er hatte nicht gezeigt, dass er auf meine Worte bezogen war, denn er erging sich dreimal in seiner Klage ohne zu erkennen gegeben zu haben, dass er in Kommunikation mit mir treten wolle.

Wer zu sehr an sein Klagen und Beschweren gewöhnt ist, wird nicht hören und verstehen, wenn man ihm die Lösung seines Problems anbietet oder sie mit ihm erarbeiten möchte. Ich kenne diesen Menschen im Grunde nicht persönlich, aber sein Gebaren, seine Gestik und seine Taubheit, die offensichtlich waren, lassen mich etwas über den Menschen begreifen. Dass er erst noch lernen muss jeden Augenblick wach und achtsam zu sein, um zu hören, was gesagt wird und zu verstehen, wie seine Probleme gelöst werden können. Denn die Taubheit verhindert und verzögert die Problemlösung, da hilft es dann nicht, davon zu sprechen, dass alles Leben Problemlösen sei. Denn wenn die Zeit davon läuft und die Leute die notwendigen Entscheidungen nicht treffen, dann kann das global gesehen, zu einem existenziellen Problem werden. Was es ja inzwischen schon geworden ist. Das Klima, die Natur und Gott, achten nicht auf die menschliche Klage. Der Mensch muss hören, worin die Lösungen zu finden sind und er muss verstehen, was er tun muss, um nicht nur seine Probleme zu lösen, sondern auch die seiner Gesellschaft, Kultur, Religion, Nation und der Menschheit an sich. –

Ich bin gespannt, ob der Herr nächste Woche bereits ein Schildchen an seinem Briefkasten angebracht haben wird. Am Ende unserer Begegnung zeigte er den Anschein, dass die gebotene Lösung seines Anliegens ihn zufrieden stellte. Aber ob er in die Tat kommt, bleibt abzuwarten.

<h2 style="text-align:center">34</h2>

Vom Flunkern der Jugend

Es ereignete sich auf einem großen Campingplatz am Bodensee, Ende der 1970-er Jahre, als meine Eltern dort einen Wohnwagen für Dauergäste stehen hatten und wir 2, 3, 4-Mal im Jahr, während den Schulferien, darauf verbrachten. Die Nachbarn dort bestanden vorwiegend aus Familien mit Kindern im selben Alter, wir waren etwa 11 oder 12 Jahre alt und verbrachten insgesamt weitere fünf oder sechs Jahre mit unseren Eltern an diesem Platz. Wir genossen jede Ferien dort und fanden uns mit Gleichaltrigen natürlich in einer aufregenden Geselligkeit, da wir etwa gleich viele Jungs und Mädchen waren. Neben den Tricks sich kostenlos an den modernen Spielautomaten mit Asteroids, Centipede, Packman und anderen Spielen der Zeit die Zeit zu vertreiben und Adrenalinstöße zu erhalten, waren auch das Schwimmen und Sonnenbaden Gelegenheiten das Leben zu gestalten. An den kühleren Tagen trafen wir uns in einem Wohnwagen, spielten Gitarre oder Gesellschaftsspiele oder unterhielten uns, wenn wir nicht gerade Tagesausflüge unternahmen oder im Wohnwagen unsere Mahlzeiten zu uns nahmen oder Kaffee und Kuchen.

Ein Nachbarjunge hieß Dieter und er spielte beeindruckend gut Gitarre für sein Alter. Seit seinem sechsten Lebensjahr spielte er – und ich erst seit kurzem, weshalb ich motiviert war auch bald so gut spielen zu können, wie er. Da trafen wir uns einmal zu zweit im Wohnwagen meiner Eltern, die gerade nicht da waren. Mir schien die Gelegenheit günstig bei ihm auch punkten zu können, und so erfand ich eine Sache, die nicht ganz erfunden war, aber in den Details dann eben doch.

Ich zeigte ihm einen kleinen Zettel, auf dem ich zuvor geschrieben hatte, was mir eine Mitschülerin zu verstehen gegeben hatte. Darauf stand mit veränderter Handschrift: „Hallo Thomas, du bist anders als die anderen und das mag ich so an dir. Ich will mit dir gehen." Dieter machte große Augen, ein freudiges Strahlen kam über sein Gesicht, er schien beeindruckt zu sein. Ich hatte gepunktet und es schloss sich ein erwachsen sein wollendes Gespräch über Mädchen an.

Nicht nur die gesellschaftliche Anerkennung ist wichtig für unser Wohlbefinden, auch dass wir mit unserem Handeln und Denken anderen eine Freude bereiten. Und dass wir dazu neigen uns zum Anderen hingezogen zu fühlen, genau zu dem anderen, der anders ist als alle anderen. Wir scheinen daher das Besondere zu suchen. Aber wir suchen es immer woanders, auch wenn wir nur geistig darüber nachsinnen. Einen Kontakt zu uns selbst und unserem Anderssein an sich herzustellen, ist da schon schwieriger zu verwirklichen. Dass wir aber flunkern oder gar lügen sollten, um uns Besonders zu machen und daher anders als die anderen, halte ich heute für unangemessen und von allerlei Irrtum und Selbsttäuschung bevölkert, denn der Zweck heiligt nicht in jedem Fall die Mittel.

Nun hatte ein Jahr zuvor mir eine Mitschülerin tatsächlich ab und an

Zettel zugesteckt, während des Unterrichts, und wir tauschten uns so nicht ganz wortlos aus. Dies empfand ich als belebend und die Zettel gingen so eine Zeit lang hin und her. Bis sie eine befreundete Mitschülerin bat mich zu fragen, ob ich mit ihr gehen wolle. Ich war aufgeregt als sie mir das offenbarte und anbot, wusste aber zu dieser Zeit noch nicht, was das bedeuten sollte. Die Freundin sagte: „Dass ihr euch ab und zu trefft und miteinander spielt." „Ach so'", sagte ich, „alles klar, das können wir machen." Also hatte ich nun meine erste Freundin. Sie hieß Beate und stand als Klassenbeste in der Hierarchie recht weit oben.

Ich hatte also Dieter beeindruckt mit dieser kleinen Ergänzung zur Wahrheit über das Anderssein. – Wir sind alle anders und doch in wesentlichen Belangen auch wiederum nicht. Wir sind gleich in unserer Verschiedenheit und wir streben zu einem Anderssein, auch wenn wir zufrieden sind oder gerade daher. Denn der Frieden des tiefen Kosmos, aus dem der Mensch erwachsen ist, lässt ihn weiter wachsen in einen noch tieferen und umfänglicheren Frieden hinein, der anders ist als zuvor. Das scheint nicht nur Hoffnung zu sein; wer ein gewisses Alter erreicht hat und entsprechende Lebenserfahrung gesammelt, mit gleichsamer Spiegelung an der Realität, wird dies wahrscheinlich bestätigen können. Es sei denn, er entwickelte sich in einen Starrsinn hinein, der beim Anderssein stehen blieb und damit beim Misstrauen und der Furcht ins Leben und vor Anderen.

Ein anderer Mensch wird für uns besonders, wenn wir eine vertrauensvolle Beziehung zu ihm aufbauen und wir uns von ihm gespiegelt sehen, wir also uns in ihm sehen können, indem er uns genauso annimmt, wie wir ihn. Die Menschheit hat leider Schwierigkeiten damit andere Menschen als Besonders anzunehmen, in dem Sinne, dass hier ein Vertrauen vorhanden ist, das auf Gegenseitigkeit beruht und wir uns von ihnen auch als Besonders angenommen spüren können. Warum ist den meisten Menschen hier eine Sorge mitgegeben? Warum fürchten wir uns voreinander? Warum können wir andere nicht genauso annehmen, wie unsere Nächsten? – Ich glaube, weil wir uns keine Zeit nehmen (oder haben) uns kleine Zettel zuzustecken, die ein Vertrauen aufbauen könnten, dass uns verschieden und doch gleich erfahren lassen würde. Wenn wir uns selbst nur für besonders halten und andere nicht, ist das eine ungünstige Haltung für gegenseitiges Vertrauen. Nur wer sich als besonders empfindet und andere auch und dabei keinen

Zynismus zum Ausdruck bringt, er also keine geistig-emotionalen Trennungen einführt, dann ist Vertrauen möglich. Wir sind dann alle anders und zwar auf besondere Weise und daher alle gleich.

35

Unwahrheit und Wahrheit

Wer sich in der Unwahrheit befindet, wird ärgerlich, ängstlich oder aggressiv reagieren, wenn ihm die Wahrheit begegnet. Wer dagegen in der Wahrheit ruht, wird die Unwahrheit, die ihm begegnet, als Unwahrheit sehen können – und damit die Wahrheit. Er wird sich selbst, die Wahrheit, sehen und spüren können, er wird eins sein und nicht getrennt. Er wird also in Frieden bleiben können, sofern er sich emotional ausbalanciert und nicht wegtragen lässt von etwaigen Projektionen und Beschuldigungen der Unwahrheit.

Wo die Wahrheit die Unwahrheit genau im Blick behält und sie achtsam, kraftvoll und wach schaut, wird der Wahrheit nichts geschehen. Die Wahrheit wird sogar neue Erkenntnisse und neue Wahrheit erkennen können und daher großen Nutzen daraus ziehen, wenn ihm die Unwahrheit begegnet. Die Wahrheit wird schöpferisch sein; die Unwahrheit wird destruktiv sein. Denn die Unwahrheit als Unwahrheit zu sehen, zeugt ein Feld der Erkenntnis, das von Wahrheit befüllt ist und diese schöpferisch entfaltet.

Wer sich, dagegen, in Unwahrheit bewegt, wird immer Unfrieden zu schaffen versuchen und seinem Kampf propagieren, er sei für die gerechte Sache. Aber die Unwahrheit täuscht sich, weil sie an der Wahrheit sich selbst nicht erkennt und glaubt, sie sei verschieden davon. Die Unwahrheit wird zerstören, auch sich selbst. Als Individuum und als Kollektiv.

Solche Unwahrheit glaubt nicht an die Wahrheit, glaubt nicht an die Liebe und glaubt nicht an die Freiheit. Diese Unwahrheit wird unwirkliche, unmenschliche und unwahrhaftige Dinge tun, sie wird hassen und nicht lieben, sie wird unfrei sein und andere in Unfreiheit und Gefangenschaft stürzen. Die Unwahrheit wird töten wollen. Die Wahrheit dagegen wird zeugen (wollen) und schöpferisch sein (wollen).

Die Wahrheit wird auch dann noch anwesend sein, wenn die Menschheit längst gegangen ist. Doch auch das Schöpferische wird einst sterben müssen, aber wenn es den Menschen der Wahrheit betrifft, wird er in Frieden gelebt und in Frieden sterben können, wenn es natürlich gekommen ist.

36
Furcht zum Himmel

Ein Satz, den neulich jemand erwähnte, lautet: „Manche Leute glauben, sie hätten nur Rechte und sehen nicht ihre Verantwortung und Pflicht, die ihr Eingebundensein mit sich bringt." Und ich ergänzte: „Solche Leute fordern dann meistens auch mit verbaler Gewalt ein, was sie glauben, das ihr Recht sei. Aber wer die Zusammenhänge kennt, sieht und versteht, dass sie ganz und gar nicht im Recht sind, sondern das nur eingebildet glauben." Mein Gegenüber nickte und wir waren uns einig, dass eine konstruktive Herangehensweise die bessere wäre, als mit verbaler Gewalt aufzutrumpfen, weil sie einen anderen miteinbezieht und ihn auch hört und sucht gemeinsam eine für alle gangbare Lösung zu finden.

Schwierig wird es mit jenen Leuten, die zusätzlich narzisstisch veranlagt sind und dann auch noch projektiv den anderen das unterstellen, was sie selbst nicht liefern können. Solche Leute sind leider auch uneinsichtig, gleich ob man mit Engelszungen klug darlegt, wie die Zusammenhänge zu verstehen sind, um sie zum Verstehen zu bringen. Oder, andererseits, ob man entschieden sie vor Tatsachen stellt und sagt: So ist es, das müsst ihr akzeptieren, das ist Recht, das ist Wahrheit, das ist die Logik.

In beiden Fällen werden sie nicht in der Lage sein, auf die Wahrheit, das Recht und die Logik zuzugehen, weil sie narzisstisch nur sich selbst sehen und ihre kleinen Interessen, ihren kantigen Willen, ihre engen Interpretationen und ihre eitlen Forderungen, die aber meist ungerechtfertigt sind und etwas anderes verschleiern und verdecken, das sie nicht anzuschauen wagen: Nämlich Furcht.

Manche Menschen sind daher durch eine unbewusste Furcht verblendet, die sie an das glauben lässt, was Unwahrheit sei, was sie auf Unrecht beharren lässt und was sie verleitet an ihren eigenen Irrtum zu glauben. Wenn die Welt nicht auf alle Menschen angewiesen wäre, könnte man solche Leute ja ignorieren. Aber das geht nicht. Wir sind nicht getrennt voneinander und können nicht isoliert voneinander leben, wir brauchen den Austausch und sind aufeinander angewiesen. Das wissen gerade diese Leute nicht, denn sie glauben, sie lebten alleine auf der Welt und es müsste jeder nach ihrer Nase leben.

Das wäre auch noch nicht das Problem, denn das könnte man ignorieren. Aber das Übel ist, dass solche Leute aggressiv werden, Schuld verteilen und Hetze äußern, die das gesamtgesellschaftliche Klima verderben und damit die Grundlagen für Vertrauen und Frieden der Erosion ausgesetzt sind.

Wir Vernünftigen können nur uns selbst stetig ersuchen in Vernunft zu bleiben und diese kontinuierlich zu erweitern zu suchen. Dass es Hindernisse, wie diese Leute gibt, ist eine zusätzliche und, ja, fast notwendige Herausforderung, die wir annehmen müssen, denn davor resignieren, käme nicht in Frage und gegen solche einen Krieg vom Zaun zu brechen natürlich auch nicht. Aber es kommt in Frage, solche Leute in die vernünftigen Grenzen zu setzen, in denen sie leben können und sich gespiegelt empfinden, auch wenn das ihnen Groll und Ärger einbringt. Aber darauf kann die Vernunft nicht verzichten.

Die Vernunft kann nicht darauf verzichten, vernünftig zu sein, weshalb sie tun muss, was sie tun muss. Und da die Vernunft sich nicht fürchtet, wird sie zwar vorsichtig sein und daher nicht kopflos, aber sie wird auch nicht herzlos sein, weshalb sie solche Leute natürlich dulden wird müssen und können. Aber sie wird ihnen nicht nach dem Munde reden, weil die Vernunft bereits mündig ist und kein Papagei, der nachspricht, was ihm die Manipulation eingibt und die Unwahrheit oder der Unsinn.

Die Vernunft wird auch nicht auf die verbale Gewalt solcher Leute hören und ihr folgen, denn die Vernunft wird die Unwahrheit darin erkennen und spüren, dass sie nicht gangbar ist und inwiefern. Die furchtlose Vernunft muss also mit der fürchterlichen Unvernunft zu leben haben, die von anderen auch für Übertragungen sorgt, die das Geschäft der Wahrheit und Unwahrheit, des Rechts und Unrechts, erst so richtig beleben.

Die Vernunft weiß Bescheid – und die Unvernunft wird sich empören, in Aggressionen ergehen und schuldig sprechen, sowie Lügen spinnen und falsche Allianzen schmieden. Die Vernunft weißt das alles, nicht nur aus Erfahrung, auch aus der vernünftigen Einsicht in das menschliche Streben und Irren. Die Vernunft wird sich daher kaum ein X für ein U vormachen lassen. Die Unvernunft ihrerseits sucht dagegen das X und das U zu ignorieren und es gleichsam dennoch und daher in einen Topf zu werfen, indem es dann rührt und rührt und rührt, bis ein S herauskommt, das ihr behagt und wohl-gefällt. Aber das S wird fürchterliche Scheiße sein, die gesamtgesellschaftlich den Menschen und der Welt das Fürchten lehren wird, weil es in Sachen Wahrheit, Recht und Logik zum Himmel stinken wird. Und wenn solche Leute dann noch einen Wind machen, wird sich der Gestank gefährlich verbreiten.

Ein Kraut ist gegen diesen Gestank allerdings noch nicht gewachsen, lediglich die Stille der Weisheit der Vernunft und die Ruhe ihres Gemüts, lässt den Menschen der Vernunft eher richtig entscheiden sich günstig aus dem Gestank herauszubewegen, anstatt ihr Opfer zu werden. Es bleibt Aufgabe und Herausforderung. Denn, wer nur Recht haben will, wird nicht die Verantwortung sehen wollen, die sein Menschsein mit sich bringt, und er wird damit nicht seine Fähigkeiten üben, Rücksicht, Toleranz, Verstehen und Verständnis zu praktizieren oder zu suchen. Gerade weil solche Leute dies nicht üben und nicht suchen wollen, sind sie nicht Übende, sondern Üble, die sich vor der Wahrheit fürchten und damit vor der schöpferischen Freiheit, die für so gut wie alle Menschen möglich scheint. Wer daher im Übel bleibt, wird nicht lernen können und er oder sie werden am Leben fürchterlich scheitern, weil er oder sie in Altersstarrsinn, Dummheit und stiller Verzweiflung nicht nur enden, sondern so gelebt haben werden.

37

DURCHSCHAUEN

Bevor du die stille Weisheit des Friedens erfahren wirst, wirst du zuerst die laute Wahrheit der Welt verstehen müssen. Und du wirst die Welt verstehen, wenn du sie durchschaust und erkennst, was es an stiller Weisheit im Angesicht der lauten Wahrheit zu erkennen gibt.

Bevor du die Schönheit der Liebe erfahren wirst, wirst du zuerst den hässlichen Hass der Welt verstehen müssen. Und du wirst die Welt verstehen, wenn du sie durchschaust und erkennst, was es an Schönheit der Liebe im Angesicht des hässlichen Hasses zu erkennen gibt.

Bevor du die Freiheit des Geistes schöpferisch erfahren wirst, wirst du zuerst die Verfangenheit der Herzen der Welt verstehen müssen. Und du wirst die Welt verstehen, wenn du sie durchschaust und erkennst, was es an Freiheit des Geistes schöpferisch im Angesicht der Verfangenheit der Herzen zu erkennen gibt.

Bevor du die Reinheit der Seele erfahren wirst, wirst du zuerst den Schmutz der Welt verstehen müssen. Und du wirst die Welt verstehen, wenn du sie durchschaust und erkennst, was es an Reinheit der Seele im Angesicht des Schmutzes der Welt zu erkennen gibt.

Du wirst erkennen, was du bist. Und du wirst verstehen, was ist. Du wirst die Pole des Menschen durchschauen, das Stille und das Laute, die Weisheit und die Wahrheit, die Schönheit und das Hässliche, die Liebe und den Hass, die Freiheit und die Verfangenheit, den Geist und das Herz, die Reinheit und den Schmutz und: den Geist und die Seele. Du wirst und musst das erfahren und erkennen.

Daher wirst du erfahren, wie du dich erkenntlich zeigen wirst, und du wirst nicht nur für Verstehen und Verständnis sorgen, sondern dem Leben dafür danken.

38

Die junge Kollegin

Sie war eine junge Kollegin der Klinik, Ende 30, und hatte ihre neue Position vor zwei oder drei Jahren angetreten, wo wir uns seither in unregelmäßigen Abständen trafen, wenn ich in Ihrem Bereich etwas zu tun hatte und daher zu ihr runter kam. Von Anfang an war sie offen, freundlich, mit stets guter Laune und zugewandt, das von einer Herzlichkeit zeugte, sodass ich gerne zu ihr in ihren Bereich kam und dies gerne erwiderte. Sie war nicht naiv oder leutselig. Es beruhte auf Gegenseitigkeit, wie sich herausstellen sollte. Nach einem Jahr bekam sie ein Kollegin zur Seite gestellt und wir verstanden uns ebenso gut. Nach einer Weile boten wir uns den Vornamen an, doch als ich drei Wochen später wieder etwas besorgen musste in ihrem Bereich, musste ich nochmals bei ihr nachfragen und ich sah in ihrem Gesicht ein enttäuschten leichten Schrecken, dass ich ihren Vornamen nicht mehr wusste. Es war kein einheimischer und daher mir nicht geläufig, ich war mir unsicher und wollte lieber höflich fragen als einen falschen zu nennen. Die Begegnungen daraufhin waren ungetrübt und die herzliche Offenheit ließ keinen Schatten zeigen, sodass wir uns mal nur freundlich grüßten, wie immer oder uns aber bei Gelegenheit auch persönlich unterhielten, sodass die Freundlichkeit ein privates Vertrauen bekam und wir uns menschlich schätzen lernten.

Dann kam ich mit gewissem Zeitabstand wieder in ihren Bereich und musste etwas besorgen. Sie fragte mich, wie es mir ginge und ich wollte kurz erzählen, dass ich gerade eine Woche arbeitsunfähig war und nun den zweiten Tag wieder da bin. Sie wollte mehr wissen und so entspann sich ein 20-minütiges Gespräch, von spontaner Empathie und Interesse, sowie einer Ehrlichkeit, die zwar immer spürbar war, aber diesmal besonders. Sie wollte wirklich mehr wissen und ließ Komplimente einfließen, denn sie habe auch mit ihrer Kollegin über mich gesprochen und sie meinten, ich müsse Lehrer gewesen sein, bevor ich hier an die Klinik kam; der Sprache wegen, der Worte wegen, die so gepflegt seien, und wegen des Wissens, das immer wieder herauszuhören sei, wenn die Gelegenheit es zuließe. Ich sagte ihr, dass ich nicht Lehrer gewesen war, aber studiert hatte und kontinuierlich Bücher gelesen hatte, sowie seit langem ein freies Schreiben pflegte. Das sah sie als Berechtigung ihrer Komplimente. Wir nahmen aneinander Anteil, denn sie hatte offenbar ebenso menschliche Anteile zur Verfügung, in denen ich sie bestärkte, wie auch sie mich in meinen schreibenden Projekten. Mit 40 meinte sie, müsste auch bei ihr nächstes Jahr etwas Merkliches passieren, da die Alterszahl 40 vielfach als der Anbruch des Prophetentums gesehen wird, da die Propheten der Schriften mit 40 etwa begannen tätig zu werden, wie sie meinte gelesen zu haben. So fragte sie mich, wann genau mein Schreiben für mich gültig wurde. Es war mit 41, sagte ich, aber ich sei eher ein Dichter und Philosoph und eigentlich kein Prophet, das wäre eine andere Kategorie, meinte ich. Sie sagte, ich hätte es, wie es nicht jeder Mensch hätte. Ich aber verstand nicht ganz von was sie sprach, gab ihr aber zu verstehen, was ich an Menschlichkeit an ihr sehe und dass sie schon auf dem Wege sei, obwohl sie das noch nicht so für sich sah. Sie meinte, sie schreibe schon lange nicht mehr, hätte dies eine Zeit lang gepflegt, aber dann ging es wieder verloren. Aber sie verstehe die dadurch mögliche Seelenhygiene und dass sie vielleicht doch wieder anfangen wolle, weil sie doch nächstes Jahr 40 werde. Und dass eine Freundin, die leider ein Kind abtreiben musste und das aber nicht wollte, danach von einem Therapeuten empfohlen bekam einen Brief an das verlorene Kind zu schreiben. Dies hätte der Freundin geholfen von der Trauer wegzukommen und den Schmerz zu verarbeiten, besonders, da es nicht bei dem einen

Brief geblieben war – der erste hatte immerhin fünf bis sieben Seiten ergeben, sagte sie. Ja, wenn sie selbst nur wüsste, über was sie schreiben solle, dann würde sie wieder schreiben. Wir sprachen über das Schreiben und ich gab ihr zu verstehen, dass sie aus ihren intuitiven Funken des Augenblicks heraus erkennen wird können, wenn sich etwas schreiben will. Wer auf seine innere Stimme hört, würde wissen wann es soweit ist, ein Wollen sei dabei nicht vonnöten. Es war ein flüssiges und zugewandtes Gespräch, und als eine dritte Person den Bereich betrat, sprachen wir nur noch kurz. Sie bedankte sich für die letzten Minuten, was ich erwiderte und wir gingen wieder in unserer Beschäftigung auf, erledigten die Dinge für den Lebensunterhalt und freuten uns schon auf ein nächstes Mal.

39
Die Letztbegründung

Jeder hat eine Letztbegründung, die sein kognitiver, verbaler Hafen ist und damit als sein Gott bezeichnet werden kann. Wer meint, es gäbe keinen Gott oder er brauche keinen Gott, findet gerade darin seinen Gott der letzten Antwort für die ihm noch keine weitere Frage folgt und für ihn damit als Schlusspunkt dasteht, als Letztbegründung, ohne weitere Folge daraus. Wie sollte es anders sein? Die Menschen allerdings unterscheiden sich durch ihre verschiedenen Götter voneinander, für die sie glauben Kriege führen zu müssen. Es ist immer die Konfrontation von zwei oder mehreren Letztbegründungen, die so unsäglich aufeinander prallen, weil sie sich keine Fragen mehr stellen und glauben den anderen Gott schon zu kennen. Aber sie kennen ihren eigenen Gott noch nicht, die unsägliche Letztbegründung, um die sie alle kreisen und daher argumentativ in der Luft hängen. Genau das sehen sie nicht, denn sie verwechseln ihren Boden mit der Wahrheit, dass sie in der Luft hängen. Sie alle sehen das nicht, weshalb jeder begonnene Krieg aus einem kognitiven Luftkampf erwächst, aus der Unfriedlichkeit der unerkannten Letztbegründung, dem unerkannten Gott, der für eine wichtige Wahrheit gehalten wird, nur um etwas anderes zu kaschieren und zu verdrängen. Nämlich die Furcht vor dem Nicht-Wissen, das gegriffen werden will und nicht kann, ein Greifen in die Leere der Unendlichkeit. So aber wird aus der Leere der Unendlichkeit eine Lehre der Endlichkeit, die glaubt, Kriege führen zu müssen, damit sie nicht in den ewigen Abgrund fallen muss, der ihr unbegreiflicher Boden wäre, wenn sie sich lassen würde. Solche Lehren und Menschen sind dann auch nicht gelassen, weil sie verlassen in der Luft hängen und zappeln.

Gerade weil der Mensch kognitiv in der Luft hängt und kaum und zu selten noch lebendigen Kontakt mit dem Boden der Wirklichkeit hat, kommen die verschiedenen Götter ins Spiel, die verschiedenen Letztbegründungen, denen die offenen Fragen fehlen, weil sie alle glauben, einen Schlusspunkt setzen zu müssen. Die meisten Menschen meinen tatsächlich, es gäbe eine letztgültige Wahrheit, eine absolute Wahrheit, die für alle gültig sei. Gibt es das? Worauf sollte dieses basieren? Was ist der Grund einer allgemein gültigen Wahrheit? Wenn es das gibt. Sind die Letztbegründungen der Menschen, die sich glauben machen eine absolute Wahrheit gefunden zu haben, nichts weiter nur als Haltepunkte, um zu verhindern, dass der Mensch haltlos wird? Maßlos? Und vermessen? – Ich glaube nein, derzeit, da in einer offenen Frage kein Maß zu finden ist, kein Haltepunkt, kein Messpunkt. Das Maß kommt erst dann ins Spiel, wenn der Wille des kognitiven Geistes nach etwas greifen will, dass es wiederum in der Luft hängend als absolute Wahrheit setzt, als Letztbegründung und als Grund für einen Krieg, den er damit indirekt am Leben hält. Wer also Fragen offen hält, sie belässt, wird nicht unbedingt neue Antworten empfangen, nein. Aber er wird nicht bei den Letztbegründungen ankommen, bei seinem Gott, für den er glaubt, kämpfen und töten zu müssen. Nur wer also Fragen offen hält, wird in Frieden bleiben. Und nur er wird eine offene Welt gestalten, eine tolerante, bei der es begründete Grenzen gibt und doch gleichsam auch offen gehaltene Fragen. Wo alle Fragen dagegen beantwortet wären, entstünde nur ein Gefängnis, eine Bedrängung, eine Enge, eine Hartherzigkeit, die keine Luft zum Atmen ließe, weil das In-der-Luft-hängen den Atem abschnüren würde und nicht den Boden der Wirklichkeit unter sich hätte, der einen freien Weg bereiten würde in die Offenheit der ewig weiten Unendlichkeit.

40

Die Fehler der anderen

Er sprach davon, dass er gerne mit anderen ins Gespräch ginge, anderen gerne zuhöre und sie ausreden ließe und interessiert sei daran, was Menschen warum und wie denken. Er habe auch schon in den Innenstädten Infostände betreut, um so auch mit Unbekannten und Interessierten ins Gespräch zu kommen. Er sprach flüssig und klang selbstbewusst, er hörte sich vernünftig an und tolerant, ausgewogen und sympathisch. Dann sagte er etwas beiläufig, aber für ihn Wichtiges, das vielsagend erschien, gerade im Gegensatz zu der vorgespiegelten Offenheit, die er zunächst zum Ausdruck bringen wollte.

Er meinte, er wolle gerne anderen zuhören, um zu sehen, wie er „dagegen halten" könne, wie er ihnen „widersprechen" könne, wie er andere „rational von den besseren Argumenten überzeugen" könne. Er suche „die Fehler" in den Worten und der Logik anderer und war wohl davon überzeugt, dass er selbst keine Fehler hätte und schien der Meinung, dass er etwas Besseres anzubieten hätte, als viele andere und meinte sich berechtigt die Fehler anderer ausmachen und offenlegen zu dürfen, gerade im Beisein von jenen, mit denen er gerade sprach.

Was auffiel, war, dass er nicht zuhören wollte und ein Gespräch haben wollte, um andere zu *verstehen* zu suchen, sondern es war vorherrschend nach Fehlern in deren Ansichten und Meinungen zu suchen, unter Vernachlässigung der Möglichkeit und Abwesenheit der Demut sich selbst irren zu können. Er war also an den *Fehlern anderer* interessiert – und nicht etwa an deren lebendigen Fragen oder Zweifeln, biographischem Gewordensein oder an deren Leiden. Der Geist herrschte vor. Das Herz suchte noch nicht vertrauensvollen Kontakt zu einem anderen Herzen und wollte sich noch nicht mit den seelischen Bewegungen beschäftigen, nicht mit den Sehnsüchten und den tiefen Bewegungen der Suche nach Liebe und Anerkennung, nach Frieden und Authentizität.

Der Mensch, der die Fehler anderer nimmt, um sich damit besser zu fühlen, sie damit belehren zu können und sie von der richtigen Wahrheit zu überzeugen, hat noch nicht erkannt, dass die Nennung der Fehler anderer, gerade in deren Anwesenheit, einen ungünstigen Charakter vorweisen würde und nicht die Gemeinsamkeiten suchte und damit nicht das Vertrauen, sondern die Unterschiede, das Trennende und Unvereinbare. Denn da er glaubte, Fehler selbst nicht zu begehen, der andere aber schon, hatte er mit dem Finden der Fehler im Denken anderer einen Unterschied markiert und ging damit ein höheres Risiko ein, dass Unverständnis dennoch übrig, mitunter sogar ein Geschmack des Besserwissertums an ihm haften bliebe und der andere von ihm nicht vertrauensvoll angezogen, sondern abgestoßen werden würde.

Die tiefen Bewegungen der Suche nach Liebe und Anerkennung würden so erschwert und entmutigt werden, sie würden enttäuscht werden und frustriert, der Mensch würde sich eher verletzt sehen, als friedlich angenommen. Das war ihm scheinbar noch nicht bewusst und er glaubte aber einen richtigen Weg bereits entdeckt zu haben, der ihm Beweis und Evidenz ermöglichte und diese forderten, um der Logik und Wahrheit willen. Aber die genannten Wahrheiten hatte er dabei noch nicht im Blick und er fand sich mit der Fahne der Rationalität auf dem Niveau der Macht der Wissenschaften, die eben gerade dieses praktizierten, nämlich nach den Fehlern in ihren *Theorien* zu schauen, um diese zu verbessern.

Was ihm nicht klar schien, war, dass es einen Unterschied gibt, vom Suchen der Fehler in Theorien zum Suchen der Fehler in den Argumenten und Meinungen der Menschen, mit denen ins Gespräch zu kommen sei. Mit einer Theorie können keine Gefühle ausgetauscht werden, mit ihnen ist kein Vertrauen spürbar, das nur in die vorhergesagten Zahlen erfolgt und nicht in ein Wesen mit Fleisch, Blut, Herz und Seele. Er hatte anscheinend nicht verstanden, dass die Fehlersuche in den Theorien eine objektive Fehlersuche war, wogegen seine Fehlersuche in den Argumenten und Meinungen der Unbekannten aus einem intersubjektiven Austausch resultierten oder dieses involvierten; was anders zu betrachten ist, was nicht dieselbe Herangehensweise haben darf, ohne neue Fehler zu begehen.

Dass diese, seine alleinige Haltung und Herangehensweise allerdings das Menschliche, das Vertrauen und damit das Empathische außen vor ließe, war ihm noch nicht bewusst. So gab er Beispiele, wie er die Unbekannten der Innenstadt zu seinen Ständen lockte, um sie zu provozieren Widerspruch zu zeigen, damit deren Fehler deutlich würden und er punkten könne. So zeigte ein verwendetes Plakat von ihm deutlich falsche, für ihn aber nur Widerspruch herausfordernde Formulierungen, deren Falschheit und Ungenauigkeit er in Kauf nahm, um die berechtigt Empörten zu provozieren und zum Widerspruch heraus zu fordern. Mir schien dies eine illegitime Weise ins Gespräch mit anderen Menschen kommen zu wollen, weil sie ein Ziel verfolgte, das nur einseitig auf seiner Seite zu Erfolg zu streben beabsichtigte und nicht auch die andere Seite zu Erfolg führen wollte, da er darauf achtete, deren Fehler in der Argumentation bloßzustellen und nicht deren Verständnis zu verstehen suchte.

Seine Herangehensweise hatte ein bisschen den Geschmack von Unaufrichtigkeit, weil er nicht sauber formulierte und ein Kalkül verwendete, das dies in Kauf nahm und als Mittel nutzte den Triumph der Fehlerfindung bei anderen auskosten zu können. Und gerade dies war ihm anzumerken, diese Art Selbstbewusstsein, der es an Bescheidenheit mangelte und nicht als Selbstgerechtigkeit gesehen wurde, was es war. Er erfuhr sich so in Selbstbewusstheit, die sich noch täuscht und nicht mit Demut geübt wird, die ihrerseits auch einen anderen mit einbezieht und ihn zu verstehen sucht, ohne falsches Verständnis zu heucheln. Obendrein suchte er die Triumphe des Recht-Habens, um sich nicht nur gut, sondern besser zu fühlen als andere.

Er suchte nicht Gemeinsamkeiten, um zu verbinden, sondern Unterschiede, um sich davon abzuheben. Wer aber nur die Gemeinsamkeiten suchen sollte, würde die Unterschiede ignorieren; er aber suchte die Fehler, die er für Fehler hielt und die ihn in ein besseres Licht setzen sollten und ihn bestätigen.

Er berichtete auch davon, wie ihm schon manches Mal verbale Angriffe entgegen kamen, nachdem er begonnen hatte seinen Infostand an entsprechend ausgewählter Lage zu positionieren, eben um zu provozieren. Aber er nahm diese verbale Gewalt dann als Bestätigung seiner Ansicht, dass er auf der richtigen Seite stehen würde, weil er glaubte, wer die Wahrheit nicht vertrüge, könne nur aggressiv reagieren und da aggressiv reagiert würde, sei er im Recht mit seiner verbal verzerrten Provokation. Doch er ignorierte dabei seine argumentative Unsauberkeit und die damit verbundene, absichtsvolle Provokation, über deren Reaktion er sich eigentlich wundern hätte sollen, anstatt sie als Bestätigung seiner Vorhersage und Annahme zu sehen. Er sah nicht, dass andere seine Unsauberkeit erkennen konnten und sich an dieser störten, denn diese argumentative Unsauberkeit gestaltete eine absichtsvolle Unterstellung und damit eine strategisch geplante Falschaussage und Verzerrung der eigentlich vorhandenen Wahrheiten. Dies war die Unaufrichtigkeit, die er nicht sah und spürte, eben weil er die Aufrichtigkeit opferte für seine Bedürftigkeit die Fehler anderer nachweisen zu wollen.

Er war also unfair und nutzte diese Mittel um Unruhe zu stiften, anstatt sachlich zu vermitteln, menschlich zu bleiben und die Basis für Frieden durch Ruhe zu schaffen, sowie wirklich aufrichtig zuzuhören und zu verstehen zu suchen, was es zu verstehen gibt, fern einer strategisch vorgebrachten Idee oder Ideologie, die meint, sich an den Fehlern anderer finden zu müssen. Der anfänglich vorgebrachte Wille offen anderen zuhören zu wollen, relativierte sich dadurch und bekam eine schattenhafte Note und verworrene Unbewusstheit, die trotz der Affinität zur Rationalität, doch noch etwas irrational schien.

41

Beim Essen gehen

Wir gingen gemeinsam zum Essen und bekamen einen Platz neben zwei anderen Gästen, die sich bereits gepflegt unterhielten. Wir saßen im Freien, es war Juni und sonnig, aber im Schatten ließ es sich angenehm aushalten. Wir schwiegen selbst noch eine Weile und hörten so, was die benachbarten zwei Personen miteinander sprachen, es war leicht zu verstehen, ohne Mühe zuzuhören. Sie sprachen von Flugreisen nach außerhalb Europas, wo wir uns befanden und der eine stellte Fragen, da er offenbar an Informationen über das Wie und Was dort in der Ferne interessiert war. Ich hatte den Eindruck als gäbe es für die beiden keinen Klimawandel, ihre Selbstverständlichkeit, die sich durch diese Sehnsucht nach der Ferne zeigte, hatte die Färbung einer selbstverliebten Note des Wohlstands und der Freiheit, die aber diese nur als Recht zum Ausdruck brachte und nicht auch als Pflicht empfand. Denn die Pflicht der Freiheit wäre gewesen das Thema Klimawandel anzusprechen und solche Fernreisen eigentlich zu entmutigen. Aber der gesellschaftliche Stand dieser Personen machte den finanziellen Aufwand dafür leicht und damit kam kein schlechtes Gewissen auf oder Zweifel der Sinnhaftigkeit solcher Urlaubsreisen, die lediglich der Ausdruck einer verwöhnten Moderne schienen, die sich um ihre Pflichten wenig bis gar nicht kümmerte und den konsumierenden Wellness-Luxus gerne annahm und dies mit Freiheit verwechselte, die den Namen verdient. So war ihre Sehnsucht in die Ferne ein Flüchten vor den anliegenden Lösungen für konsequente Entscheidungen zu den wissenschaftlich erwiesenen Problemen von existenzieller Tragweite für die gesamte Menschheit. Ich fühlte mich unwohl und war drauf und dran einen Kommentar freundlich aber bestimmt in Richtung der beiden

Essnachbarn zu eröffnen, aber meine Begleitung ergriff das Wort und sprach von ihren Haustieren. Ich widmete mich meiner Begleitung und hörte ihr zu, sodass ich die Unterhaltung der beiden Essnachbarn nicht mehr hören konnte.

Die Moderne mit ihrer Technologie und ihrem Komfort, täuscht den meisten Menschen eine Freiheit vor, die sie nicht besitzen, besonders, wenn die äußere Freiheit gemeint ist und verfolgt wird. Tun und lassen zu können, was man will, ist noch nicht Ausdruck einer inneren Freiheit, und reisen zu können, wohin man will, ist zwar eine maximale äußere Freiheit, aber der Mensch und Reisende kann innerlich unfrei sein, von Zwängen und Widersprüchen bevölkert, sowie von Respektlosigkeit und Rücksichtslosigkeit beeinflusst, die andere Menschen, die Natur und das Klima gleichgültig sind.

Wir würden uns täuschen, zu glauben, dass die Aufrechterhaltung einer maximalen, äußern Freiheit erhalten bleiben solle, wenn es darum ginge Entscheidungen des Verzichts und der Einschränkung zu beschließen, um existenzielle Gefahren zu minimieren oder die Wahrscheinlichkeit einer globalen Katastrophe zu verringern. Es muss eine innere Freiheit erwachsen, die gar nicht erst von der maximalen, äußeren Freiheit abhängig wird, um in Frieden, Glück und Respekt vor der Natur und den Menschen zu bleiben. Wer Luxusgewohnheiten aufrecht erhalten wollte, wird noch nicht die innere Freiheit besitzen, die aus Vernunft erwachsen ist und sich wesenhaft dahin entwickelt hat, das Richtige und Vernünftige zu tun, und für die es dann kein Verzicht ist, sondern folgerichtiges Verhalten, um Schaden abzuwenden, nämlich den Klimawandel zu mildern. Daher müssen wir die innere Freiheit lehren, nicht neue Dogmen oder Befehle, sondern tatsächliche Vernunft und Einsicht in das Notwendige, die nur aus einer kontinuierlichen und freiwilligen Praxis der Innerlichkeit erwachsen.

Wenn aber die Menschen noch nicht soweit sein sollten den inneren Funken der Vernunft und Einsicht zu sehen, dann kann die Politik dennoch nicht warten, bis alle ihn haben, denn das wird nicht geschehen, aber gehandelt muss werden. Dies wird, wie immer bei den großen Krisen, zusätzliche Gefahren mit sich bringen. Um so mehr sind eine innerliche Freiheit und Bewusstheit zu lehren und zu üben, durch Verlangsamung des Denkens, im Schreiben und in der Meditation und Kontemplation, durch die Schaffung eines inneren, schöpferischen Raumes der Freiheit. Geht also in die Klös-

ter, schreibt frei und intuitiv euch eure Fragen vom Herzen. Das wäre ein
Weg, der zu gehen bereits von einer inneren Freiheit zeugte, die mit einer
Vernunft und Einsicht verwoben wäre, die sicherlich hilfreich ist. Wer in
die freien Tiefen seiner Innerlichkeit tauchte, bräuchte nicht mehr die ferne
Äußerlichkeit, die ihn in einem Konzept von Freiheit beließe, die das Klima
schädigt und damit die Lebensgrundlagen global gefährdet. Er wäre ein freie-
rer Mensch als zuvor und würde die notwendigen gesamtgesellschaftlichen
und globalen Entscheidungen mittragen können, ohne den Eindruck zu erhalten, ihm würde etwas vorenthalten, was er für sein Recht hielte. Er hätte
das größere erkannt, nämlich die Pflicht, sich verantwortlich zu sehen, dem
größeren Ganzen der Menschheit zu dienen, um für alle das Schlimmste un-
wahrscheinlicher werden zu lassen und damit den Erhalt des Weltganzen in
angemessener und gangbarer Weise am Leben zu halten.

42

GEWISSE LEUTE

In der Demokratie bilden gewisse Leute sich zu viel ein auf die freie Wahl eines politischen Weges; wer immer meint, sich auf die politische Schiene setzen zu müssen, so meinen diese Leute, müssten auch journalistisch Gehör
finden. Aber da könnte ja jeder kommen. Was damit geschieht ist lediglich
das Tor zu öffnen für eine Hinz-und-Kunz-Demokratie, bei der eine gewisse
Qualität an Menschlichkeit und Ratio ignoriert würde. Nur weil die Mode der Empörialisten gerade eine gewisse Klientel an Wortführern gut finden und diesen nach dem Maul nicken, muss damit noch keine politische
Güte vorhanden sein, die es Wert wäre ausführlich gehört zu werden. Gerade die Empörten sind vielfach von irrtümlichen Ansichten, Unwissen und
Voreingenommenheiten beflügelt, weil sie an Narzissmus leiden. Diesen eine Bühne zu bieten entstammt jenem Schatten eines Toleranzverständnisses,
dem es an begründetem Boden fehlt für die guten Saaten zum Erhalt und Ge-
deih einer gesunden Demokratie. Aber wem in einer Moderne die technisch-
wissenschaftlichen Dinge allein zu Kopf steigen, der wird kein gesundes und
ausgewogenes Herz besitzen, das verspüren würde, wie verwerflich Hinz und
Kunz nach Macht zu greifen tendieren. Die Güte und Qualität einer Demokratie misst sich weniger an der angeblichen Freiheit auch was sagen und

bestimmen zu dürfen, sondern mehr an der wissenden Freiheit vernünftige und konstruktive Vorschläge einbringen zu können, die eine ehrwürdige Richtung aufweisen. Wer nur Alternativen vertritt, wird sich nur in Parallelgleisen bewegen und die Hauptlinie verpassen, und er zeigte damit, dass er keine Ahnung hat, wo die Reise hingehen soll. Diesen sinnentleerten Empörialisten ist damit keine Stimme zu geben, weil sie zeigen, dass ihnen an der großen Bewegung zur Vertiefung und Ausweitung von Würde und Respekt nicht gelegen ist.

43

MANN-FRAUEN

Frauen, die sich einbilden, wie Männer agieren zu können und die in Beziehung zu einem die Oberhand erhalten wollten, werden diese Beziehung in den meisten Fällen wahrscheinlich zerrütten. Und sie würden daher auch einsam sterben. Dies hängt mit der irrigen Vorstellung dieser Frauen zusammen, die davon ausgeht, es den Männern gleich tun zu können. Aber das wird in Beziehung nicht funktionieren, wenn nicht eine Haltung des Respekts vorhanden ist und eine gleiche Augenhöhe. Denn solche Frauen nehmen an, sie könnten es den Männern nicht nur gleich tun, sondern es besser als die Männer tun, weshalb sie die Männer zu kontrollieren und zu Diensten haben wollen. Sie haben die Augenhöhe noch nicht erlangt und sehen nicht ihre irrige Selbsterhöhung.

Dass dies einige Feministinnen jetzt auf die Barrikaden bringen könnte, ist mir bewusst, aber ich bin mir auch bewusst, dass dieser Text einer beobachteten Erfahrung und eines psychologischen Wissens reich ist, das wahrscheinlich manchen solchen Feministinnen noch fehlt oder mangelt. Ich lasse mir jedenfalls von einem unbegründeten und unwissenden Empörialismus nicht die erfahrbare Wahrheit verderben oder ausreden oder mich beschuldigen, denn die Wahrheit ist stärker als ein emotionalisierendes Halb- oder Unwissen. Und ich halte auch nicht immer etwas von Engelszungen, denn auch hier gibt es die Erfahrung, dass die Wahrheit und Erfahrung damit auch nicht verstanden und akzeptiert würde.

Schreibt mir also nicht vor, wie ich gerade zu reden oder zu schreiben hätte, sondern nehmt die Fakten, von denen ich hier berichte und macht euch Gedanken und reflektiert eure Gefühle. Aber ohne in das turbulente Fahrwasser der emotionalisierenden Schuldzuweisungen zu geraten, die unbegründet sind und lediglich ein Recht-haben-wollen und Schuldig-haben-wollen ungünstig zum Ausdruck bringen. Wer es allerdings noch nie mit Engelszungen mehrfach und lange schon probiert haben sollte, der sollte zunächst diese anwenden, denn sonst würde er diesen Text hier als Einladung zu Respektlosigkeit verstehen, was mir fern liegt. Ich werde erst entschieden und deutlich, wenn die Deutlichkeit der Engelszungen jahrelang nicht gefruchtet haben sollte und sie mit Schwäche abgetan und ignoriert worden wäre. Wer aber die Wahrheit ignorierte, muss irgendwann damit rechnen, dass die Wahrheit sich nicht mehr ignorieren lässt und damit zu einem anderen Modus der verbalen Deutlichkeit wechseln wird. Was hiermit einmal geschehen ist.

Denn wer an Narzissmus leidet und die guten Ratschläge für eine konstruktive und befreiende Therapie vehement ablehnt und meint, so etwas habe sie nicht nötig, obwohl es zu Himmel schreit, der zeigte damit nur seine Uneinsichtigkeit und Respektlosigkeit, der die gut gemeinten Hinweise arrogant und blind in den Wind schösse, ohne die Menschlichkeit und Fürsorge darin zu erkennen. Denn wer die Menschlichkeit und Fürsorge ignorierte, ignorierte zu aller erst sich selbst und damit die Chance zu gesund werdendem Wachstum und schöpferische Freude und Sinn. Wer aber noch keinen Sinn im Leben gefunden hat und sein eigen nennen kann, wird Sinnloses weiterhin tun wollen. Aber dann eben nicht mit mir.

44

Ungleich gemacht

Mann und Frau sind nicht für eine Beziehung zusammen gemacht. Sie sind zum Zeugen von Nachwuchs da, mehr nicht. Es sollte inzwischen klar geworden sein, dass partnerschaftliches Verhalten, das von gegenseitigem Respekt und Achtung geleitet ist, in der auf Augenhöhe miteinander das Leben konstruktiv gegangen werden kann, die wenigsten Paare betrifft. Es mag dies zwar geben, aber die Mehrheit der sich zufällig ineinander verliebenden Paare, werden sich entweder nach 5 bis 15 Jahren nicht mehr lieben oder sie werden zwanghaft miteinander zusammen bleiben, weil es zweckdienlich scheint, dies aber zu einem Arrangement geführt haben wird, das ein gesundes Wachstum für beide in den wenigsten Fällen möglich sein lässt. Daher plädiere ich für die Hinzuziehung einer ganz anderen Form von Beziehung zwischen Mann und Frau, die auf freiwilliger Basis geschieht und zudem die Kindererziehung auf fundierte und gesicherte finanzielle und sozial verlässliche Basis stellte, eben damit sich beide Partner separat dennoch gesund entwickeln können und den anderen nicht als Klotz am Bein empfinden würden.

45

ZUGEHÖRT

Die meisten Menschen leben in der Vergangenheit oder Zukunft und reden von gestern oder morgen. Ich fuhr in der Straßenbahn zurück nach Hause und kann mich nicht wehren gegen die Schallwellen der Gespräche, die an mein Ohr hinreichen. Wer beobachtet über was die Menschen sprechen, wird finden, dass es meist die Vergangenheit oder Zukunft betrifft. Ein authentisches Gespräch in der Gegenwart findet kaum statt. Erinnerungen werden assoziiert, Pläne vorgetragen und Geschichten erzählt. Das ist zwar auch die Würde des Menschen, dass er nicht mehr instinktiv und impulsiv im Jetzt gelenkt wird und nur reagiert. Es ist seine Würde, aber auch Bürde seine Wahrnehmung über das Jetzt hinaus weiten zu können. Doch die Würde verläuft sich in der gedankenlosen Gegenwart in die gedankenvolle Vergangenheit und Zukunft hinein, was Leiden ist und erzeugt. Wo dadurch Zeit entsteht und gleichsam vertrieben wird, gesellt sich etwas anderes hinzu, das zur Bürde gehört: nämlich Selbsterhöhung und Selbstgefälligkeit. Obendrein wird der direkte und lebendige Kontakt mit einem anderen umgangen, weshalb keine Berührung stattfinden kann und kein Vertrauen genährt. Der erzählende Mensch wird zu einem Selbstdarsteller, der sein gestriges Verhalten, wie eine Rolle verbal zum Besten gibt. So werden die Menschen zu kognitiven Schauspielern, die sich anstrengen die Rolle gepflegt und freundlich zu kommunizieren, denn er sucht Angenommen-Sein und damit positive Erwiderung durch ein Gegenüber, er sucht Applaus. Bei den Comedians wird das überdeutlich, sie sind diejenigen, die das gewöhnliche, menschliche Verhalten am besten zuspitzen. Aber wenn das Publikum erkennen würde, dass sie das sind, würden sie nicht so lachen müssen, weil sie die Bürde verstehen würden, die das mit sich bringt. So lachen sie über andere und sehen nicht den Spiegel, der ihnen gehalten ist. Derjenige lacht am intensivsten, der am deutlichsten getroffen ist und dies am wenigsten erkennen kann. Denn wer sich selbst erkennt wird in würdevolle Stille gegangen sein und nicht in Lachen ausbrechen, denn ihm ist die verantwortungsvolle Bürde bewusst, die Selbsterkenntnis mit sich bringt. Und diese ist nur in der jetzigen Gegenwart zu gewahren, weshalb das Lachen zeigt, dass sie nicht in der Gegenwart leben, sondern über etwas Lachen, das sich getrennt davon befindet.

46
Verborgene Wahrheit

Wer die Wahrheit über einen anderen Menschen, den er glaubt zu kennen, noch nicht kennt, wird die Wahrheit über diesen Menschen, wenn sie ihm erklärt wird, zuerst nicht als neutrale Wahrheit anerkennen und kennen, besonders, wenn diese Wahrheit etwas mit den psychologischen Schatten eines Menschen zu tun haben sollte und mit seinen geheimen Charakterzügen, die er verborgen hält und nur wenigen zeigt. Der Mensch, dem davon erzählt wird, würde es als Unterstellung empfinden, als Bloßstellen und als Schlechtreden. Obwohl es nur die unangenehme, verborgene Wahrheit über einen anderen ist, die Grund für eine menschliche Betrachtung ist und damit eventuell für eine ernste Betrachtung, dass dieser seine Verantwortung annehmen können müsste, um in einer Therapie diesen verborgenen Charakterzügen auf den Grund zu gehen und zu schauen, was dort Schattenhaftes zu beleuchten ist. Wer aber diesen Menschen noch nicht kennt, wird glauben, es handelte sich um einen Versuch diesen Menschen zu diskreditieren oder zu verleumden, dabei handelt es sich lediglich um die Beschreibung von behandlungsbedürftigen Verhaltensweisen, die ihrerseits einen anderen bedrängen, unter Druck setzen, ihm Schuld zuweisen oder ihn impulsiv abweisen, Verhaltensweisen also, die Widerstand leisten und damit lediglich reaktive Muster von verborgenen, psychischen Problemen eines Menschen, den der eine doch nicht so gut kennt, wie er glaubte. Wer das mit diesem Menschen noch nicht erlebt hat, wird denken, dass nur schlecht über ihn geredet würde, obwohl es sich doch um die verborgene Wahrheit handelte.

47
Juni-Sommer-Toleranz

Es war Juni-Sommer und wir waren im Freibad schwimmen und Sonnenbaden. Wir hatten zu trinken dabei und etwas zu essen, und jeder hatte sich ein Buch mitgenommen. Die Freifläche hatte angenehme Lücken, sodass nicht allzu viele Besucher an einem Fleck da waren, aber das Areal war nicht leer, sondern groß genug, dass die Leute sich verteilen konnten. Vom Schwimmbecken her hörte man die Kinder planschen und eine menschliche Geräuschkulisse war zu hören, die nicht störte, sondern lebendig dazu gehörte und eine gute Laune verbreitete. Männer gingen in ihren Badehosen oder Shorts umher und die Frauen hatten entzückende Bikinis an oder Badeanzüge, sodass insgesamt mehr oder weniger Haut zu sehen war, mehr oder weniger gebräunt.

Als wir unseren Platz gefunden hatten, breiteten wir unsere Decke aus, besorgten uns einen Liegestuhl und kamen erst einmal an. Unter einem violetten, flauschigen Bade-Ponscho zogen wir unsere Sommerkleidung aus und die Badekleidung an. Schließlich gingen wir ein paar erste Bahnen schwimmen. Das Wasser war zunächst frisch, doch dann sehr angenehm und wohltuend. Als ich wieder das Becken verließ, stieg vor mir eine Frau aus dem Becken, von der ich zunächst dachte, sie hätte einen Taucheranzug an. Ich hatte meine Brille nicht im Wasser dabei und so sah ich erst ein paar Sekunden später, dass es ein Burkini war, den sie anhatte, langärmlig, die Beine komplett bedeckt und schwarz, nur die Füße schauten weiß heraus und der Kopf.

Ich hatte nichts dagegen, wenn jemand andere Badekleidung trug, als üblich in unseren kulturellen Breiten. Ich fragte mich aber, ob in den Ländern, in denen eine andere Kleiderordnung vereinbart ist, erfahrungsgemäß für die Frauen, es erlaubt sei auch mit T-Shirt und kurzen Hosen oder Rock herumzulaufen, als Frau. Toleranz ist schließlich so eine vertrackte Sache, die letztlich nicht einseitig bewerkstelligt und praktiziert einen Sinn ergibt, sondern wenn es auf Gegenseitigkeit beruht. Aber wenn die Besucher, die Bikinis gewohnt sind, in anderen Ländern mit Burkinis schwimmen gehen müssten, wäre dies ein Zeichen, dass dort die Toleranz nicht so weit gefasst wäre, wie hier, weshalb dies schief erscheint und eigentlich einer Betrachtung und Ermahnung wert. Denn schließlich sollte die Menschheit der verschiedenen Kulturen und Religionen nun global lernen, wie ein gemeinsames Leben möglich ist, sodass jeder nach seiner Fasson glücklich werden kann. Wer allerdings in einer globalen Welt fordern sollte, seine eigenen Brötchen immer nur backen zu dürfen und den Anspruch vertreten sollte, dass alle anderen sie auch backen und essen müssten, wo immer er sich befindet, hätte ein global soziales Mitdenken und den entsprechenden Respekt vor dem anderen noch nicht verstanden. Sein Gott, den er beanspruchen würde für seine Begründung, wäre nicht das ewige Andere, sondern das nur endliche Eigene, das er obendrein überhöhte und zu sehr betonte. Es kann möglich sein, dass er zu einem aggressiven Tonfall wird neigen, wenn es nicht immer nach seiner Bäckerei ginge und er würde sich daher verraten, wenn wir erkennen müssten, dass er nur an sich interessiert ist und nicht auch an anderen und anderem.

Von diesen sollten wir uns also nicht einschüchtern lassen, wenn sie weitere Forderungen an unsere Toleranz stellen würden und diese Beanspruchen sollten in unserem Bereich. Sie müssten vernünftigerweise bei sich zunächst auch beweisen, dass sie die Gastfreundschaft, die wir ihnen bei uns gewähren auch in ihren Bereichen anbieten können, sodass wir uns alle, jeder in seinem Anderssein, angenommen, respektiert und verstanden sehen könnten.

Manche in unserem Kulturbereich neigen daher zu einer überstürzten Schlussfolgerung, die das Kind mit dem Bade ausschüttet und als emotionalisierte Kurzschlusshandlung gewertet werden muss. Solche können daher nicht fordern, jetzt auf unsere Toleranz zu verzichten und den Menschen aus anderen Kulturkreisen unsere Gastfreundschaft wieder entziehen. Wir müssen vielmehr das Thema und viele weitere sachlich im Gespräch halten oder erst einmal zu einem machen. Und wir müssen uns selbst treu bleiben und den eigenen Weg weiter entwickeln, denn gerade dieser Weiterentwicklung verweigern sich noch andere, die uns perfide vorhalten könnten, dass wir nur an uns selbst dächten, was nicht der Fall ist. Denn wer einem anderen Gastfreundschaft gewährt und ihm seine verträglichen Eigenheiten ermöglicht, sollte seine Eigenheiten auch in den Bereichen der anderen erlaubt bekommen. Nur wenn die Welt schief und kriegerisch bleiben wollte, würde sie die gegenseitige Toleranz in den Wind schießen.

Wir sollten daher nicht die Nase nach dem Wind richten, der gerade weht und viel eher die Toleranz als gegenseitigen Wert betonen, der auf wechselseitige Zugeständnisse deutet, die wir brauchen, um nach dem Prinzip von

Leben und Leben lassen zu agieren. Wo wir in einseitigen Zugeständnissen verharren sollten, wird sich nichts wirklich Wesentliches geändert haben. Da wir eine einzige, globale Welt sind, eine einzige Menschheit, kann es nur gemeinsam gelingen ein akzeptables Leben zu führen, das sich nicht vor nackter Haut fürchtet und obendrein gelernt haben wird, wie man die Bahnen der Toleranz schwimmen kann. Wer so schwimmen kann, wird wissen, wie der Kopf über Wasser gehalten werden muss, damit er nicht unter geht oder Wasser schluckt und erstickt. Oder er wird wissen, dass die Bahnen der Toleranz Grenzen haben und warum. Und er wird daher der Haut die Sonne gönnen, wenn es jemand möchte und die Wärme des Verständnisses eines Gottes genießen, der allen dient und nicht nur manchen, die glauben könnten, dass der Gott parteiisch wäre. Aber ein parteiischer Gott widerspräche dem Verständnis dieses Prinzips und Glaubens.

Ich kam an unseren Platz zurück und wir genossen die weiteren Stunden in einer Welt, die seit fast 80 Jahren den Frieden kennt und doch immer wieder sich mit dem Gegenteil auseinandersetzen musste, zum Beispiel in Form eines großen, kalten Krieges. Es ist aber die globale Welt, die uns am Herzen liegen sollte und wir müssen allesamt anerkennen, dass wir nicht ohne gemeinsame Anstrengungen und Überlegungen zu einer wesentlichen Verbesserung der menschlichen Situation gelangen können. Wir alle müssen uns bewegen und zwar aufeinander zu, mit gewissen Zugeständnissen füreinander, auf der Basis wechselseitiger Toleranzvereinbarungen, die nicht aus einem Feilschen oder einer Erpressung heraus entstanden sind, sondern aus der Einsicht in das göttliche Anderssein der Menschen, die in ihrer Gleichheit in Verschiedenheit doch alle nach demselben Wasser suchen, um sich darin und damit glücklich zu erfrischen.

48

Die Ungemütlichen

Die eigenartig denkenden Leute in einer Gesellschaft, zeichnen sich stets durch verworrene Forderungen, ungeistige Kritik, aggressive Schuldzuweisungen und eklatantes Unwissen aus. Obendrein neigen sie zu einer eitlen Belehrung zu greifen, die Anmaßung ist und nicht von sachlichem Wissen genährt wird. Sie sind von einer inneren Ungeduld und Leidenschaft beseelt, die unduldsam Leiden schaffen wird, anstatt die Probleme anzupacken und klug zu begründen. Solche schaffen noch mehr Probleme, weil sie die ursprünglichen Probleme noch nicht verstanden haben. Sie rühren lediglich in den Töpfen der möglichen Meinungen, präsentieren sich verbal arrogant und ignorant den menschlichen Problemen gegenüber. Sie haben es einfach noch nicht begriffen, um was es geht hier in diesem Leben. Wenn solche zu Macht kommen, dann wird's ungemütlich und destruktiv.

Doch diese erreichen es auch immer wieder Durcheinander zu schaffen und durch ihre Emotionalisierungen und Pauschalisierungen, sowie Polarisierungen manchen ebenso eigenartig denkenden Leuten den Kopf zu verdrehen und sie glauben zu machen, sie wüssten, wie es besser ginge. Aber sie wissen es nicht. Sie wissen es nicht, weil sie sich aus einem Empörialismus heraus entwickelt haben und nicht aus einer gelassenen Ruhe der Betrachtung. Daher sind sie auch nicht klug, sondern das Gegenteil, und dies nicht als Beleidigung verstanden, sondern als nüchterne Feststellung ihrer ungemütlichen Eigenheit, mit der auch nicht in ein freies und offenes Gespräch gegangen werden kann, weil sie das nicht kennen. Sie müssten also erst einmal gute Bücher lesen, in denen solche Dinge gezeigt werden, um so von ihren ungemütlichen und unguten Prägungen wegzukommen. Sonst bleiben sie die ungut Geprägten, die wie Fehldrucke von Briefmarken nur hoch gehandelt werden, weil ein selten dämlicher Fehler sie so kostbar erscheinen lässt. Aber sie bleiben ein fehlbedrucktes Läppchen Papier, das einen Wert besitzt, aber nur diesen und keinen höheren.

49

Wohlstand

Sie werden mit dem Wohlstandsargument kommen, wenn sie Veränderungen deklassieren wollen und meinen, die begründeten Veränderungen gefährdeten den Wohlstand. Aber was ist schon Wohlstand? – Ein zerstörerischer, arroganter und snobistischer Machtkomplex. – Derzeit noch.

Was bedeutet der Wohlstand der Minderheit, wenn es der Mehrheit nicht so gut geht? Was bedeutet das für die Gleichheit in Verschiedenheit? Und die Würde? Und die Menschenrechte? – Wohl ist die Minderheit immer noch gleicher als die Mehrheit der globalen Welt. George Orwell prägte diese Formulierung.

Und was heißt das für die Zerstörung? Die Arroganz? Und den Snobismus? – Es heißt: Schuld, Dreck und Verantwortungslosigkeit. – Und die Schatten der Moderne plustern sich im Empörialismus.

Aber es sind meist nicht die Politiker, es sind die Uneinsichtigen, die Verwöhnten, die Selbstgefälligen, die Gedankenlosen und die Ängstlichen, auf die das zutrifft. – Und die Politiker wollen strategisch auch diese zufrieden stellen.

Selbst Engelszungen bewegen diese Leute nicht zur Einsicht, da sie es ständig verbocken und sich geistig und innerlich bewegen müssten – weil sie nur sehen und glauben, dass andere genauso dächten, wie sie – und zwar nur an sich und ihre verwöhnte Kehle denkend.

An denen wird es gelegen haben, wenn es zu Ende gegangen sein wird, wenn sie durch ihren Wohlstandsdünkel nicht die Menschlichkeit verwirklicht haben werden, die notwendig gewesen wäre, um innerlich reich zu werden, anstatt sich im äußerlichen Konsum und der läppischen Karriere zu verlieren und die Mehrheit oder Einzelne, die darauf deuten würden, psychisch zu vergewaltigen. Glaubt nicht, das sei übertrieben, und lernt die verdorbene Innerlichkeit des modernen Menschen zu beleuchten, dann werdet ihr die Wahrheit schon erkennen, die euch zeigt, woran es krankt.

Die Wohlstandsargumente sind lediglich fiese Angstmacher, die suggerieren, dass es schlechter würde. Aber da sie von würdevoller Innerlichkeit nichts halten, entgeht ihnen der Kern des Verständnisses für die notwendigen Veränderungen, um mehr in Würde und Respekt zu leben, statt im bloßen eitlen Saus und drögen Braus, was sie einschlafen lässt – anstatt aufzuwachen und nachzudenken, Fragen zu stellen, die Menschlichkeit zeigen und nicht Provokation oder Empörialismus, der sich zynisch zu positionieren sucht, um ja nicht mit Ernsthaftigkeit in Kontakt zu kommen.

Wohlstand nützt nichts, wenn er von ungeistigen, verantwortungslosen, aggressiven und plappernden Leuten genutzt wird, die noch nicht einmal 80 Jahre Frieden schätzen können. Solche sollen mir nicht kommen und – mich – zurecht weisen; die habe ich gefressen.

50

UNAUFMERKSAMKEIT UND SCHULD

Eine dunkelhäutige Frau, Mitte 60, mit einem farben-starken, orangenen Kleid, stand im Bus von ihrem Platz auf und ging Richtung Ausgang im Mitteil des Fahrzeugs. Eine junge Frau, Mitte zwanzig, machte ihr Platz und stellte sich mit dem Rücken zu den Sitzen im Mittelgang um die ältere Dame vorbei zu lassen, die etwas korpulent und füllig den Raum einnahm. Ich sah es schon an der Bewegung der Beine der älteren, dass sie ihre Füße nicht achtete bei diesem Vorgang. Plötzlich stolperte sie über die Füße der jungen Frau und fing sich polternd auf, sodass sie nicht stürzte. Sie brauchte etwas um zur Besinnung zu kommen und verließ dann den Bus, wie beabsichtigt, aber nicht ohne die junge Frau zu duzen und zu beschuldigen, sie habe das wohl mit Absicht gemacht, und dass dies wohl eine Frechheit sei. Die junge Frau hatte sich derweil auf einen freien Platz gesetzt und hörte wohl nicht zu was sie bezichtigt wurde. Die ältere Frau drang mit ihren beschuldigenden Sätzen auch dann noch in den Bus, als die Tür sich schloss und die Fahrt unaufgeregt und entspannt weiter ging.

Die eigenen Fehler und Unaufmerksamkeit anderen Menschen anzulasten, entstammt einer psychischen Verworrenheit, die annimmt, selbst nie Fehler zu begehen. Doch dies entstammt der mangelnden Demut und dem ungenügenden Respekt vor anderen. Solche Leute neigen zu Impertinenz und Krieg und denken dann, der sei gerecht. Aber es gibt keinen gerechten Krieg, denn Krieg ist die Folge von ungerechtem Denken, das Schuld irrig stets bei anderen verortet, auch wenn sie mitschuldig sind oder auch ihren Anteil daran haben, dass es so geworden ist, wie es dann wurde.

51

REDEN WIR

Wir müssen darüber reden. Wir müssen darüber reden, was manche Feministinnen meinen, wenn sie glauben, Frauen seien Engel und hätten keine Schuld. Wie war das mit Mileva und Albert? Wie war das mit Friedrich, der in die Umnachtung ging, aus Verzweiflung? Und wie war das mit Hölderlin und seiner Mutter? – Wer behaupten wollte, Frauen hätten keine Mitschuld (wenn Männer manchmal verbal deutlich werden oder austicken, vielleicht zu Gewalt greifen) ignorierte die psychischen Kräfte, die wirken können, wenn manche Frauen ihre Männer regelmäßig psychisch unter Druck setzen oder sie da nicht unterstützen, wo sie unterstützt werden sollten. Wir müssen darüber reden. Dringend. Bitte. Wir müssen alle miteinander nach einem Sinn im Leben suchen; denn wer dies noch nicht getan haben sollte und noch nichts gefunden hatte, wird auch mit seiner Rolle, die er sich gewählt hat, in einer freien Welt, auch nicht glücklich werden. Die Vorstellung, wir könnten mit einem Partner glücklich werden, hat nur Sinn, wenn wir selbst schon glücklich sind und einen Sinn gefunden haben, der uns trägt, denn damit können wir auch einen anderen tragen, wechselseitig. Der Partner stellt dann eine Zugabe dar, die unser Glück noch tiefer werden lässt. Das ist das Problem: den Sinn zu finden, mit dem wir glücklich sind und andere dabei glücklich machen können. Aller Streit in Beziehung kommt aus diesem Unglück noch keinen tragfähigen Sinn im Leben gefunden zu haben. Denn, anders herum, wie sollte das möglich sein, ohne Sinn, glücklich zu sein oder allmählich immer verlässlicher zu werden? Im sinnfreien Kontext des Alltags kann es nur Chaos und Ärger geben. Wie also finden wir einen Sinn, der auch anderen dient – mitdenkend, mitfühlend – und nicht nur – egoisch – uns selbst? Wie finden wir einen Sinn, der seinem Inhalt entspricht und keine hohle Phrase oder leere Hülse ist, der nicht hält, was er meint zu sein? Wie ist das mit der Inkonsequenz in diesen Dingen? Dem Glauben? Der Idee? Der Vorstellung? Der gedanklichen Bequemlichkeit? Die alle meinen, einen tragfähigen Sinn schon gefunden zu haben, dafür aber anderen das Leben schwer machen? Es ist wohl eine Täuschung zu glauben, der unfriedliche, unruhige, nervöse, hadernde und zeternde Mensch habe einen Sinn im Leben schon gefunden. Gerade wer in Frieden lebt und sinnerfüllt, wird nicht zu den Mitteln des Krieges greifen oder einen Krieg befürworten. Hier ist schon etwas tiefgängigere Sinnfindung nötig, die einen Boden besitzt, der sich auch nicht durch die Gefahr der Krieges kontaminieren lässt. Auch die Frauen haben ihren Anteil am Krieg, wenn sie einen solchen tiefgängigen Sinn im Leben noch nicht gefunden haben sollten, der sich auch durch den Wind der Meinungen und das Heulen der perfiden Argumente nicht kirre machen lässt.

52
INKONSEQUENZ

Auch diese Woche begab ich mich auf meine Zeitungstour und kam wieder an dem Haus an, am Ende der ersten Hälfte meiner Tour, bei dem letzte Woche ein älterer Herr etwas mürrisch mich damit konfrontierte, dass er keine Zeitung wolle (siehe Kommentar Nummer 33 auf Seite 51). Ich hatte ihm erklärt, dass er ein lesbares Schildchen am Briefkasten oder Zeitungsrohr anbringen solle, damit auch Nachfolger von mir darüber Bescheid wüssten.

Leider sah ich nun, eine Woche später, noch kein Schildchen mit entsprechendem Hinweis, sodass ich drauf und dran war zu klingeln und ihn daran zu erinnern. Aber ich hatte kein gutes Gefühl, da wir doch dazu erzogen zu sein scheinen, dass wir die Freiheit des anderen nicht unbedingt beeinträchtigen sollten und es ja eigentlich seine Sache ist, was er mache oder nicht. Aber ganz so sehe ich das nicht. Denn wenn ein Mensch mit einer gewissen Eigenleistung sich selbst und anderen dienen kann, also er einen Mehrwert für sich erreichen kann, indem er seinen Wunsch kundtut und somit andere darüber informiert, die dies dann berücksichtigen, dann ist das nicht nur eine Pflicht, die er anderen gegenüber zu erfüllen hätte, sondern ein Dienst, den er auch sich selbst gegenüber erbringen würde.

Aber der Herr hatte es vielleicht vergessen oder er fand es doch nicht ganz so wichtig, weil ihm vielleicht die Arbeit für ein solches Schildchen zu viel war und er keine Möglichkeit sah dies selbst herzustellen. Ich bleibe jedenfalls gespannt, ob er in den nächsten Wochen und Monaten vielleicht doch noch dazu kommt, um sich selbst und uns einen Gefallen zu tun. Solange ich mich an ihn und seinen Wunsch erinnere, kann ich diesen ihm auch ohne Schildchen erfüllen.

53
KONTINUIERLICHE VERBESSERUNG

Wir wissen aus der Psychologie, dass der Mensch seine unbewussten Schatten hat und diese Schatten Probleme verursachen oder die Weiterentwicklung des Menschen behindern. Die Moderne suggeriert mit ihrem Motto der „kontinuierlichen Verbesserung" eine stetige Veränderung zum sich entwickelnden Guten hin, von dem sie annimmt, dass es immer besser würde.

Da dieses Motto auch missverstanden werden und einen dogmatisch unkritischen Geschmack erhalten kann, müssen wir Fragen stellen, die zu beachten sind, gerade, weil diese Fragen einen Beitrag leisten könnten zu einer kontinuierlichen Verbesserung, die dem Bestehenden etwas Erhellendes hinzufügen könnte und daher eine neue Weise der kontinuierlichen Verbesserung zum Ausdruck bringen würde können.

Daher fragen wir, was es ist, das kontinuierlich verbessert wird? Worauf basiert diese Verbesserung? Welchen Charakter hat sie? Und was ist ihr eigentliches Anliegen?

Ich kann und will hier nicht ausführlich mich in den Details verlieren, sondern zu bedenken geben, dass ein Schwerpunkt der modernen Entwicklung, auf einer *Außenorientierung* beruht. Straßen werden gebaut, Technik entwickelt, Geräte erfunden und in Serie produziert und angeboten, Internet und Medien dominieren die Absorption in die äußere Welt und verführen, durch ihre Aufforderung sich zu informieren, dazu, sich mit außenorientierten Themen zu beschäftigen: Politik, Konsum, Unterhaltung, Ablenkungen aller Art, Freizeitvergnügen, Urlaubsplanungen, Hausbau, Autokauf, Sportveranstaltungen, Theater- und Kinobesuche. Dies scheint den Menschen in einer Außenorientierung festzuhalten, die für Freiheit gehalten wird. Politik und Gesellschaft entwickeln sich in diesen außen-orientierten Bereichen, investieren Geld und animieren zur Beteiligung an diesen äußeren Strukturen, die dadurch rentabel werden sollen, denn die Absicht Gewinn zu erzielen ist schließlich die kapitalistische Forderung der außen-orientierten Denkweisen der Moderne.

Kaum jemand findet hier skeptische Worte, kaum jemand zweifelt an dessen Sinnhaftigkeit; der Genuss, der damit suggerierten Freiheit, sticht das kritische Vermögen aus, einen Schritt weiter zu gehen, sich kontinuierlich weiter zu entwickeln und in einem respektvollen Abstand die Situation der Moderne zu beleuchten.

Was wäre der Fokus der Moderne, den er ergänzen müsste zum Bestehenden, der es ihm ermöglichte sich auf neue Weise weiter zu entwickeln?

Sein derzeitiger Fokus besteht auf der Außenorientierung, den genannten Zerstreuungen und Annehmlichkeiten, die den Menschen aber, erfahrungsgemäß, innerlich leer und hohl belassen, leidend, zweifelnd, hadernd, grollend und in einer stillen Verzweiflung. Der Kósmos kennt ein Innen, das menschliche Bewusstsein kennt Erkenntnis; die Wahrheit zu gewahren ist keine Domäne der Außenorientierung, sondern seiner Einsichtsfähigkeit und einer immanenten und fundamentalen Eigenschaft des gesamten Kósmos. Wir müssen daher die Innenorientierungen fördern, Strukturen schaffen, Räume bauen und Zeiten ermöglichen, in denen Menschen diesen Innenorientierungen gewahr werden können und etwas praktizieren können, das sie sinnhaft füllt, anstatt sie im Außen verloren und leer gehen zu lassen. Ein wesentlicher Beitrag für den Frieden wäre dadurch möglich, wenn dies weltweit praktiziert würde, denn eine innere Sinnfindung, die Fülle ist und nicht Aufgeblasenheit, die in Frieden ist und nicht im kontinuierlichen Wettbewerb und Kampf, würde eher zu einer *besseren* kontinuierlichen Verbesserung beitragen, als das die Moderne uns täuschend, mit ihrer bloßen kontinuierlichen Verbesserung der Außenorientierung, vorgibt zu tun.

54

Brunnen und Bäume

Wer ist verantwortlich für die Brunnen? Wer lässt zu, dass die Kinder dort hinein fallen?

Wenn Leute zu mir sagen, ich müsste mich positionieren und dafür sorgen, dass das Kind wieder aus dem Brunnen kommt und mich auffordert, ich solle seine Probleme lösen, für die er selbst verantwortlich ist und nicht ich, dann lasse ich mir hier keine Schuld einflößen, noch nicht einmal suggerieren.

Denn ist es nicht so, dass ich darüber spreche, was zu tun sei, um nicht in den Brunnen zu fallen? Ist es nicht so, dass ich darüber spreche, warum eigentlich wo die Brunnen gebohrt werden und ich skeptisch hinterfrage, ob das überhaupt sinnvoll ist? Und dass solche Leute dies ignorieren und nun – nicht nur mich – auffordern, wir sollten das Kind aus dem Brunnen holen? Sondern alle, die sie mit in ihren Krieg ziehen werden, wenn diese es gedankenlos zuließen?

Nein, so geht das nicht. Dieses Verschieben und Verdrängen von Verantwortung geht mit mir nicht, ich lasse das nicht zu. Denn ist es nicht so, dass die Moderne ihre Brunnen bohrt und annimmt, damit an frisches Wasser kommen zu können? Ist es nicht so, dass die Moderne sich erlaubt ihre Kinder nicht zu kritischem Fragen zu erziehen, sondern sie lediglich dafür ausbildet, wie man immer besser und kostengünstiger Brunnen bohren kann?

Wenn ein Krieg begonnen wurde, der kollektives Leid und Zerstörung hervorruft, dann ist das Kind schon im Brunnen. Wie kommt dann die Moderne dazu, mich und uns aufzufordern, wir sollten uns positionieren, weil wir sonst gegen die Freiheit und gegen die Menschlichkeit seien? Wie infam wäre das?

Nein, das ist ungehörig, ignorant und selbstverliebt. Obendrein blind, eitel und eingebildet. Damit habe ich nichts zu tun, gegen diese Haltung verwahre ich mich und lasse mich nicht damit infizieren oder davon erpressen. Gegen diesen Virus habe ich bessere ethische Mittel als die Moderne, die ihn hervorbringt.

Merkwürdigerweise glaubt die Moderne, das Bohren ihrer Brunnen sei selbstverständlich und daran nichts zu rütteln. Aber dass sie keinen Überblick behält, was sie da eigentlich tut und was nötig wäre, um sich und die Kinder zu schützen und voll zur Entfaltung zu bringen, statt ihnen Fallen zu stellen, in die sie tappen können, geht der Moderne noch nicht ganz auf.

Der Krieg ist nicht selbstverständlich für den Menschen, er kann zukünftig überwunden werden. Dies gelingt aber nicht, wenn einseitig das Bohren von Brunnen ausgebildet wird und Studiengänge dafür erfunden werden, wie man besser und immer besser einen Brunnen bohrt und den Kindern nicht die Möglichkeiten anbietet den Unterschied zu begreifen, zwischen einem Brunnen und einem Baum.

Obwohl es wichtig ist stetig frisches Wasser zu haben, müssen wir doch nicht akzeptieren, dass nur Brunnen gebohrt werden und nicht auch Bäume gepflanzt, die ihrerseits Schatten spenden und Früchte bringen können, die allen dienen. Die Gefahren der Brunnen hat offenbar die Moderne noch nicht geschaut, besonders weil sie ihre Kinder nicht anhält die Gefahren angemessen in den Blick zu nehmen und zu achten.

Wer uns also vorhalten sollte, wir müssten die Kinder aus den Brunnen herausholen, wenn wir Menschlichkeit zeigen wollen, der erpresst uns mit den Folgen seiner Gedankenlosigkeit und Respektlosigkeit dem Umstand gegenüber, dass die Bäume wachsen und uns nähren – und wir dies ihnen schon einige Zeit nahelegen zu begreifen. Die Haltung durch Krieg einen Krieg zu beenden, der uns aufgenötigt wurde, hat jene Erkenntnis noch nicht verinnerlicht, dass unsere inniges Bewusstsein wächst und sich entfaltet und uns seelisch nährt, wie ein kostbarer Baum, sodass wir konsequenterweise alle innerlich entfalten können müssten, um unsere eigenen schöpferischen Früchte der Menschheit anbieten zu können. Aber wenn das Kind wieder im Brunnen ist, sollen sie nicht meinen, wir sollten uns auf ihre Seite schlagen und für sie daran sterben in den Schacht hinunter zu klettern, unsere Leben zu riskieren und ihre Schuld zu vergessen, nur damit sie nachher weiter ungestört ihre Brunnen bohren können.

In Frieden leben zu wollen und uns nicht davor fürchten zu müssen, dass die Kinder in die Brunnen fallen könnten, der Krieg wieder ausbricht und die Tragödien hervorgerufen werden, die wir doch letztlich alle beklagen (die aber eine ignorante Moderne und aggressive Prä-Moderne zu verantworten hat), ist jene Haltung der Menschlichkeit, die nicht erst tätig wird, wenn das Kind schon im Brunnen ist, wenn der Krieg schon begonnen wurde. Sondern die Menschlichkeit wird die Bäume ehren und das innerliche Bewusstsein würdigen, das notwendig ist, um uns nicht in der Erpressung für einen Krieg zu finden, der ein Ausdruck der Überbordung für das Bohren der Brunnen ist. Was die Moderne noch nicht beklagt, eben weil sie die Bäume nicht achtet und die Innerlichkeit nicht, die ihr etwas Wesentliches und Grundsätzliches hinzufügen würde, aus dem eher die Chancen sich entwickeln würden für einen stabileren Frieden. Denn danach sehnt sich auch die Moderne im Grunde, dem sie aber nicht traut, weil sie akzeptiert, dass es doch immer wieder vorkommen kann, dass ein Kind in den Brunnen fallen wird, solange es Brunnen geben würde und der Mensch das Bohren praktizierte, um an das begehrte Wasser zu gelangen. Dass also die Kriege unumgänglich seien, die immer wieder geschehen würden, solange der Mensch Mensch sei. Denn so wäre es schon immer gewesen. – Nein, das akzeptiere ich nicht.

Dass bekanntlich die Prä-Moderne nicht hinter uns liegt und innerhalb der Moderne nachgeboren wird, bedeutet, dass auch heute die Vertreter der Prä-Moderne dazulernen müssen, nämlich dass sie nicht überleben werden, wenn auch sie sich nicht eingestehen, dass sie sich zu Teilen irren und wo. Gerade die Attitüde der Gewalt stammt aus den verborgenen Anteilen einer einseitigen Außenorientierung, die sie depriviert an Innerlichkeit streben und kämpfen lässt. – Der Frieden aber ist ein gemeinsames Anliegen aller Menschen, und dies sollte die Basis für alle sein.

Wo die Moderne die Brunnen bohrt, schüttet die Prä-Moderne sie wieder zu oder zerstört und zerrüttet die Strukturen, die sie möglich macht. Die Post-Moderne belässt die Brunnen und das Bohren, empfiehlt aber Bäume zu pflanzen, zu hegen, zu pflegen und zu ernten. Der Nebeneffekt ist, dass die Brunnen relativiert werden und mit den Bäumen eine natürliche Ergänzung bekommen, die obendrein auch dem Klima nützt, was den Brunnen fehlt. Wo die Brunnen die Ressourcen der Erde ausbeuten und die Menschen angehalten werden ihr eigenes Wasser zu fördern, schaffen es die Bäume die Ausgewogenheit und Natürlichkeit der Erde und des Klimas zu schützen und zu fördern. Nur letzteren gehört die Zukunft, die in jeder Gegenwart entschieden wird.

55

Von den Wenigen

Es gibt zu wenig Humanisten in der Welt. Daher habe ich mich entschlossen einer zu werden, um dem Menschlichen an die Seite zu stehen und den Menschen das Menschliche zu vermitteln. Dabei ist das Menschliche nicht das zynisch Menschliche, sondern das Wertvolle und Sinnhafte, das Nachhaltige und Grundlegende, kurz: das Schöne, Wahre, Gute. Manchmal bei gewissen Formulierungen höre ich schon die Zyniker, wie sie aus den Worten das Gegenteil machen und das Edle in den Dreck zu ziehen drohen. Diese Gelangweilten und Nörgelnden, Aggressiven und Ignoranten, haben leider den Sinn des Menschlichen noch nicht verinnerlicht, wie wir Humanisten, die lange schon, aus einer Einsamkeit heraus, diese entwickelt haben, in eine Haltung der Zugewandtheit hinein, die das Offene und Weite ehrt, das Liebende und Herzliche, das Feine und Schlüssige – die aber, nicht naiv, Grenzen setzt, wenn nötig. Und die ein Vermögen sich entwickeln haben lassen, das gerade hier verspüren kann, um was es sich bei den gesprochenen oder geschriebenen Worten handelt.

Wer daher die junge Psychologie ignorierte, brächte sich um das Edle der Erkenntnis der Innenwelten und der Vorstufe zu den innigen Weisheitslehren. Wer seine Schatten nicht lichtet, wird in ihrem Dunkel bleiben und daher trübe, schräg und verworren erscheinen. Kommt und forscht daher nach den Wahrheiten des inneren Menschen; kommt und rührt euch, interessiert euch für den Menschen und sein Dasein; forscht in den inneren Kósmos hinein und horcht auf die Stille, die so viel zu sagen hat und weder Schweigen ist noch Geschwätzigkeit. Dass die Wenigen mehr werden ist auch ein relatives Problem, denn es wird die Mehrheit sich auch mehren können. Aber das ist nicht sicher, zumindest, wenn wir die nächsten 500 Jahre betrachten. Es könnten dezimierende Katastrophen geschehen. Die Humanisten müssen unbedingt überleben, sonst dauert es wieder 10-tausend Jahre, bis etwas Sinnvolles geschieht, das es wert ist zu beachten und zu verwirklichen.

56
WIEDER

Wieder ein vertrauensvolles, offenes Gespräch am Mittagstisch. Meine Gesprächspartnerin berichtet über ihre Begegnung und Erfahrungen mit Menschen, die fordern, es müsse jeder Mensch so akzeptiert werden, wie er sei. Und meine Gesprächspartnerin sieht dies ebenso als problematisch und naiv an, wie wir das bei den aufgeklärten und rationalen Philosophen und Dichtern finden können. Und sie sieht dies auch wieder als Ausdruck eines Narzissmus an, der noch nicht gelernt haben wird, dass der Mensch nicht immer machen könne, was er wolle und was ihm in den Kopf komme, denn er müsse auch Rücksicht nehmen und Respekt an den Tag legen.

Es ist eine gewisse, sachliche Empörung über solche Naivität bei ihr zu spüren, denn ihr wird deutlich, dass dieser Narzissmus dies in moralische Forderungen einfügt, die letztlich die Freiheit stören und durcheinander bringen und zudem Konflikt in sich tragen, der nicht angeschaut wird. Wir kommen überein, dass die egoisch-narzisstische Haltung, die davon ausgeht, sie müsse von anderen akzeptiert werden und dass dies bereits den Kindern im Kindergarten nahegelegt würde und diesen daher suggeriert wird, sie könnten tun und lassen, was sie wollen, eine ungesunde, ja kranke Situation widerspiegelt und eine ungute Auffassung von Zwischenmenschlichkeit bedeutet.

Das einfache Diktum „Du musst mich akzeptieren, wie ich bin", halten wir beide für rücksichtslos und klein, hier komme kein Mitdenken und kein Mitgefühl mit anderen zum Ausdruck, was notwendig wäre, wenn wir in Gemeinschaft leben wollen. Nur „ich, ich, ich, ich", nur „ich will, ich will, ich will, ich will", keinerlei „Ah, schön, du bist auch da! Wie geht es dir? Was denkst du?" Meine Gesprächspartnerin sieht das sehr gut und genau und hat jenes psychologische Gespür für Menschlichkeit, das wir brauchen, um friedlich und zufrieden miteinander leben zu können.

Die Naivität der Toleranz, wie es genannt werden könnte, ist daher eine Gefahr für die Freiheit, die so nur daran arbeitet, sich selbst abzuschaffen, sprich: Sich vernichten zu lassen, von jenen, die sie bis zum Schluss glaubt tolerieren und akzeptieren zu müssen, weil diese doch so seien und man sie nicht ändern könne und solle.

Nein, und nochmals entschieden: Nein. Wir brauchen ein Händchen, ein subtiles Verständnis der Zwischentöne und der Nuancen des Menschlichen – und keine pauschale Generalerlaubnis für alle, ihren inneren Teufel jederzeit raus lassen zu dürfen, weil sie eben nun mal so seien und nicht anders könnten. Nein, das zeugte nur eine teuflische Welt, die noch nicht begriffen hätte, dass wir aufeinander bezogen sein sollten, anstatt zu fordern, andere sollten uns gefälligst akzeptieren, ohne zu schauen, welche ethische Wertigkeit damit verbunden ist oder welche psychologische Reife und Rationalität.

Das Bezogen-Sein aber, macht das menschliche Leben zu einem kontinuierlichen Lernprozess, der mitunter schmerzlich sein kann, aber nicht masochistisch sein sollte. Die narzisstische Naivität scheint sich davor noch zu winden, besonders, weil damit der Verdacht im Raum steht, er würde sich dem schmerzlosen Hedonismus widmen wollen, der das Ich-ich-ich potenziert und bis zur Decke treiben will, aber ohne die Verantwortung, die mit dem Leid und Schmerz des Daseins adäquat und menschlich umgehen sollte und wollte. Aber gerade darin liegt die Verantwortung des Menschen, dass wir die natürlichen Leiden und den Schmerz annehmen und am Besten heilen und uns in eine Erwachsenheit hinauf bewegen, die nicht davon getrieben wird, weder vor sich her, noch in die Flucht. Sondern die den Mut und die Kraft aufbringt, gerade im täglichen Leben, in Beziehung, mehr umarmende Duldung mit dem Sticheln des Moments finden zu können, sodass Emotionen sich nicht hochschaukeln und entgleiten oder anders, dass daraus Schlussfolgerungen gezogen werden, es müsse gefälligst der andere uns jeweils dulden sollen. Wenn daraus Rücksichtslosigkeit erwächst, ist es verkehrt. Wenn daraus eine natürliche Kraft erwächst, die Duldsamkeit genannt wird und nicht Gleichgültigkeit ist, dann ist es wertvoller und lehrreicher. Wir stehen alle in diesem Druck.

Daher müssen wir wieder und wieder darüber sprechen und es praktizieren, wir müssen uns einander annehmen lernen und gleichsam nicht davon ausgehen, dass dies von anderen erwartet oder gefordert werden könne. Wir brauchen die Kraft zur Rücksicht, ohne uns selbst zu verleugnen, aber auch ohne uns anderen überstülpen zu wollen.

57

Humanismus ist kein Hobby

Eine Universität in Deutschland hatte am Ende des Sommersemesters, Mitte Juli, eine öffentlichkeitswirksame Veranstaltung angesetzt. „Der lange Abend der Wissenschaft" lautete der Titel der Veranstaltung, die den Wissenschaftlern Gelegenheit gab von ihrem Fachgebiet zu berichten und der interessierten Öffentlichkeit, den Studenten und Schülern, „anschauliche" Experimente zu zeigen und Versuche „zum Mitmachen". Ich las mir die Einzelveranstaltungen durch, die im Internet mit Titel und Kurzbeschreibung gut beschrieben, was gezeigt werden und über was gesprochen werden sollte. Die gesamte Veranstaltung würde zwischen 16 Uhr und 20 Uhr stattfinden.

Das erste, was mir auffiel, war, dass die Fachgebiete naturwissenschaftlich und technisch, wirtschaftlich und medizinisch orientiert waren. Ich suchte nach Psychologie und fand es in folgendem integriert: „Fakultät Ingenieurwissenschaften, Informatik und Psychologie". Also folgte ich dem Link und suchte die Themen der „Psychologie" und fand auch etwas und zwar genau *eine* Infoveranstaltung, mit dem Titel „Die Psychologie des Geschmacks". Es wurde von der Abteilung „Angewandte Emotions- und Motivationspsychologie" gegeben und es ging wirklich um den „Geschmack im Mund" und wie dieser mit Stress zusammenhängen soll.

Die restlichen 80 Einzelveranstaltungen bewegten sich ausnahmslos auf den Oberflächen der Dinge, waren außen-orientierten Betrachtungen entsprungen und nutzten digitale und stochastische Methoden, um ihr spezifisches Thema in den Vortrag zu bringen. Selbst die Mathematik hatte mit einer Anwendung zum „Fußball" auf außen-orientierte Anwendungen für den kapitalistischen Transferumstand des Profifußballs hingewiesen, um ihre Nützlichkeit deutlich zu machen und die am Außen und der Spitzenleistung interessierten Sportfreunde zu locken.

Ich schüttelte ein wenige innerlich den Kopf, weil ich es nicht glauben konnte, dass eine Wissenschaft damit schon abgebildet sei. Mir kam es so vor, als ob der Mensch sich in die Außenwelt absorbierte und den Kontakt immer mehr zu seiner Innenwelt verlor und er gar nicht erkannte und spürte, was ihm dabei entging. Dass die Wissenschaftler wahrscheinlich nicht nur eine 40-Stunden-Woche haben, sondern eher mehr, dann noch Familie und nur ein wenig Freizeit daher übrig, fragte ich mich, wann diese Menschen ihre Menschlichkeit üben? Welche Hobbys betreiben wohl Wissenschaftler? Oder haben sie ihr Hobby zum Beruf gemacht und sehen keinen weiteren Bedarf ihren Geist und ihr Herz etwas zu widmen, das ihnen nützen könnte? Würde Menschlichkeit dem Menschen etwa nicht nützen? Innerlichkeit? Frieden? Stille und Ruhe? Muse für die feinen Fragen der Seele und des sich sehnenden Herzens?

Am nächsten Tag kam der Gedanke, dass Humanismus kein Hobby ist, sondern eine Aufgabe, Herausforderung und Verpflichtung, gerade in einer rationalen Welt. Aber wenn die vorgeblich rationale Welt der Wissenschaft die Menschlichkeit und Innerlichkeit ignorierte? Was dann? Was ist dann von der damit verbundenen Rationalität zu halten? Ich möchte gerne richtig verstanden werden und stelle hier klar, dass ich die rationale Wissenschaft schätze. Aber ich schätze nicht, wenn sie der Meinung sein sollte, damit wäre alle ihre Pflicht schon getan.

Und da es Auswüchse zu beobachten gibt, jene Auswüchse der Rationalität, die aller Innerlichkeit den Kampf ansagt – und mit unter den unfairen –, dann zeigt die Rationalität damit ihre psychologischen Schatten, ihre verdrängte Unfriedlichkeit und Unzufriedenheit, die sie auf der Couch beleuchten und läutern sollte, anstatt mit dem Kampf ins Feld zu ziehen und wie ein „Pitbull an der Wade der Innerlichkeit" zu zerren, uneinsichtig und aggressiv.

So geht das nicht, so ging es noch nie. Humanismus ist kein Hobby, sondern eine Verpflichtung und Verantwortung, die sowohl die Außenorientierung als auch die Innerlichkeit schätzt, beachtet und fördert. Und zwar im selben Verhältnis. Denn sonst zeigte sich eine Schieflage, die parteiischen Charakter besitzt und tendenziell für die Ungleichheiten und Ungerechtigkeiten der Welt verantwortlich bliebe, die alle durch Unzufriedenheiten, Gier nach Erfolg und Geld und einer Angst vor dem Leben und den Menschen bewirkt würden.

Die Praxis der Innerlichkeit, die der Äußerlichkeit nebenan gestellt würde, mit der selben Gewichtung an Raum und Zeit, würde die Menschheit wirklich gutartig entwickeln helfen. Wer nur auf einer Außenorientierung beharrte, brächte sich um 50 Prozent der weltlichen Möglichkeiten für Frieden, Liebe, Wahrheit, Vertrauen und Wohlstand.

58
Vorvertragliches Gespräch

Er sprach flüssig und ruhig, erklärte die Details, die zeigten, dass er das Wissen kannte. Er hatte die Aufgabe Voraufträge abzuschließen und das angebotene Produkt für die Gemeinde zum Laufen zu bringen. Daher schickte das Unternehmen solche Leute, wie ihn, der klug und spontan agieren konnte, kommunikativ zugewandt schien und daher die größte Chance darstellte, dass die noch größtenteils unwissenden zukünftigen Kunden anbeißen und mitmachen würden.

Ich stellte ihm ein paar Fragen und was jemand anderes mir erzählt hatte; er konnte unaufgeregt und sachlich erscheinend darauf mit Wissen begegnen, was jene Seriosität ausstrahlte, die Leute dazu bringt vertrauensselig einen Vorvertrag abzuschließen. Schließlich einigten wir uns, dass er in knapp 14 Tagen noch einmal vorbei kommen würde, dann hätte ich mich informiert und eine bessere Basis für eine Entscheidung. Das Treffen wurde auf einen Tag gelegt, an dem ich Urlaub hatte und zu Hause sein würde, sodass wir darauf kamen, dass er gerade in Dubai gewesen war. Er erzählte frei von der Leber weg über die Situation dort, wo sie keine Arbeitslosen hätten, zwei Millionen Einwohner und zwölf Millionen Gastarbeiter. Ich prüfte das nicht mehr und schreibe es, im Glauben, dass er Recht hatte.

Dann stellte ich ihm die Frage, was er von der Ungleichverteilung der Gehälter und Einkommen halte. Er konnte spontan darauf eingehen und gab zu bedenken, dass dies bereits seit 1800 Jahren so sei, daran ließe sich wohl nicht so schnell rütteln, meinte er. Er war anscheinend im Bilde und daher gebildet, denn er hörte sich nach einem gefestigten und rationalen Gesellschaftsbild an, dass ein paar wichtige Zusammenhänge kannte. Ich fragte ihn, was er glaube, warum die Einkommen so auseinander driften, warum es so sein müsse, dass manche viel verdienen und andere weniger, obwohl jeder tut, was er kann, und dass wir darin gleich seien.

Er hatte keine Antwort parat und meinte, dass in allen Gesellschaftssystemen es diejenigen mit mehr Einkommen und diejenigen mit weniger Einkommen gäbe, das wäre in der Demokratie, im Sozialismus, im Kommunismus und natürlich im Kapitalismus nicht anders. Ich fragte ihn aber, wieso dies so sein müsse, wieso wir uns nicht auf eine Gleichverteilung der Einkommen weltweit einigen könnten. Seine spontane Reaktion war, dass es dann zu keiner Leistung mehr kommen würde, wenn jeder dasselbe verdiene für die unterschiedliche Arbeit.

Ich meinte aber, dass dies sehr wohl geschehen könne, wenn nämlich die Menschen ihre intrinsische Motivation entdecken würden und ihre ureigene Wertigkeit bezüglich dem, was sie können und lieben. Er hörte zu. Da wir alle tun, was wir können, sind wir nicht verantwortlich dafür, wenn uns die Natur, der schöpferische Zufall oder Gott uns so haben werden lassen, wie wir wurden und sind, und dass wir daher uns nicht gegenseitig abqualifizieren oder hochstufen sollten durch die unterschiedlichen Höhen der Gehälter und Einkommen.

Wir waren inzwischen aufgestanden und er bewegte sich zur Tür. Er meinte, das sei interessant, aber er habe, wie ich vorhin, gerade keinen Kopf mehr dafür um sich mit den Details zu beschäftigen, aber wir sähen uns ja in knapp zwei Wochen. Wir verabschiedeten uns freundlich und wünschten uns eine angenehme Zeit bis dahin.

59

Der Schlaf der Selbstgerechten

Der Schlaf der Selbstgerechten ist ein zynischer und gewalttätiger. Die Selbstgerechten wollen nicht erwachen und erkennen, was es zu erkennen gibt, sie wollen ihre Ruhe haben, genug Freizeit und Annehmlichkeiten, Komfort und Luxus, Urlaub und Fußball. Aber sie schlafen und bringen andere mit ihrer Gewalt dazu, ebenso einzuschlafen, das heißt, zu resignieren und zynisch dem Diktum zu folgen, dass es keine Rettung brauche oder dass es keine Rettung gäbe. Aber sie ignorieren die Wissenschaft, sie ignorieren die gewonnen Fakten der letzten 60 Jahre. Wenn die Selbstgerechten ihren typischen Charakter läutern würden, würden sie auch erwachen können. Aber: Wie gelingt dies? Wie erwachen sie aus ihrem Schlaf der Gleichgültigkeit in ein Wachsein, das sich am Leben interessiert?

Bildung ist so eine Sache, sie ist prinzipiell nur dann verkehrt, wenn sie den Menschen verbildet und ihn in den Schlaf des Wissens hinein wiegt. Dort wartet nämlich auch eine Selbstgerechtigkeit auf die Selbstgerechten, nämlich jene, die glauben, es schon zu wissen, obwohl sie es doch noch nicht wissen. Ständig wach sein, scheint aber auch nur schwer realisierbar, denn etwas Schlaf und Pause braucht der Mensch. Denn wer zu wenig Schlaf oder zu viel Pause hat, wird unkonzentriert oder selbstverliebt, was auch nicht günstig scheint.

Das Interesse für Gerechtigkeit bedarf aber der Konzentration und Liebe für das Leben, den Menschen und die gesamte Natur. Wer schläft, sollte traumlos schlafen und nicht in einem naiven Traum von der besseren Welt träumen; oder mit einem Alptraum die Apokalypse herbei fantasieren. Der traumlose Schlaf ist der gerechte, er hat die Selbstgerechten überwunden, denn er erfrischt am besten und lässt die Klugen die klügsten Gedanken spinnen und besten Entscheidungen treffen.

Wer also ein sinnvolles Handeln sucht, muss sich den traumlosen Schlaf erarbeiten, dann wird er am klarsten, wachsten und gerechtesten am Tage agieren können.

60

Der Muskel und die Blüte

Ab und an sagen die Menschen das Denken sei, wie ein Muskel, den man trainieren könne. Und dass es anstrengend sei, dieses Denken.

Ich glaube, das Denken ist nur dann, wie ein Muskel und kann anstrengend sein, wenn der Mensch über die Außenwelt nachdenkt und sich fragt, was er wie und warum bewegen könne oder müsste, um seine Ziele zu erreichen oder Maßnahmen umzusetzen, die Nahrung besorgen oder Schutz gewähren. Die Welt der Außenorientierung, wie dies die Denker der Physik bewerkstelligen, ist gewiss anstrengend und fordert geistige Kraft und Konzentration, sowie einen zugreifenden Willen des Geistes, der sich die Details genau anzuschauen wagt.

Die innere Welt der Intuition dagegen, ist kein solcher Muskel, sondern zeigt die Entfaltung von Schönheit und Freude im Angesicht des Friedens des Augenblicks, der Ruhe des Tages und der schöpferischen Kreativität der Zeit. Worin läge dabei eine Anstrengung? Wo läge da die Kraft?

Wer im Frieden ruht und achtsam ist (was eine andere Form von Konzentration darstellt), keine nennenswerten psychischen Probleme hat und als „frommer Mensch" von „seinem Nachbarn" in Frieden gelassen wird (Friedrich Schiller), dem ist das Denken in jedem Augenblick eine heitere Entspannung und ein offenes Interesse am Dasein, am Menschen, an der Welt und am unendlichen Kósmos.

61
Die Besseren

Die besseren Argumente von den Klugen und Weisen, werden von manchen noch unbewussten Charakteren als Bevormundungen empfunden und daher unberechtigterweise oft abgelehnt oder sogar bekämpft. Solche Menschen haben noch nicht die Kraft sich dem klugen Argument zuzuwenden, um den Sinn darin zu erkennen, der dann nicht nur ihnen dienen wird, sondern auch anderen und vielen. Gerade deren Unbewusstheit zeitigt so manche Engstirnigkeit, die den Blick nicht weitet hin zu den günstigen Erkenntnissen oder notwendigen Entscheidungen, die zu treffen sein können. Daher ist es wichtig sich stetig bewusst zu machen, was der Mensch ist und tut, was er wie und warum denkt und wie die eigene Befindlichkeit gesehen werden kann, sodass der Mensch durch eine kontinuierliche Praxis dazu kommt, wacher und klarer zu werden. Gerade diese Wachheit und Klarheit ist es, die das noch Unbewusste bewusst sein lässt und ein Ausdruck der Bewusstheit ist, die Erkenntnis und Notwendigkeit als wahr, wichtig und folgerichtig annimmt.

Wer eher noch unbewusst ist, wird hier Widerstände haben und zeigen und gerade daher die Erkenntnis und Notwendigkeit, sowie der Klarheit und Wahrheit der Bewusstheit von sich weisen. Die besseren Argumente sind aber nicht lediglich in einer kognitiven Orientierung zu verstehen, sondern auch in einer lebendigen Haltung von Mitgefühl und Mitdenken, von sozialem Vertrauen und menschlicher Größe. Die Unbewusstheit hat diese menschliche Größe daher noch nicht und muss sich üben darin nicht vollends in den Suizid zu kontrahieren.

Wer sich aber um Wahrheit und Klarheit bemüht, der wird sich weiten und nicht kontrahieren, der wird umarmen und nicht von sich stoßen, der wird auf andere zugehen und sich nicht abwenden, der wird Vertrauen suchen und nicht Misstrauen säen.

62

LIEBLINGE

Faschisten sind meine Lieblingsfeinde, weil sie so gut zu durchschauen sind und ihre Kriege immer verlieren, da sie ihre selbstgewählten Feinde regelhaft unterschätzen.

Diese prä-modernen Gewalttäter und Zyniker kommen nicht gegen die rationale Moderne an, die durch Ruhe und Klugheit bedächtig die richtigen Entscheidungen trifft und sie in Schach hält, bis sie Suizid begehen, weil sie an sich selber kollabieren, wenn sie lange genug Gegenwehr erfahren müssen.

Die kluge Moderne wird daher mehr Stehvermögen beweisen können, weil sie mehr Ruhe besitzt als diese emotionalisierenden Irrlichter, die nur irritieren können, provozieren, stänkern und hinrichten. Die Moderne dagegen richtet sich an der Würde aus, die darauf ausgerichtet ist, die Gewalt zu entmutigen und einzudämmen, wo sie aufkommen sollte und nicht, wie die Faschisten, die Unruhe anstiften und Gewalt entflammen. Solche Leute muss man hassen (wie Friedrich Nietzsche zustimmen würde), wenn man deren Dreistigkeit und Verbrechertum psychologisch erkannt hat und sieht, wie verloren und eingebildet sie sind. Keinen Fingerbreit den Faschisten. Keinen.

Daher sind die Faschisten meine Lieblingsfeinde, weil sie so gut zu durchschauen sind und ihre Kriege immer verlieren.

63
Das Ego der anderen

Ich bin nicht verantwortlich und daher nicht Schuld für das Ego der anderen Leute, das haben diese selbst zu verantworten. Denn sie könnten durch therapeutische Läuterung, durch reflektierendes Schreiben und durch menschliche Rücksichtnahme, in eine andere Position gelangen, das ihr Ego etwas mindert und dessen Dominanz nicht in der Rücksichtslosigkeit und Anmaßung beließe.

Daher kann ich auf deren Ego keine Rücksicht nehmen, weil dieses Ego auch auf mich keine Rücksicht nimmt, ich kann lediglich meine Vernunftargumente darlegen, die Zusammenhänge sachlich erläutern und nach bestem Wissen und Gewissen agieren. Dies hat dann regelhaft nichts mit *meinem* möglichen Ego-Gehabe zu tun, sondern ist bemüht das argumentativ Beste darzulegen und zu vermitteln. Wer sich dann von den anderen dem inhaltlichen Zusammenhang verweigerte und meinen sollte, dies sei „bevormundend", zeigte ja gerade in dieser Projektion bereits sein Ego, das nicht an der Sache interessiert ist, sondern an seiner willkürlichen Herrschaft, die sich auf den Schlips getreten fühlt, wenn man ihm die aktuellsten und besten Argumente vermitteln will und nicht erkennt, dass die Zeit sich geändert hatte und daher neu zu überlegen ist.

Daher kann ich keine Rücksicht auf das Ego von anderen Leuten nehmen, denn dann würde ich zu deren Spielball und willkürlicher Beliebigkeit herabsinken, die mich massiv unterdrücken und schikanieren würde. Das geht natürlich nicht, vielmehr müssen *diese* Leute ihr Ego läutern. Dazu soll die Couch helfen.

64
Haut

Jeder steckt in seiner Haut und kommt nicht heraus. Sein Wesen ist durchdrungen und umgeben von Haut, dieses geistig-seelische Gewächs, das an seinen Grenzen offen für Verletzung und Schmerz ist. Daher müssen wir sanft mit uns umgehen, weil es allzu leicht zu Verletzungen kommen kann, die sich aufschaukeln könnten und der eine dann dem anderen die Haut über die Ohren zu ziehen beabsichtigt. Was in den 1930-er und 1940-er Jahren tatsächlich in Deutschland so passiert ist, als die Faschisten glaubten, sie könnten nicht aus ihrer Haut und die dann aus der Haut gefahren sind, weil ein großes Maul sie dazu aufrief und aufhetzte anderen die Haut über die Ohren zu ziehen, und dem sie dann auch gehorcht haben und unmenschliche, menschenverachtenden Dinge getan haben (zum Beispiel Lampenschirme aus Menschenhaut, die sie zuvor getötet hatten). Eine Schande nicht nur für die Deutschen von damals, sondern für das gesamte Menschengeschlecht.

Ich werde mein restliches Leben dafür einstehen solchen Charakteren unter die Haut gehen zu wollen, um sie dort zu rühren, wo sie sich häuten oder das geistig-seelische Vermögen anreichern könnten, in die Haut anderer schlüpfen zu können. Dazu haben sie ja bekanntlich ihre Schwierigkeiten, weil sie nur an ihrer eigenen Haut interessiert sind, beziehungsweise sie nur daran interessiert sind jeweils ihre eigene Haut zu retten, wenn die Not eintrifft. Gerade diese Haltung aber wird für den Klimawandel nicht genügen.

<h2 style="text-align:center">65
Leben und leben lassen</h2>

Das Prinzip des Leben-und-leben-lassen ist so eine Sache, die genauer betrachtet werden muss. Zum Beispiel, ab wann dieses Prinzip eventuell nicht mehr angewandt werden kann oder sollte, weil ein Gegenüber bereits in einer Weise übergriffig wurde, dass dessen Absichten Respektlosigkeiten zeigten und Vereinnahmungen, die nicht mehr toleriert oder geduldet werden können. Denn auch das Leben bedarf der Befriedigung einiger Grundbedürfnisse, und wenn ein anderer diese nicht achten sollte, würde er bereits dieses Prinzip verletzen. Gerade da wir Menschen immer an gewissen Grenzen uns treffen, an denen Reibung entstehen kann und Uneinigkeit, ist das Achten von Bedürfnissen und das lebendige und respektvolle Wissen darum, entscheidend.

Wenn aber die Menschen noch nicht wissen sollten, was zu ihren Bedürfnissen zählt, würden sie auch nicht wissen, was andere für Bedürfnisse haben. Wer sich also von der konsumierenden Moderne wegtragen ließe in eine Flucht vor den eigentlichen Bedürfnissen, wie geistig-seelische Geborgenheit, friedliche und vertrauensvolle Kommunikation und Respekt dem anderen gegenüber, und hinein in die Ablenkungen der Vergnügungsindustrie, des blass unterhaltenden Fernsehens oder der egoischen Echokammern des Internets, der würde nicht empfinden können, was wir bedürfen, um der zu werden und zu sein, der wir sind. Da würde dieses Prinzip des Leben-und-leben-lassen mutieren in eine vielfältige Beliebigkeit, der es an einem grundlegenden und gemeinsamen Boden fehlte oder er in einem geistig-seelischen Mangel sich eine Ersatzbefriedigung für seinen dann vorhandenen Frust suchen würde. Denn so würde er anmaßend, vereinnahmend und imperialistisch davon ausgehen, weil er das wolle und bräuchte, hätte er das Recht es sich zu nehmen.

Krieg wäre so vorbereitet, anstatt dass er unmöglich gemacht würde – weil dann die geistig-seelischen Bedürfnisse des Menschen beachtet und befriedigt würden. Wir können also nur andere in unserem Leben auch leben lassen (und nicht glauben, sie bekriegen und bekämpfen zu müssen), wenn wir unsere Grundbedürfnisse in Blick nehmen und daher auch geistig-seelisch uns weiten, anstatt uns nur außen-orientiert das gewalttätig und respektlos ergreifen zu wollen, das wir glauben, sei unser Recht. Der geistig-seelisch unterversorgte Mensch würde gerade derjenige sein, der die Kriege anzettelte, die Gesellschaft und Bürgerschaft in Kämpfe verwickelte und den Menschen gegen das Leben aufhetzen würde.

Daher genügt die Betonung und Einforderung dieses Prinzips des Leben-und-leben-lassen nicht und würde andererseits auf eine Toleranz schließen können, die den gemeinsamen und grundlegenden Boden zur Befriedigung unserer wesenhaften Bedürfnisse missachten, ignorieren oder gar verachten würde, denn mit der wechselseitigen Achtung dieser Bedürfnisse kommen Grenzen in den Blick, die wir dann freiwillig und aus respektvollen Gründen achten würden und den anderen darin gewähren und unterstützen könnten.

Ich kann aber einen Menschen dann nicht nach seiner Fasson leben lassen, wenn er meinen sollte, er könne mir diktieren, was ich zu tun und zu lassen hätte, gerade wenn es die grundlegenden Bedürfnisse betrifft. Da er dieses Prinzip damit missachten würde und verletzte, hätte er den Krieg begonnen und ist damit als aller erstes dafür verantwortlich, was ihm entgegen kommt. Es sollte einsichtig sein, dass solche Charaktere einzugrenzen sind, wir würden sie leben lassen, aber zu verhindern suchen, dass sie uns am Leben und Gedeihen hindern, an unserer legitimen und bedürfnisorientierten

Entwicklung.

Wer also sich zu weit aus dem Fenster lehnte und annehmen sollte, er könne anderen ihr legitimes Recht auf Befriedigung ihrer Bedürfnisse nehmen, der hat damit zu rechnen, dass man ihm Grenzen setzen wird. Je nach Fall könnte dies im großen Maßstab auch bedeuten, dass man einen von ihm entfachten Krieg annimmt, um ihn schließlich wieder in die Grenzen zu setzen, die er vereinnahmend und respektlos verletzte und die ihm natürlich gegeben sind.

Da die öffentliche Information auch in einer Demokratie nicht immer verlässlich und wahrheitsgetreu ist und sein kann, ist damit immer die ungute Möglichkeit für Missbrauch und Irreführung gegeben. Daher ist es umso notwendiger die geistig-seelischen Bedürfnisse der Menschen nach innerem Frieden, Liebe und Angenommen-Sein zu befrieden zu suchen, um dann nicht in das Fahrwasser des öffentlichen Durcheinanders der Meinungen, Interessen, Manipulationen und Lügen zu geraten.

Das Prinzip Leben-und-leben-lassen ist daher mit der Frage der Bedürfnisse verbunden. Hier käme ein weiterer Text in Frage, der untersuchte, ob es genügte, wenn wir um unsere menschlichen Bedürfnisse wüssten und sie anderen entsprechend zugestehen könnten. Dass es ein Problem sein kann, wenn Bedürfnisse sich begegnen, die gerade nicht miteinander harmonieren, sondern auf einseitige oder wechselseitige Ablehnung stoßen, sei der weitergehenden Beobachtung im eigenen Leben der Leser überlassen.

Meist wird sich aber herausstellen, dass das, was als Bedürfnis gedeutet und behauptet wird, nur eine *Bedürftigkeit* ist, die etwas anderes ist, nämlich die fordernde und beschuldigende, mitunter aggressive und provozierende Haltung des Haben-wollen, sei es das des Rechts oder des Besitzes, unter Vernachlässigung der legitimen Bedürfnisse anderer. Gerade diese Bedürftigkeit, die therapeutisch behandelt werden müsste, verunreinigte den Gedanken des Leben-und-leben-lassen, weil gerade von dieser Bedürftigkeit gefordert würde, was das bedürfnisorientierte Leben anderer eingrenzen und beschneiden würde.

Daher ergänzt sich natürlich dieses Prinzip zu dem folgenden, nämlich dem des „Leben-und-therapieren-lassen". Es sollte einsichtig sein, dass dies keine abwertende Forderung oder Diskriminierung darstellt, sondern eine würdevoll menschliche Aufforderung sich den Bedürfnissen zu widmen, um ein friedliches, befreites, harmonisches und gemeinsames Miteinander zu ermöglichen. Wer sich daher dem innerlich-psychologischen noch verschließen sollte, muss sich dafür öffnen, denn sein Beitrag zur friedlichen Weiterentwicklung seiner Person diente damit auch der Gesellschaft und der Menschheit. Wer also die geistig-seelischen und körperlichen Bedürfnisse des Menschen missachtet, missachtete das legitime Interesse der Menschheit auf einen globalen Frieden.

66
FRECHDACHSE

Manche Unholde glauben tatsächlich, weil jemand ihren tatsächlichen Charakter gegenüber dritten sachlich beschrieben hat, es handelte sich bereits um Verleumdung oder üble Nachrede. Sie begreifen wohl nicht, dass Verleumdung mit Erfindung und Lüge näher zusammen steht, als eine Beschreibung des tatsächlichen Charakters eines Menschen, die ihrerseits nämlich näher an der Wahrheit steht. Daher sollen die Frechdachse nicht glauben, sie könnten andere dazu erpressen ihre üblen Charakterzüge nicht zur Sprache zu bringen und darüber zu reden. Schließlich müssen sie eingestehen, dass die Beschreibung von Erfahrungen und Tatsachen eine Angelegenheit der Wissenschaft ist und diese Haltung sollte jeder Mensch üben und unterstützen. Denn die Wissenschaft braucht das Wort, um zu Wissen zu kommen, eine Beschränkung oder ein Verbot darüber nachzudenken, dies zu betrachten, zu befragen und mit anderen reflektierend darüber zu sprechen, gehört zu einer wissenschaftlichen Haltung. Die üblen Frechdachse müssten also eher ihren Charakter läutern, als dass sie durch Drohung oder Empörung über die Nennung von Erfahrungen und Tatsachen, die sie betreffen, versuchten die forschende Tätigkeit zu unterbinden. Das kommt natürlich gar nicht in Frage.

67
RADIOAKTIVISTISCHE HALLUZINATION

Wenn drei Mülltonnen zusammen am selben Platz stehen und alle drei keine Belästigung verursacht haben, dann werden wohl fünf, acht oder zehn

Mülltonnen, die ebenso pfleglich behandelt werden, ebenso keine Belästigung hervorrufen, wenn sie an einem Platz stehen, der dafür geplant wurde.

Jenes Denken, das immerhin eingesteht, dass drei Tonnen anscheinend keine Belästigung hervorrufen können, aber fünf, acht oder zehn schon, gleicht dem Denken, das bei radioaktivem Material erkannt hat, dass es eine kritische Masse gibt, ab der eine Selbstzündung eintritt.

Vor allem wird diese radioaktivistische Halluzination dadurch deutlich, dass diese Denker keinen Versuch andenken wollen die Tonnenanzahl schrittweise am gemeinsamen Platz zu erhöhen, um zu sehen, ob etwas passiert. Doch entgegen den Berechnungen der Physiker, die anhand grundlegender Gesetze agieren, steht den Mülltonnen-Denkern eine solche Berechnung nicht zur Verfügung. Sie haben auch keine grundlegenden Gesetze im Sinn, sondern lediglich ihren auf Befürchtungen und Argwohn, Zweifel und Skepsis, beruhenden Instinkt, statt einen Verstand oder eine Vernunft, die der grundlosen Furcht gewachsen wäre.

So zeugen diese sich fürchtenden ein Misstrauen und legen die konjunktivische Vermutung nahe, dass die Tonnen eine Belästigung schon hervorgerufen hätten, dies aber nicht der Fall gewesen war. Allein die unbegründete Furcht reicht bei manchen anderen da hin, dass sie annehmen, wer sich so aktivistisch gebärdet, müsse einen berechtigten Grund haben. Das hatte und hat er aber nicht.

Vielmehr haben Leute mit solchen Symptomen die Aufgabe sich psychotherapeutischer Betrachtung zu unterziehen, anstatt andere mit ihrem unerkannten Leiden zu konfrontieren und Stimmung zu machen, die nicht stimmig ist. Das entspräche der Annahme von Verantwortung, die jeder Mensch besonders sich selbst gegenüber hat.

68

RABENSCHWARZE NACHT

Die meisten Menschen haben kaum ein wirkliches Interesse daran herauszufinden, wie sich Kriege vermeiden lassen. Im Gegenteil, droht ein Konflikt dauerhaft zu sein, agitieren sie in Richtung Kampf und Kriegshurra. Sie verhalten sich dann wie Leute, die es gerne anderen zeigen wollen, wo es lang zu gehen habe. Und fragt man sie nach dem Frieden und der Liebe, meinen sie fraglos zu wissen, dass Frieden der Menschheit „niemals erreichbar" sei und Liebe eine Sache der Religion, die sie verschmähten. Diese Kriegstreiber und Gleichgültigen erkennen sich selbst nicht, weil sie die grundlegende Wirklichkeit des Friedens und der Liebe nicht wahrhaben wollen, aus der sie stammen. Obendrein geht ihnen noch nicht auf, dass ihre Haltung eine Resignation zum Ausdruck bringt, die destruktiv ist und das lebendige Miteinander erstickt und verunmöglicht, was ihr Leiden ist. Solche finden sich in dunklen Ideen zu Hause und glauben, dass ihre rabenschwarze Nacht ein besonderes Licht sei, zu dem hin sie sich getrieben fühlen, dies aber mit Freiheit und Erkenntnis verwechseln. Warum tun sie das? Warum gebärden sie sich so? Was bedeutet das für ihr Glück? – Große Enttäuschung, kleiner Geist; große Furcht, kleiner Mut; große Arroganz, kleine Güte; große Verirrung, kleines Verstehen.

69

Das Wachsen der Bäume

Wir kamen in Freundschaft zusammen, es war Juli-Sommer und die Stadtwohnung des Freundes im dritten Stock war mit einem ruhigen, schönen Balkon ausgestattet. Eine schöne Sicht in den nahen Park ermöglichte den Blick auf die Bäume, Kinder spielten draußen und nur ganz wenig Stadtkulisse war zu hören. Auf dem Balkon standen Pflanzen in Kübeln und zwei junge Apfelbäume ragten mit grünen, gesunden Blättern zart in den Himmel, beziehungsweise mit einem Abstand von einem halben Meter bis zur Balkondecke des Geschosses darüber. Als der Freund etwas in der Küche holte, fiel der Blick auf die Pflanzen und die jungen Bäumchen. Die Frage bot sich an, woher die Bäumchen die Kraft zum Wachsen nehmen? Was nährt sie, außer die Mineralien im Boden, aus der Erde, dem Wasser und dem Licht? Was hält sie zum Wachsen an? Hier musste es einen Grund geben, aus dem alles entstammt, alles Leben, alles Wachstum, alle Bewegung, alle Zeit. Schließlich ist solch ein Baum kein Perpetuum mobile, das in der Luft hinge, wie von Zauberhand, Leben ist keine Magie, sondern besitzt Grund und Boden, sonst würde solch ein Baum ewig leben, wenn es keinen Boden hätte und keinen Grund aus dem es erwächst. Die Biologen glauben, der Baum wachse daher, weil er genügend, Licht, Wärme, Nährstoffe und Wasser erhält. Das ist aber nur die halbe Geschichte. Was lässt den Baum wachsen? Das Zusammenspiel der eben genannten Zutaten? Die guten Lebensbedingungen? Lasse das Wasser weg und der Baum vertrocknet; lasse die Sonne weg und der Baum geht ein; lasse die Nährstoffe weg und der Baum verkümmert; lasse die Wärme weg und der Baum erfriert. Das Wachstum des Lebens braucht gute und passende Bedingungen, in denen es sich ereignen kann. Aber ist das schon die ganze Antwort? Ich denke nein. Denn dass der Baum diese bestimmten Bedingungen benötigt, um zu wachsen und gedeihen, sagt etwas darüber aus, wie wir ihn zu behandeln haben, damit das Leben in ihm zur Entfaltung kommen kann. Er wächst und gedeiht also nur, wenn wir für die Bedingungen sorgen, die dazu nötig sind. Hier beginnt unsere Sorge um die Natur; hier beginnt die Erforschung der Wahrheit über die Realität; denn wenn wir leben wollen, sagt uns diese Realität, was wir tun müssen, damit es weiterhin wächst und gedeiht. Wir sind also Balkongärtner des Lebens, das uns einen Hinweis gibt, wie wir überleben und leben können und müssen, um es friedlich und fruchtbar zu gestalten. Und es scheint nicht kausal begründbar zu sein, weshalb das Leben wächst, jedenfalls sind es nicht lediglich die vier genannten Zutaten (Wasser, Licht, Wärme, Nährstoffe). Es kommt nämlich noch Bewegung und Zeit hinzu, die irgendwo anders münden. Es scheint daher der Grund des Lebens der zu sein, der das Leben wachsen, gedeihen und sterben lässt. Und nicht allein die irdischen Bedingungen, ohne die es zwar auch nicht geht, die aber auch irgendwoher ihre Energie erhalten, ihre Potenzialität. Auch der Mensch wird gezeugt, geboren, wächst heran, wird alt und stirbt, wie dieser Baum. Wo wäre der Mensch verschieden zu diesem Baum? Haben doch alle dieselbe Wurzel, denselben Boden, der nicht Erde ist und nicht Himmel, sondern Grund und Ewigkeit. Die Ewigkeit scheint das Leben hervorgebracht zu haben und stetig neues Leben hervorzubringen. Also ist auch die Ewigkeit potenziell mit Lebendigem begabt, sie hat die Schöpferkraft Leben hervorzubringen. Wer zweifelt daran, dass dieser Baum, dieses Leben, dieser Mensch, einen Boden und Grund besitzt, aus dem heraus er wurde, wird und stirbt? Es scheint logisch schlüssig zu sein, dass Leben nicht aus sich selbst heraus sein kann, es bedarf einen Boden und Grund auf dem es wächst. Das Perpetuum mobile ist eine gedankenvolle Abstraktion des Prinzips der Ewigkeit, das den Energieerhaltungssatz verletzt und daher unmöglich zu realisieren ist. Das Leben ist aber real, deshalb kann es kein Perpetuum mobile sein und nicht den Energieerhaltungssatz verletzen. Denn die Energie stammt aus dem ungeborenen Boden und Grund der Ewigkeit. Wie sollte es anders sein?

Der Freund war aus der Küche zurück gekommen und wir sprachen darüber, es schloss sich uns beiden ein tiefes Staunen an, das uns eine Weile schweigen ließ. Wir tranken unser Wasser und unser kleines Glas Wein aus den bauchig-stilvollen Gläsern und gingen dann in unserem Gespräch mit anderen Dingen weiter. Es nährte sich Vertrauen erneut aus dem Boden und Grund der Ewigkeit.

70

DER KÜHLSCHRANK

Ihr Kühlschrank sah aus, wie ihre zersplitterte Seele, durcheinander, unordentlich, nicht übersichtlich, übervoll. Sie war als Kind bis zu ihrem 14-ten Lebensjahr regelmäßig sexueller Gewalt ausgeliefert gewesen und hatte Unterpersönlichkeiten entwickelt, die in einer gewissen Phase der Bewältigung von selbst hoch kamen, aber erst nach 35 Jahren der letzten missbrauchenden Ereignisse. Der verdrängte Schmerz und der zersplitterte Körper-Geist des Menschen zeigte sich nun in diesen Anzeichen von Ungemütlichkeit und Vorsicht. Denn wenn sie etwas aus dem Kühlschrank holen wollte, musste sie vorsichtig sich unter Umständen nach hinten durcharbeiten und dabei die vorderen Utensilien wegräumen, um an die hinteren zu gelangen. So manches Mal fiel ihr etwas vom vorderen Rand des Kühlschrankes herunter. Oder der Kühlschrank war zu lange offen für diese Umräum- und Ausräummaktionen, sodass er aufgrund zu langer Öffnungszeit einen schrill piepsenden Ton von sich gab. Ihr war das gleichgültig, sie kümmerte sich nicht darum diese Ungemütlichkeit und Umständlichkeit zu ändern und etwas mehr Ordnung zu schaffen, weder für den Kühlschrank noch für ihren zersplitterten Körper-Geist. Sie hatte allerdings zuweilen auch ein sehr soziales Gemüt und konnte die Menschen durch ihre Offenheit und Zugewandtheit für sich gewinnen. Aber ihr Kühlschrank sah furchtbar aus.

Der Mensch scheint seine innere Befindlichkeit in die Außenwelt hinein zu tragen. Sei es, dass er seinen Kampf, den er innerlich führt in die Außenwelt trägt und dort neu inszeniert (Alice Miller) oder dass er zeigt, wie es in ihm innerlich aussieht. Wer innerlich im Krieg mit sich selbst steht, wird auch anderen in der Außenwelt leicht und gerne den Krieg erklären wollen. Dieser ganze Morast an Selbsthass wird in der Politik dann recht bieder rationalisiert und das unwissende Volk glauben gemacht, die Wahl des Feindes sei gerechtfertigt und der Krieg hätte seine Berechtigung. Wenn nur die Menschen aufgeklärter wären und sich mehr um ihre Seele und ihre innere Befindlichkeit kümmern würden, wenn sie nur mehr Verständnis entwickeln könnten für die Leiden der Menschen, die sie sich einander antun. Aber so wie es aussieht, sind die Kühlschranke der meisten Menschen noch ungeöffnet und kaum einer weiß so recht, was sich wie darin findet. Wer Ordnung in seinem Leben schaffen will, muss nur beginnen die Zeichen in der Außenwelt zu lesen und – statt Aburteilungen und Beschuldigungen – den Bogen zu schlagen versuchen zu den inneren Situationen des seelischen Menschen. Sein Leid ist die fröstelnde Kühle eines Kühlschranks, der zuweilen auch eine Gefriertruhe darstellt, die nicht geöffnet wird, weil der Mensch sich nicht die empfindsamen Finger des Gemüts an der Kälte des Leides verbrennen will. Es ist der Schmerz, der dies verhindert, es ist das zurückziehen vom Schmerz. Man kann es einem Menschen nicht verdenken, gerade das ist auch eine nahezu natürliche Reaktion des Selbstschutzes. Aber es kommt noch etwas hinzu. Dieser Schmerz verdeckt die Lüge über die Liebe (Arno Gruen), die nicht angeschaut werden will. Dabei gibt es das andere Gesetz, dass, wer diese Furcht vor dem Schmerz überwindet und damit zu ringen beginnt in die Klarheit zu gelangen, mit Mut und menschlicher Begleitung, eine Befreiung von diesem Schmerz erlangen kann. Wer also zweimal denselben Schmerz erfährt und ihn nur einmal von anderen zugefügt bekommen hat, der wird beim zweiten Mal nach dem Durchgang die Liebe erfahren, die in der Erkenntnis der Wahrheit beruht und die ihn befreit haben wird von der Lüge über die Liebe. Und der Kühlschrank wäre wieder etwas mehr geordnet und übersichtlicher, da die innere Zerfahrenheit sich nun weniger deutlich würde zeigen können, weil der kommandierende Schmerz entlassen und mehr befriedet wäre, als zuvor. Der in Ordnung gebrachte Kühlschrank wäre damit ein Ausdruck des neu gewonnenen Friedens, was sich durch die Läuterung des Schmerzes der Vergangenheit einstellen würde. Das ist eine große Aufgabe und keine Kleinigkeit. Aber sie lohnt sich, denn es gewährt Einblick in die geordnete Kühle des Friedens der Seele, die nicht mehr fröstelt oder erfroren scheint und die im Angesicht der Hitze der Zeit dennoch eine entspannte Gelassenheit gewonnen hätte, die den Menschen sich frisch empfinden lassen würde und nicht gestresst vom Durcheinander der inneren Orientierung aus vergangener, zersplitternder Gewalterfahrung. Mit Menschen, die so etwas erfahren haben, was vorwiegend Frauen zu sein scheinen, ist geduldig umzugehen und nicht drängend. Was für Dritte zuweilen schwer ist, da die unaufgelöste, schmerzliche Unordnung des inneren Menschen zuweilen deutlich zu spüren ist. Hier ist also einerseits Leidensfähigkeit erforderlich und andererseits Leidenschaft für den Menschen an den Tag zu legen, für den ganzen Menschen und nicht nur für den speziellen Menschen. Hier ist also Menschlichkeit gefordert, die damit auch ein großes Lern- und Erfahrungsfeld bereit stellt.

71

Das Interesse am anderen Leben

Manche Menschen zeigen sich für das Leben anderer Menschen besonders interessiert. Sie erzählen anderen dabei eifrig Geschichten und geben Eindrücke wieder, die ihrerseits den Eindruck erwecken, dass sie selbst ihr eigenes Leben zu uninteressant finden, als dass sie hier etwas Produktives oder Kreatives zu erzählen hätten. Es drängt sich der Verdacht auf, solche Leute flüchten vor ihrem eigenen Leben in das Leben anderer hinein, wobei ihre Erzählungen lebendig erscheinen und sie auch eine gewisse Freude dabei ausstrahlen. In Wirklichkeit aber ist das lediglich die Oberfläche, denn an anderen Stellen ihres Lebens wird deutlich, dass sie noch an sich selber leiden und die Kurve noch nicht genommen haben sich produktiv und kreativ selbsttätig zu äußern, sodass ihr eigenes, gesundes Inneres sichtbar würde. Ihr Geschichten erzählendes Interesse am Leben anderer Menschen zeigt nur ihre gedankenlose Geschwätzigkeit und ihre Furcht vor sich selbst. Wie wäre es möglich echtes Interesse am Leben des Menschen zu zeigen? Und nicht nur Geschichten zu erzählen, sondern Verstehen zu finden? Das auch mit einem gewissen Schweigen zeigt, dass hier Bedächtigkeit und Klugheit vorhanden sind, anstatt ein allzu offenes Interesse der Zugewandtheit anderen gegenüber. Es zeigt sich nämlich auch, dass diese Menschen dazu neigen, sich anderen Menschen als Austauschbörse anzubieten, in denen brühwarm Neuigkeiten getauscht werden. Aber eben kaum Bedächtigkeit und Stille, kaum ein In-sich-gekehrt-Sein, das schaut, was der nächste Schritt sein könnte. Stattdessen kann bei solchen Menschen ein rastloses Getrieben-Sein festgestellt werden, das wiederum auf die angedeutete Flucht vor dem eigenen Leben deutet. Dies soll kein Vorwurf sein, sondern auffordern, sich der Rastlosigkeit zu stellen und sich nicht weiter von ihr treiben zu lassen. Denn dadurch würde die Stille der Erkenntnis erscheinen und der Frieden der Wahrheit, sowie die Freude an *wirklicher* Erkenntnis. Das ist die Aufgabe des postmodernen Menschen, dass ist seine Herausforderung, das ist seine Würde, die er dringend bedarf, um die damit verbundenen Leiden, Irrtümer, Missverständnisse und Anfeindungen nicht nur parieren und aushalten zu können, sondern gerade verstehen zu können. Nur dadurch kommt der Mensch zu einer Freiheit, die ihn am Leben nicht resignieren lässt und ein wirklich gegründetes Interesse am Leben und Dasein bedeutet. Dann wäre das Interesse am anderen Leben, ein Interesse am eigenen Leben und ein wirkliches Interesse am menschlichen Engagement für Frieden, Freiheit, Erkenntnis, Wissen und Weisheit.

72

DIE STÄRKE DER PARTNER

Manche Menschen wollen, wenn sie starke Partner haben, immer noch stärker erscheinen als diese Partner oder zumindest den Eindruck erwecken, dass sie mit ihrem Partner gleich auf seien. Das zeigt sich mitunter öffentlich darin, wenn sie sich vor den anderen schieben und auf Fragen Antwort geben, obwohl sie selbst gerade nicht gefragt wurden, sie es aber so interpretieren, dass die anderen sie jetzt hören müssten, weil sie ja mit diesem starken Partner zusammen sind. Dies drückt aber deren Respektlosigkeit dem Partner gegenüber aus und ihre Fehleinschätzung der eigenen Wichtigkeit. Die Stärke eines Partners zu nutzen, um sich selbst zu erhöhen, erscheint ungut, weil es nach snobistischer Eitelkeit riecht, die sich sucht im Schatten eines anderen zu profilieren. In Wirklichkeit geht es solchen nicht um Vertrauen, sondern um Geltung, nicht um Liebe, sondern Einfluss, nicht um Wahrheit, sondern Selbstgefälligkeit. Sie dienen nicht der Öffentlichkeit durch authentische Kreativität und integres Engagement, sondern wollen sie manipulieren sich nach ihrer Nase zu verhalten, um Spendengelder abgreifen zu können und so zu tun, als wären sie am Wohl der Menschheit interessiert. In Wirklichkeit tragen sie ihr Gut-Sein nur nach außen vor und sind innerlich noch von der Furcht vor Selbsterkenntnis geprägt, jene Furcht, die aus einem Mangel an Eigenem sich an die starken Anderen heftet, um sich von ihrem unbewältigten Leid zu entlasten, dass sie noch nicht wahrhaben können und wollen. Daher passten auch H. M. und P. M. nicht zusammen und es kam zur Scheidung nach wenigen, gemeinsamen Jahren.

73

Vergebliche Ermutigung

Manchen Menschen kann man nur begrenzt Beistand und Ermutigung leisten, weil sie noch zu sehr an sich selbst leiden und dieses Leiden noch nicht überwinden können oder wollen, selbst wenn ihnen menschlich warme Zuneigung und Wohlwollen zugegangen sein wird. Sie spüren den Funken der Lebendigkeit und Kreativität noch nicht, sie spüren noch nicht das Vertrauen, dass sie brauchen, um sich selbsttätig glücklich zu sehen. Ihnen ist etwas verloren gegangen oder war noch nie entwickelt worden, sie wurden wohl in ihrer gesunden Entwicklung behindert, wohl durch Gewalterfahrungen, was sie seelisch resignieren ließ.

Solche Leute sind aber nicht unbedingt diejenigen, denen man ihr Unglück ansehen würde, denn sie sind anderen Menschen zugewandt, haben Humor und sind offen für Neues. Aber ihre Offenheit ist eine Flucht vor sich selbst, vor ihrem eigenen Inneren, vor ihrem Vertrauen für das Eigene.

Daher spürt der wohlwollende Mensch nach einiger Zeit auch deutlich, dass diese Resignation ihn zu erfassen droht, denn die Abneigungen und Abweisungen von Ermutigungen und berechtigtem Lob, lassen eben jene schmerzlichen Widerstände spüren, die dafür verantwortlich sind, dass dieser Mensch sich aufgegeben hat, obwohl er nicht depressiv oder suizidal erscheint. Die Liebe eines anderen kommt dabei an seine Grenzen oder vielmehr rührt die Liebe an die schmerzlichen Grenzen des anderen, der diese Liebe damit von sich weißt. Die Liebe wird weiter gehen müssen und kann nicht zurück gewandt das Spiel der Gleichgültigkeit und Resignation mittragen, denn Liebe ist konstruktiv und kreativ, friedvoll und voll Vertrauen.

Die Liebe wird weiter gehen müssen und dennoch sich vom anderen nicht trennen und scheiden wollen, da dies der Liebe unmöglich ist, da sie mit dem anderen untrennbar verbunden ist und bleibt. Nicht, weil der Mensch sich nicht trennen könnte, sondern weil die Liebe das Ganze ist, dass die Menschen miteinander verbindet.

Für die Liebe wird das Misstrauen des anderen ein Schmerz sein, den er spüren kann; darin hat die Liebe ihre Aufgabe Liebe zu bleiben und sich vom Schmerz des anderen nicht wegtragen zu lassen in die Resignation, die Gleichgültigkeit oder den Gegenhass, der durch diesen Schmerz transportiert wird und der als Selbsthass des anderen die Liebe findet. Wer nicht so sehr in der Liebe ruht, der wird auf den Selbsthass des anderen mit Gegenhass reagieren und dadurch eine gegenseitig sich hassende Situation hervorrufen. Und die Liebe verloren haben und nicht vertiefen und entwickeln können.

Daher ist das Bleiben in der Liebe so wichtig, auch wenn ein Schweigen einkehrt und es scheint, als hätten die Beteiligten sich gerade nichts mehr zu sagen. Das Schweigen zentriert in der Mitte der Liebe und kann im Verbund mit der Stille des Augenblicks den Schmerz tilgen, der für den unguten Ausgang verantwortlich wäre, wenn gesprochen werden würde. Die Liebe nährt sich im stillen Schweigen des Augenblicks, wenn jedes Wort nicht passend scheint und alles nur noch schlimmer machen würde.

So bleiben zwar auch die Ermutigungen zunächst vergeblich, weil sie im Worte agieren. Aber eine gemeinsame Basis bleibt bestehen, die aus dem Schweigen in der Liebe das Ganze zwischen den Menschen würdigt und damit in der Stille bleiben kann und im Frieden.

74

Unumstösslich

Es ist ein unumstößliches Gesetz: Wenn du keine Familie hast und keine Freunde, die an dich glauben, dann wird aus dir nichts werden, selbst wenn du ein Talent hast oder entwickeln konntest, selbst wenn du Freude am Leben hast oder entwickeln konntest. Woran das liegt? Es liegt daran, dass die meisten Menschen nur an sich und ihre kleinen Gedanken Interesse verschwenden und nicht zuhören können, wenn du etwas Wichtiges zu sagen hast. Sie fragen nicht nach, wenn sie etwas nicht verstehen und meinen lapidar, dass sei falsch oder sei nicht schlüssig, obwohl du es genau besser weißt, als sie, die sich gar nicht die Mühe gemacht haben, wie du zu diesen Dingen zu gelangen. Du musst also alleine zurecht kommen und neben dem Zufall auch darauf vertrauen, dass du selbst die Dinge in die Hand bekommst, damit aus dir am Ende das wird, was du werden willst: ein glücklicher und erfüllter Mensch, der für den Frieden arbeitet und sich immer tiefer in die Liebe hinein entfalten wird.

Lass dich nicht hinunter ziehen von deren Gleichgültigkeit, nicht von deren Zynismus und nicht von deren Selbstgefälligkeit, lass dich nicht enttäuschen und behindern auf deinem Weg die Wahrheit zu entdecken und das Leben zu verstehen. Dazu musst du aber schon gekommen sein, denn sonst wirst du so resignativ, zynisch und selbstgefällig werden, wie sie. Und du würdest bis zum Ende deines Leben unglücklich bleiben.

75
DAS GROSSE WHARP

Ich ging mit dem Hund spazieren, einem kleinen Malteser-Bischu-Mischling. Er hatte zuvor ein paar Minuten allein in unserem eigenen Garten etwas gebellt und ich hatte noch etwas zu erledigen, sodass ich nicht sofort nach unserem Hund schauen konnte und ihn beruhigen. Als ich dann fertig war kam der Hund schon wieder über die Terrasse rein ins Haus und die Situation wäre eigentlich bereinigt gewesen. Aber just davor war von einem Nachbarn ein Pfeifen aus der Trillerpfeife zu hören, wie schon öfter. Wir hatten uns erkundigt, wie die gesetzlichen Regelungen für das Bellen eines Hundes lauten und fanden, dass wir gängige Rechtsprechung noch nie überschritten hatten, da wir wussten, dass ein Hund durch Bellen und andere Zeichen auf sich aufmerksam macht, dass er etwas benötigt. Sei es, dass er Gassi gehen muss, sei es, dass er spielen will und apportieren üben, sei es, dass er Hunger hat. Wir hatten gut herausgefunden, was wann zu tun ist, um unseren Hund ohne Bellen und ruhig im Haus oder im Garten zu lassen. Daher gab es die Richtlinien, die ungefähr anzeigten, was noch in unserem Land akzeptiert werden müsste. Aber uns schien, dass der Nachbar davon keine Kenntnis hatte und er schon beim ersten Bellen nach der Pfeife griff, wenn er selbst gerade zu Hause war.

Also ging ich mit dem Hund Gassi, denn das lag nun an, auch ohne die Pfeife. Wir hatten unsere Runde, die gemütlich verlief und ohne Bellen, mit Leckerlis für den Weg und Training im Führen. Alles ging, wie üblich gut vonstatten. Aber ich spürte in mir einen Ärger über diesen Nachbarn aufkommen, über dessen Dreistigkeit, die annimmt, andere müssten nach seiner Pfeife tanzen. Wir hatten ein paar Wochen zuvor eine andere Sache gegen ihn durchbekommen und er musste klein bei geben, da seine Haltung nicht vernünftig war und den gesetzlichen Regelungen nicht entsprach, worauf wir Wert legten und nach einiger Informationsbeschaffung dann die gesetzlichen Tatsachen auf dem Tisch hatten.

Aber mir schien, er konnte das nicht verwinden, wie er auch einen Hahn aus der gegenüberliegenden Nachbarschaft nicht verwinden konnte und kantig und bestimmt darauf einwirkte, dass der abgeschafft werden musste. Das bedeutete die Abgabe des Hahn in dieser ländlichen Region und seine Schlachtung ein paar Wochen später, wie uns mitgeteilt wurde. Sollte der Nachbar etwa darauf hinwirken wollen, dass wir unseren Hund abgeben sollten?

Die Impertinenz und unwissende Selbstverständlichkeit mit der er seine Pfeife betätigte, schwoll in mir hoch. Und als ich auf der Hälfte der Runde mit dem Hund war, kam ich entlang einer befahrenen Straße am Ortseingang, die eine Seite die Straße, die andere Seite Tannenbäume. Also weit und breit kein Mensch, außer der Lärm der fünf vorbei fahrenden Automobile. So entglitt mir ein mächtiges Wharp, dass einen gehörigen Kraftausdruck mit A ihm entgegen schleuderte, der gerade in meinem geistigen Auge vor mir stand. Der Hund erschrak und flüchtete in die Leine, sodass er gleich wieder stoppte und sich zu mir umsah.

Es war vorbei, das Wharp war getan. Ich gab dem Hund sein Leckerli und ging gemütlich weiter. Dann geschah zunächst nichts, ich gab dem Hund seine Leckerli und wir liefen gemütlich vierzig Meter, was einige Minuten dauerte. Dann kam ein Lachen auf, kein Lachen über, kein höhnisches Lachen, kein rachedürstiges Lachen. Sondern ein entspanntes, humorvolles, das nun dem Nachbarn wieder die Hand hätte reichen und ihn ohne Hintergedanken anlächeln hätte können. Es war Entlastung, das große Wharp war Entlastung, der Groll war verflogen, der innere Frieden war zurück gekehrt. Ich war froh und friedlich und dachte noch, vielleicht sollten wir uns auch eine Trillerpfeife zulegen, um das nächste Mal ein kleines, harmonisches Konzert miteinander zu geben. Aber das sollte ich erst noch mit meiner Frau besprechen wollen.

76
DIE IRRIG EMPÖRTEN

Manche der Politik zugeneigten Kritiker und Interessierten, besonders die irrationalen, die einer rechten, faschistoiden Politik zugeneigt sind, haben schon ein merkwürdiges Denken, dass sie meinen, sei relevant. Da sagen diese doch tatsächlich solche Dinge, wie:

> „Da darf man Verbrechertypen Verbrechertypen nennen, aber
> eine Lüge darf man nicht Wahrheit nennen. Wo leben wir denn,
> wenn das nicht mehr gesagt werden darf?"

Und empören sich darüber. Das ist aber nun nicht lustig und auch nicht traurig, sondern gefährlich. Diese Denker kennen offensichtlich die Wahrheit und Wirklichkeit nicht und nicht die psychologische Struktur und Dynamik der politischen Protagonisten, die hier gemeint sind. Sie bemühen sich nicht anständige, richtige Fragen zu stellen und nicht, sich darum zu bemühen, sie zu beantworten zu suchen. Das ist eklatanter Irrtum und sogar der typisch selbstgefällige Irrsinn der egoisch-narzisstischen Gesinnung. Hieraus kann nur Unfrieden des gesellschaftlichen Zusammenhangs und Vergiftung gemeinsamer Debatten mit Lüge und Unterstellung folgen. Alles beobachtet. Alles schon gewesen. Alles Realität.

Ich sage dazu:

> „Geht in Therapie und löst euren Lebensschmerz auf und min-
> dert euer Aggressionspotenzial, das euch nämlich den klaren
> Blick auf die Wahrheit und Wirklichkeit versperrt."

77
REICHTUM

Der Reichtum in der modernen Welt basiert auf der Ausbeutung, Verschmutzung und Zerstörung der Natur. Der Mensch hat in der Moderne durch die technische Möglichkeit von Maschinen, dazu beigetragen, dass die Natur systematisch, planvoll, strategisch und nachhaltig verletzt wurde und wird. Der moderne Mensch ist daher kaum mehr Freund der Natur zu nennen, sondern ist vielmehr deren Möchtegern-Beherrscher geworden.

Er folgt dabei dem irrigen Glauben, er könne sich gegen die Gefahren der Natur völlig schützen, ihm ist Demut und Bescheidenheit verloren gegangen, er nutzt und missbraucht die Natur für seine von Angst besetzten Vorstellungen, er könne eines Tages unabhängig von ihr existieren. Gerade die Vorstellungen einer Unsterblichkeit, die immer wieder alle paar Dekaden öffentlich zu hören sind, zeigen dies eindrücklich, dass der moderne Mensch den unvermeidlichen Tod fürchtet und das Leben und die Natur, die es trägt, dadurch zu beherrschen, kontrollieren, verschmutzen und zu zerstören trachtet.

Der moderne Mensch macht es sich nicht klar, dass sein Reichtum und Wohlstand, ihm nur anscheinend ein sicheres Leben vermittelt. Seine innere Aggressivität, seine Ungeduld, seine kommerziellen Ablenkungen, seine beliebigen Freizeitbeschäftigungen, die ihn von einem tieferen Sinn entfernt halten und damit von einer lebendigen Anteilnahme am gesamten Dasein, sind die Fluchthelfer, die ihn in Opposition mit dem Leben und der Natur belassen.

Der Reichtum und Wohlstand erkauft sich auf der Grundlage der rücksichtslosen Ausbeutung nicht nur von der Natur, sondern auch der des Menschen selbst. Denn die einseitige Außenorientierung der Moderne, bewirkt, dass die arbeitende Bevölkerung gar nicht auf die Idee kommt, dass an dieser Haltung des Wohlstandes etwas falsch sei oder schattenhaft zu klären und bereinigen wäre. Denn der Wohlstand wird als erpresserisches Druckmittel verwendet, der den Menschen kognitiv in die Ecke zu drängen sucht, wenn dieser beginnt die Moderne zu kritisieren. Denn der Wohlstand der Moderne will aus seiner Bequemlichkeit nicht aussteigen, lässt keine Fragen zu oder beantwortet diese in ihrem Sinne, und zwar, in dem der Wohlstand als Friedensprojekt suggeriert wird. Das ist aber eine Täuschung, wenn nicht gar eine Lüge.

Denn die Friedfertigkeit des Menschen gestaltet sich nicht allein durch äußere Sicherheit, materiell gesicherte Versorgung und eine verfügbaren Palette von Maschinen und Geräten – sondern durch eine innerliche Zuversicht für Vertrauen, Erfülltheit, Offenheit, Annahme und Liebe. Dies sind aber innen-orientierte Wirklichkeiten, die allein durch die maschinellen Äußerlichkeiten nicht bewirkt werden können. Denn die innen-orientierten Wirklichkeiten bedürfen eine Achtsamkeit und Kraft, die bereit ist, sich auf die eigenen Beine zu stellen und in jedem Augenblick der Zeit bereit ist, zu schauen, was ist und geschieht und dann auch entsprechend den Umständen, handelt.

Die Moderne aber bedarf dieser innen-orientierten Aufgaben und sie muss dringend ergänzt werden durch Innenansichten und Vertrauen, durch Offenheit und Annahme, durch empathische Reflexion und Spiegelung des Lichts der Wahrheit an den Undingen und dem Sinn, der dadurch deutlich wird und spürbar. Wer in der Moderne an den außen-orientierten Geräten, Maschinen und Möglichkeiten haften bleibt, wird ein innerlich leeres, trübes, trockenes und ängstlich bleibendes Dasein fristen. Er wird am einseitigen Niedergang der Menschheit seinen Anteil haben, anstatt Anteil genommen zu haben, an den innen-orientierten Möglichkeiten des Vertrauens und der Liebe. Der Reichtum dabei ist ein friedliebender und wirklich Mensch gewordener Reichtum des Herzens und der Seele, der lebendig und frei den Wahrheiten des Augenblicks stets bereit ist ins ewige Angesicht zu schauen.

78

SCHMERZKÖRPER

Frauen scheinen einen empfindlicheren Schmerzkörper zu haben, in dem nicht nur individuell, sondern auch kollektiv gespeicherte Gewalt gegen sie zu finden ist. Die vorwiegend von Männern an ihnen vollzogenen Gewalttaten sind daher mit einer kollektiven Wirkung versehen, die gerade die Männer dazu auffordert, ihre Verantwortung im Zusammenleben mit ihnen anzunehmen und diese so erzeugte kollektive Schuld des männlichen Geschlechts zu läutern.

Der Mann muss sich daher sehr bewusst sein, was er in Beziehung zu Frauen an Reaktionen erfährt und woher es stammt. Der Mann hat hier die Chance menschlich zu wachsen und seelisch immer tiefer zu reifen, indem er die Liebe immer umfänglicher entdeckt und praktiziert. Diese Liebe ist dann auch sprichwörtlich Leidenschaft, die nicht Leiden schafft, sondern Leiden heilt und umarmt, ohne aufdringlich zu sein. Der Mann ist aufgefordert den Schmerz der Frauen nicht abzuwehren, sondern in sich selbst zu umfangen und mit Liebe und Atem zu durchdringen.

Wer hier noch nicht bewusst genug ist, wird die etwaigen Reaktionen der Frauen mitunter nicht immer richtig deuten können und in die ungute Gegenreaktion fallen, was Streit und Schlimmeres hervorrufen wird können. Der Mann lernt so auch dem eigenen Schmerzkörper auf die Spur zu kommen und in die Lage immer weniger von ihm gelenkt und verstört zu werden.

Wer gerade in Beziehung sich darauf einlässt, wird ein neues und tieferes Verständnis des Prinzips Verzeihen finden und praktizieren können und daher klarer unterscheiden lernen, was die Kriege verursacht und was sie verhindern kann. Denn der kleine Streit in der privaten Beziehung ist ein Spiegel des großen Krieges in der öffentlichen Welt. Was dort in beiden geschieht, geschieht dem Menschen, und wenn der Mensch, sowohl Mann als auch Frau, sich dessen immer mehr bewusst werden, werden die Chancen erhöht, eine friedliche, kleine, private und friedliche, große, öffentliche Welt Wirklichkeit werden zu lassen.

79

SCHÖNHEIT

Schauen wir eine Landschaft und den Himmel, der in Blau getaucht ist und am Horizont in das Grün der Wiese und Erde übergeht, so werden die meisten Menschen wohl Schönheit empfinden und erkennen. Wir werden innerlich gehoben, fühlen uns wohl und sicher und freuen uns am schönen Wetter und der angenehmen Sicht. Am nächsten Tag wird der Himmel grau und ungemütlich, es kann regnen oder gar Gewitter aufziehen; wir fühlen uns weniger wohl, sehen uns etwaig in Gefahr, suchen einen trockenen Unterschlupf und werden vielleicht Befürchtungen haben. Die Schönheit des Vortages wird verschwunden sein oder eine andere sein. In der Kunst und Musik wird es ähnlich sein. Da rührt uns die eine Musik ans Herz, und eine andere Musik, die uns noch nicht bekannt wurde, lässt uns unangenehm verspüren, was wir noch nicht kennen oder gar nicht erst näher kennen lernen wollen, sie wird uns nicht anziehen, wir werden weiter gehen und weiter warten auf jene Kunst, die uns rührt und hebt im Herzen und uns Anteil nehmen lässt an der scheinbar nie dauernd anwesenden Schönheit, die auch der Mensch in der Lage ist darzubieten, auf seine je eigene Weise, durch das Vermögen seiner schönen, künstlerischen Gaben.

Obwohl es eine objektive Schönheit zu geben scheint, ist doch die Schönheit hier und da auch im Auge des Betrachters erst das, was sie zu sein vorgibt. Manchmal einigen sich die Menschen nicht über eine gemeinsame Betrachtung, und der eine findet schön, womit der andere weniger oder gar nichts anfangen kann. Eine gewisse Relativität der Schönheit scheint ebenso zu existieren, wie die objektive und absolute Schönheit der Betrachtung und Empfindung. Heißt das alles daher nicht auch, dass der Mensch auf halbem Wege ist zwischen der verlorenen Schönheit des noch nicht entdeckten Selbst hin zur objektiven, absoluten Schönheit des sich selbst gefundenen Sinnes der wahren, erhebenden und erfüllenden Betrachtung und Empfindung? Sind wir alle auf dem Wege Künstler zu werden, die dem Schönen dienen und dieses in die Welt hinein darbieten wollen werden?

Denn der halbe Weg scheint zu erkennen zu sein, da doch die meisten Menschen noch nicht dauerhaft in der erfüllenden Schönheit des Augenblicks ruhen können oder tätig sein können und darin aufgehen und sich selbst erfüllen, ohne egoisch-selbstgefällig zu sein? Dass wir alle Künstler werden sollen, wäre nur dann verwirklichbar, wenn uns es dennoch gelänge die anderen und notwendigen Tätigkeiten einer modernen und post-modernen Welt aufrecht zu erhalten, die schöne Bürokratie, das schöne Backen von Brot und Brötchen, das schöne ärztliche Geschäft der Gesunderhaltung, das schöne Abholen von Abfällen aus den Haushalten, das schöne Bauen von Wohnungen und Gebäuden, das schöne Reparieren der modernen Geräte, das schöne Entwickeln von digitalen Computern und Software, um uns noch schöner miteinander in Verbindung zu bringen für schöne Gespräche, schönen Austausch und schönes Vertrauen?

Sind wir also alle auf dem Wege einen schönen Frieden erreichen zu können, der von der individuellen Erfüllung der Schönheit ausgeht und sich ins globale Kollektiv erstreckt, wo wir daher die Kriege zukünftig, in diesem Sinne, nicht mehr nötig haben werden?

Ich möchte mich an dieser Stelle verwahren gegen Abwertungen, die diese Gedanken als naiv bezeichnen könnten, als unerfüllbar, als unrealistisch, als irrig. Denn wo war der Mensch vor 10-tausend Jahren? Wie sah damals sein Zustand aus? Inwieweit waren damals schon die innerlich empfundene Schönheit aus der Wahrnehmung eines gegenwärtigen Friedens in Sicherheit bereits äußerliche Schönheit und Kunst geworden?

Mögen wir hier in die Forschungen und Ausgrabungen schauen und unsere Schlüsse ziehen. War es daher nicht so, dass damals die Schönheit erst begann sich zu veräußerlichen? Und sind wir daher heute in der Moderne und Post-Moderne ein beträchtliches Stück weiter, wenn wir die Vielfalt in der Kunst und Musik betrachten und daher auch das, woraus Menschen eine emotionale Sicherheit empfangen und eine Rührung durch die dort zum Ausdruck kommende Schönheit? Denn das Staunen und die Begeisterung für Kunst und bestimmte Kunstformen, zeigt ja gerade diese Resonanz mit der inneren Sehnsucht nach Schönheit und Frieden, nach Selbstgefundenheit und Freiheit.

Sind wir also alle auf dem Wege uns in je eigener Weise in der Kunst des Schönen zu finden? Und sind wir hier und heute bereits auf halben Wege dorthin?

Wer wollte nicht mit diesem Ausblick gehen wollen? Und warum? Was hinderte ihn den Weg nachzuempfinden, den uns die Schönheit des Daseins mindestens in den letzten 10- oder 100-tausend Jahren anempfohlen hat und uns für die nächsten 10- oder 100-tausend Jahre vorzuzeichnen scheint? Ich empfehle hier keinen Glauben daran und auch keinen Unglauben dazu. Sondern die beherzte und seelentiefe Anteilnahme an der uns allen gegenwärtig, weltweit zur Verfügung stehenden künstlerischen Betätigungen und Ausdrucksformen. Dann werden wir sehen und empfinden, was es bereits heute zu sehen und empfinden gibt.

Es sei denn, wir gehen diesen Schritt der Offenheit und des Vertrauens nicht, dann werden wir genauso ignorant sein, wie die christliche Kirche des Mittelalters, die sich weigerte durch das Fernrohr zu schauen und den Beobachtungen und Messdaten zu vertrauen, die damals gerade erhoben wurden, um zu zeigen, wie es steht mit der Sonne und den Planeten und der Stellung des Menschen im Kósmos.

Der Mensch hat noch einen langen Weg vor sich, wenn er den Klimawandel überlebt, seine Zeit sollte er nicht am Haften an den dunklen, drohenden Wolken des unangenehmen und unsicheren Daseins verbringen oder die unschöne Vergangenheit in die selbstgefällig als morbide gewertete Zukunft projizieren und behaupten, so sei es schon immer gewesen und so würde es immer sein. Irrig natürlich, weil die Evolution sich entwickelt; nur die ewig Gestrigen können nicht die sich entwickelnde Wirklichkeit akzeptieren, die doch so offenkundig ist.

Sondern wenn wir die große Bewegung der Schönheit durch den Menschen und seine bereits gelebte Zeit erkennen und uns getrauen unsere Zweifel und unser dunkles Misstrauen abzulegen und uns nicht durch die dunkel denkenden Zeitgenossen infizieren zu lassen, mit erstickenden Gefühlen und dem kalten Ausblick auf eine finale Sackgasse. Nur wer den Tod vorzieht und vorschiebt, wird der Schönheit der Zeiten nicht trauen. Wer am Leben orientiert ist und bleibt, wird wahrhaftiger erkennen können, was hier geschieht.

Wer sich mehr und mehr vertrauen will und kann und daher den Frieden in der Welt verwirklichen will, der kommt nicht umhin die Schönheit zu betrachten und zu sehen, was sie dabei an Wesentlichem und Wesenhaftem der Menschheit anzubieten hat. Daher sind beherzte und seelentiefe Wesen vonnöten, die am Zweifel zweifeln und das Dunkel erhellen, die unsere Schatten lichten und der Schönheit trauen, die in jedem Augenblick auf uns wartet gespiegelt zu werden.

80
Lob und Läuterung

Das Ego des Menschen braucht kein Lob und keine Bewunderung. Das Ego des Menschen braucht die Läuterung seiner Irrtümer und seiner Leiden.

Wer aber kann Ego, Ich und Selbst unterscheiden? Wer kann sich selbst vor einem egoischen Irrtum in Acht nehmen und nicht durch das Vorgenannte am eigenen Ego zu Leiden kommen und andere leiden machen? Weil er sie nicht lobt, wo sie gelobt werden könnten, weil er sie nicht bewundert, wo sie bewundert werden könnten?

Wer sich auf den Weg begibt Ego, Ich und Selbst zu unterscheiden zu lernen und dabei eine gutartige Hierarchie erkennt, die sich vom Ego zum Ich zum Selbst hinauf ergibt und mit zunehmender Freiheit, Wahrhaftigkeit, Vertrauen, Ernsthaftigkeit, Frieden und Integrität verbunden sein wird, der wird weniger Irrtümer begehen, als andere, die das alles durcheinander bringen oder sich nicht darum kümmern.

81
Die Poetin und die Ungeduldige

Es war an der Zeit die sozialen Medien etwas zu erkunden, also wählte ich eine Plattform, die ich nun kennenlernen wollte.

Die Anmeldung und Einstellung der ersten Daten zu meiner beruflichen Situation und Perspektive gestaltete sich unkompliziert. Ich erkundete die Möglichkeiten und suchte mich zurecht zu finden. Dann kam einige Stunden später die erste Kontaktanfrage, noch ohne Begleittext, da es sich um ein Basis-Mitglied handelte und diese bei ersten Kontaktanfragen nicht die Möglichkeit haben der ersten persönlichen Ansprache.

Ich schaute mir das Profil der Dame, Mitte dreißig, an und fand, dass sie als „Key Account Manager" im Dienste einer „Federal Government" zwar ein Bild von sich zeigte, das aber von all den Bildern etwas abhob, die schon an sich sehr professionell gestaltet waren, die ich bisher dort gesehen hatte, handelte es sich doch um ein Job-Portal und keine Dating-App, was sich mir kurze Zeit später erst schriftlich zeigen sollte. Aber ihr Profilbild drückte jene Melange an Seriosität und Schönheit aus, die kurz vor der Verführung stand und noch nicht ganz als anzüglich gesehen werden konnte. Es war etwas im Bild verborgen, das einerseits interessant schien, andererseits verborgen lag, und so lud es ein, einen gewissen Weg des Vorspiels zu gehen, um zu sehen, wo es hinführt.

Ich ahnte aber schon, was kommen könnte, wollte mich aber selbst überzeugen und eine Chance auf Menschlichkeit und Seriosität nicht allzu früh abbrechen. Also beantwortete ich kurz ihren persönlichen Text, der damit schloss, dass es schön wäre, in Berührung zu bleiben. Ich bedankte mich und schloss zustimmend, dass es schön wäre, in Berührung zu bleiben. Eine Stunde später kam die zweite Nachricht von ihr, auf Englisch: Was meine derzeitige berufliche Position sei, wie ich auf das soziale Netzwerk gekommen sei und wo ich wohne. Ich antwortete ihr auf meine Tätigkeiten bezogen, dass davon in meinem Profil gesprochen würde, ließ aber den Wohnort und die andere Frage aus. Sie fand das spannend und „amazing" und bot sich an, mir auch eigene Gedichte zu schreiben. Ich sagte ihr, wenn sie dies in deutscher Sprache verfasste und sie in mein Verlagsprofil passten, dann könnten wir beruflich ein Buchprojekt realisieren.

Sie regte rasch an auf E-Mail zu wechseln, was ich ein paar Minuten überlegte und dann zustimmte. In der Folge kam eine weitere dreiviertel Stunde später, es war schon fast Zeit zum Schlafen gehen, ein paar lyrisch gebrochene Zeilen von ihr, auf englisch, die viel von Liebe sprachen, aber ohne Metrik und ohne Reim: „Woman is joy, woman is love…" Es wurde ersichtlich, dass sie anregen wollte, mit dem Ziel auch etwas anderes als dies zu erreichen.

Ich fühlte mich noch sicher und wohl und schrieb ihr ein paar lyrische Zeilen auf englisch zurück, da es mich gerade reizte auf Englisch zu dichten. Sie meinte darauf hin: „that's amazing and brilliant, this makes sense and is Deep", mit großem D.

Nachdem sie so auch erneut Avancen zeigte und dichtete, dass sie „with you I want to take it all" schrieb und dabei die Liebe meinte, ging ich von diesem lyrischen Austausch mit einer völlig Unbekannten zurück ins prosaische und philosophische Erkennende und Nüchterne, mit dieser Unbekannten aus einem weit entfernten Land, die im übrigen äußerst attraktiv erschien, wenn das Bild in ihrem Profil sie selbst darstellte. Sie wäre Rechnungsprüferin beim US-Militär, sagte sie auf meine Frage zu ihrer beruflichen Situation, ihre Arbeit sei „quite good, and amazing". Und sie sei gerade in Deutschland auf einem Geschäftstreffen.

In der Nacht um halb zwei kam eine E-Mail, die ich am Morgen erst las, und am Morgen kam eine weitere E-Mail von ihr, in der sie mich schon mit „Dear" ansprach und mir wünschte, dass ich eine wunderbare Nacht gehabt habe. Und ging dann ihren nächsten Schritt, mich zum Chatten auf Google zu locken, damit wir Videos und Bilder austauschen könnten. Das ging mir nun tatsächlich, endlich zu weit weg von meinem gerade erst begonnenen Social-Media-Engagement, sodass ich nicht mehr reagierte und noch kurz überlegte, ob ich ihr alles Gute wünschen solle und Adieu sagen. Aber ich dachte, dass wäre nicht ganz angemessen, da doch ihre Intention zu deutlich wurde und eine gewisse Vertrautheit noch gar nicht aufkommen konnte. Was geschah, war lediglich Prickeln und nicht Vertrauensfindung, es geschah Lockung und nicht integres Verhalten, es geschah Lenkung und nicht freies Fließen, es spürte sich Ungeduld und nicht die Freiheit des einander Lassens. Und damit geschah gerade nicht Liebe und Menschlichkeit, sondern Wollen und Zielerfüllung.

Sie war zu offensichtlich zu einem Ziel hin unterwegs, das dennoch letztlich nicht ganz klar sein konnte und sich auch noch steigern hätte können, das aber wohl gerade nicht dem meinen entsprach, zumindest auf unbestimmte Zeit. Und dass ich so rasch so schnell mich selbst in Gefahr bringen könnte, wenn ich hier weiter ginge, musste ich ihr nicht erst erklären, weshalb ich am Morgen nicht mehr auf sie reagierte und ihr auch auf E-Mail nicht zurück schrieb. Außerdem musste ich zu meiner Arbeit gehen und hatte dort zu tun.

Sie hatte übrigens, direkt nachdem ich die erste E-Mail geschrieben hatte, umgehend ihr Profil inaktiv gesetzt (gelöscht, pausiert oder inaktiviert), sodass, wie ich lesen konnte, selbst das Portal nicht mehr nachvollziehen kann, um wenn es sich handelte. Der Weg, inzwischen davon weg auf E-Mail umgewechselt zu sein, war das Maximale, das ich tun wollte, in diesem, ersten Kontaktgeschehen, und ich hatte keinerlei Interesse für erotische Abenteuer mit wild fremden Frauen von irgendwoher nach irgendwohin.

Am gleichen Morgen kam eine weitere Kontaktanfrage von einer ebenso attraktiven Frau Ende zwanzig, Anfang dreißig, sie fand es auch „nice connecting with you" und mochte mich gerne bei Google Chat zu sehen bekommen, um uns näher kennen zu lernen und die unterschiedlichen Ideen auszutauschen etc. So schnell geschieht es, wie die Jungfrau zum Kinde zu gelangen.

Es war die falsche Zeit, ich in einem zunehmend gesetzteren Alter, mit keinem Interesse für wilde Dinge. Ich sagte ihr, was ich Stunden zuvor erkundete, dass diese Portal keine Dating-App ist, sondern ein Job-Portal. Sie sagte, sie wüsste das. Dennoch war dieses Eingeständnis nicht dahin gehend hinreichend, dass sie davon abließ, mich von dem sozialen Netzwerk weg zu locken und woanders hin im Internet. Ich lehnte ab und meinte, ich wolle dort bleiben. Sie wusste aber wohl zu gut, dass dort solche Avancen früher oder später auffallen und gemeldet werden, sodass die Portal-Gemeinschaft bei ihren Job-Themen bleiben könne und nicht durch Freizeitanbahnungen abgelenkt würde; die Professionalität braucht konsequente Entscheidungen und Grenzen.

Denn: In der Sanftheit der Geduld liegt die Stille des Friedens, nach dem wir uns sehnen. In der offensiven Ungeduld liegt das Leid des Wollens, an dem wir in die Irre gehen.

Die ganze Anbahnung hier mit den beiden Damen, hatte für mich als

Mann etwas, zugegebenermaßen, Prickelndes, das nicht unangenehm war, bis auf die Wahrnehmung, dass es doch etwas zu schnell voran ging und zu leutselig schien, und zudem ein Ziel erkennen ließ, das nicht nur von diesem Portal wegführte, sondern auch drohte von meinem inneren Frieden abzukommen. Was an sich verdächtig ist und eindeutig, wenn man dem Prickeln nicht erliegt und weiß, was man will und braucht. Wer aber weiß, was er will und braucht, der geht da vielleicht doch mit – oder eben nicht, wie ich selbst in diesen beiden klaren Fällen von Dating-Versuchen auf einem Job-Portal, das für Dating nicht entwickelt ist. Das wusste ich jetzt.

Ich hatte andere Dinge zu tun und keinen Bedarf (mehr) für Abenteuer. Das Leben war geistig-seelisches Abenteuer genug, abenteuerliche Avancen und erotisches Prickeln konnte ich inzwischen umarmen, ohne mich von ihnen wegtragen zu lassen in den Schlamm des kurzfristigen Rausches der emotionalen Betrunkenheit. Ich stehe zwar der Sexualität moralisch neutral und natürlich und frei gegenüber, aber bis es dazu kommt, muss Vertrauen erarbeitet worden sein und kein Wollen der geistigen Erregung mehr ersichtlich sein, das zeigte, dass es nicht auch um den anderen ginge, sondern nur um den persönlichen Erfolg der sexuellen Befriedigung. Liebe ist etwas Wechselseitiges, dass die Vereinigung von zwei Gleichberechtigten auf Augenhöhe braucht. Die Sexualität ist in meinen Augen eine Zugabe, die das praktizierte und erarbeitete Vertrauen krönt und somit die Liebe tiefer und verlässlicher werden lässt. Dass damit Freiheit spürbar wird und kreativ menschliches Verstehen für unsere Leiden im Leben, ist offensichtlich. Mir schien, die beiden Damen waren hier auf einem anderen Gleis oder noch nicht so weit entwickelt.

So hatte der zweite Kontakt, nachdem ich ihre dritte und vierte Nachricht zwar gelesen, aber unbeantwortet ließ, mich eine halbe Stunde später bereits ungeduldig zurück gefragt, ob irgendetwas verkehrt sei und warum ich sie ignorierte. Ich spürte die Nötigung mich rechtfertigen zu müssen, worauf ich aber nicht einging. Hier muss man leiden können und die Leidenschaft besitzen, zu wissen, wer man ist und was man will, ohne noch die Bedürftigkeit zu besitzen, von anderen verstanden werden zu wollen.

Wer sich selbst versteht, wird auf Nötigungen nicht reagieren und nicht naiv glauben, der andere müsse das nun verstehen. Hier begänne ein psychisches Spiel, das zeigte, wie der eine den anderen benutzt, um zu seinem Ziel zu gelangen, und der andere zuließe mit sich spielen zu lassen, weil er sich selbst noch nicht verstünde und ebenso in der Bedürftigkeit verhaftet bliebe von anderen – und sei es auch nur von wildfremden Menschen – verstanden werden zu wollen.

Auch der Weg der Belehrung des anderen hat hier keinen Sinn und Wert, weil das wollende Ego sich nicht belehren lässt, da es auf sein Ziel fixiert ist, und wer diesem nicht dient, wird belastet mit Schuld und Nötigung.

Ich unterließ es also zu sagen: „Ich bitte dich zu verstehen, dass ich kein Interesse an Google Chat habe mit dir, weil ich an anderen Dingen Interesse habe." Und dennoch kam bei ihr an, dass sie sagte: „Ich bin dir wohl nicht interessant genug." Die vertrauensvolle Basis kam nicht zustande und ein aufrichtiges, menschliches Interesse an den Dingen des anderen auch nicht. So beendet sich von selbst durch Einführung der Geduld und des Lassens diese kurze, virtuelle Begegnung. Denn das ich nicht schnell genug reagierte und nicht in die Richtung ging, in der die beiden mich sehen wollten, setzten sie ihre Mitgliedschaft in diesem Portal inaktiv, sodass sie bei den Nachrichten bereits zu Geistern wurden, die nicht mehr sichtbar waren. Lediglich meine Kommentare und Antworten waren ersichtlich, ich hatte also mit mir selbst geredet, ohne dass daraus etwas Menschliches hätte bleiben können.

Carol und Felicia mussten ihren eigenen Weg weiter gehen, wohin sie meinten auch immer ihn gehen zu müssen. Welche Intentionen sie letztlich verfolgten, kann ich nicht mit Bestimmtheit sagen, denn da ist Luft für Möglichkeiten, und zwar auch für die unguten. Und ob das ihre bürgerlichen Namen waren, blieb zudem ihr alleiniges Geheimnis und ihr verborgenes Wissen. Ja, und ob es überhaupt Frauen waren, blieb ebenso im Dunkeln, dazu hätte man nämlich telefonieren müssen oder sich live per Bildübertragung sehen müssen. Aber da waren wir noch lange nicht und das lag auch nicht in meinem derzeitigen Fokus, besonders, da ein wirkliches Vertrauen noch gar nicht zustande kam und zudem das Gespür für ein mangelndes Vorvertrauen sich nicht blenden ließ von der charmanten Freundlichkeit sexuell attraktiver Damen, die sich mir als Mann so allzu freiwillig und direkt anboten.

Die zwischenmenschliche Gepflogenheit, die Vertrauen und Menschlichkeit verwirklichen will, lässt dem anderen Freiheit und Zeit sich mit dem anderen zu finden. Und wird nicht das Gefühl hinterlassen, es sollte etwas erreicht und getan werden. Wer Ziele verfolgt ist parteiisch und wohl auch von sich selbst zu sehr eingenommen. Zudem spürt sich ein Mangel an Respekt und Achtung, eben weil die egoische Eigensinnigkeit bei denen im Vordergrund steht und nicht das Gemeinsame, dass zu beachten und zu würdigen, uns erst zu friedliebenden Menschen werden lässt.

Schließlich ergab sich doch noch ein interessante Information. Den zweiten Kontakt, Felicia, fragte ich, was sie beruflich mache, womit sie ihren Lebensunterhalt verdiene und welche Tätigkeit für die Gesellschaft ihr gefällt. Das kam nämlich aus ihrem Profil nicht hervor, dort stand nur: „fine and healthy". Sie sagte dann doch tatsächlich, sie sei aus den USA, Rechnungsprüfer beim US Militär und gerade auf einem Geschäftstreffen in Deutschland!

Ich stellte ihr noch drei Fragen über die wir uns hätten austauschen und kennen lernen können, wenn sie am gemeinsamen arbeiten an den Antworten interessiert gewesen wäre. Aber sie gab nur zu erkennen, was ich mir auch denken konnte, dass sie ihrem Land dienen wolle und stolz darauf sei, was sie tue. Da ich aber nicht zeitnah darauf erwidern konnte, da ich in meinem realen Leben gerade noch etwas zu tun hatte, verfuhr sie genauso, wie Carol: sie stellte ihren Account inaktiv und wartete ungeduldig nicht ab, was zurück kommen könnte. Sie wollte alles nach ihren Regeln, alles nach Ihren Wünschen, ohne respektvoll abzuwarten, was zurück kommt, um sich darauf einzulassen, zuzuhören und gelten zu lassen. Es spürte sich, jetzt in der Reflexion, das Bild des Spielballes, dass diese beiden Damen vermittelten, den sie nach ihren Wünschen zu flanken suchten, um schließlich ein Tor zu erzielen. Aber da sie beide sahen, dass ich dieses Spiel nicht nach ihren Regeln spielen wollte und konnte, bliesen sie das Spiel für sich ab und beendeten den Austausch. Sicherlich, um sich erneute mit anderem Namen zu präsentieren. Sie hatten die Regeln nach eigenen Wünschen geformt und das Spiel doch entgegen den Regeln frühzeitig abgebrochen. Sie waren Gott und nicht einmal Schiedsrichter, denn der hätte sich an die Regeln gehalten und das Spiel am Ende abgepfiffen. Aber irgendwie hatten die beiden Damen ihre eigenen Regeln, die für mich nicht ersichtlich waren, wie es Spielregeln normalerweise sind und sein sollten in einem fairen Spiel.

Ich hätte ihr nämlich noch geschrieben, dass die Art der Fragen, die ein Mensch sich und anderen stellt, schon sehr viel über ihn aussagen können, wenn auf den Sinn gelauscht wird. Sie dagegen sagte nur: „Erzähle mir etwas von dir!" Da war keine Frage, also auch kein Interesse am Menschen, sondern der Versuch den anderen Quasseln zu lassen, um ihm Sicherheit und Zuhören zu suggerieren, was aber lediglich zu einem einseitigen Vertrauen führen würde, dass den Namen nicht verdiente, da Vertrauen auf Wechselseitigkeit angelegt ist. Sonst ist es ein Einfangen, bei dem der eine sich einfangen lässt und der andere ihn fortführt, der aber gar nicht an diesem eingefangenen Menschen Interesse hat, sondern an etwas anderem. Also wahrscheinlich an dessen Geld. Vermutlich. Ich wollte es nicht herausfinden.

82
Vom inneren Frieden und seinem Störenfried

Der innere Frieden, den wir zuweilen auch längere Zeiten entlang empfinden können und der uns erst in die kreative Aktivität setzt, weil er keine Faulheit ist, kein Müßiggang oder Nichtstun; dieser innere Frieden wird ab und an gestört und angepikst. Sowohl das eigene Ego, als auch das Ego von anderen, tritt dann auf den Plan und stört den inneren Frieden des Menschen, der ungefragt zurechtgewiesen wird oder jemand ihm Unwissen vorhält, dass er doch hätte besser wissen können.

Aber das Ego ist respektlos, denn es kennt den eigenen, inneren Frieden nicht und weiß somit auch nicht, wie es sich gebührlich dem inneren Frieden von anderen nähern sollte. Jene Platzhirsch-Mentalität also, die selbstgefällige Voreingenommenheit, der andere solle in jedem Falle die Regeln kennen und wenn er sie nicht kenne, würde er vorgeführt und das habe er somit selbst zu verantworten, ist gerade damit gemeint. Anstatt gelehrt zu werden.

Diese kompromittierende Haltung des Ego grenzt an Impertinenz, jene Selbstverständlichkeit, die glaubt, alle anderen müssten nach ihrer Pfeife tanzen und wenn sie das nicht täten, wären sie selbst Schuld daran, vorgeführt zu werden.

Das Ego aber ist ein Störenfried, da er selbst nicht in einem Frieden mit sich sein kann, es ist immer geschäftig, auch gerade im Geiste. Das Ego ist die Unruhe in Person, die quengelnde und ningelnde Attitüde, die glaubt, sie müsste stets auf der Hut sein, andere vorführen und moralisch belehren zu müssen. Es ist ein inneres Leiden, das die Störenfriede auszeichnet, kein innerer Frieden.

Das Ego lebt daher mit einem großen Mangel an Selbsterkenntnis, mit einer tief sitzenden Blindheit und Taubheit dem eigenen Wort und Handeln gegenüber. Es spürt nicht seine Impertinenz und nicht seine kleingeistige Selbstverständlichkeit, die es anderen überzustülpen versucht.

Das Ego ist nicht nur ein Störenfried, es ist auch Kriegstreiber und Hetzer, es ist der krasse Richter, der einem anderen Störenfried zustimmt, ihn verteidigt, für ihn kämpft und sein übles Werk in die Welt hinein verbreitet. Das Ego kann nicht in Frieden sein und daher auch den Frieden anderer nicht verspüren und erkennen. Weshalb es gefährlich ist und übel.

Wer aber in einem inneren Frieden ruht und immer wieder zu diesem inneren Frieden zurück kommen kann, der wird auch den Frieden anderer spüren und achten, der wird für den Frieden leben und nicht, wie der Störenfried, für den Krieg und die Unruhe. Wer in einem inneren Frieden ruht, wird das Ego in einem Kreislauf mit sich selbst erkennen, in einem Hamsterrad des Unfriedens, in einem Kampf mit sich selbst und der Welt.

Der innere Frieden wird erkennen, wie sich der Unfrieden in der Welt ergibt und wird daher ersuchen, ihm nicht zu folgen oder sein Opfer zu werden. Und der innere Frieden wird bereit sein dem Unfrieden des Ego eine Grenze zu setzen, wenn dieser dem Frieden zu nahe kommen sollte und ihn respektlos und anstößig behandeln sollte.

Wo der Störenfried mit seinem Ego für den Kampf leben wird, wird der innere Frieden für den Frieden leben, ohne sich vor der Notwendigkeit einer Verteidigung zu scheuen. Der innere Frieden wird keine moralische Attitüde angenommen haben, die ihn absolut dazu auffordert friedlich zu bleiben. Nein, der innere Frieden wird für den Frieden leben und daher den Krieg beenden helfen und nicht dazu, ihn zu beginnen.

In der gesellschaftlichen Wirklichkeit ist das mitunter schwer auszumachen, da das Ego auch so erscheinen kann, als ob es die Menschen zu täuschen beabsichtigt – weil der Störenfried sich selbst noch täuscht und somit auch andere täuschen wird. Das ist das Problem mit den Demagogen und Populisten, sie sind unaufrichtige Leute, die zuweilen Worte nutzen, die die Menschen blenden und sie hinters Licht führen können.

Wir müssen daher von Geburt an daran arbeiten, unsere Gefühle zu achten, sie nicht zu missbrauchen und daher zusätzlich etwaige Schatten zu lichten versuchen, damit wir aufrichtig erkennen, wer wir sind und was richtig und falsch ist. Das Ego versagt hier meistens, weil es keine Leidenschaft besitzt, sich selbst zu läutern und sich selbst zu erkennen; es fürchtet sich zu sehr, weshalb es auch so kämpferisch agiert und für Unruhe sorgt und Krieg anzettelt.

Wer aber seinen inneren Frieden nährt, was nicht bedeutet Müßiggang, Faulheit und Fernsehschauen zu forcieren oder in der Langeweile aufzugehen, sondern er vertrauensvolle Beziehungen aufbauen wird und dabei dennoch mit einem gewissen Maß an Fremdheit leben lernen wird, da doch ein anderer Mensch auch immer ein Stück weit fremd ist und bleibt.

Wenn aber diese Fremdheit des anderen, nach und nach, ins Vertrauen kommt, wird der andere mehr und mehr bekannt und es erscheint eine Basis des Friedens auf der gegangen werden kann. Wer allerdings, wie das Ego, sich den anderen nicht vertraut zu machen sucht, sondern in einem Misstrauen den anderen sucht durch Kontrolle und Zurechtweisung gefügig zu halten, wird das Vertrauen des inneren Friedens nicht finden.

Daher ist der innere Frieden so wichtig, weil er die Basis für das Vertrauen ist, das eine Gesellschaft zusammen hält und den Menschen in seinem ureigenen Bedürfnis befriedigt.

83
Die moderne Zersplitterung

Die Zersplitterung und daher die Aggressivität des menschlichen Denkens, Fühlens und Handelns, zeigt sich offensichtlich auch in den sozialen Medien. Diese sind der prekäre Versuch die Menschen miteinander zu verbinden und ins Gespräch zu bringen. Hier schwingt allerdings die naive Hoffnung mit, durch den Ausbau äußerer Strukturen und Technik allein könne und müsse dies gelingen. Was eine Täuschung ist und das Resultat mangelhafter Reflexion des menschlichen Daseins und Werdens. Das Bewusstsein des Menschen allerdings entscheidet darüber, ob ihm die Achtsamkeit, Konzentration und eigene Kraft genügen, um den Wellen des Pessimismus, den Leiden der Depression und der Furcht der Resignation zu entkommen, anstatt ihr Opfer zu werden. Diese moderne Technik braucht also auch ein stilles Herz der Lebendigkeit, das nicht durch den ruhelosen Geist Unruhe verbreiten wird, sondern das Frieden spenden und äußern wird können. Wer darauf aber verzichtet, dieses ignoriert oder gar verlacht, wird mithilfe dieser sozialen Medien nicht der Gesellschaft dienen und damit nicht dem Frieden, sondern er wird nur ein weiteres Ventil gefunden haben die Welt zu verwirren, anstatt ihr zu helfen, klarer zu sehen, was ist, sie zu unterstützen, deutlicher zu spüren, was sein soll und sie zu fördern, bewusster zu handeln, um das Notwendige zu tun. Durch Frieden nämlich allein (und daher die Stille des Augenblicks) wird die lebendige Intuition genährt und damit die Kraft, die der unentwickelten und verborgenen Unruhe, ein sich entwickelnder, praktizierender Ruhepol sein wird. Daher braucht es nicht nur moderne Technik, sondern auch zeitlose Stille, die den Frieden nährt, mit dem der Mensch seinem Ziel näher kommen wird glücklicher und erfüllter zu sein und zu werden, als durch Technik allein. Wie sich die Zersplitterung des menschlichen Geistes wieder kitten lässt, sagt uns kein Rezept und kein Muster der Empfehlung. Wenn wir sie aber wahrnehmen können, sind wir frei von ihr, zumindest in diesem Augenblick. So scheint es.

84

BEGRIFFSVERWIRRUNG

Es ist zu beobachten und zu verspüren, dass manche Menschen mit unbewussten Kämpfen zu tun haben, die in ihren künstlerischen Äußerungen und in ihren Worten zu erkennen sind. Es ist die unsaubere Nutzung von Begriffen, die sie in ihrer eigentlichen Bedeutung verzerren, ja, mit unter sogar vergewaltigen, was auf ihr innerlich verworrenes Potenzial hindeutet und sich spürbar mit einer noch schlummernden Gewalt verbindet.

Sie täuschen sich so selbst immer wieder und belassen sich in einem unaufgeräumten Zustand ihres inneren Leides, das in dem äußeren Chaos ihres verzerrenden Denkens sichtbar wird. Wir Menschen brauchen viel mehr gute Therapeuten und Seelenbegleiter, die dieses innere Leid selbst schon gut bewältigen und so eine innere Ordnung erlangen konnten, die ihnen die Freiheit lässt die vielfältigen Begrifflichkeiten zu differenzieren und sie nicht ungut und überstülpend zu vereinnahmen.

Wer sich um die Wahrheit nicht bemüht, wird entweder gleichgültig und ignorant sein oder innerlich an sich selber leiden und nicht die Kraft aufbringen können oder wollen, Begriffe sauber zu verwenden, beziehungsweise sich über Wörterbücher um ihre intendierte Bedeutung oder möglichen Bedeutungen zu bemühen. Wer innerlich leidet, hat offenbar nicht die Kraft dazu. Daher braucht er eine Entlastung von diesem Joch der inneren Selbsttäuschungen, indem er sich vertrauensvoll in Therapie begibt. So besteht die Chance, dass der Mensch sich seiner unbewussten Gefühle und Aggressionen bewusst wird und sie vor dem geistigen Auge auch affektiv verarbeiten wird können und so eher die Chance gegeben ist, dass er davon frei wird und dass er den unbewussten Kräften, die ihn in die geistige Unsauberheit führen, bewusst werden kann.

Dies kann befreiend wirken, aber unmerklich und stillschweigend geschehen, mitunter aber zudem hier und da durch Frust und ungute Gefühle begleitet sein. Doch das ist nicht der wesentliche Punkt.

Der wesentliche Punkt ist, die aktive Bewältigung unbewusster Verdrängungen mithilfe vertrauensvoller Seelenbegleitung. Dies wird sich auf den Gebrauch der Begriffe auswirken, denn die verdrängenden Kräfte werden weniger intensiv und drängend sein und daher die reaktiven Impulse der Suche nach Ventilen weniger wahrscheinlich. Wer sich traut, wird auf den Weg gelangen, der Freiheit ein verständiges Stück näher zu kommen und damit seinem Glück und seiner kreativen Zufriedenheit, die sich nicht in phantastischer Beliebigkeit äußern wird, sondern in zunehmend kluger und rationaler Erwägung.

85

PHILOSOPHIEREN

Philosophieren ist nicht gleich Philosophieren. In der Welt kursieren verschiedene Weisen des Nachdenkens über das Leben, die Welt, das Selbst und die andern. Oft hört sich bei manchen Menschen ein Groll aus ihren Meinungen heraus. Diese anscheinend Unzufriedenen behaupten, dass Nachdenken keinen Wert hätte, da wir handeln müssten und gestalten. Und eben nicht „klug drumherum reden".

Ihnen ist eine Enttäuschung anzumerken, die darauf schließen lässt, dass sie selbst noch nicht viel nachgedacht und reflektiert haben. Sie haben offenbar den zeitweisen und nachhaltigen Erfolg des Nachdenkens noch nicht spürbar ersichtlich erfahren. Ihnen wurde so ihre grundsätzliche Enttäuschung zum Leiden, dass sie zuweilen mindestens verbal aggressiv werden lässt und in Ressentiment verfallen, sodass sie sich gedanklich und gefühlsbezogen im Kreise zu drehen scheinen und nicht weiter kommen.

Das ist ein sich selbst verstärkender Mechanismus, der in den Suizid führen kann, zuvor begleitet von Kämpfen und Selbsthass, Depression und Fremdenfeindlichkeit. Dabei müssten sie nur beginnen die guten Sachbücher zu lesen, die Menschen geschrieben haben, die hier bereits auf dem Weg des Nachdenkens gegangen sind und etwas gefunden haben, dass keine Fahne oder Vorhaltung ist, sondern etwas sich Bewegendes und Entwickelndes, aber dennoch etwas Gründliches und Nachhaltiges.

Daher ist die Suche so wichtig, denn sie findet auch – wenn sie sich nicht allzu früh frusten und von der Enttäuschung leiten und überlisten lässt. Wenn aber das Nachdenken über das Leben, die Welt, das Selbst und die andern, sich lediglich in Gedankenmöglichkeiten verstrickt und darin glaubt, schon einen Sinn entdeckt zu haben, der zum irrigen Muster der Selbsttäuschung wird, wird er oder sie nicht die Täuschung wahrgenommen haben, die in bloßen Möglichkeiten und Alternativen zu finden ist. Diese würden ein Ausdruck der geistigen Flucht vor der Realität bedeuten. Philosophieren ist also nicht gleich Philosophieren. Wer eben mal so Gedanken hinterfragt, muss noch lange nicht kluge Fragen zu stellen in der Lage sein.

Wo die einen auch in die Stille gehen können, können dies die anderen nicht. Wo die einen auch im Schweigen einen Wert erfahren, erfahren die anderen darin Peinlichkeit oder Schwäche, Unwissenheit oder Dummheit. Es wird aber ihre eigene Pein sein, die sie noch nicht aufgelöst oder vermindert haben werden, es wird ihre eigene Schwäche sein, die sie auf andere projizieren und sie in Ressentiment hinein verführt, es wird ihre eigene Unwissenheit sein, die sie mit Wissen verwechseln, weil sie das unbekannte Wissen hinter der Offensichtlichkeit durch ihre eitlen Wertungen überdecken und damit dumm bleiben, ohne es zu wissen.

Es ist kein selbstverständliches und einfaches Unterfangen eine konstruktive Weise des Nachdenkens und Nachsinnens zu entwickeln. Wer sich aber auf den Weg begibt, wird durch sein nachhaltiges Engagment, seine bescheidene Offenheit und durch seine ebenso achtsame Vorsicht, stillschweigend zu einen Philosophen werden, der sich dann gar nicht so nennen muss, aber, um es besser der Welt begreiflich zu machen, diesen Titel, mit entsprechendem Respekt, wird tragen dürfen.

Ich sage aber nicht, dass jeder ein Philosoph oder eine Philosophin werden sollte oder dass jeder ein solcher schon per Geburt sei. Es gibt auch die Varianten der ewigen Uneinsichtigkeit, die es in einem Leben nicht hinbekommen, reflektiert und sinnig zu denken.

Doch wird jeder auf seine Weise sich ersuchen Fragen zu beantworten, die ihm gestellt werden oder die er hegt. Die meisten, heute noch, werden zunächst mit Antworten zufrieden sein, die ihnen die nächstbesten zu sein scheinen. Der Philosoph würde diese Antworten nehmen und damit arbeiten, sie in der Schwebe halten und nach weiteren Fragen Ausschau halten. Da dies eine persönliche Angelegenheit ist, die mit Raum und Zeit verbunden ist, bleibt dies jedem Menschen selbst überlassen. So ist im besten Falle die Welt eine Ansammlung von Freiwilligen, von denen manche den Weg der Suche weiter gehen werden und die anderen nicht ganz so weit gehen können. Aus welchen Gründen zunächst auch immer.

Das ist dann zu akzeptieren, denn die Bedingungen des Lebens sind nicht wirklich zu verändern, wir müssen uns auch immer in gewissen Grenzen bewegen und diese zu akzeptieren lernen. Wobei natürlich die Frage ist, welche genau das sind oder sein sollen. Hier beginnt ja auch das Philosophieren, wenn der Philosoph den zu frühen Denkabbruch bei anderen erkennt und sie darauf aufmerksam macht, dass es da weiter geht.

Ein Blick aber in die Evolution des Menschen zeigt, dass es eine Bewegung zu geben scheint, die in Richtung des Nachdenkens geht, in Richtung der Philosphie, dass also der Mensch immer klüger zu werden scheint, immer weiser. Und daher immer glücklicher, weil er besser verstanden haben wird, was zu tun ist und wie wir handeln müssen, um eine friedliche, freiheitliche und sich selbst erfüllende Gesellschaft am Laufen zu halten (und wie wir obendrein noch unsere Lebensgrundlagen schützen werden können, die aus der Natur zu uns gelangen sollen), in der die Menschen miteinander und nicht gegeneinander laufen, weil sie im letzteren Falle zu wenig nachgedacht haben könnten und den ganzen täuschenden Irrtum des Selbst und der Welt geschluckt haben werden.

Wer sich als Philosoph entwickelt, wird den täuschenden Irrtum stetig und nachhaltig zu verdauen suchen und dann wieder ausscheiden – und zwar im Stillen und nicht als Ventilhandlung durch Aggressivität anderen gegenüber –, sodass er gesund bleiben wird und nicht im Ressentiment und der Aggressivität verhaftet bleiben.

Philosophie ist keine Frage des Studiums oder des Berufes, sondern eine Herzensangelegenheit für jene, die begreifen wollen, was dieses Leben bedeutet und wie wir friedlich, frei und gerecht in der Welt miteinander leben können, sodass wir nicht mehr glauben müssen, ab und an Kriege notwendig zu haben. Das Philosophieren dient also weniger der eigenen Befriedigung durch geschliffene Kognition, als mehr dem augenblicklichen Frieden und dem Aufbau und Ausbau von Vertrauen. Nur Authentizität kann dies bewirken. Und ein Mensch, der philosophiert wird sich gerade darum bemühen authentisch zu sein, das heißt: aufrichtig. Diese Aufrichtigkeit gelingt besser, wenn Wahrheit und Klarheit, Ordnung und Orientierung, vorhanden sind. Ein Mensch muss keinen Krieg führen, wenn er nahe an die Wahrheit und Ordnung in diesem Kósmos gelangt ist. Nur derjenige, der mit seinen Lügen andere zu überzeugen versucht, wird in Kriege ziehen.

Philosophieren ist also in erster Linie *kein* kompliziert komplexes Reden, Schreiben oder Nachdenken über das Leben, den Menschen, die Welt und den Kósmos. Sondern mehr eine Bewegung, die den Frieden immer wieder sucht, zunächst im Außen und im Innen, allein und für sich, und dann mit anderen. Dies bedarf einer nachhaltigen Übung und Konsequenz in diesen Dingen. Wer dabei denkt „Oh, schön, interessant, das will ich auch", der kann schon den Funken des Beginns dabei verspürt haben und so sich selbst auf diesen Weg setzen. Ich wünsche ihm und ihr alles Gute und möchte ihm Durchhaltevermögen mitgeben, denn die wilde Welt ist kein freundlicher Ort für offene Menschen, die sich ernsthaft kluge Fragen stellen. Dort warten die Selbstgerechten und die Aggressiven, die Gleichgültigen und die Überflieger, die Langweiligen und die Übereifrigen, die Schönen und die Hässlichen, die Verführung mit allerlei Dingen und die Leiden und Krankheiten zum Tode, auf den Menschen. Sich davor aber zu drücken und zurück zu schrecken, wäre nicht im Sinne der Philosophie. Die Philosophie will gerade ins Leben eintauchen und erfahren, was es zu erfahren gibt, denn Philosophie ist ein Grundanliegen des lebendigen Geistes und Herzens, das sich auf den Weg begeben hat Seele zu werden. Nur mit Geist ist nicht viel zu gewinnen, erst mit dem Herz-Geist gibt es die Chance den seelischen Fragen um Leben und Sterben nahe zu kommen und damit einem Frieden, der die

Furcht vor dem Tode überwinden wird und damit bereits schon im Leben ein friedliebender Mensch sein wird. Oder immer öfter.

Philosophieren ist, in gewissem Sinne, ein unerschrockenes Denken, dass sich nicht einschüchtern lässt von der widerständigen Bewegung des verstockten Geistes, der noch an sich selber leidet und anderen Leiden zufügt, durch Beleidigungen, Konfrontationen, Provokationen, Sticheleien und zynischem Gehabe. Philosophieren wird diesen Bewegungen auf den verstehenden Grund gehen und die Realität zu ergründen suchen. Gerade daher ist es unerschrocken, weil es sich nicht einschüchtern lässt von den aggressiv Leidenden, die sich selbst in ihrer irrigen Lage noch nicht erkennen können.

Philosophie ist also Unerschrockenheit, zu aller erst. Und nicht abstraktes Denken. Und nach der Unerschrockenheit, kommt die Besonnenheit, die Stille und das zarte Empfinden der feinen Bedeutungen in den Worten, den eigenen und den von anderen. Philosophieren ist also verbunden mit einer inneren, empathischen Haltung unerschrockener Besonnenheit, die auch in der Lage ist die Stille des Augenblicks zu genießen und im Schweigen einen Wert vernimmt, der ihm den Frieden des Herzens und die Liebe zum Leben vermittelt.

86

Vom interessanten Leben

Mancher Mensch glaubt, er hätte ein interessantes Leben, weil er sich *über andere* unterhält. Aber er vergisst sich selbst dabei und seinen menschlichen Beitrag zu einer friedlichen, konstruktiven und vertrauensvollen Welt. Denn das Reden über andere ist *weniger* interessant, als von ihnen angenommen wird, weil doch das Reden über andere den Charakter des bewertenden und abwertenden Misstrauens besitzt oder das des eitlen Lobens (von Schauspielern und Künstlern, Wissenschaftlern und Politikern) oder das des in den unkritischen Himmel heben. Gerade das in den Himmel heben anderer, deutet darauf hin, dass Menschen, die sich dazu hinreisen lassen, das Angenommen-Sein mangelt, denn sie scheinen irgendwie zu glauben, in der Berühmtheit läge dies zu finden.

Es ist aber gerade das Angenommen-Sein, dass sie darin erblicken und erkennen, zu dem sie sich hingezogen fühlen, denn die Lobeshymnen in den

Medien sprechen ja von den Vorzügen der Berühmten und geben ihnen eine Wichtigkeit in der Öffentlichkeit, die sie wahrscheinlich gar nicht besitzen. Aber dieser Eindruck wird überschattet von der Sehnsucht selbst angenommen zu werden und ist im Glauben begründet, es wäre irgendwie hilfreich, wenn andere über einen reden.

Lediglich kommt den Berühmten meist nur eine eingebildete Aura der Macht zu Gute, denn sie haben es bis zu einem Kanal mit den Medien geschafft – und das bedeutet Einfluss. Und so reden die einen über jene in der Öffentlichkeit berühmt gewordenen und merken nicht, dass ihnen selbst die Aufmerksamkeit nicht zugeht, nach der sie sich unbewusst sehnen. Und bleiben bei anderen stehen, hängen sich an deren Bewegungen und verlieren sich selbst.

Nur wer aber aus sich selbst heraus spricht und etwas Wesentliches und Gegründetes anbieten kann, wird ein interessantes Leben haben, denn er wird im Reden über andere das zwistige Schwätzen des noch verirrten Geistes erkennen, von dem er bereits frei ist. Für ihn ist alles interessant, nicht nur die Berühmten. Denn dem eitlen Reden mancher ist auch immer ein Desinteresse anderen Dingen gegenüber anzumerken. Und wenn ihnen gute Fragen zum Leben gestellt werden, weißen sie nicht selten diese zurück oder gehen lapidar zum nächsten Punkt über, der ihnen gerade in den Sinn kommt. Und zeigen damit nicht, das sie die gute Frage zum Leben bereits seelisch verstanden hätten oder von ihr berührt sind. Sie zeigen damit ihre Gleichgültigkeit den anderen Menschen gegenüber, weil sie dem Leben gegenüber kein Interesse zeigen. Damit werden sie andere nur benutzen, um sich interessant und wichtig zu zeigen.

Aber in Wirklichkeit haben sie nichts Substanzielles zu sagen, weil ihnen der Lebensfunke noch nicht bewusst wurde, der sie für das Leben hätte erwärmen können. Sie sind noch in ihrem uninteressanten Leben verhaftet und kommen nicht aus ihm heraus. Sie schaffen es irgendwie nicht sich dem Leben zu öffnen, ihnen scheint eine Furcht im Nacken zu sitzen. Denn wie sollte es sonst erklärlich sein, dass sie für die wirklich interessanten Dinge im Leben noch nicht Feuer und Flamme geworden sind?

Dies soll kein Vorwurf sein, es ist das Resultat aus einer mittleren Lebenserfahrung mit anderen Menschen, die sich eben so zeigten, wie sie sich zeigten und die spüren ließen, dass sie noch nicht offen für das Leben sind, sondern nur an sich selbst interessiert, auch wenn sie sich scheinbar für das Leben anderer interessieren, wenn sie zum Beispiel deren Biographien lesen oder alles aufschnappen, was in der Zeitung und den Medien zu finden ist.

Das interessante Leben findet überall statt, auch bei den Langweiligen, denn sie leben mit einer angezogenen Handbremse und bleiben, aus ihnen unbekannten Gründen, mehr passiv und uninteressiert. Aber das hat Gründe. Und diese Gründe sind interessant und könnten sie aufschließen zu einem interessanten Leben.

87

OFFENHEIT

Die Offenheit des gesellschaftlichen Menschen ist zunächst *keine* Verschlossenheit oder ein notorisches Misstrauen. Das sei vorweg gesagt. Daher ist Offenheit zunächst in einer gesunden Gesellschaft erwünscht, da es Vertrauen signalisiert und Zugewandtheit, Interesse und Neugier. Was eigentlich positive Eigenschaften des menschlichen Miteinanders darstellen.

Nun gibt es den Spruch: Wer für alles offen ist, ist nicht mehr ganz dicht. Oder die Variante: Wer *zu* offen ist, ist nicht mehr ganz dicht.

Wir müssen also fragen, was Offenheit meint, was Offenheit bedeutet? Denn es gibt den Verdacht, dass die Offenheit mit kritikloser Befürwortung von jedem und allem verwechselt wird. Wer aber für alles offen ist, muss noch lange nicht alles tolerieren oder alles befürworten. Denn die Offenheit ist keine Generalerlaubnis alles tun zu dürfen, was uns beliebt oder was unserer Nase entspricht.

Offenheit heißt im Grunde, dass eine geistige Durchdringung mit allen Themen des Lebens nicht ausgeschlossen wird, dass der offene Mensch sich also nicht verschließt das ganze Leben und die ganze, große Welt und Existenz zu verstehen zu suchen. Wo es dem offenen Mensch darum geht die Welt und das Dasein ordnend zu begreifen, geht es dem zu Teilen noch verschlossenen Menschen darum parteiisch nur mit solchen Menschen und Dingen zu tun haben zu wollen, die ihrer Nase entsprechen. Und letzterer wird sich nicht für das Verstehen auch anderer Menschen und Dinge interessieren, sondern nur für diejenigen, die ihm dienstbar sind und ihm nützen. Er ist nicht an der uneigennützigen Haltung des verstehenden Denkens interessiert, das versucht so gut wie möglich offen zu sein, die Dinge und Undinge des Lebens zu verstehen.

Ein solches partielle Interesse am Menschen und den Dingen ist damit sehr egoisch und selbstbezogen und daher unkritisch und zu Vorverurteilung neigend. Der für alles offene Mensch dagegen, der das gesamte Dasein verstehend zu durchdringen sucht, wird seine egoischen Regungen und Vorverurteilungen wahrzunehmen suchen, und er wird achtsam sein, sie nicht die Überhand nehmen zu lassen, da er erkannt hat, dass dies einer inneren Haltung entspräche, die glaubte bereits zu wissen. Aber der nach Verstehen suchende, offene Mensch, wird im Nicht-Wissen sein Verstehen finden und damit im Paradox des Geistes (einem nur scheinbaren Widerspruch).

Das Paradoxon des Geistes besitzt etwas an Wissen, aber er ist sich bewusst, dass es nicht absolut ist. Er hat daher ein entspanntes Verhältnis zu Wissen und dem Prozess des Suchens und Findens, da er in einem offenen Interesse für alles wandert, das zwischen dem Wissen spürbar ist und erkennen lässt, was nicht gesagt wurde. Wer dagegen nur partiell offen ist, wird am Wort haften bleiben und andere an ihren Worten aufhängen, wenn sie nicht seiner Meinung sein sollten. Er wird aggressiv sein und verbal verurteilend.

Der Mensch mit dem offenen Interesse für alles, wird eben auch offen sein für die Zwischentöne, für das Ungesagte und für das Verborgene. Dies entgeht dem parteiischen Menschen, der nur an sich selbst interessiert ist und sich den ganzen Kósmos nicht bewusst machen möchte und daher kein grundsätzlich tragfähiges und nachhaltiges Verstehen wird erlangen können.

Dies ist daher zu beachten, wenn es um die geistige und herzliche Offenheit in der Welt und im Dasein geht. Wer also offen ist für alles, muss noch nicht, nicht ganz dicht sein. Er wird eine innere Praxis der Offenheit pflegen, die ihn schützen wird von den nicht gangbaren Wegen und Denkweisen, weil er verstanden haben wird und immer tiefer zu verstehen sucht, was uns seelisch menschlich macht und wo wir eine Liebe leben können, die sich zu schützen weiß, sich aber – paradox – seelisch nicht verschließt vor dem grundlegenden Streben des Menschen nach Freiheit, Sicherheit, Liebe und Verstehen.

Der für alles offene Mensch wird sich also *nicht* in alle möglichen Abenteuer stürzen wollen, weil er weiß, dass er dabei sich selbst als aller erstes verloren ginge. Der für alles offene Mensch, schaut sich alles achtsam an und beobachtet, was geschieht, geht in Wechselbeziehung hinein, die ihn interessiert und macht seine lebendigen Erfahrungen damit. Die Betonung liegt daher auf Anschauen – und nicht auf Mitmachen.

Der Schwerpunkt des Menschen, der für alles offen ist, liegt in der gegenwärtigen Betrachtung von allem, sowohl für die Außenwelt, als auch für die seelische Innenwelt. Er trennt sich weniger von anderen durch Abwertung oder Verurteilung, weil er weniger entfremdet von sich selbst und anderen sein wird. Daher ist der für alles offene Mensch, weniger geistig ausschließend, als der parteiische Mensch, der nur seine Nase kennen will.

Die Suche zu verstehen, leitet den für alles offenen Menschen. Und er wird sich von der Welt nicht treiben oder vereinnahmen lassen. Denn gerade die parteiischen Aktionismen der partiell geschlossenen Menschen durchdringt er verständig und weise. Er hat deren Schlichen und Irrtümer eher erkannt, als sie selbst. Das zeigt sich dadurch, dass die letzteren entweder aggressiv werden oder das Gespräch abbrechen oder aber aufdringlich auf einen kognitiven Kampf dringen, der zeigte, dass es ihnen ums Kämpfen und Siegen geht. Und nicht um Vertrauen, Verstehen und Frieden, wie dem offenen Menschen, der nicht offen für Kampf und Krieg ist (denn dies wäre der veräußerlichte Ausdruck einer inneren Verschlossenheit und eines Geheimnisses, dem er noch nicht einsichtig wurde, weil er unaufrichtig zu sich selbst ist und sich fürchtet vor seinen inneren und vergangenen Wahrheiten), sondern deren Gründe zu durchdringen sucht, um zu begreifen, wie sie verhindert werden können.

Nur die parteiischen Leute werden Siege erringen wollen, weil sie nicht offen für den Frieden sind und glauben im Kampf und Krieg bereits ein Muster der Welterkenntnis gefunden zu haben. Aber sie irren sich. Weil sie verschlossen sind und nicht offen für alles. Denn alles ist Frieden, alles ist offen – und alles ist Liebe.

88
Über das Aufreiben an anderen

Die Tatsache, dass manche Menschen sich an anderen Menschen aufreiben, sie mit ihnen rechten und sie mit Vorwürfen belegen, stammt zuweilen aus einem Mangel an Fähigkeit mit den Bedingungen des Lebens und des

Menschen umgehen zu können. Gerade die noch nicht sehr weit entwickelte Menschlichkeit, die einen anderen Menschen in dessen Verschiedenheit und Eigenheit noch nicht annehmen kann, deutet auf eine Entfremdung des Menschen von sich selbst hin. Denn wer mit sich selbst verbunden ist, wird sich eher mit anderen verbunden fühlen und sie nicht mit Vorwürfen belegen müssen, wenn diese sich nicht ihnen gemäß verhalten. Zu akzeptieren, dass wir Menschen verschieden seien, Streit und Krieg unvermeidlich seien und daher der Streit und Krieg hingenommen werden müsse, entspricht nicht der forschenden Haltung eines Menschen, der nach Wahrheit und Wirklichkeit sucht.

Vielmehr deutet diese Aufreibung auf eine innere Unzufriedenheit, ein inneres Leiden, einen inneren Irrtum an den Bedingungen des Lebens hin, wenn wir unbesehen annehmen würden, dass wir nicht völlig gleich sein können mit anderen und es daher Streit und Krieg immer geben müsse. Dies deutete auf eine Fehlwahrnehmung hin, dass wir zu verschieden seien von anderen und auf den Absolutismus, der sich der Differenzierung entzieht und der Relativierung, weil er meint, im Misstrauen in den Frieden bereits ein Muster der Sicherheit gewonnen zu haben. Und dabei den Krieg akzeptiert und den alltäglichen Streit der Welten und Menschen.

Nicht wenige Menschen nehmen gedankenlos an, der Mensch würde immer Streit und Kriege führen müssen und dies würde zu seinem Menschsein gehören. Doch sie ignorieren die eigene, innere Unzufriedenheit mit dem Leben, den Menschen, der Welt und dem Dasein. Und aus dieser Ignoranz gegenüber dem eigenen Inneren, entsteht ein kritikloses Weltverständnis, das den Streit und Krieg akzeptiert. Weshalb kein Verstehen entstehen kann und keine Selbsterkenntnis weiter gehen kann und sich nicht vertiefen, die uns erfahrbar eines Besseren belehrte, ungeachtet der medialen Berichterstattung von den Geschehnissen in der Welt. Nur wer die Hoffnung durch die Beobachtung der Welt verloren hat, wird denken, dass der Mensch immer Streit und Kriege haben würde.

Der Groll auf andere, der mit dieser genannten Fehlwahrnehmung verbunden ist, resultiert aus der Enttäuschung, dass der andere uns nicht zu Diensten ist oder war und wir ihn gerne näher und vertrauter an uns binden wollten, doch dies durch die allgegenwärtigen Bedingungen vereitelt wird oder wurde. Die Verschiedenheit des anderen wird dabei ignoriert und nicht umarmt, nicht durchdrungen als etwas, das auch *uns* ihm gegenüber betrifft und wir irregeleitet glauben, unser Bedürfnis sei höherrangiger als seines. Doch das ist der egoische, selbstzentrierte Anteil an der Aufreibung, ein selbst verschuldeter Anteil, um dessen Verantwortung der Mensch sich meist noch windet und die ihm noch kaum bewusst geworden ist.

Es ist wohl auch dem Mangel an Kraft zu schulden, die es gerade nicht ermöglicht den anderen anzunehmen in seiner Verschiedenheit und mit ihm daher in Frieden zu bleiben. Die Folge wäre Abstumpfung, Enttäuschung und Gleichgültigkeit. Diese Gleichgültigkeit allerdings, die hier droht, könnte uns wiederum von ihm wegführen und einen größeren Raum zwischen uns und ihm oder ihr erwirken, den wir eigentlich nicht wollen. So aber trennt sich der Mensch von anderen, mit denen er doch eigentlich verbunden sein möchte, aus einem Mangel an Kraft und Liebe.

Liebe bedarf der Kraft, denn sie will die Leiden der Welt heilen, sie will der Unwahrheit die Wahrheit offenbaren und sie will dem Groll und Hass widerstehen. Sie kann nicht anders, als genau so zu streben. Daher muss der Mensch an seiner menschlichen Stärke arbeiten; nicht an seinem Aktionismus und nicht an seiner Geschäftigkeit, nicht an seiner Selbstdarstellung und nicht an seiner Sorge um Bewunderung für seinen Fleiß und sein Vermögen und nicht an seiner egoischen Aggressivität und Rücksichtslosigkeit. Sondern an seiner *seelischen* Stärke und Tiefe.

Mit dieser Stärke der Liebe kommt daher die Tiefe in die Welt und damit ein gegründeter Frieden, der sich übt an den Dingen des Alltags und sich ersucht, den grundlosen Grund, den die Liebe spiegelt, immer tiefer zu erfahren.

89
Die Falle der Wertung

Es gibt diesen unbewussten Mechanismus der feurigen Furcht, der meint, dass über Menschen nicht gesprochen werden sollte, die eigentlich einen unguten Charakter besitzen und Anzeichen von Bosheit, Gereiztheit und Respektlosigkeit zeigen.

Denn gerade im Reden über die Bösen wird manchmal unser Böses zuweilen sichtbar, weil wir in der Verteidigung unserer vermeintlich guten Position gegen sie selbst vom Feuer des Bösen entflammt werden können.

Darüber hinaus kann der direkten, wertenden Haltung, dass ein Mensch ungut und böse sei, auch direkt widersprochen werden, indem in einfacher und lapidarer Weise das Gegenteil behauptet würde. Dies geschieht dann, wenn die bösen Aspekte einer Person nicht Gegenstand gemeinsamer Erfahrungen und Beobachtungen sind.

So entsteht aber eine unangenehme Situation, in der Aussage gegen Aussage steht und der Beliebigkeit und Willkür für die eine oder andere Seite Tür und Tor geöffnet wird. Das sollte vermieden werden, denn wenn es sich um eine faktisch erwiesene Beschreibung einer Person handelte, also um eine Wahrheit, wird dadurch die Wahrscheinlichkeit erhöht, dass die Wahrheit unterginge, diskreditiert, beschmutzt, verdreht, verdorben, korrumpiert und missbraucht würde. Das ist, wie gesagt, zu vermeiden.

Daher sind andere Wege als das wertende Beurteilen anderer nötig, um auf die Übel der Menschheit aufmerksam zu machen. Nicht, um sich einer angenommenen Schlechtigkeit zu versichern, sondern um es besser zu machen. Schließlich sollen keine Feindbilder erzeugt werden, sondern ein Verstehen, das zu einem eigenen Handeln führt, das eben die unguten, respektlosen und üblen Weisen des Denkens und Handelns vermeidet. Eine Wertung, in diesem Sinne, trägt daher einen geringeren Grad an Verstehen in sich, weshalb dieses Weniger-Verstehen missbraucht und widerständig entschärft und verwirrt werden kann. Was seinerseits nicht zielführend ist für das eben genannte Anliegen sich der Wahrheit und Wirklichkeit zu widmen und die Irrtümer zu klären.

Die Aussicht auf Erfolg einer verstehenden Vermittlung von Fakten und Erkenntnis, ist höher wahrscheinlich einzuschätzen, wenn von Wertungen Abstand genommen wird und eine Beschreibung und Umschreibung des Unguten und des Üblen (und nicht *der* Üblen) versucht wird. Zwar sind Widerspruch und Verneinung immer möglich, aber die verstehende Beschreibung der Situation menschlichen Denkens, Fühlens und Handelns, das gegründet ist, wird in der reichhaltigen Nutzung von Worten und Begriffen, eher den Funken des Verstehens zünden können.

Dies ist der abschließenden und zuweilen mit Trauer verbundenen Wertung und Nennung nicht möglich, da sie sich noch zu dicht am Unguten, Üblen und Bösen befindet. Ihre latente Trauer resultiert ja gerade aus der hilflosen Nähe zum Unguten, Üblen und Bösen, weshalb ihm Abstand mangelt und damit Freiheit zu atmen und zu lieben.

Ein verstehender Abstand hilft zu durchschauen, was es zu erkennen gibt, und dies bedeutet, dass der Verstehende näher am Frieden zu ruhen kommt, als der direkt Wertende, der in den Startlöchern des Kampfes darauf wartet, eine Trennung zwischen Gut und Böse zu errichten und damit das Verstehen zu verlassen und in den Krieg einzutreten.

Gerade auch die sanften Startlöcher des Krieges, die anscheinend ruhig einen anderen Menschen seiner (angeblichen) Übel bezichtigen und dabei den Anschein von Objektivität vermitteln, bedürfen der verstehenden Durchdringung dieser unbewusst vorhandenen Absicht einen Krieg zu entzünden – und die nicht die Absicht haben ein Verstehen zu erzeugen, sondern sich kognitiv abzureagieren.

Hier ist es keine Falle der Wertung, in die der Mensch, sich selbst noch unbewusst, tappt und es nicht wahrnimmt. Hier ist er die tief sitzende Abneigung einem Menschen gegenüber, die zu sehr verschlossen, den Anschein von Ruhe vermittelt und dabei dennoch die Flamme des Krieges zu entzünden trachtet.

Die Falle der Wertung wäre hier, nicht zu erkennen, was gerade geschieht und welches Krieg treibende Spiel hier eine Person zu inszenieren trachtet. Denn die wahrnehmbare Ruhe und vorgespielte Sachlichkeit können täuschen, weil sie etwas verdecken, das in und an ihren Worten und ihrer nüchtern wirkenden Mine zu verspüren ist.

Wer seinem feinen Gefühl vertraut, wird die Kriegstreiber frühzeitig erkennen und handeln können, sodass er nicht an der stillen Flamme ihrer Wertung selbst entzündet wird.

90

Apropos Populisten

Als Philosoph und Dichter denke ich selten über Tagespolitik nach. Ich habe den langfristigen Entwicklungsgang im Blick. Und gerade daher erscheint mir, dass ich mich in Stellung bringen will gegen Tendenzen der populistischen Spielarten, die langfristig Unsinn fabrizieren. Und wahrscheinlich nicht nur Unsinn, sondern Unordnung, Misstrauen, Zerrüttung, Agonie

und Schlimmeres. Die bloßen Denkmöglichkeiten der populistischen Redner, deren notorisch passivischer Zweifel und deren latent aggressives, irrational gefärbtes Verhalten, sind für mich eine Einladung den Menschen in
seinen dunklen, verdrängten Bereichen zu erforschen. In diesem Sinne ist
die (populistische) Tagespolitik eine Wiese voll blühender Erkenntnismög-
lichkeiten, die ich in meine psychologische Expertise gerne mit einbeziehe.
Populisten brauchen kein Publikum, sondern die aufdeckende Couch der
Selbsterforschung.

91
KOMMENTAR ZU EINEM KURZSICHTIGEN

Kurzfristiges Denken und selbst mittelfristige Strategien, die manchen attraktiver erscheinen, als die langfristigen Blicke (der politischen Grünen),
würde dem Anspruch auf Wohlstand wohl mehr genügen, glauben diese
Leute. Was nicht verständlich ist. Und nicht zu Ende gedacht.

Denn langfristige Strategien sind mit tieferem und nachhaltigerem Denken verbunden als die kurzsichtigen Forderungen für den Wohlstand einer
verwöhnten Moderne, die verantwortlich ist für die, nur mit einem langfristig strategischen Denken zu behebenden, Probleme. Sie sollten sich nicht von
der Tagespolitik verwirren lassen und vielmehr den Blick weiten in das Überleben der Menschheit. Das kann sie nämlich nur, wenn die langfristigen Strategien zu nur kurz- oder nur mittelfristigen Unannehmlichkeiten führen.

Wenn Menschen nicht an Übermorgen denken wollen und nur heute an
Morgen, werden sie das Leben im Übermorgen gefährden. Und dann hätten
unsere Nachkommen weder die Gelegenheit kurz- noch mittelfristigen Nutzen zu erlangen. Wir sollten also eher langfristig denken, wenn wir an Familie
denken, denn dann denken andere auch langfristig an meine Familie.

Und genau das ist es, was die Gegenwart jetzt benötigt: Ein Denken, das
nicht nur kurzsichtig an sich selber denkt, sondern auch an die Arbeitenden
in der globalen Welt. Und eben auch an die noch vorhandenen über 30 Millionen Sklaven, die wir noch befreien müssen. Wer nur kurzsichtig denkt und
nur mittelfristig an seinen Pfründen interessiert ist, wir nicht die letzten Sklaven befreien und gefährdet das langfristige Glück der gesamten Menschheit.

92
Wohlstandsrisiko

Ein angenommenes „Wohlstandsrisiko" durch die Maßnahmen zum Klimaschutz ist lediglich das Resultat einer spekulativen Furcht, die politisch instrumentalisiert wird, um den Blick auf das langfristig Notwendige zu trüben und die Debatten und öffentlichen Diskurse zu verwirren. Die Furcht vor Möglichkeiten aber ist ein schlechter Ratgeber für eine ausgewogene und differenzierte Bewertung des gesellschaftlichen und politischen Geschehens. Denn für Ausgewogenheit und Differenziertheit bedarf es einer kognitiven Unerschrockenheit, die das langfristig Wertvolle und Notwendige in Blick nimmt und die kurzfristigen Unannehmlichkeiten aufrecht und gerade, aktiv und unerschrocken, bewältigt.

93
Bitter komisches Als-ob

Das ist schon bitter und komisch. Da verwirren sich in der Öffentlichkeit Begriffe, sodass offensichtlich wird, dass die meisten Leute diese Begriffe für sich vereinnahmen und sie so denselben Begriff für zwei konträr zueinander stehende Charaktere benutzen. Da wird eine Partei als populistisch bezeichnet, wo sie doch erwiesenermaßen demokratisch, konstruktiv und liberal agiert. Da wird die politische Landschaft mit Misstrauen überzogen und Begriffe vereinnahmt, dass es nicht wunder nimmt, wenn nicht wenige nicht mehr durchblicken oder sie sich hinreißen lassen von diesen Vereinnahmungen und Unterstellungen zu glauben, sie wüssten, was Sache ist. In Wahrheit ist diese unsaubere Verwendung des Begriffs Populismus einem Kampfgeschehen zuzuschreiben, der sich nicht mehr und noch nicht um eine klare Beschreibung bemüht hat und lediglich sich der Stimmung anschließt, die mit diesem Begriff transportiert wird.

In meinem Verständnis ist der Populismus ein Prä-Faschismus, hat also psychologisch denselben Schatten und ist aus demselben Holz geschnitzt. Lediglich der Feinschliff des Holzes ist beim Populismus deutlicher ausgeprägt als beim Faschismus, der seinerseits seine Grobheit nicht mehr verbergen kann. Beides aber sind Feinde der Demokratie.

Manche Demokraten (oder manche, die sich mit Demokratie identifizieren) glauben nun, sie könnten mit sauberen, rationalen, demokratischen Mitteln den Populismus und Faschismus bekämpfen und deren irrationalen Wähler zurück holen. Das liegt aber nicht in der Natur der Sache, diese Selbstverständlichkeit und anscheinende Aufrichtigkeit und Geradheit, funktioniert in irrationalen Zusammenhängen nicht. Denn diese geradlinige, rationale Angelegenheit der Demokraten ist ja gerade den irrationalen Wählern nicht zugänglich und nicht ersichtlich, nicht oder schwer vermittelbar.

Irrationale Diskursbeiträge haben einen deutlichen Giftcharakter, denn sie vergiften eine konstruktive, sachliche, aufgeschlossene, ergebnisoffene Diskussion, die aber dennoch zielorientiert agiert und ein Maximum an Sachverhalten diskutiert sehen möchte, ausgewogen und abgewogen, von vielen Seiten betrachtet, sodass eine hohe Wahrscheinlichkeit gegeben ist, dass eine Entscheidung am Ende die bestmögliche sein wird.

Dies ist den irrational denkenden Protagonisten eines Diskurses nicht möglich, sie brechen Fragen zu früh beantwortet ab und können nicht differenzieren. Sie werden stattdessen pauschalisieren, generalisieren und verabsolutieren. Und sie werden Konstruktivität torpedieren, unterminieren und negativieren. Ihre eigenen Vorschläge sind dabei gefärbt von Diskriminierung, Diskreditierung und Separierung. Zudem neigen die irrational denkenden Protagonisten eines Diskurses zu Nationalismus, Populismus und Faschismus.

Manche Demokraten unterstellen daher anderen Unaufrichtigkeit und Verrat an der demokratischen Gesinnung, wenn diese versuchen durch Benutzung einer gewissen Wortwahl die irrationalen Wähler zurück ins demokratische Lager zu holen. Diese Demokraten verstehen dabei nicht den Unterschied zwischen charakterlicher Gesinnung, die tief verwurzelt ist im Wesen eines Menschen, einerseits, und der begrifflichen Übernahme von Worten und Phrasen zur geistigen Lockung und Verführung zu Zustimmung. Die Demokraten unterstellen, dass allein die Wahl der Worte bereits eine charakterliche Gesinnung ausmache und erkennen nicht das Kalkül, die Aufgabe und die Rolle, in die ein anderer zu schlüpfen sich herab begeben hat.

Einem Mangel an Menschenkenntnis ist es daher zuzuschreiben, wenn die heikle Strategie nicht erkannt wird, der öffentlich gewordenen Irrationalität beizukommen, um sie für sich zu gewinnen. Die Unaufrichtigkeit der

Irrationalität macht es schwer bis unmöglich, sie mit rationalen Argumenten zufrieden zu stellen, denn die Irrationalität ist grundsätzlich unzufrieden, sie ist nicht in Frieden mit sich und nicht im Frieden mit der Welt.

Daher muss deren Stimme an jene Persönlichkeiten gebunden werden, die in Frieden mit sich und der Welt gehen, die konstruktiv an den Problemen arbeiten und die Kraft haben der Irrationalität eine Rolle vorzusetzen, mit dem Risiko bei den halb-rationalen Demokraten missverstanden zu werden.

Der Demokrat, der gewählt werden will, auch von den Irrationalen, kann diese erfahrungsgemäß nicht mit rationalen Mitteln erreichen, weil diese unempfänglich geworden sind für rationale Argumente. Denn die Zunahme der öffentlichen Irrationalität, durch irrationale Protagonisten, die sich trauen in den rationalen Diskurs einzusteigen, hat für Vergiftung der Stimmung, der Worte, der Argumentation und der Ergebnisfindung, gesorgt. Dadurch fand eine geistige Infektion mit dem irrationalen Virus statt.

Der Demokrat nun, der das Prinzip der Demokratie in seiner tief verwurzelten, charakterlichen Gesinnung trägt, trägt einen Antikörper in sich, wenn er so tut, also ob er infiziert sei mit dem irrationalen Virus des Populismus. Aber er ist es nicht, er hat den Antikörper und spielt die Rolle des Infizierten, weshalb die wirklich Infizierten, die nichts von ihrer Infektion wissen und nichts von ihr wissen wollen, ihn beginnen werden als den ihren zu betrachten. Denn die Irrationalen sind die Infektionsleugner, die Verschwörungsdenker, die sich selbst Täuschenden, die nur durch dieses Rollenspiel vor sich selbst geschützt werden können.

Da dies mit psychologischem Verständnis verbunden ist, ist es nicht jedem gegeben das zu verstehen. Aber dass es auch an eine heikle Selbstverleugnung grenzt, ist besonders jenen Demokraten bewusst, die den Mut haben, dieses Rollenspiel zur Zurückgewinnung von irrationalen Wählern zu inszenieren. Wie gesagt, das ist heikel. Aber wäre es das nicht, wäre für den Demokrat mit charakterlich gefestigter Gesinnung, auch kaum Mut erforderlich, denn er muss für die Irrationalen ein Bild inszenieren, das ihnen gefällt, auch wenn es irrational ist. Man kann es nur wiederholen: Da die Irrationalen nicht mit rationalen Mitteln zu erreichen sind, bleibt nur der Weg über das Rollenspiel, das nur so tut als ob.

94
Die Künstler und die Unsterblichkeit

Es ist offensichtlich, dass es das irdisch ewige Leben nicht gibt und nie geben wird. Das kann frei und sicher gesagt werden. Auch wenn die Zukunft offen ist, es ist nach heutigem Stand der Intuition, nicht vorstellbar.

Wir werden also alle sterben und zu Staub werden. Und selbst dieser Staub wird weiter zerfallen, er wird verbrennen, wenn die Sonne in 600 Millionen Jahren so heiß geworden sein wird, dass die gesamte Erde verbrennen wird. Das sagen die Sonnenphysiker. Zumindest habe ich das vor ein paar Jahren beeindruckt gelesen.

Was bedeutet es also für einen Künstler sich ins kollektive Gedächtnis der Gesellschaft und der Menschheit einprägen zu wollen? Sicherlich nicht, dass der Künstler hier versuchte eine Unsterblichkeit herstellen zu wollen, wie es häufig angenommen und kommuniziert wird. Denn diese Unsterblichkeit ist, wie eben genannt, sicher unmöglich.

Es scheint aber vielmehr darum zu gehen das Leben der Menschen, jetzt, morgen und übermorgen, zu inspirieren durch den Geist der künstlerischen Leidenschaft der Selbstsuche, Selbstfindung und seines je eigenen Ausdrucks sein Inneres nach Außen zu spiegeln. Es geht daher um die Sichtbarwerdung der inneren Qualität und Güte des Menschen, um den Frieden, um das Glück, um die Freude und um die schöpferische Zufriedenheit mit seinem eigenen Schaffen und dem von anderen.

Oder etwa nicht?

Ich denke schon. Daher will der Künstler in das kollektive Gedächtnis der Menschheit eingehen, um der Menschheit Inspiration für das jeweils heutige Leben zu sein. Um die Freude des Selbst-Gefunden-Seins durch die Zeiten zu transportieren. Um den Frieden aus der Beschäftigung mit den Themen dieses Daseins zu vermitteln. Was kollektiv die Wahrscheinlichkeit erhöht, dass es allen geschieht und allen gelingt. Das ist die Haltung einer globalen Auffassung von gangbarer und notwendiger Erkenntnis und Kunst, die den Frieden für alle herzustellen sucht.

Oder was sollte die Kunst und die Künstler sonst erlangen wollen in diesem Leben? Was wäre ansonsten das Ziel der Kunst in dieser Welt? Was wäre das edelste Ziel? Was wäre das schönste Ergebnis, nach dem die Seele des

Menschen an sich verlangt?

Darum das Ringen der Künstler um Anerkennung in der Öffentlichkeit, um die Bemühungen Spuren zu hinterlassen, die auch zukünftig noch gelesen werden können und wollen.

Und weniger oder gar nicht aus Eitelkeit oder egozentrischen Gründen heraus motiviert. Sondern um dem Frieden, der Freude und dem Glück der Menschheit zu dienen. Gäbe es hier Widerspruch? Einwände? Wer wollte diesem Gedanken, wie widersprechen?

Und wohl bedacht: Die Bemühungen des Einzelnen, des Künstlers, um eine wohlgelungene, eigene Form, sind mit dem Sich-Winden und Ringen um den echten, eigenen Ausdruck verbunden. Das gelänge einem egozentrischen Kopf nicht, dieser würde vielmehr sich in der Mode der beliebig gefälligen Interpretation seiner Generation selbst täuschen und irrig glauben, er hätte sich gefunden; er würde nicht in die zeitlose Zukunft der jeweiligen Gegenwart eintreten, denn das gelingt einem Ego nicht, weil es durch die Zeit belastet ist, durch das Gestern, das Leid, die Kindheit, die Schläge, die Verletzungen und Demütigungen, den ganzen Wust, der in das Ego geistig eingefleischt wurde.

Es ist aber auch die zeitlose Qualität der ego-freien Kunst, die zunehmend erkannt wird, weshalb es den Egoen immer schwerer fällt sich für die Zukunft hinein zu behaupten. Die Egoen werden zunehmend entlarvt werden, und deren Wert für die Menschheit liegt dann in der Betrachtung ihrer verdrängten Schatten, an denen sie gelitten haben werden. Ihr Wert läge dann im Prozess des Lernens aus Zeit und Geschichte, einer Vergegenwärtigung von Täuschungen und Fallen, Irrtümern und Lügen. Wer dies sich bewusst werden lässt, wird davon stetig freier sein – oder zumindest ist die Wahrscheinlichkeit erhöht, dass der Mensch davon frei werden könnte.

Wer es anders sehen sollte, tut Unrecht und wertet wahrscheinlich ab, aus einem unvollständigen und unterstellenden Blick heraus, der nur partiell strukturiert wäre und nicht das Ganze des Leben und des Kósmos betrachten würde. Und der sich damit selbst entmutigte.

Aber der Mut, den wir alle benötigen dieses Leben aufrichtig und der Wahrheit näher kommend zu leben, bedarf der zeitlosen Unterstützung der Künstler aller Zeiten, der MalerInnen, der DichterInnen, der PhilosophInnen, der WissenschaftlerInnen, der Weisen, der BildhauerInnen, der

SchauspielerInnen, ja auch der DramatikerInnen. Doch die DramatikerInnen müssten ihre Profession inhaltlich anpassen und das Ende überdenken, da doch der Ausblick auf Frieden, Glück und Selbst-Gefunden-Sein kein Drama ist, sondern eine folgerichtige Erkenntnis aus der Betrachtung der letzten 100-tausend Jahre Evolution. Sie müssten nämlich den Helden am Ende nicht sterben lassen, um den vergangenen Erfahrungen Abbild zu sein und der Tradition zu entsprechen oder unreflektiert weiter zu folgen. Sondern, die dem gegenwärtigen Ausblick auf die Zukunft eine lächelnde Note mitgeben könnten, da doch die Grundsubstanz der Liebe des Kósmos sich durch den Menschen zu verwirklichen scheint und danach trachtet, Frieden, Glück und Erfüllung zu spenden. Oder etwa nicht?

Das Unsterbliche scheint also die Liebe zu sein und daher kein Grund eine ewige Tragödie annehmen zu müssen. Die Künstler und Schaffenden, die sich diesem Thema heute schon annehmen (und die, die sich ihm in der Vergangenheit angenommen haben), werden Spuren hinterlassen, die der Menschheit, in ihrer Vielfältigkeit und Vielschichtigkeit, zeitlose Essenzen vermitteln werden, die nichts geringerem als dem Frieden, dem Glück und der Erfüllung dienen werden. Dies ist so und wird so sein, weil es schon zu beobachten ist.

Wer wollte es anders annehmen? Wer wollte unterstellen, der Mensch sei ein ewig böses Wesen? – Er spräche von den Folgen seines eigenen Irrtums, den er in dieser Abwertung des Daseins und des Menschen unbewusst und dunkel hofieren würde. Er wäre dem kriegerischen Irrtum näher als dem Frieden des Augenblicks, indem die Liebe ihre unsterbliche Gegenwart spüren lässt.

Der sterbliche Künstler und sein Drang fruchtbare Spuren zu hinterlassen, sind also genährt von jener Unsterblichkeit der Liebe, die er im Schaffen, Suchen und Finden seiner eigenen Form erfahren wird. Und da er ein gesundes Verhältnis zu seinem sich windenden und ringenden Streben gefunden haben wird, wird er ein reifes und rationales, klares und demütiges Verhältnis zu Leid und Arbeit, Liebe und Wirklichkeit, entwickelt haben können. Er wird in Frieden wirken und für den Frieden, gerade für einen Frieden, der sich durch alle Zeiten hindurch tradieren wird können. Bis in 600 Millionen Jahren die Sonne das unsterbliche Ende der irdischen Existenz verwirklicht haben wird.

95
Der Garten des schmutzigen Denkens

Wir trafen uns in einem großen Garten, der nicht an ein Haus angeschlossen war, sondern am Ortsrand lag, neben der Straße. Er wurde aus einer Erbschaft heraus als Privatbesitz geführt und zog Leute an, Stille und Frieden zu finden. Und Geselligkeit. Es wurde ein Schachturnier ausgetragen, Naturschutzgruppen trafen sich und hielten anschauliche Vorträge. Und es gab zu essen und zu trinken. Doch es gab keinen offiziellen Ausschank mit Bezahlung, alles lief auf Spendenbasis. Und es gab kleine Teiche mit teuren Fischen, Pagoden, Buddha-Figuren, kleine Plätze zum Sitzen, romantische Trampelpfade, ansehnliche Brückchen über Rinnsale, verschlungene Wege, überdachte Pagoden auf dem Wasser, zu denen ein schwankender Weg führte, der durch Wassertonnen gebildet wurde. Es gab sogar Sonnenkollektoren für 3 Ladestationen, um das Smartphone aufzuladen. Es war an alles gedacht. Scheinbar. Nur die Tische mussten selbst gesäubert werden, denn es handelte sich nicht um ein Restaurant mit Gartenbetrieb. Daher war die Anlage auch nicht in einem derartigen Zustand, wie dies von öffentlichen Parkanlagen und Gärten bekannt ist und erwartet wird, dafür wären mehr Gelder und mehr Arbeitsleistung erforderlich gewesen. Aber das war nicht das eigentliche Problem, dass sich zeigen sollte.

Nachdem wir unser Treffen konstruktiv haben beenden können, gingen wir zum Haupteingang zurück und setzten uns noch eine Weile locker an einen der vielen Tische und unterhielten uns. Dann kam der Besitzer des Gartens, den ich zu diesem Zeitpunkt nicht als solchen identifizieren konnte, weil er sich nicht als ein solcher vorstellte und mir dies bisher nicht kommuniziert wurde. Er kam also auf einen Sprung vorbei und richtete ein paar Worte an uns.

Es war sofort ersichtlich, dass er schlecht von der Politik redete und in einer Weise gar nicht an unserer Meinung interessiert schien, sondern nur an seinen Pauschalisierungen, Generalisierungen und geistigen Intrigen, die er spann, denn kaum hatte er sein schmutziges Denken beendet, ging er weiter und suchte sich geschäftig zu zeigen. Aber als er noch keine zwei Meter von uns entfernt war, rief ich ihm hinterher, dass dennoch die eine Partei bessere Politik mache als eine andere, in deren Kontext und Konsens er zu stehen schien. Er kam zurück und sprach von seinem Beruf und seinem Studium und dass er daher Ahnung habe, was er sage und daher nicht einfach nur so redete, sondern fundiert sei. Und dann geschah die geistige Vergewaltigung und der emotionalisierende Schmutz sichtbar und spürbar zu werden, der für alle faschistoiden Denkweisen zu beobachten ist und charakteristisch ist für sie.

Doch diese selbstbewusst gewordene Bildungslosigkeit von Leuten mit Hochschulabschluss und Doktorgrad haben schon andere Philosophen beobachtet. Denn Bildung ist nicht gleich Bildung. Deren Bildung kann mitunter Verbildung sein und nicht Herzensbildung; deren Bildung kann mitunter geistige Missbildung sein und stammt wahrscheinlich aus der Nachlässigkeit Seelenhygiene zu betreiben. Solche Leute haben verpasst gründlich durch Couchbesuche sich der forschenden Selbstbeobachtung und Befreiung zu stellen. Gerade die daraus entstehende Unaufrichtigkeit neigt zu infamen Äußerungen, die Fakten verdrehen und edle Ansichten vereinnahmen, indem sie ihnen das unterstellt, was sie selbst tun. Nämlich Schmutz andichten, Bedeutungen verkehren und emotionalisiert empört zu sein, wenn man ihre nicht garen, doch grobschlächtigen Meinungen, zu relativieren und zu differenzieren sucht.

In der politischen Öffentlichkeit waren sie in den letzten sieben Jahren auf den parlamentarischen Plan getreten aufgrund ihrer Neigung im unreflektierten und unsachlichen Protest bereits einen Grund zu sehen politisch aktiv werden zu dürfen. Sie haben seit dem die politische Diskussion vergiftet durch das ganze Arsenal irrationaler Emotionalisierungen, die sie eigentlich dafür qualifizieren sich einer aufdeckenden Therapie unterziehen zu können und nicht dafür nun die Öffentlichkeit zu verwirren, indem sie sich das politische Publikum greifen und es emotionalisiert aufhetzen. Doch sie verdrehten und vergifteten die ganze, konstruktive Sinn- und Entscheidungsfindung, dass es spürbar wurde, wie sie vergewaltigt wurden und dies nun neu inszenieren, wie dies von der Psychologin Alice Miller geprägt und gefunden wurde – und sie so nun mit anderen verfahren. Das wurde spürbar, deren körperliche, verbale und non-verbale Vergewaltigung wurde immer wieder spürbar.

Dass mit ihnen bereits der verbale Austausch, der im Versuch steht dialogisch wertvolle Gespräche zu führen, einer Gewalt ausgesetzt ist, kann nur nachvollziehen, der solche Gespräche erfahren hat und genau gesehen hat, wie verdrängte Kräfte darum ringen sich um die Wahrheit zu winden. Die ganze braune Soße der Schwarzen Pädagogik wird hier ersichtlich und spürbar. Der ganze Wust an schmutzigem Denken, das für sich die Wahrheit vereinnahmt und gleichsam Lügen äußert, das für sich die freie Meinung proklamiert und gleichsam unfrei bleibt, das für sich postuliert, sie wolle am Wochenende ihre Ruhe haben und keine politischen Gespräche führen und die doch gerade dies nur daher behauptet, ohne es zu wissen, um den anderen mundtot zu kriegen, genau das, was man mit ihnen in ihrer Kindheit getan hatte. Genau das, was sie immer wieder neu inszenieren.

Es ist nicht nur traurig solches Denken, sondern gefährlich. Denn die emotionalisierende Schuld für einen anderen, die dabei transportiert wird, vergewaltigt das gesunde Denken und die aufrichtige Begegnung. Es ist nicht nur empörend solches Denken, weil es infam und dreist agiert, sondern auch enttäuschend und beschämend, weil die Gesellschaft es noch nicht geschafft hat solchen Leuten eine Möglichkeit zu bieten, sich selbst klarer zu werden, sich selbst zu befreien von der inneren, seelischen Unordnung, die in ihnen herrscht und die sie nun, selbstbewusst geworden, nach außen tragen. Mit fatalen Folgen. Man kann mit solchen nicht reden, denn sie sind nicht zugänglich für rationale Argumente, diese Leute leben auf einem anderen Bewusstseinsniveau, mit verborgenen Schatten und Verdrängungen und sind evolutionär noch nicht auf der Höhe der Zeit. Sie aber werden dafür gesorgt haben, wenn die braune Soße wieder das gesellschaftliche Schiff auf den Grund hat sinken lassen. So war es schon immer und wenn wir nicht aufpassen, wird es wieder so werden.

Die irrationale Raffinesse, die diesen Leuten nicht bewusst ist, wird damit beginnen empört zu sein über einen politischen oder kommunikativen Umstand, den sie nicht verstehen können und der ihnen auf ihre irrationale Weise ein Dorn im Auge wurde. Gesamtgesellschaftlich wird ein Klima des Misstrauens geschürt und zu Hetze gegriffen, weshalb sie aber dazu neigen, anderen, die ihre Meinung kritisierten und ihre Irrtümer erläutern wollten, gerade dazu bezichtigen, dass sie also dem gesunden Anliegen für Klarheit zu sorgen, Hetze unterstellen, nur weil es sich um eine Kritik an ihrer Irrationalität und Unsachlichkeit handelte. Da sie nicht für Sachlichkeit offen sind, können sie Sachlichkeit auch gar nicht erkennen und werden emotionalisiert und Schuld zuweisend darauf reagieren. Ihre Vereinnahmung von Konzepten anderer, zeigt immer wieder deutlich, dass sie diese Konzepte nicht verstanden haben.

Denn da wäre 1. das Konzept der freien Meinung, 2. das Konzept der gleichberechtigten Kommunikation, 3. das Konzept der Demokratie an sich, 4. das Konzept Kritik an der Sache. Und vielleicht weitere.

Das Konzept der freien Meinung nutzen sie, um anderen ihre Meinung vom unfreien Leben zu diktieren und sie dazu auffordern und nötigen, unfreie und Freiheit beschneidende und diskriminierende Gedanken zu akzeptieren und sie dadurch salonfähig zu machen. Sie fahren dabei anderen über den Mund und sorgen für ein schlechtes Gewissen bei ihnen, denen sie unterstellen ihre (unfreie) Meinung (über Freiheit) nicht akzeptieren zu wollen. „Das darf doch nicht wahr sein. Jetzt darf man das noch nicht einmal sagen!" Und ihnen wird nicht bewusst, dass ihre freie Meinung auch Kritik wird vertragen müssen. Doch das können sie nicht, weil sie nicht kritisch in der Sache arbeiten können und glauben, mit Kritik an der Sache ihrer Meinung wäre eine Nicht-Akzeptanz ihrer Person verbunden. Da täuschen sie sich aber. Denn die Kritik an der Meinung eines anderen, heißt noch lange nicht die Nicht-Akzeptanz dieser Person. Da sie aber einer sachlichen Kritik nicht offen gegenüber sind (dies aber empört behaupten werden und dem anderen Verleumdung vorwerfen) und ihnen das Vermögen dazu mangelt, neigen sie vielmehr selbst dazu andere unsachlich zu kritisieren und sie diskriminierend nicht akzeptieren zu können. Was wir in allen Spielarten des Populismus und des Faschismus finden.

Ihr Konzept einer gleichberechtigten Kommunikation besteht darin, den anderen nur dann als gleichberechtigt anzuerkennen, wenn dieser zeigt, dass er ihre Meinung annimmt und kritiklos akzeptiert. Es geht dieser Kommunikation nicht um ein gemeinsames Ringen um die beste Erkenntnis und Entscheidung, sondern lediglich um die gegenseitige Bestätigung ihrer Meinung, ihres Anliegens oder ihres Glaubens.

Das Konzept von Demokratie, das solche Leute hegen, wenn sie es hegen, ist anti-demokratisch gefärbt, manchmal deutlicher ersichtlich und manchmal erst nach einem gewissen Gespräch als solches zu erkennen. Sie sind nämlich keine Demokraten, sondern die Demagogen der kleinen Welten. Daher verstehen sie Demokratie (noch) nicht und vereinnahmen diesen Begriff, um sich gefällig zu zeigen oder Identifikation nahezulegen, die nicht gegeben ist. Hier beginnt der ganze, täuschende Wust an irrationalen Überzeugungen politisch zu werden und damit gesellschaftlich relevant. Hier muss der gewöhnliche Bürger auf der Hut sein, wenn es solchem verworrenen und schmutzigen Denken begegnet, dieses erkennen und mit Nachfragen, um Klarstellung bitten und sich selbst um Erkenntnis bemühen.

Auf das Konzept mit der Kritik an der Sache bin ich zwei Absätze weiter oben auch schon etwas eingegangen, da diese irrigen Selbstverständnisse in diesen konzeptionellen Auffassungen miteinander zusammen hängen. Diese Leute verstehen unter Kritik an der Sache eine Kritik an der anderen Person, sie werden also persönlich und greifen an, gerade wenn ein anderer sachlich, aber mitunter entschieden, eine Gegenmeinung geäußert haben sollte, die ihnen dann nicht nach ihrer Nase schmeckte. Und dies ist häufig zu finden, dass nämlich Menschen, die sich ihrer als sachlich angenommenen Meinung durch eine sachliche Kritik und Gegenmeinung in Frage gestellt sehen, dies als Beraubung an ihrem persönlichen Besitz erfahren werden und daher geistig aggressiv werden und zu verbalen Beschuldigungen greifen und offene Diffamierungen aussprechen. Wo sie doch eigentlich nur beweisen, dass sie die sachliche Gegenkritik und Gegenmeinung nicht verstehen und offenbar nicht verstehen wollen. Denn wenn sie verstehen wollten, was andere zu sagen haben, dann würden sie Fragen stellen müssen. Doch das tun sie nicht. Aber selbst dann, wenn sie Fragen stellten, wird es ihnen schwer bis unmöglich vorkommen den anderen Standpunkt zu verstehen, da sie immer wieder dazu neigen die Worte anderer 1. zu ignorieren, 2. zu missdeuten, 3. zu verdrehen, 4. zu vereinnahmen und 5. das Gegenüber verbal zu vergewaltigen.

Wird jemand sie sachlich darauf aufmerksam machen, dass ihr Denken destruktiv, dunkel und pessimistisch klingt, was einer Tatsache entspricht, werden sie dies als Beleidigung erfahren und einen Angriff starten, der den anderen verbal zu vergewaltigen sucht, obwohl sie doch gerade eben die Schlechtigkeit der Welt und der Politik beschworen hatten und dies mal eben so beim Vorbeigehen dem anderen unter dessen Bart schmieren mussten.

Im Garten eines solchen schmutzigen Denkens findet sich also: 1. die Unordnung ihrer Spielwiese, 2. der Monolog als Ausdruck ihres kommunikativen Konsens, wobei 3. das Verschlungensein der Wege ihres Denkens mit einem rationalen Dilemma belastet ist, nämlich: der Irrationalität nicht mit rationalen Gedanken beikommen zu können. Solche Leute werden sogar soweit gehen, sich selbst als rationale Denker zu bezeichnen und andere, die wirklich rational, sachlich und konstruktiv denken können, der Irrationalität bezichtigen. Die Verwirrung wird damit komplettiert, die Täuschung verabsolutiert, die Demokratie wird somit weiter unterhöhlt und die Menschlichkeit beschmutzt und gefährdet. Und 4. ist eine latente Aggressionsbereitschaft bei ihnen zu finden, aus einem noch unterdrückten und verdrängten Geschehen der eigenen Geschichte und Vergangenheit.

Dabei müssten diese Leute sich nur dazu durchringen sich auf die Couch der Selbsterforschung zu begeben. Denn dann wäre die Wahrscheinlichkeit erhöht, dass sie sich selbst, andere Menschen, das Leben und die Welt besser begreifen könnten. Und dann fühlten sie sich mit der Zeit nicht so gedrängt die Welt der Politik, das kritische Denken anderer Menschen, das erblühende und verdorrende Leben und im Geheimen auch sich selbst, nicht so schlecht und schmutzig bewerten, wie sie das so im Vorbeigehen zu tun pflegen.

96

ENERGIEFLÜSSE

Im Zusammenhang mit der erfahrbaren, psychologischen Tatsache, dass die Unterdrückung, Verdrängung und Vernachlässigung der sexuellen Energie im menschlichen Wesen zu psychischen Problemen und latenter Aggressionsbereitschaft führen kann, sollten empfindsame Menschen vielleicht bedenken, ob sie ihre sexuelle Energie nicht etwa durch angemessene, vertrauensvolle, sexuelle Befriedigung und Ableitung selbst in die Hand nehmen wollen, um ihr die Möglichkeit zu geben, nicht lediglich als Funktionalität der Zeugung von Nachwuchs zu dienen, sondern dies als einen Beitrag zu sehen, die eigene Seelenhygiene zu unterstützen und die damit verbundene eigene psychische Klarheit und geistige Geradheit nicht durch unterdrückte, verdrängte und vernachlässigte, sexuelle Energieflüsse zu verderben, zu verdrehen, zu verwirren und zu verbiegen.

Wer bei diesem präzisen Satz bereits rot im Gesicht würde oder sich gar zu Empörung aufschwingen wollte, litt wahrscheinlich schon an jener moralischen Verirrung, die mit der Unterdrückung, Verdrängung und Vernachlässigung einhergeht. Ich möchte daher diesen Satz auch als Anregung verstanden wissen, der moralischen Aufrichtigkeit und Ernsthaftigkeit entgegen zu gehen, gerade durch die vertrauensvolle Befassung mit der eigenen, unabweislichen und unleugbaren Körperlichkeit, die den Menschen schon seit Millionen von Jahren bestimmt. Es handelt sich nämlich nicht um eine „niedere" Angelegenheit, sondern um die Tatsache der Macht der Evolution. Wer sich nicht in ein adäquates Verhältnis zu dieser Macht einrichtet, der wird mit den Folgen zu leben und zu sterben haben, die damit verbunden sind. Die Evolution wird auch daran arbeiten, Spezies, wie den Menschen, ohne mit der Wimper zu zucken wieder aus dem Fluss der Entwicklung auszuspucken, wenn diese adäquate Verhältnismäßigkeit lange Zeiten nicht gegeben ist. Gerade die Aggression, die dabei aufkommen kann, ist ein Zeichen der Zuwendung zum Tod. Die regelmäßige, vertrauensvolle und angemessene, sexuelle Behandlung und Befriedigung dieser evolutionären Bedürfnislage, käme einem Beitrag zur Reduktion von Gewalt, Hetze, Hass und Kriegsgelüste, entgegen. Es wäre also ein Betrag zum Frieden, individuell und kollektiv. Wer noch wollte diesen Gedanken als schmutzig bezeichnen?

97

Die zwei Arten des Denkens

Das Denken, dass sich um Wahrheit bemüht, unterschiedet sich von einem Denken, das lediglich nach Möglichkeiten sucht. Wo die erste Art des Denkens einem forschenden Ansatz folgt, folgt die zweite Art des Denkens spekulativen Vermutungen.

Der forschende Ansatz des Denkens ist dabei in einer abwägenden und sich stetig für Neues öffnenden Haltung zu Hause, die sich nicht durch scheinbare Unmöglichkeiten wegtragen lässt und diese nicht krude zurückweist. Dieser Ansatz wird schauen, was an realem Gehalt wirklich darin und bei einer Frage und Antwort enthalten ist und wird dies durch bestehendes Wissen, Logik und Intuition nachzuweisen suchen.

Die spekulative Weise des Denkens wird sich in Gedankenmöglichkeiten ergehen und den Bezug zur Realität weniger bis gar nicht beachten. Ihm ist die Möglichkeit eine Folge von Wunsch, Sehnsucht, Wollen und verbaler Macht, die das letzte Wort zu haben sucht.

Die erste Art des Denkens wird in der forschenden Bewegung einen liberal-toleranten Wert erkennen, der es vor dem Vorurteil schützen wird und die Wahrscheinlichkeit senkt, dass ungerechte Wertungen die Folge seines Denkens sind.

Die zweite Art des Denkens dagegen, bemüht sich kaum um die Wahrheit der Realität und wird dazu tendieren der Realität eine Wahrheit zuschreiben, die sich nicht ihr eigen nennen kann, sondern sie, nach seiner Vermutung, nur als Möglichkeit haben könnte.

Diese beiden Arten des Denkens sind daher grundsätzlich voneinander verschieden und sollten auseinander gehalten werden können. Wo die zweite Art des Denkens gewisse Fragen vorzeitig durch spekulative Antworten glaubt beantwortet zu haben, wird die erste Art des Denkens zuweilen auf eine Frage mit einer Abwägung und weiteren Gegenfragen ersuchen sich dem befragten Gegenstand geistig und intuitiv zu nähern. Diese erste Art des Denkens ist also weniger ungeduldig darauf eine Antwort präsentieren zu können, sondern wird im Prozess der gegenseitigen Befragung achtsame und interessante, belebende und anregende, Erfahrungen sammeln, die er nicht missen möchte, da er in diesem Geschehen die Freiheit erfährt und das Potenzial der Vertrauensbildung, das die Menschheit benötigt, um in Frieden mit sich und der Natur weiter leben zu können.

Der zweiten Art des Denkens ist dies weniger bis gar nicht wichtig, es hat noch nicht den inneren Impuls erfahren, an der Realität orientiert, zu einem Frieden zu gelangen, wie es der ersten Art des Denkens offensichtlich schon zuteil wurde. Wir müssen daher diese beiden Arten des Denkens unterscheiden lernen und unsere Verantwortung erkennen, die nötig ist, um den tiefen und wesentlichen Aufgaben des Menschseins, hier auf dieser Erde, erfüllend zu entsprechen.

98

Die Möchtegern-Politiker

Es gibt manche in der Politik, besonders die ganz rechts Denkenden, welche ich als Irrationale, Empörialisten und Stänkerer erkenne und daher als die Fratze der Demokratie bezeichne. Sie sind die Exkremente des politischen Interesses und brauchen unbedingt und konsequent einen entschiedenen Gegenwind – da deren politische Haltung die Unfähigkeit und den Unwillen zeigt, sachlich bleiben zu können und sie daher den politischen Diskurs in den letzten sieben Jahren vergiftet haben. Ich werde privat und öffentlich meinen Beitrag dazu leisten diese menschlich fragwürdige und anrüchige Erscheinung wieder aus dem politischen Geschehen der Demokratie in unserem Land zu vertreiben. Die Demokratie hat etwas Besseres verdient also solche Demagogen, Populisten, Faschisten und Möchtegern-Politiker, die nur ein großes Maul riskieren und die Stimmung verderben.

Da diese Leute sich menschlich nicht auf der Höhe der Zeit befinden und nicht wissen, was die Zeit geschlagen hat und sie auch nicht den Anschein erwecken auf der Höhe der Zeit sein zu wollen, bedürfen sie dringend einer reflektierten Selbsterforschung und kein öffentliches Publikum für ihre unbewusst wirkenden Ventilentlastungen, aus den unverarbeiteten Geschehnissen ihrer Geschichte. Da sie offenbar keine Seelenhygiene betrieben haben, muss der gesunde Bürger sich um so mehr vor ihnen in Acht nehmen.

Wir haben dann auch keinen Respekt vor diesen Leuten, wenn sie in ihrer Kampfattitüde mal wieder widersinnige Gedanken von sich geben und dabei andere anschwärzen, die sinnvollere Dinge zu sagen haben. Für mich selbst gilt der Satz (dessen Autorenschaft und Quelle ich leider nicht kenne): „Ich habe keinen Respekt vor einer kriegerischen Nation und einem auf Kampf eingeschworenen Individuum." In diesem Sinne sind mir diese Möchtegern-Politiker mit ihrem Empörialismus, mit ihren persönlichen Anschwärzungen, mit ihren Verdrehungen der Meinungen anderer, mit ihrer Ignoranz gegenüber wesentlichen Fragen und Tatsachen und mit ihrer eitlen Selbstüberschätzung, ein Dorn im Auge. Und ich will, dass sie wieder aus der politischen Landschaft verschwinden.

Ich empfinde diese Leute auch als unaufrichtig und infam und sogar als potenzielle Verbrecher. Wir hatten solches Klientel schon einmal in Deutschland und anderen Ländern. Und haben er derzeit wieder in ansteigendem Maße mit ihnen zu tun. Ich aber will nicht zuschauen und geschehen lassen. Auch wenn ich dafür mich in den Morast der irrationalen Schlammsätze dieser Leute wagen muss, die man am liebsten gar nicht anfasst, weil sie so klebrig sind, wie wohl auch Jean Paul Sartre meinte. Das Irrationale muss sich zum Rationalen entwickeln – und da hilft, nach meiner Erfahrung und Einschätzung, nur die Couch der Selbsterforschung und die kontinuierliche

Seelenhygiene durch regelmäßiges Tagebuchschreiben und aufrichtiges Reflektieren. Nur Tagebuchschreiben allein hilft noch nicht, es muss auch die Aufrichtigkeit dazu kommen und ein Ringen um das Menschliche.

99
DIE MÖCHTEGERN-GEBILDETEN

Was deutlich wird durch die Rhetorik mancher Leute, ist, dass sie ungebildet sind, obwohl sie fließend viele ganze Sätze sprechen können und sie sogar einen Doktorgrad besitzen. Dies wurde auch schon bei manchen Professoren deutlich, als diese in den 1920-er Jahren die neuen physikalischen Theorien von Albert Einstein schmähten und verunglimpften und persönlich beleidigend wurden, weil sie an seine Theorien nicht glaubten. Sie hatten Einstein als Juden verstanden und waren doch tatsächlich der Meinung, dass ein Mensch mit diesem religiösen Hintergrund, keine sinnvollen Gedanken hervorbringen könnte. Da hatten sie sich aber gründlich und nachhaltig geirrt.

Auch heute noch glauben die Ungebildeten eines Volkes zu gerne, dass ein Mensch mit einem Doktorgrad oder einem Professortitel schon allein daher wohl stetig etwas Sinnvolles zu sagen habe. Und sie geben diesen Leuten dann in der Politik einen Vorschuss an Vertrauen, den diese eigentlich noch gar nicht verdient haben, da doch die Bildung des Menschen woanders beginnt, als nur bei einem akademisch errungenen Titel.

Menschlich ist dieser zunächst wenig wert, weil er lediglich zu einem gesellschaftlichen Status verhilft, der etwas vorspiegelt und etwas nahelegt, das aber mittlerweile nicht mehr sicher garantiert werden kann. Denn die Menschlichkeit findet auf einem anderen Boden statt, als dem der offiziell bestätigten Güte von Ergebnissen einer Anstrengung mittels kognitiver Ergüsse etwas angeblich Eigenes hervorgebracht zu haben. Die Motivation mit dem diese Aufstrebenden und Ehrgeizigen zum Doktortitel streben, ist, zumindest bei den Angesprochenen und Gemeinten, vergiftet von niederen Beweggründen, die sich um das Erreichen von Status, Einkommen und Macht bemühen. Und eben nicht um etwas menschlich tief Wertvolles und Nachhaltiges, das mit Wahrheit, Schönheit, Weisheit und Güte verbunden wäre. Das menschliche Werden findet nicht nur in der kognitiven Herausforderung statt, und das menschlich Wertvolle findet sich nicht unbedingt immer in den Personen mit Doktorgrad oder Professortitel.

Um nicht missverstanden zu werden: Ich pauschalisiere und generalisiere nicht, ich schere die Personen mit Doktorgrad und Professortitel hierbei nicht über einen Kamm. Sondern versuchte lediglich darauf aufmerksam zu machen, dass Bildung nicht gleich Bildung ist. Und dass die Buchstaben vor einem Namen auch blenden können, wovor man sich in Acht nehmen sollte, indem man sich nicht einschüchtern lässt von der mitunter rhetorischen Versiertheit mancher, die im Grunde dem Menschlichen sogar mitunter eine Absage zu erteilen suchen.

Dieser Täuschung darf eine Demokratie nicht erliegen, sie muss Menschen die Möglichkeit bieten zu essenzieller und nachhaltiger Bildung gelangen zu können, die den ganzen Menschen berücksichtigt und nicht lediglich vor den kognitiven Ergüssen seiner Anstrengungen ein Ziel zu erreichen einknickt und glaubt, er hätte damit schon etwas erreicht und wäre auch menschlich zu beachten. Denn die unreifen Vorstellungen über den Sinn des Lebens, die solche Attitüde ausgezeichnet und motiviert haben kann, zeugen von keinem sinnvollen menschlichen Verständnis und deren Notwendigkeit einen gesellschaftlich relevanten Beitrag zu leisten. Wo ein Dr. Ego nur an sich denkt und ein Prof. Ego ebenso dazu neigt andere zu diskriminieren, wenn sie ihm nicht sachlich zu passen scheinen, sind die sozial und global denkenden und handelnden Menschen, die mit Herzensbildung und Weisheit ausgestattet sind und dieses errungen haben, höher einzuordnen, eben weil deren sinnhaften Beiträge nicht nur sie selbst berücksichtigen, sondern das soziale und kollektive Gefüge der Menschheit.

Die Ungebildeten sollten also nicht lediglich kognitive Bildung erhalten, sondern an eine umfassende Bildung gelangen können, die nicht unbedingt mit einem Doktorgrad gekrönt werden muss, aber könnte. Die Herzensbildung, die aus einer regelmäßigen Seelenhygiene stammt und von psychischer Gesundheit zeugt, ist wesentlicher als ein erkämpfter Doktorgrad oder Professortitel, die den Menschen in einer seelisch leeren Weise kalt und widersprüchlich zu den weiteren Fragen des Lebens und der Welt stehen lässt und die daher dazu nicht wirklich etwas Gehaltvolles zu sagen haben. Wir müssen also acht geben und ein gesundes Misstrauen besitzen, das angemessen Zweifeln kann, ohne in die notorische Verneinung zu geraten, wenn wir mit den Damen und Herren Doktoren und Professoren zu tun haben werden, wenn wir sie lesen und sehen, wie sie bevorzugt werden und man ihnen aufgrund ihres Status einen Bonus zubilligt, der vielleicht gar nicht gerechtfertigt ist. Wir müssen also beobachten, abwägen, kritisch bleiben, offen und interessiert. Oder dieses zunächst auch erst einmal werden.

100

Karma – Oder die ewige Vergangenheit

Wer in der Vergangenheit sich unschön gegenüber anderen Menschen verhalten hatte, wird dies für alle Zeiten in der Zukunft so gewesen sein. Denn die Vergangenheit kann nicht mehr verändert werden. Und wer in der Vergangenheit ein freundlicher, zuvorkommender, hilfsbereiter, liebender Mensch gewesen war, wird dies wohl auch für alle zukünftigen Zeiten so gewesen sein. Die Wahrscheinlichkeit, dass der zweite in der Zukunft zu einem unfreundlichen, egoistischen, gewalttätigen und hassenden Menschen werden könnte, ist wesentlich geringer, als dass ein Mensch, der in der Vergangenheit zu unschönen, unfreundlichen und gewalttätigen Szenen neigte, dies in der Zukunft wird sein können. Aber es gibt auch für ihn die Chance einer Wandlung, doch er wird an sich arbeiten müssen, um seine Vergangenheit zu tilgen, um aus sich einen freundlichen, zuvorkommenden, hilfsbereiten, liebenden Menschen zu machen.

Wer also in der Vergangenheit ein Idiot war, wird dies für alle Zeiten so gewesen sein. Und er wird die Last der Vergangenheit ablegen müssen, um in der Zukunft die Wahrscheinlichkeit zu mindern, seine Vergangenheit in der Zukunft zu wiederholen und auch dann noch ein Idiot zu sein. Ich glaube, das entspricht dem Konzept des Karma in der indischen Philosophie.

Das Karma der unschönen Tat, ist damit nicht mit dem Konzept der Schuld zu verwechseln. Denn es ist zunächst nicht die Frage der Schuld und Verantwortung entscheidend, sondern die Frage der Struktur und Dynamik des eigenen Wesens, also der energetische Gehalt des inneren Menschen. Wer die Energien der unschönen Taten in sich trägt, muss daran arbeiten diese Energien abzubauen und aufzulösen, wenn er eine Wandlung an sich anstrengen möchte, die ihn zu den schöneren Taten führen könnte. Da dies das Ziel ist, kann er nicht durch Ventilhandlungen seine unschönen Energien auflösen oder abbauen, denn die Ventilfunktion würde ihn in die unschöne

Tat hinein führen. Ein Idiot wird nicht dadurch weise, dass er sich als Idiot benimmt und glaubt dadurch seine unschöne, innere Energie abführen zu können. So funktioniert Wandlung nicht.

Wer also die Last der Vergangenheit ablegen will und die darin enthaltenen Energie auflösen möchte, muss etwas anderes tun, als sich durch die Energien selbst leiten und verführen zu lassen. Es sollten die Energien aufgelöst werden, was etwas wesentlich anderes ist, als sich von den Energien zu unschönen Taten verführen zu lassen.

Um einen kurzen Hinweis zu geben: Es wird nicht nur die meditative Stille sein, sondern auch die reflektierende Couch der Selbsterfahrung und die kontemplative Stille der schreibenden Selbstreflexion, die den Menschen langfristig darin unterstützen, von den Energien der Vergangenheit, frei zu werden. Nur so wird Vergangenheit keine ewige Bindung mehr sein und die Gegenwart wird freier und friedlicher gelebt werden können. Zumindest konzeptuell.

101

Konflikt

Wo beginnt Konflikt? Und wann beginnt Konflikt? Wann gerät ein Mensch in einen Konflikt mit einem anderen Menschen?

Eine erste Antwort lautete beispielhaft: Beim Einsetzen der Unachtsamkeit eines der beiden Beteiligten.

Wo aber beginnt die Unachtsamkeit? Und wann? – Eine Antwort könnte hier wiederum lauten: Die kausale Kette der Beschreibung über den raumzeitlichen Beginn eines Konflikts (und der Unachtsamkeit) missachtet die Tatsache, dass mit der Zeugung bereits das Potenzial zu Konflikten gebildet ist und dass es eine Frage des Zufalls ist und der Zeit, wann und wo ein Konflikt zum Ausbruch kommt.

Es ist also ein stetig vorhandenes Konfliktpotenzial anzunehmen, das verborgen agiert und durch Wechselbeziehung mit anderen Menschen und der Natur zu einem Konfliktgeschehen werden kann. Das Konfliktpotenzial wiederum ist vielschichtig und reicht von festgefahrenen Selbstverständlichkeiten, unterdrückten Gefühlen, verdrängten Wünschen, erlittener Gewalt, bis zu vorhandener Schwäche und eben Unachtsamkeit.

Manche sagen, Konflikte könnten nicht aufgelöst werden, sondern müssten geregelt werden. Ich würde sagen, dass dies nicht für alle Konflikte gilt, sondern nur für einen Teil aller möglichen Konflikte. Denn es muss auch die evolutionäre Entwicklung möglich sein, die den Menschen in die Lage hebt, aus den einst vorhandenen Konflikten herauszuwachsen und sich heraus zu entwickeln.

Ich glaube, dies ist nicht lediglich eine Wunschvorstellung oder ein idealistischer Ansatz oder gar nur eine Denkmöglichkeit. Die Befreiung des Menschen ist ein Grundanliegen des Menschen und er hat heute nicht mehr mit den Problemen zu kämpfen, wie noch in viel früheren Zeiten. Aus manchen Konflikten wächst der Mensch heraus. Das ist so und sollte verstanden werden. Denn wenn wir ewig annehmen würden die Konflikte seien allesamt nicht zu lösen und könnten nur reguliert werden, missachteten wir das evolutionäre Potenzial der Selbsterkenntnis und des Weltverständnisses.

Daher vertrete ich den Standpunkt, dass Konflikte nicht in jedem Falle nicht zu lösen wären, sondern dass sie durch ein Verstehen frühzeitig erkannt und daher mit Achtsamkeit gepaart vermieden werden können. Wir können, in diesem Sinne, das Konfliktpotenzial senken und die Schwelle erhöhen, dass ein Konflikt ausbricht. Ein hohes Konfliktpotenzial wird leicht einen Konflikt auslösen; eine hohe Schwelle bis zum Konflikt bedarf der Kraft der Achtsamkeit vorauszusehen, wann und wo der Konflikt bereits in der Luft liegt und ausbrechen könnte.

Von Konflikt zu sprechen hat daher immer etwas mit Konfliktpotenzial zu tun und dieses liegt im Menschen und seiner psychischen Konstitution, dem Grad seines Erwachsenseins und seinen Interessen, seiner Lebensfreude und seiner Kraft, seiner Integrität und Seriosität, seiner rationalen, emphatischen, verbalen, emotionalen, Fähigkeiten, menschlich zu agieren.

102

Das eigene Licht mit anderen teilen?

„Steht ein Mensch im Dunkeln, dann teile mit ihm dein Licht." So wurde es sinngemäß zitiert. Das Zitat ist zwar richtig, aber nur zum Teil. Und ich möchte im Folgenden nicht als Dunkeldenker verstanden sein.

Das geteilte Licht muss auch empfangen werden wollen und können.

Denn: leider gibt es manche Menschen, die im Dunkeln stehen und dir dein Licht ausblasen wollen, wenn du ihnen dein Licht reichst, von dem du glaubst, dass es ihn erhellen könnte. Solche Leute haben nicht nur die Augen zu, sie sind leider blind und können kein eindeutiges Licht erkennen. Das war schon bei Jesus von Nazareth so, als der Mob den Räuber Barabas frei grölte und denjenigen mit einem seelischen Licht ans Kreuz brachte.

Die Frage ist also weniger, die, wie wir anderen das Licht bringen können, um es mit ihnen zu teilen, sondern die, wie diese ihre Augen öffnen können und wann. Wenn sie nämlich nicht wollen, dann bleibt es bei ihnen dunkel. Aber: es zählt natürlich das eigene Licht, und es ist nicht vergeblich, da wir an seinen Farben arbeiten können und ganze Kunstwerke damit zeugen. Darauf konzentrieren macht mehr Sinn, als andere zu missionieren zu suchen, indem man sie nötigt die eigenen, bequemen Ansichten zu teilen, die man für Wahrheit hält. Wenn sie dein Licht und deine Wahrheit nicht selbst schon in sich tragen, bleibt es dunkel.

103
Mut, Übermut, Hochmut und Edelmut

Mut ist offenbar auch ein Ausdruck der Selbstmächtigkeit eines Menschen. Aber es kann auch Kopflosigkeit bedeuten, wie im folgenden Gedicht:

> Ein Mensch, beseelt mit kalter Glut,
> gab einen weiteren Ruck dem Mut,
> doch wusste er nicht, was er tut,
> so folgte er dem Übermut.[3]

Das Reden über Mut ist noch nicht Mut. Mut heißt wohl, zu wissen, was man tut, wenn große Risiken damit verbunden sind. Indem die Risiken im Blick genommen sind und der Mensch sich der Möglichkeit des Scheiterns bewusst ist, wird er die Kraft haben müssen, diese Gegenmacht der Möglichkeit des Scheiterns auszuhalten und sich nicht seinen Geist und sein Herz trüben und verwirren zu lassen oder sich entmutigen. Wer dennoch weiter geht und Kopf und Herz beweist, wird mutig sein, trotz des Risikos zu scheitern. Nur solche schaffen etwas. Zum Guten – oder zum Schlechten.

Diejenigen, die mit dem benannten Mut das Gute schaffen, werden Edelmut beweisen, weil sie auf edlen Wegen wandeln, edle Ziele verfolgen, edle

Werte vertreten und edle Gedanken verbreiten. Die anderen, die auch Mut beweisen, aber zum Schlechten resultieren, werden keinen Edelmut bewiesen haben, sondern Hochmut, sie werden auf Wegen wandeln, die von geistigem Morast verschlammt sind, sie werden Ziele verfolgen, die anderen Schaden wollen und werden, sie werden schmutzige Worte verwenden und anschwärzen, beschuldigen und verleumden, sie werden niedere Werte vertreten, wie den des Kampfes und des Krieges, ihre Gedanken werden verdorben sein von Ehrgeiz, Verschworenheit, Geheimniskrämerei, Rivalität, Misstrauen und Anrüchigkeit. An ihren Taten werdet ihr sie erkennen. „An ihren Früchten werdet ihr sie erkennen."

104

Der Weg des Fragens –
und die Bestimmung der Zeit.

Ein Blick in die Menschheitsgeschichte der letzten 5 Millionen Jahre zeigt, dass wir auf einem Wege sind, der sich mit einer Bestimmung zu verbinden scheint, aus der wir einen gegenwärtigen Sinn entnehmen können, einen Sinn für unser Tun und Lassen, für unser Denken und Fühlen, für unser Fragen und Antworten, für unser Glück und unsere Erfüllung.

Obwohl wir in der zersplitterten und verwirrenden Bilder- und Nachrichtenflut in den Medien diese Bestimmung kaum erkennen können, wenn wir nicht schon etwas Licht davon erfahren konnten, erscheint es doch so, dass – bei aller Kritik an den Religionen – die Weltreligionen vor 2500 bis 3000 Jahren bereits damit begonnen haben, diesen Weg des Menschen durch seine Religionsstifter zu beschreiben und zu lehren.

Es ist die Abweisung von Schmerz und Leid unseres Körper-Geistes, der darauf hinweist, dass wir in der Sanftheit, Zärtlichkeit, Liebe, im Vertrauen und in der Zuneigung, einen Wert finden, der durch unser körper-geistiges Wesen unterstützt wird. Dass also der Grund unseres Daseins, dies in unsere Wesenserscheinung eingeschrieben hat. Und wir werden – gerade in der Liebe – verstehen können. Denn Verstehen und Liebe gehen miteinander, wie ein tief vertrautes Paar.

Die verwirrenden und verwirrten Meinungen, die meistens in der Öffentlichkeit kursieren, stammen dabei offenbar aus einer Aufregung, die vermuten lässt, dass sie um diese Bestimmung des Menschen nicht wissen. Ihr Irrtum wird zu Gewalt und Hetze neigen, Fakten leugnen, missdeuten, missbrauchen und anderen Schuld andichten.

Wer dagegen in Frieden lebt, weil er einer Wahrheit gewahr ist, die ihn transportiert, wird sich an der Verwirrung nur ausgewählt beteiligen und nicht Hals über Kopf in die Politik stürmen und „verändern" wollen. Wir erleben aber gerade dies bei den Empörialisten der letzten sieben Jahre, dass die Bildungslosigkeit gegenüber dieser Bestimmung, selbstbewusst geworden ist – oder so tut, als sei sie selbstbewusst geworden. – Richtig aber ist: in Wirklichkeit sind diese Epörialisten nicht selbstbewusst geworden, sie neigen vielmehr dazu ihrer Frechheit freien Lauf zu lassen, mit Unterstellungen um sich zu werfen, Anschwärzungen loszuwerden, dunkles Denken zu praktizieren, den Pessimismus zu vertreten, Hetze zu üben, mit Lügen und Beliebigkeit zu täuschen – und mit Halbwahrheiten den sachlichen Diskus zu verwirren und die Aufrichtigkeit anderer zu beschmutzen. Ich konnte das bereits privat beobachten durch Begegnung mit Leuten dieses Denkens, die sich gar nicht bewusst waren, was und wie sie denken. Heute und in der Vergangenheit ist dies öffentlich zu beobachten gewesen.

Daher ist es wichtig in die Geschichte des Menschen zu schauen (in die weit zurück liegende und in die nahe bei uns seiende), um sich klar zu machen, dass wir – diesen großen Bogen der Jahrmillionen betrachtend – auf einem guten Wege sind, der uns auch mit den technologischen Möglichkeiten immer wieder ein Sprache und Verfeinerung der Sprache und des Denkens und zunehmende Freiheit geschenkt haben, die sich innerlich entfaltete und sich bis heute immer tiefer innerlich zu entfalten scheint. Wir müssen daher schauen, beobachten, betrachten, lesen, schreiben, reflektieren, fragen und schweigen. Die meisten von uns müssen die Augen aufklappen, das innere Auge sehend. Dann wird es deutlich werden.

Wer auf dem Wege ist, diesem zuzustimmen, darf gerne auf dem Wege bleiben und weiter gehen. Er wird wissen, was Suchen ist und auch, was Finden. Wer noch nicht auf dem Wege ist, darf gerne beginnen Fragen zu stellen und zu lauschen, besonders seinem eigenen Inneren. Aber auch den Klügsten in der überlieferten und gegenwärtigen Geschichte darf und sollte er und sie zuhören. Die Technik der Erzählung, der Sprache und des klugen Wortes sind die Möglichkeiten uns das Edelste der Weisheit der Menschheit zu vermitteln. Alle klugen und weisen Bücher sind in der freien Welt verfügbar. Zu günstigen Preisen. Nehmen wir uns also die Zeit sie zu lesen. Und lasst uns reflektieren, was sie sagen.

Wir Menschheit haben unsere Gegenwart und Zukunft in der Hand. Es liegt an uns, ob wir die Aufgaben meistern, die gegenwärtig vor uns liegen. Wir sollten nicht Schuld verteilen, Kämpfe führen, Mut vermeiden, Wahrheit schmähen und diese Bestimmung ignorieren, die ich beschrieb. Es gibt nur eine Chance für uns, wenn wir sie versieben und verstreichen lassen, werden wir nie wieder auferstehen.

Es dauert 20 bis 25 Millionen Jahre bis eine Spezies sich entwickelt und erneuert, sagen die Anthropologen. Eine lange Zeit, ein große Langeweile, bis es für die neue Spezies weiter gehen könnte, wenn wir ausgestorben sein würden. Denn wir, wir kämen nicht wieder. Also müssen wir heute zu Potte kommen und uns Fragen stellen, auf dem Weg bleiben, Entscheidungen treffen, Handeln – und üben, dass wir der Wahrheit des Daseins gewahr werden, das für uns eine wunderbare Zukunft bereit hält, wenn wir in die ausgegrabene, überlieferte und gegenwärtige Geschichte schauen und dies weiter ins Morgen hinein zu erahnen suchen, ohne zu beliebiger und bodenloser Science fiction hinab zu sinken.

Es besteht also kein Grund zur Klage, kein Grund zu Streit, kein Grund für Krieg. Alles dies ist lediglich ein Ausdruck der unachtsamen, gedankenlosen und unfreien Wahrnehmung und Interpretation der Geschichte und Gegenwart des Menschen, die noch nicht berührt wurden von der tiefgreifenden Bestimmung des menschlichen Daseins auf dieser Erde.

Wo wäre also eine Frage zu finden, die uns öffnet? Wo wäre nun ein Wort zu hören, das uns verbindet? Und wo wäre endlich das Schweigen zu Hause, das uns den Frieden spüren ließe, nach dem wir alle suchen?

105

Ich bin dabei –
Kommentar zu einer Warnung vor Rechts

Ich bin dabei. Meine aktuellen und zukünftigen Bücher spenden empathisches Futter für eine innere Haltung der Wahrhaftigkeit, die bereit ist der Wahrheit suchend, fragend und ringend auf den Grund zu gehen (und nicht auf dem Leim). Wer sich der Differenzierung widmet und den psychologischen Fragen des Menschen, wird erkennen, woran die rechten Hirnherzen kranken. Sie brauchen keine politische Öffentlichkeit, sondern die Couch der Selbsterforschung. Und diejenigen, die sie beklatschen, brauchen ebenso die Praxis einer Seelenhygiene und gesund werden wollenden Psychokultur, die sich zu befreien sucht von den dunklen, widerständigen, groben und missdeutenden Impulsen eines Grolls, der nicht in der Demokratie der letzten 74 Jahre begraben liegt, sondern im Gefühlskörper von Menschen, die auf der Suche nach Anerkennung sind. Aber diese Anerkennung suchen sie seit 7 Jahren an der falschen Stelle. Deren Vergiftung der demokratischen Streitkultur habe ich selbst vorletztes Wochenende bei einem privaten Ausflug erfahren können, deren Szene ich mich nicht entziehen konnte. Aber ich habe Stellung bezogen und wurde sachlich deutlich, habe deren pauschalisierendes Schlechtreden von Politik, Person, Kultur und Welt entschieden entmutigt. Natürlich sind die dann persönlich beleidigend geworden und haben sich der Sachlichkeit entzogen, weil sie kein verbales Argument mehr hatten und daher verbale Aggression gezeigt haben. Diese kleingeistigen Verbrecherpotenziale. Sie sind es immer, die die Sachlichkeit zuerst verlassen und persönlich übergriffig werden und so tun, als seien sie mit ihre Aggression im Recht. Sind sie aber nicht. Und waren es noch nie.

106

ÜBER DIE FALSCHHEIT

Wenn manche Menschen für das Falsche, das sie tun, gelobt werden, dann kann sich auf Dauer nur ein falsches Selbstbewusstsein bei ihnen entwickeln, das bereit sein wird, kollektiv das Falsche anzuregen und für öffentliche Botschaften zu sorgen, die eine falsche Gesellschaft inspirieren.

Die zuweilen auch vorhandene Falschheit der Welt ist gerade eine Folge der falschen Wertungen von Menschen, denen man ihre falschen Ansichten noch nicht gespiegelt hatte oder nicht den Mut hatte, ihnen ihre Falschheit zu reflektieren. Allzu leicht meinen Menschen, dass wir die Fehler anderer ihnen selbst nicht nahelegen sollten, weil dies dogmatisch, rechthaberisch, moralisch und missionarisch, erscheinen könnte, was nicht erwünscht sei.

Aber diese Etikette würde das eigentlich ursprünglich Falsche belassen und eine weitere Falschheit etablieren, nämlich sich nach der Macht der Falschheit zu orientieren, der damit Folge geleistet würde. Es wäre also eine falsche Etikette, die das Falsche beließe und förderte, durch ein falsches Unterlassen und ein falsches Schweigen.

Dies kann eine gerechte und gerecht werden wollende Gesellschaft natürlich nicht hinnehmen. Denn Gerechtigkeit wird daran arbeiten, falsche Vorstellungen von Gerechtigkeit zu differenzieren und herauszuarbeiten wo und wann deren Falschheit sichtbar ist und warum diese daher nicht gangbar sein sollte.

Daher plädiere ich dafür, zwar nicht mit der Tür ins Haus zu fallen, aber doch mindestens durch Fragen Zweifel an der Richtigkeit des Falschen nahe zu legen. Was ja zunächst legitim ist, wenn es selbst nicht an Täuschung und Falschheit leidet.

Wer darauf verzichten sollte, wird falsch schweigen, falsch zuschauen und das Falsche geschehen lassen. Daher bedarf es einer Kunst des Fragens, das sich auch selbst mit ins Boot nimmt und nicht so tut, als hätte sie stetig anderen die (angebliche oder tatsächliche) Falschheit unter die Nase zu halten. Denn es könnte sein und ist wahrscheinlich, wie ich andeutete, dass manche, die sich der Ermahung der Falschheit widmen, selbst auf einem falschen Dampfer fahren. Denn die Täuschung lauert überall und jederzeit auf jeden. Dies herauszufinden, wer hier von der Täuschung am wenigsten betroffen ist, kann nur mit einem Fragen, Befragen und Hinterfragen gelingen, das aufrichtig geschieht, frei, offen – und das nach Vertrauen sucht und nicht nach Schuld.

Daher schon ist das Fragen und Hinterfragen so wichtig, wenn es nicht rhetorische Fragen der Provokation und Bloßstellung oder das zynische ins Licht der Anrüchigkeit stellen bedeutet. Sondern wenn es sich um aufrichtiges Fragen handelt, dass an den Dingen interessiert ist und nicht nur so tut, als ob sie daran interessiert wäre. Wer an den Dingen interessiert ist, wird sachlich sein und bleiben und nicht in das falsche Fahrwasser der persönlichen Anmache, Unterstellung und Beschuldigung geraten.

Die Sachlichen werdet ihr an ihrer Sachlichkeit erkennen. Dies setzt voraus, dass ihr selbst schon erfahren habt und wisst, was Sachlichkeit ist und wo die persönliche Anmache, Unterstellung und Beschuldigung beginnen. Im Privaten kann dies erfahren werden, mit Familie, Freunden und Bekannten. Wer hier nicht im falschen Lob bereits untergegangen ist, wird den Kopf über Wasser halten können und im freien Schwimmen erfahren können, was damit gemeint ist. Alle anderen sind bereits abgerichtet und schwimmen mit dem Herz-Geist unter Wasser. Was sie dann auch so aggressiv und wild, mit ihrer verbalen Attitüde des großen Mundwerks, Reden schwingen lässt.

Die anderen, die sich über Wasser halten können, werden sachlich bleiben und klar und zielbewusst weiter schwimmen können. Sie haben die Ruhe in sich, die sie an ihren und unseren Dingen arbeiten lässt.

107

Ein kurzes Wort an die Donalds

Ihr Donalds, euch nun ein Wort zum Guten. Es scheint mir, ihr habt leider in eurer Kindheit und Jugend etwas zu viel Schläge und Terror abbekommen und ihr glaubt nun, ihr könntet euch dafür revanchieren und müsstet „den anderen" zeigen wo es lang gehe. Aber ihr habt noch nicht kapiert, dass ihr die Couch der Selbsterforschung braucht und nicht ein öffentliches Publikum für eure verworrenen Ideen und Tiraden an Selbstdarstellung. Wir Psychologen haben Leute wie euch durchschaut, schon seit 100 Jahren und wir werden daran arbeiten in der Gegenwart und in der Zukunft solchen therapiebedürftigen Menschen, wie euch, rechtzeitig Gelegenheit zu geben, sich in Obhut zu begeben und Seelenhygiene zu betreiben. Anstatt, wie ihr, die Öffentlichkeit durcheinander zu wirbeln. Das macht nämlich keinen Sinn, weil es nicht konstruktiv ist, sondern durch allerlei ungute Gefühle getragen. Und damit von Irrationalität. Was sich eine Demokratie auf Dauer nicht leisten kann. Geht also bitte, auf eure letzten und frühen Tage, auf die Couch der Selbsterforschung und macht euch klar, welcher Wert in der Selbsterkenntnis zu finden ist. Die Wahrheit darin wird euch frei machen. Und erst danach könnt ihr euch wieder bemühen der Öffentlichkeit zu dienen. Also, tut euch selbst den größten Gefallen und tut das!

108

Das Reden und die Konsequenz

Das Ideal und die Wirklichkeit. Wir streben nach besseren Zuständen, da bedarf es eines Redens, das noch dem Handeln hinterher hinkt. Ich würde das skizzierte Problem nicht verallgemeinern wollen oder pauschalisieren. Die Skizze vermittelte die Anrüchigkeit: Wer nur redete und nicht auch handelte oder danach handelte, der sei nicht ernst zu nehmen und wir müssen dies verpönen.

Veränderung zum Guten bedarf aber des gründlichen Betrachtens und Redens, das auf sich warten lässt. Wenn wir anderen dabei einen Strick daraus drehen würden, indem wir ihnen Inkonsequenz oder widersprüchliches Verhalten vorwürfen, wären wir womöglich ungerecht. Das ist die andere Seite mit dem Thema Ideal und Wirklichkeit.

Wer nämlich glauben sollte die Wirklichkeit bereits zu kennen, der muss noch nicht offen sein für die wortmächtigen Ideen von solchen, die den großen Bogen über die menschliche und gesellschaftliche Entwicklung legen können. Und würde weise Gedanken im Keime ersticken. Das kann es natürlich auch nicht sein.

Denn Reden ist auch ein Tun. Die Frage wäre: Ist es klug und weise? Und sucht es uns zu verbinden und Verstehen und Verständnis zu gewinnen?

109
Der Humor und die Katze

Manche von denjenigen, die über die Witze der Komiker lachen, lachen auch gerne über andere Menschen. Denn gerade sind es ja die Komiker, die über sich oder andere Menschen Witze zum Besten geben. Damit ist ein Zuhörer immer mit den Albernheiten und dem Lachen über andere konfrontiert, wenn er nicht verstehen würde, dass er selbst damit gemeint ist, wenn er damit gemeint ist.

Es ist entspanntermaßen gesünder auch sich selbst zur Disposition zu stellen, denn über sich selbst zu lachen ist etwas, das wohl den meisten noch im Halse stecken bleibt. Und warum?

Weil wir noch zu sehr mit Schuld und Strafe erzogen wurden und uns daher ein entspanntes Verhältnis zu uns selbst kaum mehr möglich ist. Wenn es denn vorkommt, dass jemand über sich selbst Humor verbreiten möchte, dann geht es meistens schief und vermittelt einen problematischen Eindruck, der darauf schließen lässt, dass der Humor aus dem Kopf heraus gewollt war und nicht aus dem Herzen kommen konnte. Aber gerade der Humor aus dem Herzen ist uns aberzogen worden, weil wir noch zu sehr in der Bitterkeit des Lebens leben. Eine Katze, die sich in den Schwanz beißt.

110
RECHTSGERICHTETE POLITIK

Bei diesem Thema um die rechtsgerichtete Politik muss sehr genau das Narrativ dieser Parteien im Blick sein und achtsam danach Ausschau gehalten werden, ob man ihm törichterweise nicht schon unwissend folgt.

Denn deren ursprünglich ins Leben gekommene Narrativ ist kein rationales und sachliches gewesen, sondern eines von Empörialisten, die durch irrationale Emotionen getriggert und geleitet waren und heute noch sind. Der Beitrag dieser Partei zur demokratischen Debatte ist nämlich ein vergiftender gewesen und ist es heute noch. Diese dabei transportierten Schuldzuweisungen darf ein rationaler Mensch nicht gehorsam übernehmen und in einer vermeintlich demütig einsichtigen Weise die angeblich eigenen Fehler eingestehen und anbiedernd Besserung geloben.

Nein, nein und nochmals Nein. Die Vergiftung geht von diesen rechtsgerichteten Denkweisen aus und wir sollten nicht zulassen deren unsachliche und irrationale, empörialistische und emotionalisierende Art des Denkens und Fühlens auf uns anzuwenden und mürbe zu werden, weil wir nicht bei unserem reinen Gewissen bleiben und die Vergiftung nicht mehr sehen und spüren, die uns manipuliert und zu Unaufrichtigkeit anstachelt, die damit verbunden ist.

Lügen sind Gift des Geistes und sie töten die Aufrichtigkeit der Seele. Diese rechtsgerichteten Denkweisen müssen daher wieder verschwinden, sie haben die Aufrichtigkeit zerrüttet, die Gefühle verdorben, die Beschuldigung hoffähig gemacht, den Geist verwirrt und die Aggressionen wieder in die Öffentlichkeit getrieben. Jeder rational denkende Mensch muss hier entschieden Nein sagen und deren Irrationalität entmutigen. Und sie obendrein nachdrücklich für die Couch der Selbsterforschung zu begeistern suchen.

III
Bedeutungsumkehr

Meiner erfahrenen Beobachtung der letzten sieben Jahre gemäß, wurde der Tonfall in der deutschen Politik durch das Aufkommen der Empörialisten, wie Pegida und AfD, vergiftet. Also bitte bei den Fakten bleiben, wenn gegenwärtig so getan wird, als sei die Stimmung im Lande die Schuld der etablierten Parteien. Das ist nichts weiter als eine Bedeutungsumkehr. Ich komme darauf zu sprechen.

Wer obendrein glaubt, dass die Politik seine persönlichen Probleme lösen können müsste, der irrt sich etwas. Die zu beobachtende, egoische Selbstgefälligkeit, gerade der genannten Gruppierungen, die an Rationalität zu wünschen übrig lassen, neigt nämlich psychologisch dazu die Wirklichkeit zu verderben, indem sie missdeutet, was sie wahrnimmt. Im Anschluss geschieht eine Bedeutungsumkehr, indem den eigentlichen rationalen Denkern gerade das unterstellt wird, von dem bei sich selbst abgelenkt werden soll.

Sprich: Diese Irrationalität wird 1. damit beginnen die Stimmung zu vergiften, 2. die Leichtgläubigen emotional einfangen, 3. den eigentlich rationalen Denkern Irrationalität unterstellen, um sie 4. mit dem zu beschuldigen, mit dem sie selbst agitieren. Also 5. den demokratischen Diskurs lähmen und 6. mit Unsachlichkeit so tun, als hätten sie es schon immer gewusst. Um damit 7. die Deutungsmacht und politische Macht irrational an sich zu ziehen. Was durchschaut werden muss.

Adolf Hitler, der kleingeistige Diktator mit dem schreienden großen Maul, hat auch irrational die Deutschen aufgeputscht und emotionalisiert vernebelt und irrational die Macht an sich gerissen. Eine Beschäftigung mit der humanistischen Psychologie würde die logischen Vorgänge darin klären. Und es wäre mehr Sicherheit möglich darüber, wer näher an der Wahrheit und den Fakten agiert und wer weiter davon entfernt ist und nur persönlich agitiert.

Wer also sachliche Beiträge zur Gegenwartspolitik liefern will, muss sich die verdorbenen Beiträge der unsachlichen Agitationen der Irrationalität, sachlich und rational erklären können. Und wer das kann, steht eher mit beiden Beinen in der Rationalität, als Leute, die das nicht können. Und diese werden als die irrationalen Agitierenden wahrgenommen werden müssen.

Das wäre heilsam.

112
Fehlende Sprechpausen

Wir entschieden uns am Abend noch in eine Dorfwirtschaft zu gehen, um etwas zu essen. Wir mussten etwas warten, bis ein passender Tisch abgeräumt und frisch hergerichtet war. Dann wurden wir an den Tisch gebeten. Wir setzten uns und warteten noch kurz auf die Karten, um uns dann von den Mahlzeiten ansprechen zu lassen. Die Geräuschkulisse war stärker als sonst.

Am Nachbartisch saßen drei Männer im mittleren Alter und sie sprachen eine andere europäische Sprache, die wir hier nur selten hören. Wir verstanden nicht, was sie sagten, aber es klang nach einem gewöhnlichen Erzählen. Der eine Herr nahm am meisten Redezeit für sich in Anspruch, und er sprach laut. Die anderen warfen nur ab und an etwas zwischen seine Worte, worauf dieser gleich etwas weiteres zu sagen wusste, da er sich auch nicht für eine Sprechpause hergab. Er sprach flüssig und rasch, und er stellte keine Fragen, denn er zeigte keine Anstalten auf die Antworten der anderen zu hören. Diese schienen ihm mehr Stichwortgeber zu sein, die ihn inspirierten einfach weiter zu reden.

Obwohl wir die Sprache nicht verstanden, verstanden wir die Kommunikation. Es ging um Selbstdarstellung, um ein offensichtliches Selbstgespräch eines Menschen, der zu viel zu sagen hatte und die anderen nicht brauchte oder nur als Empfänger. Ein wirkliches Gespräch zwischen Gleichberechtigten geht anders, sieht anders aus und hört sich anders an. Dazu muss man nicht verstanden haben, was gesprochen wurde. Dies ergibt sich aus den Redeanteilen, sowie dem Tonfall des Monologs, der Lautstärke der gesprochenen Wort und der Geschwindigkeit, mit der sich die verschiedenen Töne der Sprache aneinander reihten. Es schien ein gewöhnliches Gespräch zu sein oder was man dafür hält, das offenbar in Frieden ablief, unter der hörenden Wahrnehmung der Öffentlichkeit.

Die Stimmung, die transportiert wurde und die Gefühle, die sie erzeugte, zeigten Habachtstellung an. Um einen sanften Tonfall handelte es sich deutlich nicht und um ein humorvolles Gespräch auch nicht, denn sie lachten kein einziges Mal während der Stunde unseres Aufenthaltes. Ein Streitgespräch war es auch nicht, da die anderen beiden Genossen dieses Herren keine Anstalten machten ihre Position mehr oder weniger entschieden zu präsentieren, vorzubringen oder zu verteidigen. Das Gespräch hätte dazu eine andere Dynamik zeigen müssen. Nein. Der Herr mit dem Redefluss und dem Fehlen von Redepausen war deutlich genug lediglich an sich selbst interessiert, denn es war so gut wie keine emotionale Empfangsbereitschaft zu hören, zu spüren und zu sehen, die darauf schließen ließ, dass er an den Meinungen der anderen interessiert wäre oder mit ihnen in einem gleichberechtigten Austausch stehen wollte. Es war kein Austausch. Es war ein Füttern. Er fütterte die anderen beiden mit seinen Worten, die sie hörend aufnahmen und schluckten. Nur manchmal, also selten, ergriffen sie das eigene Wort, um auch etwas gesagt zu haben. Aber der eine Herr mit dem Redefluss schien ihnen das Wort wieder aus dem Mund zu nehmen, um sie erneut mit seinen Worten zu füttern. Die anderen beiden ließen das zu und teilten so den Eindruck von Hörigkeit mit. Sie schienen für den einen Herrn mit dem Redefluss lediglich Lieferanten zu sein, die etwas abgaben, dass der andere dann vereinnahmte und sich einverleibte, denn sein lauter Monolog schloss sich unmittelbar an die Abgabe der Meinung der beiden anderen an. Und er dauerte unverhältnismäßig länger als die zeitliche Länge der kurzen Beiträge der beiden anderen.

Es könnte sein, dass der eine Herr mit dem Redefluss eine bestimmte Geschichte erzählte und daher die anderen genötigt waren lange zuzuhören, und dass die anderen beiden dies auch wirklich interessierte. Aber die Lautstärke deutete spürbar darauf hin, dass es keine entspannende Geschichte war, die er erzählte, sondern etwas, das dieser Herr unbedingt erzählen musste, das er loswerden wollte, um sich zu entlasten. Es könnte sein, dass er daher etwas zum Besten gab, dass seine Einstellung und sein Urteil widerspiegelte, das ihn emotional nicht losließ und er daher diese Lautstärke an den Tag legen musste. Eine entspannte Geschichte hört sich erzählt anders an, als was hier zu hören war, und sie lässt Raum für die Zuhörer, um Fragen zu stellen oder Rückfragen, wenn etwas nicht gleich verstanden wurde. Dieser Raum war, im Angesicht der Lautstärke dieser Rede des Mannes mit dem Redefluss, einfach nicht zu sehen und nicht zu spüren. Er hatte auch offenbar keine Zeit auf die Fragen der anderen beiden zu warten, da er den Raum für Fragen nicht zu öffnen schien. Die Kommentare der anderen beiden kamen nicht als Fragen an, denn sie hatten im Ansatz ebenso dieses Monologische, Laute an sich, das mehr mit sich selbst beschäftigt ist, als dass es am anderen und dem gleichberechtigten Austausch mit ihm Interesse zeigte. Was auch immer der eine Herr zum Besten gegeben hatte, es hinterließ ein ungutes Gefühl, da die Gesamtsituation nicht anders als problematisch gedeutet werden konnte.

Meine Begleitung und ich hatten uns in dieser Zeit dennoch gut unterhalten, lachten hier und da miteinander, schwiegen auch, aßen unsere Mahlzeiten, tranken frisches Wasser und Bier und beobachteten den Augenblick. Die Beschreibung dieses Geschehens wäre höchst wahrscheinlich nicht anders ausgestaltet, wenn wir die Sprache der drei Gäste am Nachbartisch verstanden hätten. Die transportierten Gefühle waren sehr wohl nicht auf einer neurotischen oder projektiven Ebene angekommen, sondern in einer Weise als authentisch empfunden worden, dass nur eine geringe Wahrscheinlichkeit blieb sich grundsätzlich in der Einschätzung geirrt zu haben. So viel klare Selbst- und Weltreflexion, so viel gesunde Empfindsamkeit, gehörten zum persönlichen Vermögen, dass eine grundlegende Täuschung wenig nahe lag.

Die Menschheit hat noch einen langen Weg vor sich, wenn sie den Klimawandel überleben wird. Wir brauchen unbedingt mehr Empfindsamkeit in Sachen Feinfühligkeit und Wahrnehmung der subtilen Gefühle zwischen den Worten der Sprache. Ohne beliebig zu verdächtigen, bedeutet dies, nicht einfach wild zu interpretieren. Wer sich seiner projektiven Schatten nicht bewusst ist und kein Gefühl dafür hat und keine Erfahrung damit, wie dies aussieht und sich anfühlt, der wird Unrecht anrichten und dies nicht bei einer nüchternen Beschreibung von gewissen Geschehen belassen wollen.

Wir alle müssen uns unbedingt üben, einander mehr zuzuhören und dennoch nicht im Monolog mancher nur die für uns zugewiesene Rolle des gehorsam empfangenden Zuhörers sehen. Ein Dialog ist ein wechselseitig respektvolles Gespräch des Miteinanders, indem der jeweils andere nicht zum Statisten degradiert wird, sondern einen gleichberechtigten Anteil am Gesamtgeschehen erhält und keiner die Rolle des Alleinunterhalters glaubt übernehmen zu müssen. Dies war aber in diesem beobachteten Gespräch eindeutig der Fall. Und der fehlende Humor zeigte zudem eine psychologisch unentspannte Situation, die das Ihrige dazu tat, dass unangenehme Gefühle transportiert wurden, die reflektiert zu diesem Kommentar hin führten.

113
Von der Scham des Einkommens

Es war am Ende des Monats, als die Gehaltsabrechnungen in den Fächern lagen, fein säuberlich eingetütet und mit einem Kuvert versehen, das einen Sichtschutz aufwies, jene schwarz-weiß-gefleckte Innenfläche, die das unberechtigte Erblicken des Inhalts beim Halten gegen das Licht, verhinderte. So unschuldig dies die letzten Jahre gepflegt wurde und keinen störte oder aufhorchen ließ, so verdächtig schien es mir jetzt.

Die schamhafte Verblindung von Gehaltsabrechnungen im öffentlichen Dienst (und wohl auch anderswo) und die Geheimnishaltung der Höhe der Gehälter im allgemeinen, deutete auf eine ungünstige und psychologisch problematische Situation hin, die darauf schließen ließ, dass etwas Unrechtes damit verbunden ist.

Doch was war das Unrechte? – Das Unrechte lag verborgen in der Verheimlichung der Höhe der Gehälter und in der Scham und dem Widerstand, frei, offen und vertrauensvoll darüber sprechen zu können. Die Erfahrung zeigte, dass die Menschen und Kollegen und Kolleginnen mit diesen Gehaltszahlen nicht spazieren gingen, und selbst wenn das Thema angeschnitten wurde, war zu erkennen, dass die Arbeitenden vermieden darüber zu sprechen und die persönlichen Einkommenszahlen daher verschwiegen.

Gerade die Scham, die mit einem unterdurchschnittlichen Gehalt verbunden ist, deutete auf die Demütigung und Anrüchigkeit in diesem Falle hin. Denn Geringverdiener stehen näher an der Armut als Durchschnittsverdiener oder Personen in einer hohen Gehaltsklasse. Die Diskriminierung der Geringverdiener durch die Idee der Deklassierung und Verbindung mit Schwäche und angeblicher Leistungsarmut oder der berüchtigten Faulheit, bedeutete, dass der Geringverdiener selbst in das Diktat der Macht der ungerechten Hierarchie der Ungleichverteilung der Gehälter einstimmen musste, um sich psychisch zu schützen und sich nicht Diskriminierungen und Abschätzigkeiten, Neid und Missgunst, auszusetzen. Dadurch wurde das Schweigen erzeugt, das eine Geheimnistuerei bedeutete, die wir in unserem Kulturkreis kennen und über die die meisten nicht reden, sondern der sie unkritisch gehorchen.

Der Arbeitende mit einem hohen Einkommen vermeidet darüber zu sprechen, weil er dem Neid und der Missgunst nicht ausgesetzt werden möchte. Und der Arbeitende mit unterdurchschnittlichem Einkommen vermeidet darüber zu sprechen, weil er sich schämt und seinen Selbstwert nicht durch Diskriminierungen und Abschätzigkeiten verletzt sehen möchte.

Es käme, auf der anderen Seite, bei einem bedingungslos, global gleich-verteilten Einkommen eine Freiheit zum Ausdruck, die solche Diskriminierungen und Abschätzigkeiten, Neid und Missgunst und solche Scham und Demütigung, unmöglich machen würden und damit mehr Vertrauen gelebt werden könnte, weil klar wäre, was jeder für seine Arbeit erhält. Das Schweigen und die Scham hätten keine Grundlage mehr und der Mensch könnte sich angenommen und akzeptiert fühlen und sehen.

Ein bedingungslos, global gleich-verteiltes Einkommen würde also der Mehrheit nützen, aber nicht nur daher, da die Geheimniskrämerei nicht mehr nötig wäre, sondern auch, weil die Mehrheit der Arbeitenden davon profitieren würden.

Die Einkommensverteilung der Nettolöhne und Gehälter zeigten in den letzten Jahren in unserem Land einen signifikant geringeren Median als deren arithmetischer Mittelwert. Dies bedeutete, das mehr als 50 Prozent der Lohn- und Gehaltsempfänger unter dem arithmetischen Mittelwert verdienen, also ein unterdurchschnittliches Einkommen erzielen.

Ein bedingungslos, global gleich-verteiltes Einkommen würde also der Mehrheit nützen und sie auf ein durchschnittliches Einkommen heben. Und zudem als Nebeneffekt bewirken, dass die oben genannten Diskriminierungen und Abschätzigkeiten, der Neid und die Missgunst, sowie die Scham und Verletzungen, entmutigt wären. – Es gäbe hier nun einiges zu sagen. Aber ich bin in *170 Aspekte. Über die Moderne und ihre heilige Kuh* darauf eingegangen und möchte an dieser Stelle diesen Kommentar damit belassen.

114

BÜROKRATIE

In einem Forum in einem sozialen Medium, wurde ein aktueller Gesetzesvorschlag zum Abbau von Bürokratie belächelt. Von den sechs Kommentaren waren sechs der Meinung, dass dies jetzt nicht mehr ernst genommen werden könne, wobei Abfälligkeiten gegenüber dieser umfassenden Konstruktivität geäußert wurden. Ich schrieb folgenden Kommentar:

»Entgegen dem Tenor hier, gebe ich zu bedenken, dass es eine moderne Gesellschaft nicht ohne Bürokratie geben kann. Daraus folgt, dass der entsprechende Abbau irgendwann stoppen muss, sonst geht nämlich die Ordnung verloren. Und daran sollte keiner Interesse haben. – Wer jetzt auf die zynische Idee kommen sollte, dass von „Ordnung" ja gar nicht zu sprechen sei, weil sie „sowieso nicht vorhanden" sei, dem kann ich dann leider auch gerade nicht helfen.«

115

SCHULD UND GNADE

Was soll ich zu den Menschen sagen, die das Konzept der Schuld verwenden, um ihren Unmut zum Ausdruck zu bringen? Was soll ich dem Menschen sagen, der mich beschuldigt, weil ich bin, der Ich-Bin und nicht anders kann, als der zu sein, der ich bin, mit allen Fehlern und Unvollkommenheiten? Ich würde folgendes in etwa sagen:

„Ja, Freund, ich gebe es zu: Ich bin schuldig. Ich bin schuldig am zweiten Weltkrieg. Und ich bin auch schuld daran, dass du geboren wurdest. Es tut mir Leid, aber ich kann dir nicht beweisen, dass ich damit nichts zu tun habe. Ich bin Schuld an den Kriegen der Welt und für jeden einzelnen Streit und Kampf zwischen den Menschen. Ich bin schuldig am Abwurf der beiden Atombomben in Japan im August 1945 und das, obwohl mein Körper erst 1967 geboren wurde. Ich habe die Schuld, die du mir zuweist, denn ich bin ein schuldiges Wesen, das in seiner Unvollkommenheit zum Klimawandel beigetragen hat. Wie könnte ich mich von alledem herausnehmen und so tun, als hätte ich damit nichts zu tun? Nein, ich bin schuldig, denn die Schuld, die du mir gibst, spüre ich wohl, und ich kann mich nicht dagegen schützen.

Ich kann dir also nicht das Gegenteil beweisen, denn für den Beweis benötige ich deine Erkenntnis. Und da du mich für schuldig hältst, führt kein Weg in meine Unschuld und in meinen Frieden. Mein Frieden ist auf deine Gnade und deine Erkenntnis angewiesen. Mein Frieden, meine Freiheit und mein Leben, liegen in deiner Hand. Du allein hast die Macht sie für dich und mich zu verwirklichen – oder meinen ewigen Frieden im Tod zu erfüllen.

Was wirst du also tun? Welche Erkenntnis wird dich finden? Welche Schuld wirst du mir erlassen? Und welchen Frieden werden wir gemeinsam leben? Es liegt also alles in den Händen deiner Liebe, die wir miteinander teilen und in deiner Gnade, die du mir gewährst, ob du mich von meiner Schuld befreist und ich so in den Frieden kommen kann. Oder ob du darauf bestehen bleibst, dass ich schuldig bin. Ich bin schuldig am Krieg in der Welt, denn ich habe keine Lösung für den Frieden und kann dir nicht sagen, was du tun musst, um im Frieden zu bleiben und unsere Unschuld zu entdecken. Ich bin die ganze Schuld der Welt, und daher kann ich in Frieden bleiben und werde sterben, wenn du es für mich entscheiden solltest. Denn die Schuld macht stille. Nur wer sich wehrt gegen die Schuld, wird Kriege anzetteln und am Leben bleiben wollen, andere töten oder sich selbst töten. Daher bin ich schuldig, weil ich mich gegen die Kriege nicht wehre, die an mich herangetragen werden und mich damit konfrontieren, dass ich schuldig bin. Ich wehre mich nicht, weil ich in Frieden lebe und stille bin, gefüllt mit der Schuld des Menschseins.

Nur wer sich unschuldig glaubt, wird die Erkenntnis nicht begriffen haben, dass er mit der Welt eins ist und dass er sich nicht trennen kann von den heutigen und vergangenen Kriegen, von all den Morden im Namen von etwas, dass sie für heilig und unschuldig hielten. Ja, die Unschuld wird schuldig dadurch, dass sie der Idee der Reinheit folgt und nicht den Schmutz erkennt, den sie selbst in die Welt trägt durch ihre Kriege. Ich bin schuldig und ich führe keine Kriege um meine angebliche Unschuld rein zu waschen und mich für Beschuldigungen zu rächen, die ich angeblich unrechtmäßig erhalten habe, weil ich irrtümlich glaube, ich sei unschuldig. Nein, ich bin schuldig und daher kann ich in Frieden leben und sterben."

Seine Unschuld zu beweisen, ist nur dann möglich, wenn der andere selbst vom Konzept der Schuld frei ist. Ist er es nicht, wird alles schuldig sein – und sich dagegen zu wehren, würde die Schuld vermehren und belassen.

116

KONZEPTE

Wenn sich alle Konzepte auflösen, wirst Du in der Lage sein, konstruktiv und kooperativ mit Konzepten zu arbeiten und am Frieden der Existenz teilzuhaben. Aber solange andere nicht so sind, wie Du, wirst Du mit dem Krieg umgehen müssen, den andere Dir bringen.

117
GIBT ES WEGE DER WAHRHEIT?

Alle Wege hinterlassen Spuren, jene Spuren der Prägung und des Trampelns über die natürliche freie Fläche der Wahrheit. Die Wahrheit aber kennt keinen Weg, sie ist das Land auf dem die Wege erscheinen.

118
VERDACHT

Ich habe den Verdacht, dass diejenigen, die Gott leugnen, auch das Leben leugnen und vielleicht verachten. Denn deren Denkweise sieht das Leben des menschlichen Körpers als Uhrwerk an, das bei der Zeugung begonnen worden wäre aufgezogen zu sein. Denn wenn diese Leute annehmen, dass es keinen Gott gäbe, so müssen sie etwas anderes annehmen, das dieses Leben des Körpers am Laufen hält. Und das ist die Vorstellung einer Uhrwerks, das aufgezogen ist und endlich tickt, bis das Pendel wieder stille steht, dann für immer. Aber was brachte es zum Ticken? Was zog das Uhrwerk auf? Was schlug das Pendel an, sodass es schwingen konnte bis zum Ende, wenn die Kraft, die anfänglich in es gelegt ist, verbraucht ist?

Diese Uhren-Denker sind daher Mechanisten, denen das ungeteilte und zusammenhängende Ganze des Lebens noch nicht aufgegangen ist. Denn das Leben ist eine Form Gottes, die Er nicht von sich verschieden in die Welt hinein entfaltet. Woher sollte das Leben des Körpers sonst seine Kraft erhalten, wenn diese Kraft bereits vor der Zeugung auf die Zeugung zuführte?

Die Uhrwerkdenkweise ist offenbar unvollständig und tendenziell dazu neigend das Leben bruchstückhaft zu betrachten, als bloß separates und zufälliges Abfallprodukt des Daseins, als eine Uhr mit begrenzter Lebensdauer, die sich dann nicht mehr erneuert und das Produkt weggeworfen werden könne. Das ist nicht besonders wertvoll gedacht. Aber die Denkweise derjenigen, die Gott leugnen, hat dieses Bild des Uhrwerks implizit.

119
Gegen den Hass

Den Einsatz gegen Hass (im Internet und in der Welt) unterstütze ich. Ich spreche allen Menschen, die sich diesem menschlichen Problem annehmen, die berührt sind von der Respektlosigkeit, der Gewalt, auch der verbalen Gewalt, Mut zu. Doch nicht um sie zu einem Krieg gegen den Hass aufzurufen, denn das funktioniert nicht. Wir alle – w i r a l l e – müssen es irgendwie schaffen, einen Schritt in der menschlichen Entwicklung weiter zu kommen. Diese Entwicklung ist zu beobachten. Doch ist sie von einem Winden und Meandern begleitet, was es schwer macht auf dem Weg der Aufrichtigkeit zu bleiben. Wir alle sind aufgefordert uns und die Welt zu hinterfragen. Wir alle brauchen die Couch der Selbsterforschung und das Papier der Selbstreflexion. Wir brauchen den Mut zum Vertrauen. Und nicht die Keule der Schuld.

120
Wenn – dann was?

Wenn ein Täter einen gesundheitlichen Schaden an einem anderen absichtlich und nachdrücklich angerichtet hatte, dieser Täter aber nie überführt oder bestraft dafür wurde und inzwischen Jahre vergangen sind und der Täter nun wieder in zufälligen Kontakt mit seinem Opfer kommt (zum Beispiel über das Internet), und der Täter dann dem Opfer die Frage stellt: „Geht es dir inzwischen wieder besser?" – Was sagt dies dann über den Täter aus? Was lässt dies an ihm innerlich tief spüren?

Dies herauszufinden, überlasse ich den empfindsamen LeserInnen und seiner und ihrer gesunden menschlichen Gesinnung.

121
Selbstläufer Konsum

Die moderne Welt brachte den Konsum in die breite Bevölkerung, sodass der Lebensstandard spürbar gehoben wurde. Doch wenn der Konsum nun für diesen Kulturkreis zu einem Selbstläufer wird, dann führt dies zu einem Überzogen-Sein des Erfolgs, der ins Gegenteil umschlägt. Und tatsächlich:

die Natur und das Klima haben bereits Schaden genommen, obwohl es Beobachtungen gibt, dass manchmal sich die Natur auch wieder erholt. Aber beim Thema Klima muss das nicht zwangsläufig auch so sein, dass sich das Klima wieder erholt.

Wer also der Meinung ist, der weit verbreitete Konsum in der modernen Gesellschaft sei ein Muster, das Zufriedenheit vermittelt, macht sich von diesem Selbstläufer des Erfolges abhängig und trägt zu Umweltschäden und Klimaveränderungen aktiv und gedankenlos bei.

Es sind daher Wege zu suchen, die den Lebensstandard halten und die Natur und das Klima schonen oder neutral dazu wirken. Dies ist logisch und vernünftig. Wer sich diesem nicht verbunden fühlt, der hat offenbar noch nicht erkannt, dass er ein Teil der Natur ist, der eine Pflicht zu erfüllen hat ihr gegenüber und dass er sich nicht nur an ihr bedienen kann. Denn auch die Natur ist ein Lebewesen, das ausgebeutet werden kann, und wenn die Menschheit nicht Acht gibt, wird sie die Natur versklaven und daher sich selbst, da der Mensch nur in einer freien und gesunden Natur überleben kann.

Wer aber die Natur unterdrückt, zeigt, dass er seinen unterdrückenden Tendenzen nicht bewusst ist und er daher nicht wahrnimmt, wie er sich selbst und andere vom Leben abschneiden, indem er sich selbst um die Freiheit bringt, gütlich und in Frieden mit der Natur zu leben. Nur die Zyniker und seelisch Toten, sowie die geistig Harten, denken hier anders.

122

Ist die Zeit ein Geschenk?

Über die Zeit haben sich schon die Philosophen den Kopf angestrengt. Danach müssen wir konstatieren, dass die Zeit viel mehr ist als ein Geschenk. Denn: sie ist eine Gnade. Sie kommt mit der Gnade des Geboren-Seins in (unser) Leben – begleitet uns im Werden und Wachsen – und geht zu Ende, wenn sie es gnadenvoll für uns gekommen sieht. Und – leider – ist die Zeit mit Leid verwoben. Es gibt keine zeitliche Erscheinung von Leben, die nicht mit Leid verwoben wäre.

Aber: In der Zeit gibt es auch die Gnade des Glücks, der Freude und der Erfüllung. Die Zeit ist der Boden, auf dem die Gnade wirkt, die uns ab und an von dem Leid zu befreien in der Lage ist, durch die Gnade des Glücks, der Freude und der Erfüllung. Was nie ganz, nie vollständig und nie endgültig zu gelingen scheint.

Dies sollten wir beachten und eine Balance finden, uns nicht zu sehr auf die eine oder andere Seite zu verlassen oder zu glauben, es müsste anders sein. Die Zeit ist beides, ein Leid und eine Gnade, eine Last und ein Geschenk.

123

Die böse Verwechslung

Die Frage, ob es das Böse gibt und ob der Mensch oder die Menschheit in ihrem Wesen böse sei, ist weniger wichtig und interessant (und daher bereits unzureichend), als die Frage, wer böse sei und wer gut. Aber es ist höchste Vorsicht geboten. Höchste Vorsicht!

Denn es geschieht oftmals eine große Verwechslung, es werden böse Menschen als gut angenommen und gute Menschen als böse. Unterstellung, Misstrauen und böser Wille selbst sind hierbei die leitenden Kräfte. Hier geschieht eine tiefgreifende Verwirrung darüber, wer böse ist und wer gut.

In der Fähigkeit zur Unterscheidung aber, zwischen böse und gut, liegt die friedliche und erfüllende Zukunft der Menschheit begründet. Wenn es der Menschheit daher nicht dauerhaft gelingt, fundiert und nachhaltig zwischen böse und gut zu unterscheiden, wird sie an ihrem Irrtum und den bösen Verwechslungen zugrunde gehen.

124

Spekulative Furcht

Die spekulative Furcht ist ein großes, irrationales Problem. Solche irrationalen Denkweisen sind durch eine innere Unsicherheit geleitet, die aus einer Furcht vor dem Leben und den Unsicherheiten desselben erwächst. Dadurch glaubt diese Denkweise, dass es durch bloßes Nachdenken diese Unsicherheiten kontrollieren und sich daher damit schon in Sicherheit wiegen könne.

Aber das ist ein Irrtum, denn die irrationale Furcht schwelt weiter in dieser Denkweise und sorgt für Vorstellungen über die Welt, die sich zu sehr von erfundenen Möglichkeiten leiten lässt, als dass es in der Lage wäre mit der Realität Kontakt aufzunehmen. Daher kommen bloße Spekulationen zustande, die obendrein dazu tendieren, der Wirklichkeit Eigenschaften zuzuschreiben, die diese nicht besitzt. Manche Vorstellungen in den für heilig gehaltenen, religiösen Schriften, die über die äußere Welt von Erde, Sonne, Planeten und Sterne spekulierten, ist hier ein historischer Beweis dieser spekulativen Furcht, die in der Konsequenz mit einer weltlichen Macht verbunden war, die ihrerseits Resultat war und ist der unkritischen Bevölkerung gegenüber diesen spekulativen Behauptungen und Jahrhunderte überdauern konnte.

Diese Denkweise ist noch nicht vergangen, sie wird nachgeboren, weshalb wir achtsam und vorsichtig sein müssen, ihr nicht zu erliegen und uns an ihr täuschen zu lassen.

Auch neigt diese spekulative Furcht dazu, anderen Menschen Eigenschaften zuzuschreiben, die diese nicht besitzen. Hier ist ebenso ein Irrtum am Werk, der sich sucht durch spekulative Behauptungen, die zudem emotional gefüttert sind, eine Macht an sich zu ziehen, die diesen Personen im Grunde nicht zusteht. Denn die spekulative Furcht sorgt damit für eine vergiftende Stimmung unter und zwischen den Menschen und ist verantwortlich zu nennen für den Missbrauch von Macht und den Weg in einen Krieg.

125

Die religiöse Suche

Schauen wir auf den Menschen und sein Denken, Streben, Fragen und Antworten, kann festgehalten werden, dass jeder Mensch auf der Suche ist nach etwas, mit dem er sich identifizieren möchte und das er dann als Gefunden-Sein empfindet. Die angebliche Suche nach etwas „höherem als der Mensch selbst" ist lediglich eine Formulierung aus den überlieferten und herrschenden Religionsvorstellungen und schränkt den Blick auf das Verständnis von Religion ein.

Es ist zu erkennen, dass der Mensch nach etwas sucht, das es ihm Wert erscheint zu verfolgen, zu vertreten und zu verbreiten. Diese Suche nach etwas von Wert, muss nicht unbedingt mit der Suche nach etwas höherem als der Mensch selbst in Verbindung stehen. Es genügt manchen Menschen auch die Suche nach einem edlen Verhalten, nach Verstehen und Verständnis, danach, etwas zu begreifen und sinnig und sinnvoll sich selbst und anderen erläutern zu können. Dies muss nicht unbedingt etwas höheres als man selbst sein, es wird etwas sein können, das der eigenen Erfahrung entspricht und daher schon einmal so als wertvoll erlebt wurde. Weshalb nicht nur darüber gesprochen werden möchte, sondern dies auch erneut gelebt und erfahren werden möchte.

Die religiöse Suche ist also nicht lediglich eine Suche nach Gott, sondern auch eine nach einem wertvollen Beitrag in der Welt und für die Gesellschaft und Gemeinschaft. Manche Menschen streben in einer Richtung in der Welt, die dem weltlichen Frieden dienen will, weshalb es ebenso mit einer Suche verbunden ist, nämlich den Fragen, wie der Mensch selbst zu einem Frieden in der Welt beitragen kann, wie er nicht nur sich selbst veredelt, sondern auch, was er tun kann, allein und mit anderen, um Strukturen und Sicherheiten zu schaffen, die den Frieden ermöglichen. Dies würde ich selbstverständlich auch als eine religiöse Suche und Hingabe bezeichnen, auch wenn das Engagement eher als politisch verstanden werden würde. Aber in meinem Verständnis haben sämtliche Weltreligionen auch das große Ziel eines Friedens auf dieser Erde. Nämlich durch gute Taten heute in der Welt. Das Versprechen auf ein Paradies im Himmel nach dem Tod oder anderen Verlockungen, dienen im Grunde dem weltlichen Ziel, hier und heute den Frieden zu bewirken und damit das Glück für den Menschen und die Menschheit.

126

DER AFFEN-GEIST

Den Affen-Geist als Entwicklungsbewegung verstehen, der seit zwei bis fünf Millionen Jahren bereits auf dem Weg ist sich zu entfalten. Wir Hominiden sind nun gerade diejenigen, die ihn weiter entwickeln dürfen. Einen inneren Kampf gegen ihn zu führen ist nicht ratsam, aber bei manchen zeigt sich dieser Affen-Geist als Kämpfer. Soll man also gegen den Kämpfer in sich kämpfen? Da kommt das berühmte Lassen. Aber auch die Frage: Wer tut das Lassen? – Daher: Lieber schauen?! Ginge das? Wie sieht das Schauen aus? Wie spürt es sich? Wer schaut? Der Kämpfer? Oder das Lassen? Und wer gibt die ganzen Antworten darauf? – Der folgende Satz ist der beste in diesem Zusammenhang: Den Affen-Geist und seine Gedanken zum Freund machen. Und: Der Freund selbst sein. Das ist noch besser.

127
Apropos Partizipation und Inklusion

Ich habe mehrere Stunden Vortragsmaterial und Texte zu diesem Thema konsultiert. Ein Konzept für die Stabilisierung und Weiterentwicklung von Demokratie und Teilhabe, Zufriedenheit und Engagement, im gesellschaftlichen, pädagogischen und politischen Prozess. Die Kita wird als unpolitisch, aber demokratisch gesehen, die Schule dann als politisch und demokratisch. Es wurde viel Sinnvolles genannt, Experimente durchgeführt, Kongresse mit Kindern abgehalten, Erfahrungen gesammelt, jeweils mit Bezug auf einen einsamen Pädagogen, der von Saulus zum Paulus wurde und dann noch von den Nazis ermordet. In solcher Biographie liegt für viele schon die Wahrheit verborgen, die man in die Zukunft retten muss, um sie weiter zu entwickeln, weiter zu verbreiten, weil man es bisher selbst alleine nicht dazu gebracht hatte. Dann verleibt man sich andere ein. Das ist üblich in der menschlichen Geschichte. Die still verzweifelte Suche nach einem friedlichen, erfüllten, konstruktiven und liebevollen Leben, die Suche nach Sinn und Bedeutung, die Eloquenz der Redner, die Leidenschaft der Hoffnungen, die Inbrunst der Überzeugungen. Das alles ist nicht verkehrt und es ist nicht pauschal falsch. Aber.

Aber es gibt die ebenso erfahrbare Möglichkeit, dass in der Verbreitung der Ideen die Unterschiede der Bewusstseinsgrade der Menschen sich vermengen und daher die Ideen verwässert werden und damit wiederum die Wirklichkeit hinter den Vorstellungen zurück bleiben wird. Entwicklung wird und muss geschehen, wir müssen reden, wir müssen denken und weiter denken. Aber die Schatten des Menschlichen und Unmenschlichen werfen einen ernüchternden Blick in die Wirklichkeit. Das real erfahrbare, menschliche Leben ist manchmal widerständiger als erwünscht. Die Schatten wirksamer und nachhaltiger als erhofft. Und die Aggressionen schneller in die Welt hinein findend und an uns heran, als uns lieb.

Die Gegenwart ist meist enthusiastisch und aufgeschlossen, doch die Zukunft zeigt rückblickend dann doch Ernüchterung und vielleicht sogar

Erschrecken. Das erwarte ich bei menschlichen Entwicklungen nicht, nur bei unmenschlichen und bei schatten-besetzten. Wird daher die Gegenwart auch die Schatten und blinden Flecken beleuchten, die sich aus einer enthusiastischen Euphorie einer sich selbst verblendenden Hoffnung ergibt und ergeben könnte?

Nur wer realistisch bleibt, wird mit den Schatten umgehen können und wirklichen Fortschritt erzielen. Das gilt sowohl für die Advokaten und Verfechter der Ideen, also auch für die eigentlichen Akteure in der gesellschaftlichen Wirklichkeit, von denen die Realisierung und Lebendigkeit abhängen. Es genügt nämlich nicht, wenn lediglich kluge Köpfe darüber referieren und motivieren, es müssen auch die gelebten Wirklichkeiten motivierend sein und lebendig, gerecht und erfüllend. Denn Theorie und Konzept ist das eine. Das andere ist die sich verwirklichende Realität durch Menschen, die so sehr vom Last und Leid des Lebens belastet sind, was zuweilen unvermeidlich ist. Aber dass die Menschheit sich weiter entwickelt hat, ist offensichtlich, wenn wir in die letzten hundert Tausend Jahre schauen.

Und die Weiterentwicklung hängt nun mal nicht lediglich von Experimenten und Feldversuchen ab, sondern von der kompletten Grundgesamtheit der Menschheit. Und diese ist vielschichtig begabt, in verschiedene Wertesphären getrennt und in unterschiedliche Denkweisen gehüllt, sodass der Verdacht aufkommen kann, dass diese guten Ideen und ihre Umsetzung das größere Ganze der Menschheit nicht im Blick hat und sich von ihren Hoffnungen leiten lässt – und nicht von einem realen Bezug zur Wirklichkeit. Was keine Entmutigung sein soll, sondern ein Hinweis auf die Achtsamkeit gegenüber den in der Realität vonstatten gehenden Bewegungen, die auch verborgen wirken.

Obwohl eigentlich klar sein sollte, dass es nicht die eine Lösung für alle geben kann, wird damit – ohne dass damit den Advokaten und ihren Freunden eine Schuld zuzuschreiben sei – eine Trennung bewirkt, andere Konzepte ins Leben gerufen und damit die Menschen immer wieder vor die Herausforderung des Lernens gestellt. Sie lernen sich in neue Trennungen hinein und lassen sich von den eigenen Hoffnungen blenden und in einer trügerischen Sicherheit an Weiterentwicklung partizipieren. Sie lernen die Realisierung von Konzepten. Und hangeln sich mit ihren Ideen und Vorstellungen an der Wirklichkeit entlang. Immer ein Stück weit hinter ihr.

Ich sage nicht, das sei falsch. Es ist die Wirklichkeit. Aber ich meine, dass dies ernüchtert und die Hoffnungen dämpft, wir könnten mit dieser oder jener einen guten Idee nun das Problem der Menschheit lösen. Das wird es wohl nie geben, dass eine Idee allein allen Menschen die Probleme lösen wird. So bleibt für das Engagement bezüglich irgendeiner Idee lediglich zu konstatieren, dass sie vergehen wird und zerfließen durch die Schattenwellen der dunklen Bewusstseinstrübung der Menschen, die glaubten genau darin die Lösung für die Probleme zu sehen. Es wird also die Täuschung gewesen sein, die Entwicklung weiter gelangen ließ. Und genau das wird nicht verstanden werden, dass die Zeit sich von selbst entwickelt, auch ohne den euphorischen und verblendenden Nachdruck für Veränderung. Es wird die Ungeduld gewesen sein, die sich wieder einmal enttäuscht haben wird, getäuscht vielmehr, weil ein Leiden nicht beachtet wurde, das ihr zugrunde liegt.

Es ist ständige Veränderung. Es ist ständiges Lernen. Es ist ständige Entwicklung. Es ist ständiges Werden. Wo wäre da die ideale Welt? Wo wäre da das Ziel? Wo wäre da zu behaupten, was das Beste sei? Es ist nur zu sagen, was besser ist, als die Vergangenheit, wenn wir die Vergangenheit kennen und die Folgen ihrer Unmenschlichkeit oder Noch-Nicht-Menschlichkeit, ihrer Schattenhaftigkeit. Das Ziel kann daher nicht morgen liegen oder erreicht werden wollen oder sollen, es kann nur heute sein. Die verheißene Zukunft aller Religion, aller Philosophie und aller politischen Versprechen kann nur Jetzt sein. Und da die meisten Menschen in Gedanken leben, nach Ideen, indem sie Konzepten folgen, die eloquent vorgetragen werden, wird es noch sehr lange dauern, bis sie begriffen haben werden und abgelassen von den Täuschungen der Ideale und Ideen, die, nicht nur, aber auch, dazu tendieren, manche Menschen in trügerischer Sicherheit zu wiegen und dabei ihren Kern zerstören werden, ihre Essenz und ihre Aufforderung zu einem realen Leben.

Ja, eben weil manche Menschen nicht dort sind, wo die Eloquenz ihrer Verwirklichung verstanden worden ist und bei ihnen die Kraft nicht vorhanden war und ist, sich selbst zu verwirklichen, eben weil die Natur der Wirklichkeit nicht so einfach aus Wunsch, Gedanke, Wille und Hoffnung heraus verändert und verbessert werden kann. Die Selbstverwirklichung jedes einzelnen Menschen, der auch noch eingebettet ist in den gesellschaftlichen Zusammenhang von Leben, Leid, Welt und Pflicht – kann wie verwirklicht werden? Daran zu arbeiten und die Verwirklichung zu verwirklichen, wird wohl nochmals eine Million Jahre benötigen.

Doch: Wir können derzeit nicht darauf verzichten, es scheint eine Entwicklung im Gange, die genau darauf hinausläuft.

128
Das Kind und der Sportler

Manche Menschen aus der irrationalen Schmuddelecke der Politik der rechten Gesinnung und Sympathie, sind leider noch nicht soweit das Gute, Schöne, Wahre am Leben und der Welt angemessen zu würdigen. Denn sie reden schlecht von anderen, von der Welt und Kultur, von der Politik, die nicht ihre ist und von den Philosophen und Weisen – und glauben damit bereits etwas Konstruktives und Wertvolles beigetragen zu haben. Ihnen mangelt oder fehlt aber eindeutig das Verständnis einer vernünftigen Sicht auf Leben, Welt, Kultur, Gesellschaft und Politik.

Diese Leute sind ein anderer Schlag von Mensch und auf einem unentwickelten oder kaum entwickelten Stadium verharrend, weil sie kaum oder nicht zugänglich sind für Vernunft und Rationalität. Es trennt sie von solchem klugem Sinn ein Abstand, wie die unterschiedlichen Zeiten eines Profisportlers und eines untrainierten Kindes für einen Zweihundert-Meter-Lauf. Das Kind muss nicht nur trainieren und erst erwachsen werden, es muss auch das Talent haben, um es irgendwann dem Profisportler gleich tun zu können. So ist die Situation der Irrationalen gegenüber den Rationalen.

129
Sinn

Der Sinn, den wir unserem Leben geben, ist viel mehr von unserem Wesen und unserer Seele bestimmt, als vom Willen unseres Geistes. Eine Rose wird eine Rose sein. Eine Distel eine Distel. Die Chance auf Wandlung ins Rosenreich kann kaum gewollt werden, weil auch ein Koyote kein Löwe werden kann. Dies zu verstehen beruhigt den Willen und den Eifer zur Veränderung und lässt den Frieden und die Achtung einkehren, die das Leben erfordern.

130
Dies ist

Dies ist die Gegenwart. Dies ist die Vergangenheit. Dies ist die Zukunft. Lebende Seelen können sich an Erfahrungen von gestern erinnern, können an morgen denken und können in der Gegenwart lächeln und weinen. Was auch immer ist, ist dies. Was wäre das Problem?

131
Apropos Mut

Als Philosoph interessiert mich die Frage: Wo würde Mut zum Übermut werden? Oder auch: Wo würde Mut zum Hochmut. – Mut an sich ist schon recht gut. Der Mensch sollte aber nachzuspüren wissen, wann die anderen beiden Formen sich zu zeigen drohen. Manchmal kann der Mensch nur gewinnen und benötigt doch Mut etwas „Verrücktes" zu tun. Ein weiterer Mut handelt auch, wie dieser „verrückte" Mut und riskiert etwas, das verloren werden könnte. Hier sind die Konsequenzen einer Niederlage einschneidender und schmerzlicher. Aber damit muss es noch nicht Übermut gewesen sein, nur weil etwas riskiert wurde, das zur Niederlage und zum Schmerz wurde.

132
Apropos Erkenntnis

Ja, Erkenntnis darf und soll sein. An die erkannte Wahrheit glaubt kein Erkennender, weil sie gewusst wird, geschaut im Augenblick. Jede Identifikation scheint ein Problem der Zeit zu sein, sie scheint uns festzuhalten in der Vergangenheit. Aber Wahrheit und Erkenntnis sind zeitlos, sind also zu allen Zeiten gültig. Daher dürfte eine Identifikation damit keine Probleme verursachen, solange das Schauen im Augenblick schaut, was ist. Und dann ist es vielleicht nicht so wichtig, ob das dann das „Beste" ist. Aber ich kann mich irren. Oder was spricht gerade aus dem Lesenden heraus?

133
An der Bushaltestelle

Wir kamen am zentralen Bahnhof der Kleinstadt an. Die Türen des Busses öffneten sich und Menschen stiegen ein und aus. Im mittleren Bereich war ein junger Mann Mitte zwanzig dabei die kleine Rampe für einen Rollstuhlfahrer auszuklappen. Da hörte er den Busfahrer rufen, er solle das lassen, er dürfe keinen Rollstuhlfahrer mitnehmen. Es zeigte sich verständliches Unverständnis auf Seiten des jungen Mannes und des Rollstuhlfahrers. „Ich darf nicht", sagte der Busfahrer mehrfach, so als wollte er damit Verständnis erzeugen. Aber das Warum und Warum-nicht hielten dagegen, doch ohne Erfolg. Nachdem der junge Mann die Rampe wieder im Bus versenkte und die Tür sich schloss, ging die Fahrt weiter. Nur um eine kurze Runde zu drehen und wieder zurück an dieselbe Haltestelle zu kommen. Die Türen gingen wieder auf und der Busfahrer stieg aus und sagte immer noch „Ich darf nicht" und klappte die Rampe für den Rollstuhlfahrer aus dem Bus. Der junge Mann erging sich in herausfordernden Fragen und dass es nicht nachvollziehbar sei, er davon nichts wisse und außerdem den Chef des Busfahrers kenne. Womit der Busfahrer erwiderte, ob der zwanzig-jährige glaube das Gesetz zu sein. Währenddessen fuhr der Rollstuhlfahrer in den Bus hinein und sorgte für einen stabilen und sicheren Platz für die anstehende Fahrt. Der Mitte-zwanzig-jährige war immer noch am Streiten und die Situation trennte sich im Unverständnis, obwohl der Busfahrer über seinen Schatten gesprungen war. Die weitere Fahrt war ohne verbale Auseinandersetzung, der Mitte-zwanzig-jährige war nicht in den Bus gestiegen, der Busfahrer fuhr und der Rollstuhlfahrer saß in seinem Rollstuhl und bearbeitete sein Smartphone. Nach zwanzig Minuten gelangten wir zum Ausstiegsort des Rollstuhlfahrer. Dort stieg der Busfahrer aus und klappte die kleine Rampe aus, während der Rollstuhlfahrer auf sein Smartphone deutete und zu verstehen gab, dass er den Chef des Busfahrers per E-Mail angeschrieben habe. Der Busfahrer meinte nochmals „Ich darf nicht" und „Ich habe dich jetzt doch mitgenommen." Aber dem Rollstuhlfahrer war diese Beförderung offenbar nicht genug, nachdem es zu der Irritation an der ursprünglichen Einstiegsstelle gekommen war. Auch diese Situation trennte sich im Unverständnis, obwohl es keinen Grund mehr gab sich zu streiten, schon ab dem Zeitpunkt als der

Busfahrer umkehrte und sich entschloss den Rollstuhlfahrer doch mitzunehmen.

134

APROPOS MAUERN

Mauern kommen und gehen und sind kaum zu vermeiden, ja mitunter auch notwendig, sie werden aufgebaut und wieder eingerissen. Die Identifikation des menschlichen Geistes, sein Blühen zu den vielen verschiedenen Blüten, ist bereits die begrenzende „Mauer". Denn selbst die Schönheit einer Blüte liegt nur im Auge des menschlichen Betrachters, der gerne klassifiziert und abgrenzt, wertet und eine Hierarchie der Schönheit errichtet. Das ist natürlich zu beobachten.

Die Frage ist aber vielmehr, ob das Fundament für die Gemeinschaften, die diese Mauern der Identifikation schützen sollten, auf einem guten Boden fußt? Und ob es hoffnungsvolle Durchgänge gibt, die für Leben, Austausch, Freiheit und Liebe im Inneren (und Äußeren) sorgen werden.

135

VOM ANGEBLICHEN UNWISSEN DER PHILOSOPHEN

Er tat so, als hätte er keine Ahnung und stellte dabei die Frage, was wohl die Aussage eines anderen bedeute. Es stellte sich der Eindruck ein, der Herr Philosoph wollte gerade Philosoph spielen, indem er hinterfragte, was gesagt worden war und Ahnungslosigkeit und Unwissen vorspiegelte. Dabei transportierte er dem anderen die Unterstellung, Unsinn zu reden oder unverständlich gewesen zu sein. Anstatt also kurz zu fragen: „Was meinen Sie damit?" oder „Das verstehe ich nicht!", spiegelte der andere Unwissen und heuchelte ein Interesse an Wissen, dass er nicht besäße, indem er eine zu lange Passage des anderen zitierte und gleichsam einleitend fragte, „was damit eigentlich gemeint sein könnte".

In Wirklichkeit war eine Respektlosigkeit zu spüren, jene Ignoranz den für dumm Gehaltenen gegenüber, mit denen der eine gerade nicht in einen Austausch treten wollte. Und den er bloß stellen wollte, mit seinem vermeintlichen Heucheln von Unwissen und dem unsachlichen In-die-Luft-Hinterfragen einer zu langen Passage eines anderen.

Manchmal ist Schweigen besser, als so zu tun, als ob. Weil das Schweigen die Kraft hat mit der eigenen Stille zu leben und das sich selbst darstellende Ego im Zaun zu halten, anstatt es ausbrechen zu lassen und unangenehme Gefühle anderen nahe zu bringen.

Unwissen ist kurz und knapp, nur Wissen ist ausschweifend. Unwissen sagt: „Das verstehe ich nicht" oder „Das weiß ich nicht" oder „Das kann ich nicht nachvollziehen". Nur Wissen, das bloß stellen will, nimmt sich eine lange Satzpassage eines anderen, ohne sich zu bemühen eine Frage dazu zu stellen – und meint kurz und lapidar dazu: „Was ist damit wohl gemeint?".

Die schöpferische Kreativität eines Menschen kann auch mit Metaphern etwas anfangen und muss nicht die Segel an den Metaphern anderer streichen und dabei so tun, als wäre die Sprache frei von Metaphern zu finden. In Assoziationen zu Bildern anderer finden sich Überschneidungen und Berührungspunkte, wer sich traut dazu, der kommt ins Gespräch.

Wer so tut, als ob er nichts weiß, weiß nicht, dass er nichts weiß, weil er nur meint, dass er schon wüsste, dass er andere nichts wüsste.

Indem er also Interesse vorspielt und ein Bild der Dummheit des anderen transportiert, der sich getroffen empfindet, weil er sich mit einer langen Passage vom anderen ignoriert verspürt, zeigt er seine Respektlosigkeit und Arroganz, seinen Dünkel und seine Überheblichkeit.

Die Wahrnehmung zeigt eine feine Brüskiertheit, eine feine Provokation, eine Trennung, eine Mauer. Obwohl er doch gerade über die Mauer und die Mauer in den Köpfen gesprochen hatte. Die Mauer im Herzen ist ebenso zu beachten und kann verspürt werden.

Gerade die Scham davor, nicht zugeben zu können, etwas nicht zu verstehen, erzeugt gerade diese Unaufrichtigkeit, diese Respektlosigkeit. Wer also auch noch einen anderen nicht schätzen kann, weil er neidisch auf dessen klugen Gedanken ist, hat obendrein noch nicht genug Seelenhygiene betrieben und wird im Herzen noch Schatten zeigen und im Geist Eitelkeiten. Und dies wird zu spüren sein, wird zu schauen sein, wird zu verstehen sein.

Dies Gesagte entsprach einer Wahrnehmung. Und eine Wahrnehmung kann sich auch täuschen.

136
ZEIT UND DENKEN

Zeit ist ein Konzept des Denkens. Und das Denken hat sich mit der Zeit entwickelt. Wie haben die Menschen vor vierhundert Tausend Jahren über alles und sich selbst gedacht? Zeit kann gemessen werden. Wir haben Uhren, die mit Leidenschaft, Zeit und Gedanken gemacht wurden. Aber die Gegenwart ist Zeit und Zeitlosigkeit zugleich. Unser Denken denkt, dass eine Sache die Wahrheit in der Zeit ist, genau in diesem Moment. Und im nächsten Moment denkt es anders. Konzepte kommen und gehen. Und Illusion und Wirklichkeit sind Eins. Das heißt: Es ist genauso richtig, dass es einerseits ein Konzept der Illusion des Selbst gibt und andererseits, dass es ein Selbst, ein Ego, einen Kampf, Hass, liebende Sehnsucht gibt. Absolutismus und die Verehrung einer bestimmten Idee und eines bestimmten Konzepts führen zu den Mauern der Identifikation. Innerhalb dieser Mauern gibt es diese Kämpfe, Missverständnisse, Hass, Liebe und Verzweiflung. Um zu erklären und Worte zu benutzen, beschränkt man sich auf das Eine-Selbst. Alles ist eine Suche nach der Wahrheit der Worte und Konzepte. Aber es gibt verschiedene Konzepte, da es verschiedene Egos zu benennen gibt. Woher kommen sie? Bitte, sagen Sie nicht: Aus dem Nirgendwo. Solange es Worte und Gedanken gibt, gibt es Identifikation und damit ein Ego-Selbst. Derjenige, der alles verneint, wird widersprüchlich werden. Und derjenige, der alles bejaht, ebenso. Deshalb: Es ist notwendig, beim Gebrauch von Worten genau hinzuschauen und den Elefanten als ganzes Wesen zu sehen. Das ist eine bewegte Sache, eine bewegte Wirklichkeit. Das ist berührend. Wer keinen Kummer und kein Leid empfindet, kann davon nicht berührt werden. Und das bedeutet, dass er nicht lieben können wird, wenn das Leid ihm nahe kommt und er als Mensch und Liebender gefordert werden wird.

137
JA, ABER

Die Bewegung des Gedankens, die vom Gedanken selbst nicht aufgehalten werden kann, bringt eine Vorstellung und die fliehenden Erinnerungen an gestern und heute und morgen hervor. Es scheint, als gäbe es kein absolut richtiges Konzept, könnte man leicht sagen. Und dass es immer ein: „Ja, aber" gibt. Aber das ist ein performativer Widerspruch. Denn: Wenn das absolut richtig ist, widerspricht es sich (da bei einer absoluten Zustimmung, das Aber fehlen würde). Oder aber es zeigt nur, dass dieses Konzept lediglich blindlings angenommen wurde. Und deshalb dann absolut richtig sein könnte, da einer Blindheit etwas mangelt, das uns dann zu einem Aber inspirieren würde, um das Licht zu spenden, das fehlt. Wer weiß das schon?

138

Die Mauer der Ungeduld

Mauern kennen wir viele, manche schützen, manche sperren ein oder aus und andere zerfallen, wurden niedergerissen oder abgebaut, sodass nur noch Mahnsteine übrig blieben.

Doch es gibt auch eine Mauer der Ungeduld, wenn zum Beispiel ein Buch oder Text nicht zum Punkt kommt und mit allgemeinem Wissen zu glänzen versucht, wenn also manche Gelehrten Gelehrter oder Gelehrte spielen wollen.

Die Mauer der Ungeduld hat daher entweder eine hohe Anspruchshaltung, die sie erfüllt sehen möchte. Oder sie glaubt etwas Bestimmtes erwarten zu können und zu müssen. In beiden Fällen ist ein Prozess des Trennens involviert, indem noch nicht völlig entschieden sein wird, was passieren wird, denn es besteht die Möglichkeit des vorzeitigen Abbruchs des Lesens. Oder aber die Kraftanstrengung wird auf sich genommen, weiter zu lesen, um die Mauer der Ungeduld somit zu überwinden.

139

Die Mauer der Gewohnheit

Es gibt eine menschliche Mauer, die von den meisten Menschen noch nicht als solche erkannt worden ist. Die Mauer der Gewohnheit. Es ist offensichtlich, dass ein Mensch dazu neigt, Gewohnheiten zu entwickeln, im Haushalt, beim Einkaufen und Essen und bei seinen Erwartungen über dies und das. Das können wir gerade auch an uns selbst beobachten. Dies an sich genommen ist noch nicht das Problem. Das Problem zeigt sich erst dann als Mauer der Trennung, wenn zwei oder mehr Menschen miteinander leben und ihre Gewohnheiten sich kreuzen. Zudem ist jede Gewohnheit von einer gewissen Toleranzhöhe begleitet, bis zu der ein anderer in seiner Gewohnheit angenommen werden kann. Wird diese individuelle Toleranzhöhe dauerhaft überschritten, muss eingeschritten werden, um die Verletzung der Toleranz nicht dauerhaft werden zu lassen und um eine Grenze zu setzen und sich selbst vor Weh und nicht mehr tragbarem Unwohlsein zu schützen. Das ist dann die Folge der Gewohnheit. Das ist die trennende Mauer.

Wir können aber nicht auf unsere Gewohnheiten verzichten oder diese abzuschaffen versuchen oder zu verbieten. Das wäre widersinnig, soweit ich das Problem verstehe. Uns bleibt heute nur übrig mit den Widerständen, die solch eine Mauer zeigt und spüren lässt, umgehen zu lernen und sich selbst anzuhalten, hinein zu spüren, wann es nicht mehr erträglich wird und was noch geduldet werden kann. Eine meditative Übung ist hierbei von gewissem Wert, nach meiner Erfahrung, denn die Aufforderung zum stillen Sitzen, lässt uns mit Widerständen umgehen lernen. Und zwar nicht mit dem kognitiven Geist der Konzepte, sondern mit unserem gesamten Körper-Geist-Wesen. Meditation wird nicht helfen die Gewohnheiten abzubauen, sondern dabei, das Leid zu tragen, das in der Begegnung mit anderen damit verbunden ist. Toleranzfähigkeit wird wachsen durch regelmäßige, meditative Übung und zwar nicht als kognitives Ideal, sondern als gelebte, erfahrene und begründende Wirklichkeit.

140

Apropos Bildung bei Politikern

Manche Staatschefs verlieren die Fähigkeit sich weiter zu bilden, in dem Moment, in dem sie Macht erlangen. Sie meinen zuweilen genug Bildung zu besitzen, um ein Land zu führen. Aber das ist manchmal ein Irrtum. Weil sie zuweilen nicht entwickelt genug sind und nicht das Augenmerk darauf gelegt hatten, wirklich Bildung auszubilden, bevor sie zur Macht gelangten. So zeigt sich die Politik mancher dieser Regierungschefs in der Folge als eine für einen Philosophen ungebildete Umsetzung von Völkerverständigung, die dann standardmäßig zu Gewalt greift, eben, weil er nicht gelernt hatte sich wirklich menschlich zu bilden. Oder er einfach nicht der Pflanze entspricht, die dazu in der Lage wäre, entsprechend zu blühen. Die Historiker müssen nur in den Reden und in den Biographien und Elternbeziehungen der Politiker mehr die psychologische Wirklichkeit dieser Leute zu lesen verstehen, um diese Behauptung signifikant nachweisen zu können. Ich vertraue auf die Zukunft und bereits schon auf die Gegenwart, dass dies zum Besseren von allem gelingen wird.

141
Wenn der Doktorgrad überschätzt wird

Intelligenz zeigt sich nicht durch einen Doktorgrad, zumindest nicht in jedem Fall. Und im Falle von manchen rechtslastigen Möchtegern-Politikern fehlen diesen mindestens moralische Intelligenz.

Der Stammtischklüngel sieht sich geblendet von dem Doktorgrad mancher und vom großen Mund anderer. Aber sie sind nichts weiter als Unruhestifter, die einer Partei angehören, die vor sieben Jahren begonnen hat die Stimmung im Land zu vergiften und das sachliche und leidenschaftliche Ringen um die besten, rationalen Lösungen zu unterminieren. Sie verwechselt Leidenschaft mit Protest und Sachlichkeit mit Alternativen.

Leidenschaftlich zu argumentieren bedeutet noch nicht Protest, sondern das Engagement für die beste Lösung. Und Sachlichkeit wird nicht durch realitätsferne, beliebige und willkürliche Gedanken gebildet, sondern durch sachliches Wissen und ein tiefes Verständnis. Dies ist sämtlichen rechtslastigen Möchtegern-Politikern abzusprechen. Denn sie zeigen dieses Defizit der Unterscheidung bereits seit sieben Jahren.

Die gesamte Partei und ihre Sympathisanten haben nicht verstanden, dass eine legitime, demokratische Partei einen philosophischen Boden braucht, der aus Konstruktivität, Wahrheit und Realitätsbewusstsein erwächst. Und nicht aus einer Trotz-Haltung des Protestes eine beliebige Alternative zu setzen, die argumentativ in der Luft hängt.

142
Vertrauen

Kinder sind sich Gefahren seltener bewusst, die mit bestimmten Situationen verbunden sind, weshalb der Sprung eines Kindes von einer hohen Mauer in die Arme des Vaters auch mit Sorglosigkeit und Leichtsinn verwechselt werden könnte. Wie in jedem Video in einem sozialen Netzwerk. Es muss also nicht unbedingt sofort etwas mit tiefem Vertrauen zu tun haben, wenn das Kind springt.

Vertrauen und tiefes Vertrauen im Erwachsenenalter erfordern eine fundierte Erfahrung von Verlässlichkeit. Sonst ist es blindes Vertrauen – und das ist kein tiefes Vertrauen.

143

MACHT UND WAHRHAFTIGKEIT

Macht hat etwas mit Wahrheit und Wahrhaftigkeit zu tun. Und nicht mit Lüge, Rücksichtslosigkeit oder Gewalt. Da verwechseln die meisten Menschen die wirkliche Kraft, die das Leben lebendig hält und Freiheit gebiert, mit einer rohen und groben Schlächter-Mentalität vor der sie sich noch fürchten und daher nicht mutig und nicht klug genug sind die Gewalt, Rücksichtslosigkeit und Lüge als falsch zu erkennen. Wer sich einschüchtern lässt durch die Gewalt, wird die damit verbundene Macht nicht nur akzeptieren und sich fügen, sondern sie mit seinem Eingeschüchtert-Sein erst erschaffen. Denn die Rücksichtslosen suchen die Macht gegen Schwächere und gegen jene, die sich ihnen freiwillig unterordnen und fügen. Wer eine freie, gerechte und menschliche Gesellschaft möchte, muss also standhaft bleiben und sich von der Schlächter-Mentalität nicht einschüchtern lassen. Diese zieht ihre machtvolle Stärke aus der akzeptierenden Schwäche derjenigen, die die Lügen und Täuschungen dieser Macht nicht erkennen und auf die Gewalt herein fallen, mit denen sie ihre Kleinheit bedroht sehen. Der Kleine und Schwache schafft also die Macht, die ihn unten hält, die ihn klein hält, die ihn unfrei und als Sklaven schuften lässt. Nur die dem Leben zugewandte Macht wird die Wahrheit fördern und damit auch den Menschen. Sklaverei ist es auch noch, wenn die Höhe der Einkommen willkürlich verteilt sind, wie es derzeit noch der Fall ist. Die unwahrhaftige Rede davon, es gäbe keine Gerechtigkeit, ist dummes Geschwätz, das die Superreichen entworfen haben, um nicht angreifbar zu werden. Aber die Macht hat etwas mit Wahrheit und Wahrhaftigkeit zu tun. Und mit dem Willen Gerechtigkeit herstellen zu wollen. Nur die falsche Macht spricht dem Menschen die Gerechtigkeit ab, weil sie ein unlauteres Interesse daran hat, nichts zu ändern und sich weiter gütlich an anderen bedienen zu können.

144
Feuer und Flamme

Jemand schrieb in einem sozialen Netzwerk: „Lösche dein Feuer nicht aus, wenn ein anderer deine Flamme nicht versteht.“

Dies ist zunächst eine wunderbare Formulierung über das Feuer und die Flamme. Denn wir müssen mit Licht und lebendigem Interesse brennen, nicht nur für unsere Wahrheit und Flamme, sondern auch für den dunklen Wind der anderen, der frustrieren und als falsche aggressive Gewalt dienen könnte, die niemals akzeptiert werden kann.

145
Eine kurze Meditation

Oftmals ist zu beobachten und zu erfahren, wie wir Menschen immer wieder aneinander geraten. Dann trennen uns, mit mehr oder weniger Weh, die Ansichten und Worte voneinander, die aus den unguten Gefühlen davor getriggert wurden.

Diese Jahrtausende alten Erfahrungen haben in uns offenbar einen Mechanismus festgesetzt, der dem Unguten auszuweichen sucht und es schon bei Ansicht verurteilt und von sich weißt. So geschieht es, dass wir uns inzwischen schon dann voneinander trennen, bevor wir ein Wort miteinander gewechselt haben, weil wir dazu neigen, zu glauben, schon zu wissen.

Der daraus resultierende Irrtum zeugt seine eigene unwahrhaftige Sicht, seine eigene Selbsttäuschung, seine Vorurteile und seine Arroganz, sein Leid und Selbstmitleid. Der Mensch entwickelt ein Muster der Aufgeschlossenheit, die künstlich ist und die noch nicht wirklich anderen und sich selbst aufmerksam zuhören kann. Das Zuhören trennt uns, wenn wir uns von uns selbst verführen lassen, zu glauben, wir wüssten es schon. Dieser Konjunktiv existiert für die meisten nicht, sie ignorieren ihn und sehen nicht die Möglichkeit der eigenen Täuschung.

Wo läge der Beginn des Zuhören? Wo findet sich der Friede der Stille? Wann sind wir eins mit uns selbst?

Dies zu beantworten ist keine Frage für den Geist, keine für das bloße Nachdenken, keine für eine sachliche Meinung, keine für das sich selbst finden wollende Ego, das nur sich selber sucht.

Was bliebe also übrig?

146
Trennung und Gemeinsamkeit

Wir glauben meist gut zu wissen, was uns Menschen voneinander trennt, denn wir haben es allzu oft schmerzlich erlebt. Aber wissen wir auch, was uns eint? Und was uns gemeinsam ist? Wenn wir bei den äußerlichen Dingen, Themen und Interessen stehen bleiben würden, fixiert auf Oberflächen und meinten, ein gleiches Hobby wäre schon eine tiefsinnige Wahrheit, dann hätten wir die Wahrheit über unsere Gemeinsamkeiten noch nicht erschaut.

Wo sollte also die Gemeinsamkeit zu finden sein? Und wann könnten wir durch sie verstanden haben, dass wir uns nicht bekriegen müssen, nicht streiten müssen, nicht töten müssen, weil wir doch im Grunde der andere schon sind? Weil wir nicht nur etwas gemeinsam miteinander teilen, sondern, dass uns etwas verbindet, etwas Ganzes, das uns tief bewegt und erkennen lässt, was nötig ist, um in Frieden miteinander und füreinander zu leben?

147
„Wie tankst du Kraft und findest deine Stille?"

Ich glaube, ich brauche nicht „zu tanken", da ich mich kontinuierlich aktiv und kreativ lebendig empfinde, sei es nun im Schreiben, bei der Arbeit oder im stillen Sitzen.

148
Apropos Kinder in der Politik
und auf Wahlplakaten

Wer sich den unreifen siebenjährigen AfD-Bengeln anschließt, ist noch nicht reif für die Erwachsenen 43-jährigen Grünen. Und hat den Ernst noch nicht begriffen, der in der Klimadebatte vonnöten ist zu verstehen.

149
VOM GEWINNEN UND VERLIEREN

Sind wir schon in der Lage, genau zu wissen, wann die Haltung des Gewinnens und Verlierens irrelevant ist? Und die Ruhe des Schweigens besser wäre, um damit die Offenheit und Ehrlichkeit des Herzens zu bewahren?

Denn nicht wenige Menschen wissen nur selten, dass sie auf dem Weg des Gewinnens sind, dabei wollen sie nur akzeptiert und ernst genommen werden.

150
APROPOS SCHLAF

Ich weiß nicht, was ich von Vorschlägen halten soll, die uns vorschreiben, dass so und so in bestimmter Weise und Zeitumfang der Schlaf am gesündesten sei.

Ich kenne einen kreativen Menschen, der schläft nur 4h und forscht bis nachts um eins oder zwei Uhr. Und ist dennoch, zumindest mir gegenüber, ein achtsamer, wacher, zuweilen humorvoller und engagierter Mensch. Er ist Mitte 40. Ob dies ihm schadet bliebe abzuwarten. Jedenfalls hat er schon Preise gewonnen, also sind seine Ergebnisse konstruktiv und stichhaltig. Auch mir ergeht es in letzter Zeit so, ich bin kreativ und schöpferisch tätig und schlafe 1 bis 2 Stunden weniger als früher, da waren es 7 bis 8. Natürlich spüre ich die Umstellung, aber meine Konzentration nimmt nicht ab, ich bin wacher und motivierter. Was ein nur scheinbarer Widerspruch ist, denn es gibt die Weisheit des Paradox. Was ich aber erfahren habe, ist, dass es eine Grenze gibt, ab der ich zurück fahren muss und wirklich schlafen gehen. Diese Grenze fand ich zuvor nicht, dort ging ich schlafen, weil es Zeit war und erwartet wurde und nicht, weil mein Körper-Geist Bedarf hatte. Dies ausgelotet zu haben, ist eine interessante Erkenntnis über das Verhältnis der Pole Wach und Schlaf, sowie Kreativität und Ruhe. Wer noch keinen Sinn im Leben gefunden hat, wird schlafen wollen und müssen, um zu einem Frieden zu finden, der dort zu erfahren ist. Wer dagegen einen Sinn in der Tätigkeit gefunden hat, wird weniger Schlaf benötigen und eine Zufriedenheit erfahren, die ihn in Frieden belässt und belastbar, um fähig, schöpferisch und nachhaltig an seinen Themen zu arbeiten. Allein die Zeit des Schlafes zu berücksichtigen und daraus eine Allgemeinformel zu entwickeln, die für alle Menschen gelten soll, ist einem Irrtum unterworfen, weil es die lebendige Energie der schöpferischen Tätigkeit ignoriert, die einen beträchtlichen Beitrag zur Motivation leistet, dass ein Mensch nicht unachtsam, nicht müde, nicht ungehalten oder grantig wird, sollte er weniger als der statistische Durchschnitt schlafen.

151
APROPOS GEWALT UND WAHRHEIT

Wo wir in einer Demokratie die freien Medien schützen müssen und ihre Vertreter und Journalisten, müssen wir ebenso die schrankenlose Offenlegung von gefährlichem Wissen für den Menschen verhindern.

Wir müssen eine Balance finden, die sowohl für die freie Information, als auch für die Grenzen ihrer selbst ein Maß findet, dass den dunklen und gewalttätigen Menschen dieser Welt nicht Bastelanleitungen für die große oder kleine Vernichtung an die Hand gibt.

Wo wir die geheimen Verstecke der Gewalt offenlegen und die wirklichen Täter überführen, spricht nichts gegen die Freiheit zur Wahrheit, die damit verbunden ist.

Wo wir aber keine Grenzen beachten, deren Überschreitung zu Gefahren für Unschuldige führen könnten, müssen wir diese Grenzen erkennen, definieren, festhalten und schützen.

Die Freiheit ist kein beliebiger Umstand, sondern mit einer Fähigkeit verbunden, zwischen Wahrheit und ihrem Gegenteil unterscheiden zu können. Wo wir Recht und Unrecht differenzieren können, werden wir eine Freiheit damit verbinden, die es wert ist dafür zu leben. Und zur Not: dafür zu sterben.

152
ANERKENNUNG UND LIEBE

Manche Menschen wissen nicht, dass sie nach Anerkennung und Liebe suchen. Um diese Suche anzuerkennen, müssten sie sich von ihrem Eifer ein Vermögen anzuhäufen und nach den Wiederholungen des Erfolges zu jagen, trennen und eingestehen, dass sie an Einsamkeit leiden und an einem gewissen Knacks in ihrem Selbstwertgefühl. Denn es ist ein Leiden, dass sie so treibt und keine besonders hochstehende Attitüde in dieser global werdenden Welt einen sinnstiftenden Beitrag zum Frieden und Erhalt der Natur zu leisten. So bleiben die Leiden mancher Menschen unangetastet und können vor sich hin eitern und die Menschen in ihrer unfreien Haltung glauben lassen, sie wären auf dem rechten Weg. Dabei ist es ihre Unaufrichtigkeit zu sich selbst und ihr Mangel an Erkenntnis gegenüber den menschlichen Bedürfnissen, die sie so blind streben lässt und dabei anderen Menschen und der Welt einen Druck zufügen, die auch sie leiden lässt. Innehalten täte gut.

153
GENIESSERMENTALITÄT

Die Gegenwart der Zukunft wird ihren Schwerpunkt der Aufmerksamkeit weniger auf den Genuss der Beschäftigung konzentrieren, sondern auf die Qualität des Beitrages für eine friedliche, verständige und sich selbst erfüllende und entwickelnde Menschheit beziehen.

Dies muss auch so erfolgen, da die Genießermentalität zu teuer und zu unfruchtbar für den Frieden und die Gerechtigkeit ist, da sie mehr durch Ego-Ideen getriggert und geleitet wird, was nicht den erwünschten Effekt mit sich bringt, dass die Menschheit in der irdischen Natur überlebte. Wer sich als wesentlicher Teil der Natur erfährt wird sie leidenschaftlich schützen, pflegen und hegen müssen, weil er erfahren wird, dass er es sich selbst antut. Jede Zärtlichkeit findet ihr Echo im eigenen Wohlsein.

Dies wird dann ein anderer Genuss sein, der den Effekt nicht bei sich allein verortet bleiben lässt, sondern auch die Natur selbst ins Genießen von sich selbst bringen wird. Sie wird sein dürfen, der sie ist und immer wieder werden wird. Und der Mensch wird seinen Platz in ihr und mit ihr finden und nicht mehr davon reden müssen, dass er das Leben genieße, sondern dass er lebendig ist (was etwas anderes bedeutet) und er daher verstanden haben wird, dass es ohne die lebendige Natur kein lebendiges, kein geistiges und kein seelisches Leben in Frieden und Freude geben kann. Doch dass er im Genuss mit dem Augenblick seine Erfüllung findet und immer wieder erfährt zu ihm und zu ihr zurück zu kommen.

154
Wesentliches und Unwesentliches

Ich denke, mit gleichem Recht können wir sagen, dass es nichts Unwesentliches gibt. Obwohl der Krieg sein Unwesen treibt. Was wir nicht mögen, scheint uns unwesentlich, wir weisen es von uns. Aber die Gründe für die Kriege sind wesentlich zu schauen, denn nur dadurch werden wir sie vermeiden können, dass wir um sie wissen und als falsch entlarven können. Der Krieg wird uns dann erst unwesentlich erscheinen und damit demotiviert sein und entmutigt. Denn der Krieg ist ja nur dadurch in die Welt gekommen, dass die mit ihm verbundene Gewaltaktionen für jetzt gerade wesentlich und zielführend erachtet werden. Wenn wir aber die Gründe dafür betrachten, werden wir das Seelenlose des Krieges erkennen und damit das Unwesentliche daran.

155
Kampf und Illusion

Hoffentlich, aber es gibt Grenzen, wie wir Menschen in Frieden bleiben können. Das Leben will leben und nicht sterben. Gefahr bringt das Leben in Bewegung, die für das Leben kämpfen wird. Das Problem ist, dass manche Menschen kämpfen, ohne sich objektiv in einer gefährlichen Situation zu befinden. Jeder Beginn eines Krieges wird mit dieser illusionären Vorstellung bewirkt, in Gefahr zu sein, und erzeugt reale Gefahren für andere.

156
Anfang und Ende

Wo und wann beginnt der Mensch? Der einzelne Mensch? Bei der Geburt erst? Oder bei der Zeugung schon? Oder noch etwas früher? Gibt es überhaupt einen Anfang, Freund? Und damit überhaupt ein Ende? Zwar stirbt der Körper und zerfällt und wird zu Staub und Erde. Wann endet aber der Staub und die Erde? Wann ist das Ende von allem, du Mensch? Niemals vielleicht? Weil es niemals begonnen haben könnte?

Unser Denken entfaltet sich aus einer Realität heraus, die sich entwickelt, wie eine Blüte des Kòsmos. Die Zeit ist eine solche sich und andere entwickelnde und entfaltende Wirklichkeit. Sie ist Energie und Schöpferkraft, Träger von Potenzial und Freiheit. Die Zeit wurde nie geboren, sie gab dem Universum den Anfang und entfaltet es weiter und weiter. Könnte gesagt werden. Oder so ähnlich. Ein Streiten um bessere Argumente ist möglich, aber wahrscheinlich sinnlos.

157

Vom Ego zum Ich

Das Ego wird zum Ich, wenn es einem menschlichen Wir dient, das sich einem Frieden widmet, für den nicht mehr gekämpft werden muss. – Darüber nachdenken lohnt sich.

158

Apropos Rollenverständnis

Ein Mensch ist Ehemann, Vater, Großvater, Arzt, Lehrer und Vereinsmitglied und er fühlt sich in allen Rollen wohl, wie er sagt und ist froh, dass er alle Rollen ausfüllen darf. Er erhebt dies zu einem Muster des Verständnisses und lässt den Menschen an seine Rollen anpassen, indem er sie ermutigt, die Rollen sinnvoll und effektiv auszufüllen. Er ist zufrieden und predigt die Maxime eines Rollenverständnisses, das gar nicht auf die Idee kommt, ein Leben ohne Rollen führen zu können. Er denkt nicht an die Enge der Rollen, an die Prägungen durch Zeit und Gesellschaft, die im Gesamten nie reif genug ist die Freiheit zu erahnen und zu würdigen, die in einem rollenlosen Verständnis zu finden ist. Die blinde Akzeptanz der Erwartungen der anderen, drängt sie in die Unfreiheit und belässt sie in einem kriegsähnlichen Zustand, weil sie für ihre gesellschaftliche Rollenstruktur die Hand ins Feuer legen und derart auf sie schwören, dass sie dafür töten werden. Wer einmal darüber nachdenken sollte, wird dies erkennen und die Realität erproben müssen, die in einem hinterfragenden Austausch mit der Gesellschaft zu sehen, zu erkennen und zu erfahren sein wird. Wer nur für sich grübelt, wird noch nicht viel erkennen können, er oder sie müssen sich in die Welt hinein begeben und Fragen stellen, zuhören und Antworten geben, sowie Gegenfragen anbieten.

Die Rolle ist die Enge des Menschen, der sich an die Zeit anpasst, an die gewordene, unbewusste Vereinbarung die Machtverhältnisse zu akzeptieren und damit die finanzielle Abhängigkeit von der Welt selbst. Sie halten sich gegenseitig in ihren Nischen gefangen und glauben durch das Ausfüllen der Rollen schon so etwas, wie Freiheit erlangt zu haben. Die Rolle kann aber keine Authentizität bedeuten, sondern die Imitation des unwirklichen Menschen, das So-tun-als-ob eines Schauspielers, der nicht er selbst sein soll, sondern eine Funktion erfüllen, sowie die Akzeptanz eines Zwanges, der den Menschen durch die Zeit geworden ist und ihn immer noch hält.

Zwar haben sich Freiheiten entwickelt, wie angenommen wird, gerade im evolutionären Zeitraum. Doch es haben sich lediglich die Rollen und die Anzahl der Rollen geändert, die den Menschen unfrei belassen. Oder ist es etwa die Fähigkeit in den Rollen eine Freiheit zu verspüren, die authentisch ist? Wäre es möglich gleichsam Zwang und Freiheit zu erfahren? Ginge der Mensch sich nicht verloren im Ausfüllen mehrerer Funktionen?

Wer dies mit Nein beantworten sollte, muss äußerst ausführlich beschreiben und lehren, inwieweit er in diesem Paradox das Glück und den Frieden, die Liebe und die Freiheit, erfahren haben wird und wie er sie realisiert haben sollte. Ohne dabei die Gewalt, die Unwahrheit, die Unauthentizität und die Lüge einzuführen und sie hoffähig zu machen, indem er aufruft, sie und die verbindlichen und bindenden Rollen zu akzeptieren. Denn diese Akzeptanz wäre der Tod der Entwicklung und das Ende der evolutionären Entfaltung, es wäre eine falsche Rede in falschen Büchern und ein Zeichen seiner Unreife und seines Selbstbetrugs, den er in die Gesellschaft hinein tragen würde.

Davor darf eine Gesellschaft nicht stramm stehen, dies darf der Einzelne nicht akzeptieren, hier muss der Mensch die Gewalt, die Unwahrheit, die Unauthentizität und die Lüge erkennen und sie bei sich selbst entdecken, um davon lassen zu können, um sie vermeiden zu können und den Menschen Fragen zu spenden, die sie zu einer besseren Freiheit und einem authentischeren Wesen führen könnten. Denn solange die Gesellschaft von Rollenerwartungen geprägt sein wird, wird der Mensch lediglich in einer Nische sich ein zu Hause einrichten, das mehr oder weniger reich sein wird, vielleicht sogar nur arm und ihm die Rolle der geistigen Ungerechtigkeit durch amoralische Gewalt von Schuld und Strafe aufgezwungen haben wird. So könnte sich keine freier werdende Welt entwickeln. So würden sich lediglich die Rolleninhalte ändern, aber nicht das Festhalten in den Erwartungen einer ungerechten

Welt, die nicht an sich rütteln lassen will, weil sie andere Probleme hat, die sie sich psychisch und seelisch nicht anzuschauen wagt. Das Rollenverständnis ist also auch einem Unverständnis der psychischen Freiheit und Reife gegenüber geschuldet. Und damit wiederum von einem Mangel an Selbsterkenntnis und Defizit an Weltverständnis bestimmt.

159
„Die total verrückte Welt"

In einem sozialen Netzwerk hatte ein Autor ein Zitat eines anderen in ein Bild umgewandelt und einen Kommentar dazu geschrieben, der sehr lobend ausfiel. Es sprach von Freundschaft und der Wichtigkeit sich die richtigen auszusuchen in einer „total verrückten Welt". Dieser Zusatz passte für mich nicht zum Tenor der genannten Ideen über Freundschaft und so schrieb ich den folgenden kurzen Gegenkommentar:

»Diese Verabsolutierung einer „total verrückten Welt" ignoriert offensichtlich sich selbst und seine Illusion der einzige vernünftige Mensch in dieser Welt zu sein. Ich traue daher dieser Meinung nicht.«

Und ich füge nun hinzu: Denn diese absolutistische Meinung ist widersprüchlich und voreingenommen, postuliert eine böse Welt und wird dazu tendieren die Welt und andere Menschen als schuldig zu brandmarken. Eine differenzierte Sicht der Welt und des Thema Freundschaft, würde sich von einem Absolutismus fern halten und inne halten, wenn es darum geht, keine eigenen Widersprüche zu erzeugen, sondern sie zu vermeiden zu suchen, indem konsistent gesprochen wird und ein Schreiben gepflegt wird, das zur Neutralität neigt, statt zur Fahne schwenkenden Parole, wie in diesem Fall und Zusatz. Daher kann ich das nicht ernst nehmen und gebe zu bedenken, dass wir nicht in einer „total verrückten Welt" leben, sondern in einer Welt mit Licht und Schatten, mit Sonne und Nebel, mit Schönheit und Dunkel, mit Liebe und Hass, mit Farben und Grautönen. Eine „total verrückte Welt" wäre gar nicht lebensfähig und würde nicht bereits so lange existieren, wie sie existiert. Sie würde sehr rasch kollabiert sein, weil sie vollends nicht an der Wirklichkeit orientiert wäre. Da es aber doch beträchtliche Protagonisten in der Welt gibt, die an der Wirklichkeit orientiert sind, bleibt sie, trotz ihrer Probleme, eine lebensfähige Welt, deren Überlebenswillen und Vernunft nicht abgesprochen werden sollten. Denn gerade solches Reden und Schreiben unterminiert und demotiviert die Suche nach vernünftigen Lösungen und klarem Verständnis, das eine Orientierung an der Realität benötigt.

Die pauschalisierenden Absolutismen sind lediglich ein Ausdruck einer inneren Verzweiflung, die noch an der Suche nach einer Ordnung und einem Verständnis scheitert. Es ist in solchen Haltungen und Meinungen eine Gewaltbereitschaft zu spüren, die dazu neigen wird, Konstruktivität zu verunmöglichen und dadurch erst die Probleme zu belassen, indem sie durch eine selbst-erfüllende Prophezeiung genau das in der Welt belässt, was sie ihr pauschal unterstellt. Wo doch eine Differenzierung nötig gewesen wäre, um nicht nur das Dunkle zu sehen, sondern auch die Schönheit und das Licht, die Farben und die Grautöne.

160

Liebe ist was, mein Freund?

Die Liebe ist real. Und die Liebe entfaltet sich in Ebenen der Wahrhaftigkeit. Ein Kind hat ein anderes Verständnis und eine andere Realität der Liebe als ein junger Teenager oder ein junger Erwachsener und so weiter. Manche Menschen wachsen nicht über eine gewisse Ebene der Liebe hinaus. Und andere fallen wieder zurück. Wenn wir uns also bewusst sein könnten, dass wir in 10 Jahren vielleicht anders über die Liebe denken und fühlen, werden wir uns heute nicht auf eine bestimmte Weise mit unserem gegenwärtigen Konzept von Liebe identifizieren, sondern wach bleiben und offen und damit frei genug für das Neue, dass eine neue Ebene der Liebe in uns entfalten könnte. Hoffentlich sind wir dann zum Licht eines tiefen Friedens und Glückes erwachsen und werden der alten Liebe immer wieder etwas Neues hinzufügen können, nicht als geistiges Konzept, sondern als erfahrbare Fähigkeit und Wirklichkeit.

161

„Verstehen Sie nun, warum ich Sie nicht verstehe?"

Ich bot, in einem sozialen Netzwerk, einen einfachen, kurzen Kommentar zum Thema Kindesmissbrauch in kirchlichen Einrichtungen an, indem ich schrieb: „Das Zölibat ist zu entmutigen, nachhaltig, dauerhaft, rational und konsequent."

Daraufhin kam ein mir Unbekannter und zeigte an, dass er nicht verstünde, was ich damit meine. Es entsponn sich ein kurzer Austausch:

T: Was ich verstehe, ist, dass Sie nicht verstehen. Sie sollten aber dasselbe tun, nämlich Ihr Nicht-Verstehen zu verstehen suchen. Durch Nicht-Verstehen wird es unmöglich zu verstehen, dass das Zölibat entmutigt werden muss. Daher eine Frage an Sie zurück: Warum verstehen Sie das nicht?

U: Na, weil [dies und jenes und überhaupt], weil ich [denke, was ich denke]; darum verstehe ich nicht, was Sie sagen. Oder kann es irgendwie nicht erfassen. Warum erklären Sie nicht einfach, was Sie meinen?

T: Manches ist selbst-erklärlich, könnte man meinen. Der Ausführlichkeit einer Antwort ist gerade nicht die Zeit und der Raum gegeben, die Zeichenanzahl hier ist begrenzt. Es gibt mehr als nur 4 Sätze zu sagen. Das Thema reicht hin, um ein Buch zu füllen.

162

ZUSAMMENFASSUNG ZUR AUFFORDERUNG
EIN NICHT-VERSTEHEN ZU VERSTEHEN

Manche Menschen glauben tatsächlich, weil sie etwas nicht verstehen, müssten die anderen verstehen, dass sie nicht verstehen. Das ist schon eine merkwürdige Haltung, die sich nicht um Verstehen bemüht, sondern andere auffordert ihr Unverständnis zu verstehen.

Das scheint eine Aufforderung zu sein, die Lüge zu akzeptieren, die damit verbunden sein wird. Denn wer Worte nutzt, um sein Nicht-Verstehen zu erläutern und dann zurück fragt, ob dieses Nicht-Verstehen nun verstanden worden sei, zeigt zudem, dass er am anderen Verständnis gar nicht interessiert ist, sondern nur an seinem eigenen Mist. Er will sein Nicht-Verstehen verstanden wissen und kommt nicht auf die Idee, dass eine friedliche Welt nur mit wechselseitigem Verstehen möglich ist.

163
Apropos Krieg
und die Notwendigkeit zu überleben

In einem sozialen Medium schrieb ein Oberst a.D. von den beiden Kriegen, die angeblich gerade für einen bestimmten Staat überlebenswichtig seien. Mir gefiel die Wortwahl nicht und so schrieb ich das folgende:

In meinem Verständnis von Krieg, sind Kriege nicht „überlebenswichtig", sondern sinnlos. Und obendrein sind sie ein Verbrechen an der Menschlichkeit.

Wann beginnt ein Krieg? Nicht erst mit dem ersten Schuss! Es ist schon immer so gewesen, dass die Leute zu Friedenszeiten ihre Aggressivität und Kriegslüsternheit ignorierten und es Wettkampf, Wettbewerb und Wettstreit nannten. Jener Abwertungswillen anderen gegenüber, jene eitle Selbstgerechtigkeit, die potenziell nicht angeschaut in ihnen schwelt und stets bereit ist die Meinung zu sagen, Kritik zu äußern und für Rechte zu kämpfen. Die Illusion des Kampfes für den Frieden ist bereits im Frieden kolportiert und als falsches Konzept verteidigt.

Natürlich ist echter Krieg viel mehr als das. Aber die emotionale Bewegung des Krieges beginnt im Wettkampf, Wettbewerb und Wettstreit. Im Mangel an Vertrauen. Im Defizit an Fragen zur Wahrheit und Wahrhaftigkeit eines menschlichen Lebens. So kommt es dann, dass die Lüge die Macht übernimmt, wenn sie sich vom Wettbewerb, Wettkampf und Wettstreit in den echten Krieg eskaliert. Die meisten Menschen belügen sich selbst, weil sie die Jahrhunderte alte Botschaft der Selbsterkenntnis ignorieren, verlachen, zynisch kommentieren und verachten.

Kein Krieg ist überlebensnotwendig, weil er tötet und töten will. Genau daher dient er nicht dem Überleben, sondern dem Tod.

Deuten Sie also gefälligst nicht das Wesen des Krieges um, er ist dem Tod gewidmet und nicht dem Leben.

164
Apropos Phänomen AfD

Die AfD ist ein Ausdruck der Krankheit des gesellschaftlichen Wesens, das noch nicht gelernt hat sich selbst zu finden und glücklich zu werden.

Denn die Krankheit zeigt sich in der Beschuldigung anderer, in der Verschiebung von Verantwortung, in der Aggressivität der Gesinnung, in der nörgelnden, jammernden und klagenden Haltung, was alles gepaart wird mit dem Bastard des Besserwissers.

Aber sie täuschen sich, sie können als Protestpartei nur zeigen, dass sie keine Grundlagen haben, die tragfähig wären, denn sie hängen argumentativ in der Luft und zeigen sich als Störenfriede einer sachlichen Demokratie, die Besseres als die AfD verdient hat.

Der AfD-Wähler, in seiner eitlen Selbstgerechtigkeit, ist leider noch zu ungebildet, als dass er begreifen könnte, was er da anrichtet. Bildung zeigt sich nicht am Doktorgrad, sondern in der Fähigkeit zur Wahrheit und Konstruktivität, in einem psychologischen Verständnis der Zeit – und eben nicht in einer Haltung des notorischen Protestes, das sich am Unwissen und Halbwissen orientiert und so tut, als habe seine Bildungslosigkeit schon das Recht demokratisch legitimierte Politik zu betreiben.

Wer sich immer nur mit sich selbst beschäftigt und keine Seelenhygiene betreibt, wird gar nicht mitbekommen, wenn er sich von sich selbst zu trennen beginnt und unglücklich wird und dabei meint, nur in der jammernden Klage an der Welt wäre so etwas, wie Zufriedenheit zu finden. Aber das ist die Täuschung des Ego, das sich selbst nicht schaut und spürt und meint, es schon zu wissen, was der Welt fehle. Aber er fehlt sich selbst, daher kann er nicht gegründet der Welt dienen und muss durch eitlen Protest und bloße Denkmöglichkeiten so tun, als wäre er konstruktiv. Er ist aber destruktiv, weil er den Kontakt zu sich selbst noch nicht gefunden hat.

165

Eine Frage der Wurzeln

Viele Menschen kommen nicht auf die Idee die Wurzeln zu gießen, weil sie auf den Regen vertrauen und dabei in die Traufe kommen.

Denn wenn der Regen ausbleibt, werden sie den entstandenen Mangel kompensieren müssen, was nur durch das Wässern der Wurzeln möglich ist. Sie müssen also das Wasser irgendwoher holen und nicht abergläubisch weiter daran haften, dass die Natur es ihnen liefern würde. So muss der Mensch etwas tun, um die Wurzeln zu erhalten und damit das gesamte Menschengeschlecht und die Natur an sich, denn die Wurzeln münden in eine gemeinsame Wurzel, die sie noch entdecken und beginnen müssen zu wässern. Wer keine Seelenhygiene betreibt, wird mit schmutzigem Wasser arbeiten und alles verderben.

166

„Warum liebt dich das Leben?"

Diese Frage kam in einem sozialen Netzwerk auf, ein Lebensberater, der dem Leben positiv gegenüber stand und wohl von ihm bisher nicht allzu sehr enttäuscht wurde, spendete Hoffnung. Ich stellte die Gegenfrage: *Wann* liebt mich das Leben? Und wann liebt mich das Leben nicht? Und was überhaupt *ist* Leben, das zu Liebe fähig wäre? Wo es doch nur endlich ist und einst mit mir sich ausfachen wird? Vielleicht mit Krankheit und Schmerz, die nur die Medizin lindern kann – und nicht das Leben, dass diese Krankheit und diesen Schmerz in meinen Körper-Geist tragen könnte, wie wir von anderen wissen.

Ich füge schließlich hinzu: Die Liebe zum Leben ist etwas anderes als die Liebe des Lebens selbst, denn letztere scheint es nicht widerspruchsfrei zu geben.

167

„Corona war eine massive Kränkung für den Menschen"

Hier wurde ein berühmter Soziologe zitiert aus einem Interview in einer großen Zeitung. Zudem wurde er zitiert dass eine „Smartphone-Logik" uns das Selbstvertrauen stehle. Ich erhob Einspruch und schrieb: Corona war eine massive Kränkung für *manche* Menschen. Nicht für alle, nämlich für mindestens mich nicht. Denn ich kam durch Corona erstmals zu einem Smartphone, weil ich zuvor nur ein Holzkohlehandy hatte (mit nur Mobiltelefonie und SMS) und damit glücklich war. Bis Corona kam. Und dann kam die Idee der Corona-App in Deutschland auf und ich dachte: Da willst du dabei sein. Also besorgte ich mir mein erstes Smartphone im Frühjahr 2020. Die „Smartphone-Logik", die mich leitete war also sehr wohl durch ein Grundvertrauen in mich und die technologisch-medizinische Welt geleitet. Ich kann dem Herrn Professor Soziologen gerade nicht folgen, beziehungsweise nicht zustimmen. Und ich bitte um mehr Ausgewogenheit und Differenzierung, die man eigentlich erwarten können sollte.

Zudem fügte ich hinzu: Ich mag solche Absolutismen auch wenig, die Unbekannten, wie zum Beispiel mir, etwas in den Mund legen, das gar nicht gewusst werden kann, weil kein Mensch für alle sprechen kann, es sei denn in seltenen Fällen wirklich tiefgründiger Wahrheit, wie dieser gerade.

168
Bildungslücken überbrücken

Wie lassen sich Bildungslücken zwischen den beiden Welten der BildungsaufsteigerInnen und den bildungsarm gebliebenen Eltern überbrücken?

Es ist sinnvoll sich auf den Weg zu machen, die Lücken zu überbrücken, besonders, da die BildungsaufsteigerInnen damit ein weiteres Feld erkennen können, indem sie sich bilden können, nämlich diese zwei Welten zu überbrücken und die Bildungsarmen zu umarmen und neue empathische Wege zu finden mit ihnen fürsorglich umzugehen. Jeder hat dabei seine Grenzen, die immer bleiben werden, aber gewisse Widerstände können und sollten überwunden werden und angenommen sein, um nicht nur kognitive Bildung damit zum Ausdruck zu bringen, sondern menschliche. So wird Bildung zum humanistischen Wachstumsfaktor.

169
Der Keks und die Dose

Die Tradition der Familie (im Allgemeinen gesprochen) ist zuweilen dann eine Last und ein Hindernis für die persönliche Entwicklung von allen Beteiligten, wenn der Keks nicht aus der Dose kommt und lieber nicht gefressen werden will.

Hier sollten sich die Beteiligten alle in ihrer Menschlichkeit üben und die verpflichtende Last der Erwartungen relativieren und den Humor beweisen, statt mit Ernst einen Druck aufzubauen, der Angst bereitet. Angst ist kein Ausdruck einer förderlichen Stimmung und zeigt, dass etwas aus dem Lot ist. Dies Keksschachtel ist nicht offen, sondern verschlossen. Die daraus resultierende Enge macht keinen Spaß.

Menschlichkeit macht Spaß und wird von Vernunft geleitet und lässt den Keksen die Chance sich für einen Appel und ein Ei zu begeistern. Daraus kann dann auch erst mit 50 eine Berufung geworden sein, die angstfrei den eigenen restlichen Weg aufrecht und gerade gehen wird können und sich von der Last der Tradition wird verständig in Beziehung gesetzt haben. Mir ging es ähnlich, wenn auch nicht am Hof eines Keksschlosses.

170

DER VENUS-FLOW

Der Flow ist der unentbehrliche Begleiter für kreative Ergebnisse. Wenn der Flow nicht zum Sog oder Druck wird und auch still sein kann, ohne Ungeduld, dann ist er abrufbar, ohne dass er gewollt wird. Dann sind Pausen Pausen und Schaffen ist Schaffen. Und (Schreib-)Blockaden sind somit unbekannt. Ich gratuliere jedem, der in einem solchen Flow sich getragen empfindet und doch selbst aktiv als Mann oder Frau steht und geht.

Doch Vorsicht ist geboten: Gedanken an sich sind noch nicht per se das wertvolle Ergebnis. Denn bloße Gedankenspiele sind zuweilen noch von überbordender Fantasie begleitet. Wer einen Realitätscheck absolviert und sich mit den Themen Wahrheit-Falschheit, Zeit und Werden, sowie bedingtes Freisein auseinander setzt, wird Gehaltvolles hervorbringen aus dem rohen Brocken der Wirklichkeit, wie die Bildhauer der Venus von Milo.

171

SELBSTVERTRAUEN

Selbstvertrauen scheint eine innere Bewegung zu sein, um sich und seine Ideen zu verbessern und zu mehr Menschlichkeit zu entwickeln.

172

KRIEG UND DER VERGLEICH MIT DER TIERWELT

Vergleiche mit der Tierwelt sind umstritten, denn dem Menschen ist zusätzlich zum Instinkt Intuition mitgegeben und daher hoffentlich Vernunft, die begründet ist und werden kann.

Das tierische Erbe ist nicht zu leugnen, aber den Schluss zu ziehen, weil in der Tierwelt ebenso Kriege herrschten, hätte der Mensch bezüglich seiner Kriege ein gutes evolutionäres Gewissen zu haben, erachte ich als fatalistisch und ignorant der Wahrheit gegenüber, die dem Menschen offenkundig ist.

Nämlich der Wahrheit, dass unser Körper-Geist keinen Schmerz will und kein Leid (daher betreiben wir Medizin, Trost und Fürsorge), und dass daraus selbst-reflektierend folgt, dass wir uns nichts Böses antun sollten, sondern in Frieden leben. Denn die Tierwelt kennt aufgrund ihrer Versunkenheit in die rohe, ungeordnete Natur noch nicht die Goldene Regel:

„Was du nicht willst das man dir tu, das füg auch keinem anderen zu."

In diesem Sinne bekräftige ich die Überzeugung, dass Kriege nicht überlebenswichtig sind, sondern sinnlos.

Die regressive Sicht auf die Tierwelt ist rückwärtsgewandt und daher fehlt es ihr an Blick für die Gegenwart und die Zukunft der Menschheit auf diesem Planeten.

Die Vergleiche mit der Tierwelt und die Schlussfolgerungen daraus für den Menschen, neigen dazu, ihn auf der Stufe der Tierwelt festzuhalten und nehmen ihm damit die Chancen zur Weiterentwicklung. Denn der Mensch ist auf halbem Wege zu den Göttern und nicht mehr unumschränkt mit dem Tierreich zu vergleichen.

173

GLAUBE UND WISSEN

Glaube und Wissen! Gibt es da überhaupt einen Unterschied? Ein Sonnenuntergang ist unglaublich, wie dieser und dieser Moment, genau jetzt. Noch Fragen?

174

DAS DENKEN UND DER DENKER

Solange es Denken gibt, gibt es einen Denker, der an Zeit und Fragen gebunden ist. Derjenige, der Fragen beantworten will, ist derjenige, der sich in der Zeit entwickelt. Der Gedanke und der Denker sind eins in der Zeit. Die Zeit wird aufhören wie der Denker und der Gedanke. Die Illusion ist real und hört ebenso auf, wie alles aufhören wird, was als Gedanke und alle Zeit geboren wird. Alle Fragen werden zu einem Ende kommen, unbeantwortet und offen gelassen.

„Aber ein Sonnenuntergang! Wer beobachtet den Sonnenuntergang? Ist da überhaupt ein Denker, der den Sonnenuntergang betrachtet?", sagte er. Der andere meinte: „Wenn ein Gedanke in Bezug auf den Sonnenuntergang aufkommt, dann ist da der Gedanke und der Denker. Und wenn kein Gedanke aufkommt, dann kommt kein Gedanke auf."

175

GLAUBENSSÄTZE

Die Konzeption Glaubenssätze loszuwerden, ist nur für den zu bewältigen, der bereits einen gewissen Abstand zu ihnen gewonnen hat, durch Hinterfragung und klugen Zweifel. Das ist das Eine. Das Andere ist, dass wenig gewonnen wird, wenn wir die einen Glaubenssätze durch andere ersetzen, wenn dabei nicht der rationale Gehalt erkannt wird, der einen Zugewinn darstellen könnte. Denn wir entwickeln uns, im besten Falle. Aber die Entwicklung sollte nach oben gehen, zu mehr umfassendem Verständnis und viel gegründeterer Tiefe, zu mehr vertrauensvoller Fähigkeit die Vielfalt des menschlichen Denkens durchschauen zu können und verständig zu umarmen. Fehlt uns dieser rationale Blick der Erkenntnis und die Leidenschaft die Erkenntnis stetig zu vertiefen und zu erweitern, werden unsere Glaubenssätze uns in anderer Form auf derselben Stufe gefangen halten, mit dem trügerischen Gefühl, es irrig geschafft zu haben, sie loszuwerden.

176

MANCHE

Lies bitte die folgenden Worte bedacht und lasse keines aus und füge keines hinzu: „Sei bitte auf der Hut: *Manche* Journalisten sind Dreckschweine!"

177
„Ich bin gegen jegliche Art von Enge"

Sagte ein Mensch. Und ein anderer fragte: Ist nicht das Gegner-Sein bereits Ausdruck einer gewissen Enge? Worin bestünde das Gegner-Sein, das keine Enge wäre, sondern Weite? Ist Weite ihrerseits überhaupt in der Lage gegen etwas zu sein? Was nicht heißt pauschal für etwas zu sein. Wo ein Für, da ein Gegen. Jedes Für zeigt einem anderen, der dagegen ist, die Enge das Dafür-Seienden. Wo ist das Boot für uns alle?

178
Schweigen und Reden

Wo wir die unguten Dinge in der Welt nicht benennen würden, wären wir weniger in der Lage sie zu erkennen und würden damit ihren unguten Gesinnungen aufsitzen. Was zu vermeiden ist. Ein Schweigen ist kontraproduktiv, wie wir Philosophen und Dichter in Deutschland und anderswo wissen. Wie einige schon wissen. Hier bin ich eins und einig mit ihnen. Die Entschiedenheit für das Leben scheint, nach meiner Auffassung, zuweilen soweit zu gehen, dafür sterben zu können. Vielleicht geht es manchem ähnlich.

Eine gewisse Furchtlosigkeit vor der Gewalt zeigt sich daher innerlich, weil der biophile Mensch sich von der Gewalt nicht einschüchtern lässt, wie so viele. Und dabei ist er nicht aggressiv und ahmt nicht Macht nach oder inszeniert sich. Sondern diese philosophische Furchtlosigkeit geschieht im Stillen und braucht keine lauten Reden, keine plusternden Phrasen und keine eitle Kampfmoral. Sie schaut, was geschieht und lässt ihre Liebe zum Leben nicht dadurch trüben und zerrütten, dass ihr die gewalttätige Macht zu nahe kommt. So zumindest ist es eine Herausforderung, der er neutral entgegen sieht, wenn sie sich entwickeln sollen könnte und die er nicht vorwegnimmt und mit vorauseilender Furcht irrational und eingeschüchtert kleinbei gäbe oder voreilig selbst zu Gewalt griffe. Das tut der Biophile nicht. Er wird bereit sein sich zu verteidigen und dann auch keine Skrupel haben im Notfall zu töten.

Aber eben nur im Notfall. Die anderen, die Gewaltbereiten und Aggressiven, werden auch dann töten wollen, wenn sie keiner direkten Gefahr ausgesetzt sind, denn ihre Stilisierung von Gefahr und Feindschaft ist nicht der

Realität entnommen, sondern ihrer kruden, verdorbenen Fantasie, sowie ihrer projektiven, engen Einbildung.

Daher müssen wir reden und nicht schweigen über diese Dinge und uns nicht von der Gewalt ins Schweigen treiben lassen.

179
Apropos politische Positionierung

Obwohl oder gerade weil ich eher Philosoph bin (und Dichter), werde ich immer wieder Position beziehen zu politischen Themen. Ich sage es gerne immer wieder: Die AfD hat seit ihrem plötzlichen Erscheinen in der politischen Öffentlichkeit die Stimmung vergiftet und beschuldigt nun weiterhin diejenigen für den damit verbundenen Schlamassel verantwortlich zu sein.

Zuerst reden sie die Welt schlecht und die Menschen durch halluzinierte Argumente. Und dann beschuldigen sie, auf dieser infam täuschenden Basis, die Aufrichtigen, an der eingebildeten Unaufrichtigkeit schuld zu sein.

Das ist schon ein starkes Stück Frechheit, die sich da das erste Mal seit 70 Jahren wieder in Deutschland ereignet hatte und derzeit (2023) noch im Gange ist.

Und ich sage es auch ganz klar: Eine Regierungsbeteiligung der AfD auf Bundesebene wäre nicht ihr größter Sieg, sondern ihre endgültige Niederlage, denn sie würden von einigen gewaltbereiten Demokraten nicht akzeptiert werden und von diesen wieder beseitigt werden. Hier muss man sich nicht einbilden, dass die Demokratie nicht wehrhaft wäre.

Wenn die Gefährlichen und Dummen überhandnehmen, werden die Klugen zu den Waffen greifen. Und wer wird klug genug sein zu erkennen, wer was ist?

180
„Wer will das wissen?“

Fragte einer einen anderen, der ein kurzes Gedicht für den Frieden und die Liebe geschrieben und im sozialen Netzwerk veröffentlicht hatte. Der Dichter schrieb dem Fragenden das Folgende zurück: „*Sie* müssen das wissen, unbedingt, denn es würde Sie als veritables Mitglied der Menschengemeinschaft auszeichnen. Wenn Sie nämlich am reflektierten Frieden kein Interesse hätten, wären Sie noch verhaftet an den tierischen Instinkten unserer Affen-Vorgänger. Wissen wird immer wichtiger, das wissen wir seit 500 Jahren. Und auch das sollten Sie wissen."

Darauf forderte der andere: „Bleiben Sie in Ihrer Dichterwelt."

Der Dichter lachte und ging seines Weges in die weite Welt, nah und fern und mitten drin.

181
„Der Kanzler redet endlich Klartext"

Sagte einer auf ein Zitat des Regierungschefs zu einem seit anderthalb Jahren im Gange seienden Krieges. Und ein anderer kommentierte zurück: „Hatten Sie etwa an seiner Klarheit gezweifelt? Mir erscheint ein Mensch zuweilen auch dann klar in seinen Überzeugungen, wenn er sich noch brachialen Ausdrücken enthält. Klarheit ist nicht nur im Kraftausdruck zu finden, sondern viel eher auch in der Feinheit differenzierter Ansichten. Denken Sie nicht auch?"

182
Ein Verdacht der Zeit

Ich habe den Verdacht, dass viele Menschen sich gerne mit anderen in ihren gemeinsamen Leiden und Konflikten bestätigen wollen. Dies scheint dann eine erweiterte, kollektive Form des Selbstmitleids zu sein.

Solche Menschen sind noch nicht in der Lage heraus zu treten aus diesem dunklen Denken und Fühlen, weshalb sie aber Bestätigung suchen für ihren wahrgenommenen Schwerpunkt. So als ob sie sich selbst noch nicht trauen, gelassen und glücklich zu sein. Es bleibt ihnen immer nur die Trauer und die Klage, das Jammern und der Kampf.

183
Das Spiel

Wer den Lügnern glaubt, wird selbst zum Lügner.
Wer der Wahrheit glaubt, kennt sie noch nicht.

Wer den Lügner kennt, mag täuschen sich.
Wer die Wahrheit weiß, der kennt das Spiel.

184
DER ÄRGER

Der Ärger über die Wirklichkeit, an der ihr euch aufreibt, könnt ihr nicht durch eure Technologien besänftigen, die Technologien erzeugen euch Realitäten an denen ihr euch reiben werdet. Ihr werdet daher den Frieden nicht durch eure Technologien finden. Wodurch aber dann?

An dieser Frage solltet ihr arbeiten. Diese Frage solltet ihr bewegen.

185
DER GARTEN

Ist es möglich, dass dem Menschen und seiner Menschheit es gelingen wird die Erde und Natur nicht lediglich als auszubeutende Ressource zu betrachten, sondern als lebensnotwendigen Garten zur Heranziehung von Nahrung, unter Belassung des natürlichen Bedarfs an Ursprünglichkeit für das Leben und die Entwicklung der zahlreichen anderen Arten? Wie viel Garten muss sein? Und wie viel Wildnis erhalten bleiben? Hat der Mensch die Verantwortung für das Leben der anderen Arten schon angenommen? Oder wird er sich zu Gunsten dieser einschränken können und müssen? Wie viel Tier ist er noch? Wie viel Mensch ist er schon? Und wie viel Gott will und kann er werden? Und was bedeutet letzteres?

186
APROPOS GESUNDHEITSSYSTEM IN DEUTSCHLAND 2023

Als Denker und Dichter, der ebenso eine Universitätsklinik kennt, fürchte ich nicht, dass die Probleme zu komplex seien, als dass sie gelöst werden könnten. Ich fürchte vielmehr, dass es weitere komplexe Zusammenhänge gibt, die zu oft unberücksichtigt bleiben und daher für eine kontinuierliche Verbesserung der Hemmschuh wirkt.

Ärger und Protest sind nicht hinreichend die Zusammenhänge zu verstehen. Aber wir bedürfen der Leute mit dem Finger an der Wunde. Leider gibt es mehrere Wunden der Menschheit, die zu versorgen sind, da bleibt für ein Spitzensystem, wie das Gesundheitssystem in Deutschland nur die Vorreiterrolle der Zukunft, wo doch die Mehrheit der globalen Welt noch im Gestern verharrt.

Aber richtig ist, dass die Spitze sich nur weiter entwickeln und verbessern kann, wenn die noch darunter liegende pyramidale Basis sich ebenso entwickelt. Wie nur um Himmels willen sollte das alles aber besser werden? Dass es gelingen kann zeigen die letzten 200 Jahre Medizingeschichte, sowie die letzten 2 Millionen Jahre Evolution. Da ist noch viel Potenzial nach oben. Denken Sie nicht auch?

<h1 style="text-align:center">187</h1>

Die Vergangenheit eines Verbrechers

Hitler war ein hilfloses Opfer seiner Familiensituation, der zunächst zum wütenden Empörten und dann zum hasserfüllten Verbrecher wurde und schließlich einen Weltkrieg anfachte. Es ist nichts bewunderungswürdiges an diesem Mann, nur Mitleid und Schauder.

Doch es ist ratsam die historischen Ereignisse um die Familie Hitlers, seines Vaters und seiner Mutter, zu betrachten, denn was auch immer Adolf Hitler selbst mitbrachte an aggressivem und verbrecherischem Talent, seine frühe Biographie scheint dies noch gefördert zu haben. Wer die Vergangenheit vor der Vergangenheit ignoriert, wird die Vergangenheit und damit die Gegenwart nicht begreifen.

Und dies muss begriffen werden, weil das Jammern, Klagen und Protestieren über die Gegenwart in der Ignoranz gegenüber den Zeiten ihren irrigen Eindruck gewinnt, der dazu neigt, auf fatale Weise selbst Opfer zu werden an sich selbst. Denn mit der suizidalen Tendenz, die mit der Ignoranz gegenüber Wahrheit, Wissen, Weisheit und Wirklichkeit verbunden ist, geht die Menschheit an sich selber zugrunde.

Daher bedarf es der Aufklärung über die Vergangenheit, damit die Gegenwart mit Würde bewältigt werden kann und die Schatten der Zeiten gelichtet werden können. Denn diese Schatten sind keine kühlenden im Frieden eines Sommer-Baumes. Sondern hitzige, die das Blut zum Kochen bringen und die dafür sorgen, dass nicht nur der Koch, sondern auch Gäste und

Unbeteiligte vergiftet werden, durch das Abführen der damit verbundenen geistigen Notdurft.

Eine Klarheit aber über die Vergangenheit wird reinen Wein einschenken, der nur manchen nicht bekommt, die ihrerseits vom verdorbenen leben und das verschmutzte Wasser meinen genießen zu können und zu müssen. Die Täuschung ist groß derweil, wenn die Klarheit und Wahrheit aggressiv bekämpft und bekriegt werden, weshalb wir uns alle stets um sie bemühen müssen.

188
Wünsche und das offene Interesse

Alle Wünsche gehen nicht in Erfüllung, solange sie nicht schon wahr sind. Und wenn das der Fall ist, ist der Wunsch und Traum Realität.

Es ist also wesentlich für das Wohlbefinden und das Gelingen des menschlichen Lebens, dass er nicht bei seinen Wünschen stehen bleibt, sondern eine Realität verwirklicht, die ihn essenziell und seelisch trägt. Dann kann er weitere Wünsche haben, doch an diesen wird er arbeiten und nicht beim bloßen Wunschsatz stehen bleiben. Was ihn dann trägt ist eine Freude und Erfüllung, die in den meisten Augenblicken gegeben ist und die daher freudig erwartet, was sich zeigen wird, ohne etwas wirklich Bestimmtes zu erwarten. Solch ein Mensch lebt von Augenblick zu Augenblick, aber nicht lethargisch oder gleichgültig, sondern offen und interessiert.

189
Die Angst der Kriegsherren

Der innere Zustand von Kriegsherren ist ein von Angst besetzter. Denn ohne diese innere Angst würden sie keinen treibenden Grund vorfinden, der sie zu ihren Verteidigungsmaßnahmen greifen ließ, die sie als Angriffe inszenieren.

Sie sind damit nicht die Unerschütterlichen, Mächtigen, mit nichts aus der Ruhe zu bringenden Politiker, vor denen man sich fürchten müsste. Sie gehen den Weg in die vortreibende Aggression und erzeugen damit das bei anderen, was sie selbst antreibt, nämlich Angst.

Wie wäre es sonst vorzustellen und zu verstehen, was und warum sie tun, was sie tun?

Der Krieg erzeugt Angst, weil er von Angst angetrieben wird, von Angst genährt wird und Angst schürt.

Wer mit wehenden Fahnen in den Krieg zieht, hat die ihn verführende Angst in den Kampf gegen die Angst umgeleitet. Es ist ein Kampf der Angst gegen sich selbst. Es ist ein Kampf des Kriegers gegen sich selbst.

Daher ist auch das Ziel der Krieges der Tod, nämlich der Tod der Angst. Der Krieger treibt sich gegen die Angst voran und will sie vernichten, durch Kampf und Aggression. Daher bleibt ihm nur der Sieg gegen andere, um die Angst zu beenden oder der eigene Tod.

Die treibende Kraft der Krieges ist die innere Angst der Kriegsherren und hat ihren Weg gefunden wirkliche Angst hervorzurufen, weshalb der Aggression und dem Kampf erst die Dringlichkeit zugesprochen wird. Aber erst dann, wenn die innere Angst der Kriegsherren für bare Münze genommen wurde und ihren Argumenten geglaubt wurde.

Wer also seine innere Angst nicht auflösen kann, wird sie früher oder später nach außen tragen und dann wirkliche Angst hervorrufen. Wer die Gefahren herbeiredet wird ebenso eine Angst injizieren und damit den Grund für den Kampf und Krieg erfunden haben und halluzinieren.

Hier kommt die Wahrheit und das Faktendenken ins Spiel. Wer den Fakten vertraut, sie prüft, kommuniziert und die damit verbundenen Wahrheiten befragt, prüft und kommuniziert, wird weniger an Ängsten leiden und weniger sich für einen Kampf und Krieg, die auf diesen Ängsten beruhen, überreden lassen. Daher ist die Wahrheit wichtig und die Fakten, daher sind die Fragen wichtig und das Hören der Antworten.

Wer von Angst besetzt ist, wird in den Antworten nicht die Wahrheit und die Fakten hören und verstehen, sondern die Beweise für die eingebildete Richtigkeit der Kampfes und Krieges gegen die Angst. Es bedarf Raum und Weite, Freiheit und Kraft, um der Angst und ihren Lügen nicht zu erliegen.

Die Kriegsherren haben davon zu wenig, zu wenig Raum und Weite, zu wenig Freiheit und Kraft. Wer könnte es ihnen schenken? Wer könnte es ihnen zugestehen? Wenn das Volk an den Lippen der Politiker hängt und nicht kritisch wird, bleibt die ganze Last des Landes auf denen liegen, die dafür zu klein sind und die zu eingebildeter Größe neigen, weil sie sich aufblähen müssen, um die großen Probleme zu bewältigen, die auf ihnen lasten und die zu lösen sie das Volk ernannt hat. Aber das Volk ist die träge Masse der großen

Probleme, die es nicht durchschaut, weil es auch dort mit Angst zugeht.

So ist die Angst der Kriegsherren aus der Angst des Volkes gespeist, aus dem kleinen Bürger, der sein Schnitzel will, sein Auto und Haus, seinen Arbeitsplatz, seine Familie, seinen Wohlstand.

Daher wird es auch verständlich, wenn der Kriegsherr zum Krieg aufruft, dass meist das Volk und der einzelne Bürger sich bald damit arrangiert, weil es glaubt zu sehen, dass auch seine Angst kanalisiert wird und damit zu einem Ende kommen kann. Doch lediglich genauso halluziniert und eingebildet, wird bei dem großen Kriegsherrn selbst.

Das Hoffen auf das Ende des angefachten Krieges beherrscht dann den weiteren Verlauf des Kampfes, der damit verbunden ist. Jede Patrone für das Ende des Krieges. Jede Bombe für den Schlussstrich der Angst.

Irgendwann ist das Ende des Krieges erreicht. Über sehr viel Blut, Trümmer und Kosten. Und wenn der Kriegsherr noch am Leben ist, wird er nicht zufrieden sein, denn er mag den Krieg gewonnen haben, aber die innere Angst schwelt weiter. Bis zum nächsten Mal.

190

Apropos Ängste

Wer erkennt, dass eine Angst ihn ergreift, den ergreift sie nicht.

191

Rechtes Fressen

Es geht ums Fressen, den politisch Rechten geht's nur ums Fressen. Denn Sie wollen sich von Anfang an von den Migranten und Ausländern das „Schnitzel" nicht vom Teller nehmen lassen, denn diese Angst haben sie immer schon gehabt, dass sie nichts mehr zu fressen haben würden, wenn andere ins Land kämen. Es ist also der berühmte Futterneid von dem sie gelenkt werden, jenes tierische Überbleibsel, dem noch die Vernunft und Empathie fehlt. Es wird ja zuweilen bei den Affen gefunden, dass diese selbst dem eigenen Nachwuchs das Essen vorenthalten. Wie auch immer, die rechte Gesinnung zeigt sich also immer wieder nur affig.

192
TUN ODER NICHT TUN, DAS IST NICHT DIE FRAGE

Wer was zu tun habe oder nicht zu tun habe, bestimmt lediglich eine Macht, die für sich diese behauptet. Am Tun und Nicht-Tun, das von einer Macht diktiert wird, sei sie auch noch so demokratisch oder undemokratisch, bin ich überhaupt nicht interessiert.

Mich interessiert das Warum des Tuns. Und das Was der Sinnhaftigkeit dieses Tuns oder nicht Tuns, das angedacht und begründet wird. Denn wenn wir nicht mehr begründen, warum etwas zu tun sei oder nicht zu tun sei, sondern lediglich auf der Macht beharren, gewinnen wir nichts, sondern verlieren. Nämlich Verständnis für die wirklichen Notwendigkeiten und die Erkenntnis über die Abstufungen von Prioritäten.

Die Politik scheint derart unter Druck zu stehen, dass sie ihre demokratischen Begründungen für ein Tun oder nicht Tun recht schnell nicht mehr wiederholt und dann zu Taten schreitet, um halt etwas zu tun. Denn sie ist an der Weisheit orientiert, dass Begründungen, die Wirkliches und Wahres zum Ausdruck bringen, nie von allen in einer gewissen Zeit verstanden werden können. Daher wissen viele nicht mehr, warum die klugen Politiker ihre klugen Taten verwirklichen.

Das ist aber dann nicht das Problem der klugen Politiker, sondern der Unmöglichkeit alle Menschen in einer gewissen notwendigen Zeitspanne mit ins Boot des Verständnisses zu holen. So bleiben dann manche immer außen vor.

Es ist daher feige und zeugt von Unverständnis den Politikern und der Öffentlichkeit nörgelnd, jammernd und klagend in den Ohren zu liegen und mit allerlei Unterstellungen um sich zu hauen. Die Energie für diesen Protest sollten sie lieber in allgemeine und spezielle Bildung investieren und gute Sachbücher lesen. Anstatt sich zu beklagen über etwas, dass die Klagenden meist noch gar nicht verstanden haben.

Deren Unverständnis ist nämlich an ihren Klagen abzulesen und deren Pseudo-Begründungen. Dass Kritik an der Sache berechtigt ist, sei unbenommen. Aber meist gehen in den psychologischen Verstrickungen die sachlichen Argumente verloren, werden verzerrt, verdreht und die wirklichen Gründe missachtet oder ihnen nicht geglaubt – eben weil die Begründungen nicht verstanden werden.

Wer nämlich versteht, wird nicht protestieren. Und wer nicht versteht, soll sich informieren und Sachbücher lesen. Nur wer glaubt zu verstehen und es doch nicht tun, wird protestieren müssen, weil ihm sein Glaube zu sehr die Aggression und die Empörung diktiert. Ein Glaube ist aber eine überholte Geisteshaltung. Wir haben schließlich seit 500 Jahren die rationalen Wissenschaften entdeckt. Diese Haltung, die Haltung des Wissens und der Suche nach Wissen, das belastbar ist, ist zu praktizieren. Nur sie hilft die Debatte friedlich, fair und sachlich zu halten.

Wo im Eigendünkel eines irrigen Glaubens der Respekt verloren geht, bedarf es der Nachschulung und der Eigenleistung des Selbststudiums. Wer sich auch hier verweigert, hat die Zeichen der Zeit noch nicht erkannt und steht auf eklatantem Kollisionskurs mit der gutartigen Weiterentwicklung von Gesellschaft, Kultur, Wissen und der gelebten Friedfertigkeit, die eine globale Welt dringend bedarf.

193

„Die Schule schafft sich ab“

War in einem sozialen Medium zu hören, in einer Minute achtunddreißig Sekunden. Es musste folgendes kommentiert werden:

Von welcher Schule sprechen Sie? Die Frage nach der Schule ist genauso vieldeutig, wie die Frage nach der Bildung. Es gibt Allgemeinbildung, Hochschulbildung, Ausbildung, moralische Bildung, humanistische Bildung, Verbildung, Missbildung, Unbildung, Halbbildung, et cetera. Die Attitüden der pauschalisierenden Verallgemeinerung helfen den differenzierten Diskurs der kontinuierlichen Verbesserung nicht weiter zu bringen. Und phrasenhaft konfrontierende Sätze streicheln nur das posaunende Ego.

194

Wo kommen die Fragen her?

Wo kommen die Fragen her, die im Geiste erscheinen? Warum kann der Mensch Fragen stellen? Offenbar fehlt ihm etwas, das er noch sucht. Der tägliche Bedarf an Sicherheit, Nahrung und Arbeit will bewältigt werden. Und da nicht immer alles klar ist, entsteht ein Mangel, ein Suchen, dass durch diese Fragen zum Ausdruck kommt. Wo ist der Schlüssel? Was wollen wir essen? Wie war dein Tag? Das Wollen und der Austausch zeigen, dass der Augenblick sich füllen will, erfüllen will, weil er zugleich einen Mangel zeigt, als auch die Bewegung hin den Mangel auszugleichen. Und beides geschieht im Moment, beides führt zur Bewegung, das ich zur Arbeit gehe, dass ich den Schlüssel suche, dass ich ein Essen bereite. Der Mangel ist also Entwicklung, weil er im Augenblick sich entlang der Zeit selbst zu erfüllen sucht. Sind wir dann satt, arbeiten wir gewissenhaft, finden wir den Schlüssel, ist das nur vorübergehend, denn der sich selbst erfüllende Mangel geht weiter. Wir haben weitere Aufgaben, das Geschirr abwaschen, mit dem Auto wegfahren, E-Mails schreiben bei der Arbeit.

Den Mangel könnten wir auch „Hunger des Augenblicks nach sich selbst" bezeichnen. So auch die Fragen. Sie sind der Hunger des bewussten Menschen nach sich selbst und einem Frieden, der immer wieder in der Antwort und in der nächsten Antwort gesucht wird. Der Frieden ist nie endgültig, vielleicht auch nicht im Tod. Der Hunger des Augenblicks nach sich selbst ist die natürliche Situation der Bewegung, alle Existenz und alle Wesen suchen so nach sich selbst. Und der Mensch ist sich dessen am meisten bewusst, wenn er sich bewusst ist. Und die forschenden Fragen nach Verstehen, sind der Hunger der Existenz sich zu entfalten und in immer wieder neuen Weisen und Formen zu finden, ohne jemals eine endgültige Form erlangen zu können.

Alles ist Bewegung, Entwicklung, Hunger, Sehnsucht, Suche. Wenn wir uns also mit diesem Hunger und seiner Selbsterfüllung auseinandersetzen, wenn wir ihn schauen, wird klarer werden, wie wir die Last des täglichen Weh mit Würde tragen können, weil wir ohne Klage, ohne Sklave zu sein und ohne Resignation am Leid des Lebens teilhaben werden, das eben gerade eine Form dieses Hungers darstellt, der uns in die Sehnsucht führt, es zu lindern, zu heilen und zu befrieden. Dies ist Entwicklung, die in der Zeit geschieht, von Augenblick zu Augenblick.

195
Wehrhaftigkeit

Es gibt nicht nur die Links-Radikalen und die Rechts-Radikalen, es gibt auch die Demokratie-Entschiedenen. Diese sind jener Geisteshaltung entspringend, die sich abgewogene und differenziert begründete Grenzen setzt, ab wann die ersten beiden nicht mehr zu dulden sind und zu einer entschiedeneren Bekämpfung geschritten werden muss.

Diese Haltung ist genauso entschieden der Wehrhaftigkeit verpflichtet, wie sie dem Humanismus verpflichtet ist, der Freiheit und ihrer begründeten Grenzen, sowie der Demokratie und ihrer gesunden Entwicklung. Denn führt die Gefahr zu weit, die aus den ersten beiden erscheint, wird eingeschritten und zwar dann nicht mehr allein verbal. Diese Entschiedenheit ist damit dem Prinzip der Unterbindung von Selbst- und Fremdgefährdung verpflichtet und dient der Verhinderung von Schaden. Das rechtzeitige Mittel der entschiedenen Unterbindung von weiterem Schaden, der auch darin besteht, wenn durch infame Unterstellungen, irrige Leugnung von Fakten und fabulierender Hetze die geistig-seelische und verbindenden Ordnung einer Gesellschaft zerrüttet wird und bereits nachweislich vergiftet wurde. Diesem geistigen Verbrechen der Vergiftung des gesellschaftlichen Austausches durch eine hetzende und über-emotionalisierende Beteiligung an den politischen und gesellschaftlichen Fragen, die eine dauernde Beleidigung der Sachlichkeit und eine kontinuierliche Respektlosigkeit bedeuten, muss Grenzen gesetzt werden, irgendwann. Und die Stimmung im Lande wird darüber entscheiden, wann die Demokratie-Entschiedenen hier zum Handeln greifen werden.

Die Gesellschaft tut also gut daran zu unterscheiden, worin die dann Gehandelten gegründet sind und ob sie doch irrig einer langfristig unterdrückenden Haltung folgten und damit keine Demokratie-Entschiedenen darstellen würden, sondern etwas anderes Radikales, das nicht dem linken oder rechten Spektrum zuzuordnen wäre. Die Demokratie-Entschiedenen dagegen würden beseitigen, was nicht mehr zu duldende Unordnung hervorruft, indem die Verursacher der Vergiftung nicht mehr allein verbal bekämpft würden, um danach zur Ordnung, zum Frieden und zum Vertrauen, zur Sachlichkeit und zur leidenschaftlichen Verbesserung gesellschaftlicher Bedingungen zurück zu kehren. Denn die Wiederherstellung einer gesellschaftlichen Ruhe, bedarf auch der Paukenschläge, um wieder kollektiv zur Vernünftigkeit zu gelangen und aus der eskalierenden Bewegung von emotionalisierender Hetze auszusteigen. Gerade die ersten beiden Haltungen neigen nämlich gerade dazu. Die Demokratie-Entschiedenen würden sich dies eine gewisse Zeit anschauen, abwägen und dulden. Aber sie würden auch entschieden einschreiten, wenn die rein verbalen Versuche zu einer Ordnung zurückzurufen, nicht mehr fruchten würden und ein gefährlicher Selbstläufer erschienen wäre, der gestoppt werden müsste.

Dies wäre dann nicht der Empörung wert, weil nicht-verbale Mittel genutzt würden, sondern entspräche der pazifistischen Notwendigkeit den gefährdeten Frieden rechtzeitig zu schützen. Die Anfänge des drohenden größeren Unheils würden eine Weile beobachtet werden, aber die Wehrhaftigkeit der Demokratie-Entschiedenen würde den Beweis nicht abwarten, bis das Unheil manifest geworden sei. Denn am bereits angerichteten Schaden einer gesellschaftlichen Destabilisierung würden sich alle orientieren müssen und die Erkenntnis finden, dass dies nicht die Folge von sachlichen Debatten zuzuschreiben wäre, sondern von emotional vergiftenden. Es wird leicht auszumachen sein, wo dies alles begann und selbst der psychologisch verständige Blick in die politisch-gesellschaftliche Aktualität wird zeigen, was an Ungutem hier nun entschieden unterbunden und gestoppt werden muss.

Die Saat, die manche säen wird aufgehen, aber nicht unbedingt in dem von ihnen erwarteten Sinne. Denn der demokratie-entschiedene Gärtner wird sich zu helfen wissen.

196

Duldung, Belehrung, Lehre, Forschung

Belehrung ist das eine – Gemeinsames Forschen das andere.

Diktat und Zurechtweisung ist das eine – Dialog und gemeinsame Hinwendung das andere.

Bezüglich Menschenrechten haben wir „die Pflicht" andere Politiker, Menschen, Nationen und Kulturen zu lehren, was Menschenrechte sind und welch Nutzen ein solches Verständnis für die ganze Menschheit hat. Besonders, wenn diese gegen die Menschenrechte, Frauenrechte und Kinderrechte verstoßen sollten.

Aber richtig ist auch, dass wir von anderen nicht erwarten können, wenn sie die universellen Gesetze noch nicht begreifen. Daher ist evolutionär ein langer Atem erforderlich und stets die Grenzen zu schützen, die in der Gefahr stehen überschritten zu werden, um die edlen Ideen der Menschenrechte zu verwässern, zu verirren, zu beleidigen oder zu verletzen.

Wir kommen nicht umhin zu erkennen, dass es Stufen der Erkenntnis gibt, wonach die oberen die edleren Erkenntnisse ermöglichen, als die darunter liegenden. Dies ist keine Kulturhybris oder Kulturanmaßung, sondern verpflichtet zu einer Menschlichkeit, die stets den Frieden und die höchsten Werte aller Menschen achtet, was bedeutet anderen Grenzen zu setzen, wenn sie zu weit gehen und sie zu belehren, wenn sie dagegen verstoßen sollten.

Ja, dann müssen wir belehren und können nicht schweigen, dann müssen wir den Mund aufmachen und Klartext reden. Sich hier heraus zu halten und geschehen zu lassen, entspräche dem Schweigen im Angesicht eines Verbrechens und würde der damit verwobenen Gewalt das Recht einräumen zu expandieren und weiter zu machen. Denn Gewalt ist kein Mittel für eine global werdende Welt die gemeinsamen Belange zu lösen. Und wer mit Gewalt beginnt, auch wenn es die verbale Gewalt der psychischen Verletzungen betrifft, dann müssen wir deutlich werden und nicht schweigen. Denn die Menschlichkeit duldet keine Vergewaltigungen, auch keine verbalen, denn diese sind der Anfang einer physischen Gewalt, wie wir gerade auch in der deutschen Geschichte der 1920-er bis 1940-er Jahre gesehen haben.

Denn es gilt die folgende Stufenfolge: Zuerst kommt die Duldung eines Verhaltens, dann die Belehrung des Fehlverhaltens, anschließend die Lehre über besseres Verhalten und dann das gemeinsame dialogische Forschen über die Grundlagen, die uns allen gemeinsam sind und die uns daher in einen nachhaltigen und begründeten gemeinsamen Frieden bringen (was das Ziel des menschlichen Strebens sein sollte).

Pauschal zu behaupten, wir sollten andere nicht belehren, geht an der vielschichtigen Realität vorbei. Denn manches muss und kann noch geduldet, manches muss und sollte belehrt, anderes anderen gelehrt und weiteres gemeinsam erforscht werden. Dies müssen wir differenzieren und die Realität damit abgleichen und schauen, wo was am besten den Umständen entsprechend angewandt werden kann.

197
Die entwickelnde Zeit und das Selbst

Wie denken wir über die zeit-basierte Entwicklung des Selbst? Denken wir an die hunderttausende von Jahren in der Vergangenheit oder an dieselbe Zeitspanne in die Zukunft. Oder zwei Millionen Jahre zurück oder vorwärts.

Wie hat das Denken ausgesehen und wie wird es aussehen? Es hat sich definitiv etwas getan.

Und: Was ist die Verbindung zwischen dem Selbst und dem Gedanken? Oder entwickelt sich Selbst und Denken im Laufe der Zeit? Vor zehntausend Jahren war, soweit wir wissen, das Denken anders als heute. Nach meinem Verständnis gibt es *keine* willkürliche Entwicklung. Meiner Meinung nach kann eine bestimmte Richtung gesehen werden.

Und schließlich: Wie soll die Beziehung zwischen dem Nicht-Selbst und dem Selbst verstanden werden (das Selbst, das durch die sich zeit-entwickelnden Gedanken gesehen wird). Gibt es überhaupt ein „Jenseits", das Nicht-Selbst und Selbst trennt? Ich bezweifle.

Was taucht gerade auf?

198
Die Realität der Illusion

Ist die Illusion der Zeit real? Denn manche behaupten die Zeit sei eine Illusion und würde durch uns geschaffen werden. Vor hunderttausend Jahren lebten wir in Höhlen. So soll die Evolution real sein und eine Illusion? Ist das zu glauben?

Der Gedanke an ein „Jenseits" scheint etwas über das Jetzt und Hier und Dies erzählen zu müssen. Es muss ein Paradoxon geben, einen nur scheinbaren Widerspruch. Das „Jenseits" ist ein Konzept, das mit Gott verbunden wird, doch es ist gescheitert, da es für das Hier, Jetzt und Dies keinen Wert hat.

Ich möchte also anbieten: Das Nicht-Selbst ist real und nicht vom Selbst getrennt, also ist beides real und eine Illusion. Soweit dieser Moment gerade zu mir spricht.

199
Bejahung und Verneinung

Die Bejahung und die Verneinung sind das unvermeidliche Ergebnis einer
Entscheidung. Und Entscheidungen sind im täglichen Leben unumgänglich. Die Meinung kommt später, soweit ich das verstehe. Aber wir entscheiden die meiste Zeit des Tages, ohne Worte dafür zu finden, und gehen deshalb diesen und nicht jenen Weg, ohne eine Meinung darüber formuliert zu
haben. Natürlich könnten wir die Gründe für diese oder jene Entscheidung
formulieren und begründen, warum wir diesen und nicht jenen Weg gegangen sind, was sich als Meinung auffassen ließe. Aber wir könnten auch fragen,
wo die Meinung beginnt und wo die Begründung aufhört eine Meinung zu
sein.

200
Die Gefährlichen ohne Tüte

Es ist leider so in der Welt: Wer den Gefährlichen spielt, muss mit Gefahren
rechnen. Und sich nicht so entsetzt wundern, wenn ihm seine Gefährlichkeit gespiegelt wird. Dann sich auf den Standpunkt zu stellen, ein Opfer zu
sein, kommt einer kindischen Reaktionsweise gleich, die nicht begriffen zu
haben scheint, was auf das eigene Konto der Verantwortungslosigkeit geht
und was er oder sie getan oder geredet hat. So als ob sie sich selber leugnen
und ignorieren würden. Denn wenn ihr Reden und Tun reflektierter wäre,
würde der Zusammenhang zwischen Spiegelung der Gefährlichkeit und Ab-
gleich mit dem eigenen Verhalten gesehen und gespürt werden. Da die Op-
ferrolle diesen Zusammenhang leugnet, kann zusätzlich eine unreflektierte
Empfindungslosigkeit attestiert werden. Arme Burschen und Weiber diese
Gefährlichen – psychisch süchtige Spieler mit dem politischen Feuer.

Ja, Frau Soundso, es kann Tote geben. Wenn auch sie so weiter machen
und sie nicht aufhören die Gefahren herbei zu hetzen und mit Unterstellungen, Halbwahrheiten und Unprofessionalität im sachlichen Austausch blenden. Ja, denn wer die Demokratie in Gefahr bringt, wird im eigenen Feuer
umkommen. Da braucht niemand von denen mit Empörung daher kommen oder so tun, als sei die ihnen gespiegelte Reaktion auf ihre Gefährlichkeit unlauter oder verwerflich. Nein. Wer selbst damit beginnt seine Worte

nicht im Frieden und der Sachlichkeit zu äußern, sondern in revoltierendem Gehabe daher kommt, die angebliche Richtigkeit des Protestes herbeiredet und mit großem Mund den Politiker spielt, der muss mit Grenzen rechnen, die ihm gesetzt werden. Auch wenn das bedeutet, dass er eine körperliche Züchtigung erfährt, die er mit seinem Leben bezahlen könnte. Wie schon große rationale Philosophen sagten: „Die Toleranz muss auch intolerant gegenüber Intoleranz sein können. Denn sonst schafft die Toleranz sich irgendwann ab." Und wird „nur zugeschaut haben und geschehen lassen", wie ein genialer Naturwissenschaftler dies einmal formuliert hatte.

Damit dies nicht passiert, werden die Gefährlichen dann aus dem Land „gefegt" werden, wie auch so einer Mal sagte, der die Welt in Schutt und Asche legen ließ. Und daher in der Ecke der Gefährlichen angesiedelt war. Nein, nein, ja, ja: Wir können das auch: Hinaus fegen. Aber mit reinigendem Ergebnis und befriedendem – und nicht mit kriegerischem und zerstörendem.

Ihr da draußen, ihr Solchen: Seid euch nicht sicher auf eurem Höhenflug. Wir werden unsere Reißleine ziehen und nicht eure. Denn euer Höhenflug ist mit einem freien Fall im Anschluss unumgänglich verbunden (in unsere Demokratie), den wir, Richtung Aufprall am blanken Boden, nicht stoppen werden. Aber wir, wir werden weich landen, weil wir euren Höhenflug begleiten werden, bis ihr am Zenit angekommen seid. Und dann geht es ungebremst nach unten. Kompromisslos und unwiderruflich. Lacht ruhig. Wenn ihr euren eigenen Ernst noch nicht begriffen habt, dann seit ihr nicht ernst. Und gerade daher werden wir euch stoppen. Final. Euer größter und sehnlichster Erfolg wird eure absolute Niederlage sein. Macht euch nichts vor. Wer die Demokratie beschmutzt, wie ihr es tut, wird mit Reinigungsaktionen rechnen müssen, die ihn selber betreffen. Lieber freiwillig aufgeben und von den Rentendiäten leben, die ihr euch erworben habt und die wir euch zugestehen. Aber mehr auch nicht. Regierungsverantwortung kommt gar nicht in die Tüte, denn es gibt keine rechten Tüten für euch, die ihr ausfüllen könntet. Wir lassen das nicht zu. – Ende.

201
Für den Frieden leben

Leider ist der Frieden noch nicht selbstverständlich. Was ihn verhindert ist Aufgabe der persönlichen Anteilnahme und der gründlichen Fragen, die zu stellen wären. Nur Protest ist leider zu wenig, wir brauchen mehr und tieferes Verstehen über das Sein und Werden des Menschen, mehr Wahrheit und Wahrhaftigkeit, die sich leider auch manchmal noch im Gefängnis beweisen muss. Die Ehrung ist allemal die Aufforderung den Frieden ernst zu nehmen und ihn zu würdigen und zu feiern, wo immer er uns begegnet, begleitet und erfüllt.

202
Von der Neugier des Suchens

Ich kam mit dem Fahrrad zurück an unsere Hausanlage und fuhr bis zu den Garagen. Dort grüßte eine Mutter mit ihren Kindern und wir freuten uns der zufälligen Begegnung. Dann stieg ich ab und schloss die Garage auf. Das blecherne Tor ging auf und die kleinen Kinder kamen neugierig und schauten in die Garage hinein. Der Mutter war dies ein wenig unangenehm, sodass sie die Kinder bat wieder her zu kommen und nicht in die Garage von anderen zu schauen, ohne zu fragen. Aber ich lachte freundlich und meinte, dass wir Menschen eben neugierig sind, das gehöre zu unserer Natur. Der Mutter ging etwas die elterliche Spannung aus dem Körper und sie lachte ebenso freundlich, sodass wir einen kurzen Austausch über Neugier hatten, bevor die Kinder wieder Aufmerksamkeit erforderten und sie schon wieder woanders neugierig von ihren Augen hin geführt wurden.

Wir Menschen sind neugierig. Und das ist sowohl positiv als auch negativ konnotiert. Aber diese Neugier ist immer ein Suchen. Der Mensch sucht etwas mit seiner Neugier: Informationen, Geheimnisse, Sicherheit, Antworten, neue Fragen. Zwar hat die Neugier das Wort Gier inbegriffen und stellt eine Steigerung von Interesse dar. Aber dieses gesteigerte Interesse an Neuem, das auch in der wissenschaftlichen Forschung zum Ausdruck kommt, hat die positiv konnotierte Neugier dennoch ebenso in der Reichweite zulässiger Bedeutungen zu finden.

203
Das pseudo-kritisch böswillige Missverstehen

Es gibt so manche Leute, die ein Fühlen und Denken an den Tag legen, das von einer inneren Aggressivität gelenkt ist und ein böswilliges Missverstehen zum Ausdruck bringen kann. Diese Leute glauben, sie seien demokratisch kritische Zeitgenossen, die ein Recht darauf hätten ihre nörgelnde und unterstellende Kritik einem anderen oder einer Sache zuzuweisen.

Aber ihr Recht neigt zum Unrecht, weil sie bösartig das Böse anderen unterstellen und damit fraglos selbst von einem bösen Geist getrieben werden. Sie werden von ihren verworrenen und verdorbenen Emotionen gehetzt und hetzen andere, weil sie deren Aufrichtigkeit und Integrität nicht wahrnehmen können oder wollen und sie in einem egoischen Eifer dem anderen oder der Sache das Schlechte unterstellen.

Mit sachlicher Kritik hat solch eine Verbalität meist nichts zu tun, denn es wird besonders denen klar, die in der Sache die besten und sachlichsten Argumente pflegen, das von den anderen eine schon mutwillige Beschädigung der Sache oder einer Person stattfinden soll. Besonders wenn eigensinnige Interessen eine tragende Rolle spielen und damit Macht, Geld und Einfluss für andere relativiert werden sollen, weil die Intentionen darauf hinaus laufen, die Zentralisierung zu entmachten und die Monopolisierung abzubauen.

Dies dient aber dem Wohl der Vielen, dies dient dem Frieden. Doch die pseudo-kritisch böswilligen Missverstehenden, wollen und können wohl noch nicht verstehen, dass ihnen eine Mäßigkeit zugehen soll und sie sich in ihrer Unmäßigkeit, die gerade dadurch zum Ausdruck kommt, einschränken müssen. Zum Wohle der Vielen, im Dienst an der Menschheit.

Es sind also die engen, kleinen, egoisch Mächtigen, die sich hier derart gebaren, dass wir acht geben müssen, uns nicht von deren Emotionalisierungen einfangen zu lassen. Denn das können sie, sie können wunderbar hetzen und aufpeitschen, mitunter eloquent sprechen und sie beherrschen die freie Rede in dieser Weise.

Aber das sollte uns nicht beeindrucken, denn das Wohl der Menschheit geht über die egoische Macht der kleinen Wenigen, die innerlich an ihrer Aggressivität leiden und dies immer wieder glauben nach außen tragen zu müssen.

Wir müssen auf der Hut sein und achtsam, damit wir endlich als Menschheit lernen werden, wie wir es vermeiden können die Falschen an die politische Macht zu lassen, die immer nur, früher oder später, Unheil anrichten.

204
Die drei Stufen des
einkommenbasierten Selbstverständnisses

Die drei folgenden und aufeinander folgenden Stufen beschreiben, aus einer Ich-Perspektive, jeweils das Selbstverständnis in Bezug auf Verdienst, Lohn, Einkommen und Leistungsvergütung. Ich glaube, diese drei Stufen sind es wert, genannt zu sein und die Erfahrung wird zu machen sein, dass sie wiedererkannt werden. Jeder hat damit Gelegenheit sich darin zu finden, wenn er schon alt genug ist hierfür eine innere Ortung dazu durchgeführt zu haben.

1. *Eigensinnigkeit:* Ich will für meine Leistung auch einen entsprechend hoch vergüteten Lohn erhalten. Das ist mir schon sehr wichtig und ich strebe daher auch eine hoch vergütete Karriere an. Denn wer viel leistet und große Verantwortung übernimmt soll auch ein entsprechend hohes Gehalt und Zahlungen erhalten. Daher strebe ich nach großer Leistung und danach, mich mit meinen Fähigkeiten zu spezialisieren, damit ich gefragt bin und Dinge tun kann, die sonst niemand kann oder nur wenige können.

2. *Dienstbarkeit:* Ich will mit meinem Dienst an der Gemeinschaft und Gesellschaft einen wertvollen Beitrag zum Frieden und der Gesunderhaltung leisten. Und ich möchte diesen Wert entsprechend vergütet sehen. Denn wir leben nicht von Luft und Liebe allein, sondern brauchen auch Anerkennung und werthaltigen Rückgewinn aus unserem gesellschaftlichen Engagement und Beitrag. Daher diene ich gerne der Gemeinschaft und anderen, denn was ich aussende kommt zu mir zurück.

3. *Selbstlosigkeit:* Mir ist es nicht so wichtig, was ich für meine Leistungen erhalte, denn mich trägt die Leidenschaft an der Sache und mei-

nen tief-sinnigen Inhalten. Natürlich wäre es schön etwas zurück zu bekommen, aber die tragende Bewegung meines Tuns und Friedens basiert nicht auf dem Einkommen, das ich damit erziele, sondern auf meiner erfahrenen Wahrhaftigkeit und Authentizität, die sich nicht kaufen lässt und nicht käuflich ist und die mir mit Zahlen und Geld nicht bewertbar erscheint.

Diese drei Stufen sind auch vergleichbar mit der:

1. *Egozentrik:* Ich-Ich-Ich. Ich stehe, gehe und wirke im Zentrum der Welt. Alles dreht sich um mich. Ich bin mir am Wichtigsten. Meine Familie geht mir über alles. Mein Denken bestimmt mein Wollen und Tun. Daher konkurriere ich auch gerne mit anderen, die ich übertrumpfen will. Ich will gewinnen. Und dafür kämpfe ich auch.

2. *Soziales/globales Denken:* Das-Wir-bin-Ich. Ich diene als Teil eines Wir diesem Wir und damit mir selbst. Ich bin wichtig, denn ich leiste einen wert- und sinnvollen Beitrag zum Gemeinwohl. Mein Herz sagt mir, was richtig ist und lässt mich die Freude am Dienen spüren. Daher kooperiere ich konstruktiv mit anderen und wir arbeiten gemeinsam an den notwendigen Aufgaben zur Erfüllung von Frieden und Gesundheit. Ich will am Frieden und Glück für alle mitarbeiten. Und dafür strebe und diene ich.

3. *Kósmische Vernunft:* Des-Kósmos-Tiefe-ist-Mein. Ich wirke aus einem Frieden heraus, den ich in jedem Augenblick erfahre. Ich bin weder wichtig noch unwichtig. Im Tun und Nicht-Tun erlebe ich verlässlich Erfüllung und Frieden. Meine Seele ist eins mit der Vernunft und meinem eigenen Ausdruck. Daher lebe ich für den Moment und entwickle die Zukunft in der Gegenwart, indem ich auf die sinnigen Erkenntnisse schaue, die in mir erscheinen. Ich achte auf den Augenblick und bin allzeit wach und bereit mit den Bedingungen zu leben.

Die drei Stufen des einkommenbasierten Selbstverständnisses basieren also auf der zunehmenden Weite im Blick auf den

1. *Singular:* Ich, du, er, sie und es;

2. *Plural:* Wir, ihr, sie, wir alle, ihr alle und sie alle. Und das

3. *All:* Alle und alles.

205
Der irrige Weg der Selbstfindung und die Bewegung in den Krieg

Wir neigen dazu die Welt nach unseren kleinen Vorstellungen gestalten zu wollen. Und schaffen es kaum mit dem großartigen Leben zufrieden zu sein. Wenn wir das Leben und die Welt genau betrachten, sind es nur die großherzigen Vorstellungen, die von wert erscheinen, da im kleingeistigen Falle den Menschen die Luft zum Atem genommen wird und sie vor Kampf und Krieg sich zu fürchten beginnen, wenn sie sich uns aufzudrängen suchen.

Wir neigen zudem dazu unsere Beziehungen mit Menschen so zu gestalten, dass wir uns im andern wiederfinden können. Wir wollen andere nach unserem Bilde, nach unseren Vorstellungen, nach unserem Willen. Der andere soll so sein, wie wir, dann glauben wir, könnten wir uns anerkannt, gemocht und geliebt empfinden. Geht der Effekt des Wiedererkennens in anderen verloren oder kann gar nicht erst gefunden werden, trennen wir uns und werden gleich darauf den Weg einschlagen, in noch unbekannten anderen weiter nach uns selbst zu suchen. Und werden alsbald wieder enttäuscht. Und warum genau?

Es scheint, je weniger wir uns bisher gefunden haben, desto eher werden wir uns trennen wollen von anderen, die uns nicht oder nicht mehr genügen, von denen wir uns zunehmend entfernt empfinden, den wir nicht mehr verstehen, weil wir glauben, er oder sie hätte sich von uns weg entwickelt oder nie zu uns hin. Unsere Suche nach uns selbst wird so aber niemals fündig, weil es nichts zu finden gibt, das uns befrieden könnte, das wir erkennen könnten und das wir verstehen könnten. Was ist, ist lediglich die Bewegung im ewig sich verändernden Augenblick, indem wir mal mehr und mal weniger glauben uns gefunden zu haben oder einen anderen, der uns eine Weile genügt und bald auch wieder nicht.

Das, was wir glauben, gefunden zu haben, ist aber begrenzt und durch den Mangel an Weite, Frieden und Liebe gekennzeichnet. Die Täuschungen über das Gefundene sorgen daher für Jammer, Klage, Leid, Kampf und

Krieg. Und warum? Eben weil der Glaube an die Wahrheit des Gefundenen den Menschen im Irrtum belässt in einer ganz spezifischen und tiefen Angelegenheit, nämlich über die Frage der Bewältigung unserer Furcht vor dem Tod. Denn wir sind Leben und wir wollen, als Leben, nicht sterben.

So auch der Krieg, der einer Furcht vor dem Tode gehorcht, einer Furcht, die gleichsam den Tod im Krieg heraufbeschwört. Die Furcht erscheint, weil wir etwas Bestimmtes suchen, in uns und in anderen und wir es nicht finden können, immer wieder enttäuscht werden und nichts haben, das uns dauerhaft befriedet. Der Glaube an uns selbst, entstammt einer Lebendigkeit und diese Lebendigkeit will am Leben bleiben. Was bedeutet, dass wir eine Furcht vor dem Tode einladen, die uns in die Verteidigung und den Angriff führt, in den ewigen Krieg, der schon bei unseren lange zurückliegenden Vorfahren, den Affen und Menschenaffen, als ein heute noch beobachtbares Phänomen der Verdrängung und Tötung anderer Artgenossen, gefunden wurde.

Dieses Erbe ist unsere Bürde. Diese weit zurück liegende Vergangenheit ist unsere Gegenwart. Doch wir haben in unserer kürzlich zurück liegenden Vergangenheit bereits ein Verständnis gefunden, das uns von der weit zurück liegenden Vergangenheit unterscheidet und uns die Hoffnung spendet, die Zukunft stetig freier und friedlicher zu gestalten. Wer schaut, wird verstehen. Wer versteht, wird handeln. Und wer handelt, wird wissen, was wann wie zu tun ist.

206

Das Bild und die Geste

Ein Krieg war vor zwei Tagen losgetreten worden. Nun hatte in einem sozialen Medium jemand ein Bild geteilt, das eine versöhnende Geste zwischen den Parteien an diesem begonnen Krieg zum Ausdruck brachte: Zwei junge Männer waren von hinten zu sehen, wie sie die Straße entlang gingen und sich freundschaftlich den jeweiligen Arm um die Schulter des anderen gelegt hatten und deren verschiedene Religionszugehörigkeit durch verschiedene Kleidungsmerkmale sichtbar war. Es schrieb sich ein Kommentar, wie folgt:

Die Geste zählt. Aber die Worte wollen verstanden sein. Worte und Gedanken sind immer begrenzt. Wo die Religionen über das Unbegrenzte mit begrenzten Worten reden, bedarf es der Demut – und nicht des Kampfes.

207
APROPOS FEMINISMUS

In einem sozialen Medium wurde ein reflektierender Beitrag zum Thema Feminismus von einer Frau angeboten, er zeigte, das innerhalb des sogenannten Feminismus es keine einheitliche Richtung gibt und dass es offenbar Uneinigkeit unter den Feministinnen gibt, wie der Feminismus zu verstehen sei und welche Interpretation nun denn die richtige sei. Der Beitrag ging letztlich darum, die eigene Auffassung von Feminismus zu rechtfertigen und sich vor der Kritik anderer Feministinnen zu verteidigen oder deren Auffassung zu deklassieren. Ein Kommentar schrieb sich mir daher, wie folgt:

Um einen kurzen Impuls an alle zu richten, in konstruktivsten Sinne, der gerade machbar scheint: 1. Es gibt verschiedene Arten von Feminismus und 2. diese sollten zuerst differenziert betrachtet werden, weil 3. ein fehlendes Verständnis für ein anderes Selbstverständnis lediglich als egoische Selbstgefälligkeit gewertet werden muss. Denn 4. sind das soziale und globale Miteinander darauf angewiesen, dass wir alle uns einander verstehen, um die besten Lösungen (Plural) für alle zu verwirklichen. Und nicht 5. eine Lösung (Singular) für alle. Es ist also 6. entscheidend, wie wir unser Verstehen von anderen üben werden und damit mehr Möglichkeiten erarbeiten können die gesellschaftliche Realität zu gestalten. In diesem Sinne: herzliche Grüße.

208
ANTWORT AUF „DIE GRÜNEN HABEN ALLES VERBOCKT"

Wie das sein kann, dass alle gegen die Grünen sind? – Ich würde sagen, durch halluzinierte Unterstellungsstrategien von Gegenwartsleugnern, denen das Leben Feind ist, die Welt böse und die Zukunft durch Selbstausrottung der Menschheit besiegelt. Und das trifft nicht die Grünen, sondern die „Allegegen-die-Grünen" (wobei ich das Alle bezweifle)

Die Grünen sind da anders, die machen und denken seit 43 Jahren an diese Themem, die haben keine Schuld. Es sind die oben genannten, die man an den Schultern schütteln muss, für ihre lebensgefährliche und selbstgefällige Ignoranz gegenüber dem Notwendigen, das die Grünen vertreten.

209
Tagespolitik

Wer sich mit Tagespolitik beschäftigt steht in der Gefahr den großen Bogen der menschlich gutartigen Entwicklung durch das Notwendige aus dem Blick zu verlieren. Denn die analytischen Differenzierungen machen doch sehr oft den Eindruck einer aufgeregten Wichtigkeit, die das kleine Detail über das große Ziel zu legen tendiert. Gerade die Kritiker, die sich hier positionieren und darstellen mit ihrem Besten, das sie vermeinen, geben dem Geschmack Ausdruck, durch egoische Leidenschaft würde die demokratische Welt in ihrer Diskurspflicht zum Besseren entwickelt. Aber sie ignoriert den Frust und die Verwirrung, die solch ein egoisches Gebaren mit sich bringt. Man kann auch differenziert besprechen und den großen Bogen im Blick haben, ohne sich in den Details zu verlieren. Letzteres ist daher heute nun vonnöten, weil nach dem Ego das Sozio kommt und danach das Globalio, nämlich die Entwicklung von der selbstgefälligen Enge (Egozentrik ohne Einfühlungsvermögen) über die mitdenkende Weite (Soziales Denken mit den Grenzen der Toleranz) zur umfassenden Tiefe (kósmisches Bewusstsein mit globaler Basis).

Gerade auch die tagespolitisch zu spürende Erregung über dies und jenes und die politisch gewordene Aggressivität und Destruktivität aus dem rechten Lager, könnte besänftigt und beseitigt werden, wenn der politisch Interessierte einen gewissen Abstand zum tagespolitischen Geschehen einnehmen würde. Das heißt nun nicht Desinteresse für die Tagespolitik, mangelnde Kritikfähigkeit oder Nachlässigkeit im Verstehen des gesellschaftlichen Geschehens, sondern die Entwicklung eines neuen und erweiterten Interesses und Verständnisses für den großen Bogen der menschlich-gesellschaftlichen Werdung in Richtung Frieden, Freiheit, Liebe und Erfüllung.

Wer sich natürlich keinen großen Bogen vorstellen kann, der sollte gute Sachbücher dazu konsultieren und sich auf den suchenden und erforschenden Weg begeben. Daran scheitert es, wenn der gutartige Ausblick auf das Überleben und Leben der Menschheit im Keime erstickt wird und somit eine selbsterfüllende Prophezeiung dem egoisch Denkenden suggeriert, er wüsste, in seinem dunklen Denken, das Ende schon vorwegzunehmen. Und dass er damit Recht habe. Aber: Er hat mindestens Unrecht, wenn nicht sogar

Schuld, wenn es wirklich soweit käme.

210
Gestorben

Wenn Donald Trump (der amerikanische Präsident zwischen 2016 und 2020) physisch gestorben sein wird, muss seine Familie und der US-Staat seinen Leichnam geheim verscharren, denn sonst besteht die Gefahr, dass sein Grab regelmäßig geschändet werden würde. Bei dem, was er alles sagte, behauptete, erlog und damit getan hatte, nimmt es kaum Wunder, wenn die Nachwelt für eine historische Ordnung sorgen würde. Das ist zu erwarten und eine Frage der Zeit, wann es geschehen würde. Dasselbe gilt für manche Exponierten aus dem derzeitigen (10/2023) rechten politischen Lager in Deutschland. Die aktuellen Zeichen entsprechen dieser Sprache: Die Unverschämten und Dreisten, Respektlosen und Infamen, werden als solche der Nachwelt erhalten bleiben. Mit allen Konsequenzen der Verachtung.

211
Gehen oder Nicht-Gehen? Was ist hier die Frage?

Mich interessiert zunächst nur peripher, dass etwas nicht gehen soll, vor allem, wenn Zeichen zu hören sind, dass noch nicht darüber nachgedacht wurde, wie es gehen kann. Denn ich möchte nicht der Destruktivität und dem Pessimismus vorauseilend gehorchen. Dies ist aber leider auch heute noch ein oft begegnendes Problem. Besonders der voreilige Reflex des Geistes, der stets verneint, erstickt zu häufig das gemeinsame Erforschen und Entdecken von Wahrem, Gutem und Schönem. Die eitlen Schwätzer, die sich selbst nicht zuhören, gehören zu der dunklen Zunft der Mephistoteles, den ewig Gestrigen, die den freien Augenblick des Wahren, Schönen, Guten stets im Keime zu ersticken tendieren.

212
Beruhigung und Menschlichkeit

Es ist häufig zu hören, dass Geld beruhige. Das ist aber nur ein Aspekt des vielen Geldes. Denn viel Geld kann auch selbstgerecht, geizig und selbstgenügsam machen, weshalb die Verantwortung für das Gemeinwohl lokal, regional, national, kontinental und global, auf der Strecke bleiben können. Und damit die Menschlichkeit.

213

Vergangenheit und Gegenwart

Wir können und dürfen unsere Gegenwart durch die Fehlentwicklungen der Vergangenheit nicht entschuldigen oder rechtfertigen, indem wir behaupten, das sei immer schon so gewesen. Wir müssen vielmehr die vergangenen Fehlentwicklungen zu verstehen suchen und sie in der Gegenwart vermeiden wollen. Sonst werden wir stets ein Sklave des unguten Gestern bleiben und nicht begreifen, worin unser stets gegenwärtiges Potenzial für Gerechtigkeit, Frieden und Liebe beruht.

214

Apropos Leistungsgerechtigkeit

Wenn in einer Leistungsumgebung Leistung nicht (mehr) gewürdigt wird, befindet diese sich in einer interpretatorischen Krise darüber, was Leistung geworden ist und wie sie zu würdigen sei. Es könnte sein, dass sie aufgehört hat sich selber treu zu bleiben und dabei die zuvor noch vertretene Leistungsgerechtigkeit in Ungerechtigkeit wandelte.

Dies kann dann der Fall sein, wenn die Leistung nur dazu gedient hatte, Position zu beziehen und nicht dazu, Entwicklung kontinuierlich zu fördern. Anders ließe sich die Weigerung Leistung zu fördern und anzuerkennen kaum interpretieren, denn die damit verwobenen Hemmungen und Hindernisse, Widerstände und Weigerungen, haben interessante egoische Hintergründe, nämlich das Interesse an den eigenen Pfründen, die auf Kosten des Nachwuchses und der Leistungsgerechtigkeit bürden. Es besteht damit der Verdacht, dass die ungleiche Lohnverteilung genau darauf beruht.

Nämlich auf dem egoischen Geschachere um Positionen, das in Selbstgenügsamkeit mündet und dem Ausruhen auf Lorbeeren, die damit zu unverdienten werden, weil die Leistung nicht um der Leistung willen erbracht wurde und damit selbstlos, sondern um der genügsamen Position willen, die damit erhofft wurde, also der Bequemlichkeit und Faulheit willen, die zu erreichen versucht wurde.

Die innere lebendige Bewegung, um der selbstlosen Leistung und Wahrhaftigkeit willen, fehlt in diesem Falle. Doch eine Zementierung dieser Irrationalität findet sich, wie gesagt, in der ungleichen Lohnverteilung, deren Rechtfertigung als irrational, beliebig und willkürlich erkannt wurde, denn die unterschiedliche Höhe der Leistungsvergütung basiert auf einer Fehlwahrnehmung der menschlichen Natur und der daraus folgenden irrigen Interpretation des Prinzips Leistung.[4]

215
LANGE AN DER MACHT

Was ein Politiker, der lange an der Macht ist, sich wohl aneignet, ist nicht Reputation und Beachtlichkeit, sondern eher Image und Schein. Denn die wenigen, politisch wirklich Interessierten, werden nicht den vielen, nicht wirklich Zuhörenden nicht oder kaum begreiflich machen können, welcher Mensch im Laufe der vielen Jahre sich entpuppt haben wird. Und der Politiker wird mit diesem Versteckspiel seine Politik betreiben, weil er an der Macht bleiben will und gestalten.

Aber es werden die Philosophen und Psychologen sein, die sie alle entlarven werden und zeigen werden, dass sie ein täuschendes Spiel spielten, das wohl auch ehrbar interpretiert werden kann, aber doch auch immer nur scheinbar gewesen sein wird, weil die Langzeit-Politik von Schein und Image lebt und nicht von Authentizität und Wahrhaftigkeit. Denn der größte Teil der Bevölkerung kann mit Authentizität und Wahrhaftigkeit nur wenig anfangen, weil gerade auch durch die Journalisten gefördert, die kleinsten Abweichungen vom Erwartbaren als Fehler und Skandal hochgeschaukelt werden und der Politiker, aufgrund des Zermürbungspotenzials in der Politik, diese Schutzfunktion des Image und des Scheins bedarf, um lange funktionieren zu können. Je länger ein Politiker so funktioniert, um so hohler wird er eine Maske werden, die nach Belieben politisch agieren kann und sich daher auch die Kriege leisten wird, da er durch seine Maske, sein Image und den Anschein, den größten Teil des Volkes im Griff haben wird, das in seinem Uninteressiert-Sein nicht durchschaut, welches Theater hier (mit ihm und durch diesen Politiker) gespielt wird.

216
Das lächelnde Leuchten
der Sterne Fast-Ewigkeit

Wann war es zuletzt, als du am klaren Nachthimmel die Sterne schautest und den Mond mit Sichel oder voll? Welches Staunen rührte dich? Und stand offen dir der Mund? Oder lächeltest du tief in deiner Seele? – Denk weiter, denke weit nach vorn und sieh die Sonne nur noch Stern, leer und ohne Planeten, groß und rot. – Wo wirst du sein? Und ich? Wo werden wir uns gefunden haben? – Wenn wir uns nicht jetzt im Frieden finden, wird uns nie die Ewigkeit zuteil, die dann das warme Leuchten umhüllt, das wir sind.

217
Apropos Geschlechtergerechtigkeit

Ich weiß nicht recht, ob es wirklich erstrebenswert ist, eine global gleich verteilte Geschlechtergerechtigkeit an jedem einzelnen Beruf zu erstreben. In allen Berufen eine Fünfzig-zu-fünfzig-Verteilung der besetzten Stellen.

Das wäre in meinen Augen eine Kopf-Idee und damit eine fixe Idee von Gleichheit, die an der gewordenen Realität der Verschiedenheit vorbei ginge. Auf Biegen und Brechen eine Gleichheit in den Berufen herzustellen, klingt für mich irgendwie komisch verschroben. Weil die Begründung dafür zu einfach ist und nicht durchdacht oder mit tiefsinnigem Fundament.

Nämlich: „Wir sind alle gleich und daher brauchen wir überall Gleichheit." So einfach ist das nun nicht, wie es aussieht.

Ich sage dazu: Papperlapapp. Wir sind gleich in der Verschiedenheit. Und das ist ein Paradox, ein nur scheinbarer Widerspruch. *Den* zu lösen, macht Sinn und führt zu Erkenntnissen, die das einfache fifty-fifty als simplifizierende Egozentrik erkennt.

218
Infamie

Infamen Menschen brodelt Eiter in der Psyche, dichten Dreck dem anderen an das Hemd – und haben eigene Kleider lang schon nicht gewaschen.

219
Von Menschen, die an Experten glauben

In einem sozialen Medium hatte sich ein unglücklicher Gesprächsfaden entwickelt. Er begann damit, dass ich auf einen Kommentar einer Frau einging, der mir ungenau und aus dem Bauch heraus geschrieben schien und daher die gebotene Sachlichkeit vermisste, die das darüber liegende Thema des Hasses und der Gewalt nötig hatte. Sie hatte scheinbar viele „Experten" und „Fachleute" gelesen und war sehr von ihrer Lektüre überzeugt, denn sie hatte eine gewisse verbale Fähigkeit mit Worten Sätze zu schreiben. Dennoch ließ ihre Sachlichkeit für mich zu wünschen übrig, weshalb ich auch stutzig wurde, weil sie die Themen Gewalt, Hass, Straffälligkeit und psychische Erkrankung in einen Topf warf und für mich daraus eine Diskriminierung der psychisch Kranken in Gefahr stand. Was ich nicht stehen lassen konnte.

Sie reagierte sofort ungehalten und verbat sich Kritik an ihrer Position und Meinung und bezog sich auf ihre „Experten und Fachleute", zu denen sie mich nicht zählte und daher meinem Einwand keinen Wert beimaß. Am Ende hatte sich die Situation etwas beruhigt, sodass ich den Ausblick gab, was heute nicht glücklich war, vielleicht morgen glücken könnte und sie und ich vielleicht einmal in der Zukunft mehr Glück für ein Gespräch haben könnten, weil wir dazu gelernt hätten. Sie schloss mit einem reservierten „Nein, danke." Wobei sie zuvor meinte, dass sie mit mir „nicht weiter diskutieren" wolle und dennoch weitere drei Kommentare auf meine Erwiderungen einging. Ich schloss für mich schließlich mit folgendem Kommentar dieses widerständige Gespräch ab:

„Sie sollten offen bleiben und interessiert. Denn wenn Sie es mit mir nicht sein können, werden Sie es auch anderen gegenüber nicht sein können. Denn ich bin keine Ausnahme. Ich bin die Welt. Und Sie sind es auch. Und dies ist keine Bevormundung oder Anmaßung, wie sie nicht müde wurden mir zu unterstellen, sondern eine menschliche Geste, die zu Vertrauen einlädt. Wenn sie aber nicht nach Vertrauen in den Menschen suchen, werden sie nicht offen und interessiert sein können und im Misstrauen verharren. Das allein in ihnen wurzelt. Entscheiden Sie sich also lieber für Offenheit, Interesse und Vertrauen, denn das bringt Sie dem Leben näher, das weit und tief darauf wartet von Ihnen entdeckt zu werden. Ihre Experten und Fachleute können Sie gerne fragen und diesen Thread hier zeigen, sie werden das Leben, das ich meine, befürworten. Aber das ist nicht in jedem Falle sicher. Wenn Sie aber mit lebenbejahenden Leuten zu tun haben, dann schon. Ich wünsche Ihnen von Herzen Glück und Erfüllung, Frieden und die Kraft die Welt und den Menschen zu entdecken. Es wäre schade, wenn Sie darauf verzichten würden. Und dann besteht die Chance dass auch wir ein Deckchen häkeln werden können."

220

Gesundheit versus Krankheit

Eine WHO-Definition von Gesundheit besagt, dass der Mensch gesund ist, wenn er arbeiten kann. Und im Umkehrschluss ist er als krank anzusehen, wenn er nicht oder vorübergehend nicht arbeiten kann.

Die Frage stellt sich für mich: Genügt diese Definition, um zwischen Gesundheit und Krankheit zu unterscheiden? Ich denke nicht.

Denn wenn wir das Problem gewisser Denkweisen betrachten, werden wir feststellen, dass der Begriff Krankheit auf alle diejenigen Menschen ausgedehnt werden kann, die dem Leben feindselig gegenüber stehen, die also das Leben anderer Menschen gefährden, durch Drohungen, Einschränkung von Freiheiten, Einschüchterungen und mindestens auch durch wiederholte verbale Gewalt. Denn verbale Gewalt, die systematisch in ein Denkkonzept eingefügt ist, wird darauf hinarbeiten diese Gewalt salonfähig zu machen und daher in der Gesellschaft zu etablieren suchen. Doch dies ist dem Leben entgegen gerichtet, das sich im Frieden und der Fürsorge am besten entfalten kann.

Gerade die politisch rechte Gesinnung der Faschisten kommt damit in den Blick einer Auffassung der Pole von Gesundheit und Krankheit, dass wir deren lebensfeindliches Gebaren in Richtung Krankheit einordnen müssen. Dies ist, wie zu beachten ist, keine Abwertung, sondern das Ergebnis der logischen Überlegungen, die ich gerade nannte. Wer das Leben verletzt, sorgt für Leid, wer dem Leben feindselig gegenüber steht, wird dazu neigen das Leben zu gefährden und damit einer Verletzung auszusetzen. Das Leben anderer wird also damit zerrüttend und verletzend angetastet, was als ungesunde Form der Lebenswidmung aufzufassen ist, als eine ungesunde Form der menschlichen Interaktion. Warum sollten solche lebensfeindlichen Attitüden als gesund gelten? Warum sollten, auch wenn diese Leute arbeitsfähig wären, angenommen werden, sie seien gesund? Wo sie doch das Leben bedrohen, andere Menschen in Gefahr bringen, Gewalt säen und das Leben im Keime ersticken?

Das Prinzip der Selbst- und Fremdgefährdung, das gesetzlich die zwangsweise Betreuung eines Patienten richterlich anordnet, müsste daher im Falle der politisch rechten Gesinnung der Faschisten und Lebensfeinde ebenso greifen, denn deren latente Aggressivität sorgt für Fremdgefährdung und – historisch bewiesen – mittel- bis langfristig zu der Gefahr von Flächenbränden, Unruhen und Kriegen. Mit einer rechtzeitigen Inobhutnahme solcher Personen, könnten früh therapeutische Maßnahmen eingeleitet werden und verordnet, sodass die betroffenen Personen von ihrer Lebensfeindlichkeit und Lebensgefährdung geheilt werden könnten und müssten. Sie aufzugeben und zu glauben, weil so etwas noch nie verordnet wurde, wäre es unmöglich durchzuführen, würde eine kluge Analyse im Keime ersticken und damit dieser damit verbundenen kranken Gewaltattitüde gehorchen. Dies ist zu vermeiden und zu unterlassen.

Die ersten Anzeichen solchen lebensfeindlichen Denkens, müssten in der Erziehung, in der Schule, der Ausbildung, im Beruf, im Studium und in der Arbeitswelt geortet werden können, um rechtzeitig die Symptome zu lindern, bevor die Lebensfeindlichkeit manifest und chronisch werden könnte. „Wehret den Anfängen" ist damit umzumünzen in „Heilet die Lebensfeinde".

221
Apropos Geschwindigkeit – und das Ende der Langsamkeit

Schneller werden ist in der Physik schon mit dem Problem des erhöhten Energiebedarfs verbunden. Und dass nahe Lichtgeschwindigkeit immer mehr Energie kaum zu Geschwindigkeitszuwachs führt. Sprich: Es gibt natürliche Grenzen.

Wo die sind und wann ist aber wiederum weniger von der Machbarkeit abhängig, als von der Frage, wann der Mensch und die Menschheit endlich zufrieden und erfüllt sein könnte. Durch ein immer Schneller wohl nicht.

222
Von Frieden und Selbstverständlichkeit

Die meisten Menschen machen sich um den Frieden keine Gedanken, sie nehmen ihn für selbstverständlich und sind in ihrer kleinen Welt den Ursachen des Krieges verschrieben, ohne es zu wissen. Doch dann, wenn der Krieg sie wirklich ereilt sind sie empört, demonstrieren eine Weile für den Frieden und stimmen dann doch der kriegerischen Erwiderung auf den Krieg zu. Und verraten damit den Frieden an den Krieg.

Ich verachte nicht letzteres, aber ersteres, sich im Frieden einem Krieg zu verschreiben und einer Selbstverständlichkeit hinzugeben, die von dessen Rücksichtslosigkeit und Respektlosigkeit dem Frieden gegenüber zeugt, die gerade jeden Krieg in die Welt bringt und ihn dort erhält. Dies ist der eigentliche Verrat am Frieden. Wer im Frieden sich nicht um diesen kümmert, muss nicht empört sein, wenn er verwahrlost und aggressiv wird.

223
Stufen der Verwirklichung

Die Auseinandersetzung mit politischen, wirtschaftlichen, wissenschaftlichen, gesellschaftlichen, kulturellen und künstlerischen Projekten und Vorhaben zeigt sich vielschichtig. Um einmal zu ordnen was dabei beobachtet werden kann, möchte ich folgende Hierarchie anbieten, die Stufen der Verwirklichung.

Da es in ähnlichen und anderen Zusammenhängen ebenso Stufen gibt, bitte ich darum, alle Stufen jeweils nicht für die einzig möglichen zu erachten. Denn das Leben ist vielgestaltig und zeigt sich immer wieder in anderen und neuen Perspektiven, die alle zum Gesamtbild beitragen. Und bei Kenntnis zum Verständnis.

Die Stufen der Verwirklichung, die ich gerade vorstellen möchte, können folgendermaßen benannt werden. Gerade auch Unternehmer und Aktive könnten damit etwas anfangen:

0. *Gleichgültiges Ignorieren* von vorhandenen und geplanten Projekten und Vorhaben,

1. *Beschwerendes Klagen* über vorhandene und geplante Projekte und Vorhaben,

2. *Destruktives Diskutieren* von vorhandenen und geplanten Projekten und Vorhaben,

3. *Informierendes Diskutieren* von vorhandenen Projekten und Vorhaben,

4. *Konstruktives Suchen* nach Verbesserungen von vorhandenen Projekten und Vorhaben,

5. *Selbstständiges Nachdenken* über eigenständige und neue Projekte und Vorhaben,

6. *Aktives Planen* von eigenständigen und neuen Projekten und Vorhaben,

7. *Nachhaltiges Verwirklichen* von eigenständigen und neuen Projekten und Vorhaben,

8. *Ausdauerndes Etablieren* von neuen und verwirklichenden Projekten und Vorhaben,

9. *Rentables Betreiben* von etablierten Projekten und Vorhaben,

10. *Erfüllendes Erfreuen* am Erfolg rentabler Projekte und Vorhaben (was auch schon *ab Stufe 3* in einer jeweils offenen, interessierten, kreativen Vorfreude am Mitdenken und Gemeinsamdenken vorhanden sein kann).

Oder frei nach dem Hard-Rock-Stück der australischen Band ACDC: „It's a long way to the Top if you wanna Rock'n'Roll" (Übersetzung: Es ist ein langer Weg an die Spitze, wenn du Rock'n'Roll willst).

224
Vom Kommentieren

Soll ein Mensch den hassenden Kommentaren gehorchen und seine Arbeit danach ausrichten, um diese hassenden Kommentatoren vielleicht zufrieden stellen zu können? Oder soll er vielmehr tiefer in die Liebe eindringen, um zu erfahren, was Liebe wirklich ist?

Wer in sich ruht, sich selbst liebt und weiß, was er tut, wird sich nicht nach den Abneigungen anderer richten können und deren Ablehnung zum Anlass nehmen, sie doch irgendwie zufrieden zu stellen. Denn wer mit sich zufrieden ist, weiß, dass er nicht jeden und vielleicht nur wenige zufrieden stellen und inspirieren können wird. Eine Orientierung an den von seiner Arbeit verwirrten oder unsicheren über die Bedeutung seines Tuns, kann solch ein Mensch nicht vornehmen. Wo käme er hin, wenn er sich nach dem Willen und der Interpretation der Unzufriedenen, Hassenden, Unverständigen und Verschlossenen richten würde?

Es ist ein Unterschied, ob ein Mensch konstruktiv interpretiert, was ein anderer tut oder ob er es lediglich ablehnt. Wenn es bei der Ablehnung bliebe und keine Neugier erschiene, keine Fragen gestellt würden, wäre das kein Grund sich nach ihm zu richten. Nur wer Fragen hat, bekommt die Chance auf mehr. Denn wir wollen schließlich niemanden von etwas überzeugen, für das er noch nicht bereit ist.

225
Weltfrieden – oder:
die grosse, infame Täuschung

Für den Weltfrieden sind viele Stimmen zu hören, auch jene von solchen, die glauben, über einen Krieg hier und da und mit dem Umsturz der angeblichen „Weltordnung" diesen Weltfrieden erreichen zu wollen.

Einen Weltfrieden zu wünschen ist zu jeder Zeit der Menschheit zunächst eine edle Gesinnung. Es ist aber etwas ganz anderes, gewalttätige Mittel zu verwenden, die dazu dienen sollen, diesen Weltfrieden zu erreichen.

Denn das Wort „Weltfrieden" kann jeder Hohlkopf für sinnvoll halten. Aber ein Verständnis für die acht Milliarden Menschen derzeit auf diesem Planeten zu haben, ist eine ganz andere Sache.

Wer sagt denn, dass mit gewissen Mitteln der Weltfrieden Wirklichkeit würde? – Das sagt die Einbildung, die Hoffnung, die Wünsche, der projizierende Geist, die Furcht, das Unverständnis über die menschliche Gegenwart und das vorausdenkende Bewusstsein, dass sich gerne den Frieden wünscht oder sich gerne als Friedensbringer positioniert sehen möchte. Natürlich! Um Stimmvieh zu fangen.

Aber wie sieht die Realität der Gegenwart aus? Sie sieht gerade von jenen auch, die den Weltfrieden mit aller Macht erreichen wollen, sehr kriegerisch aus. Aus einem Krieg ist aber noch nie ein wirklicher Frieden geworden. Und einen Weltfrieden hatten wir noch nicht – oder zu kurz in den letzten Fünfeinhalbtausend Jahren.

Es ist vielmehr Folgendes zu beachten: Wer in der Gegenwart den Frieden möchte (und somit auch in jeder Gegenwart der Zukunft), der kann dies nur mit und im Frieden (in der Gegenwart) erreichen, nicht mit gegenwärtiger Gewalt, die in der Zukunft erst das Ziel des Weltfriedens behauptet. Wer also einen Krieg beginnt, der muss ihn zuerst beenden, um für den Frieden ernst genommen werden zu können.

Die Argumente, die von denen herangezogen werden, die einen Krieg beginnen, um die Ursache der eigenen kriegerischen Handlungen in irgendeinem anderen Umstand (Person, Land, Idee oder System) zu lokalisieren, sind Folge von Verdrängungen, Schuldigsprechungen, Projektionen und irrigen Interpretationen der menschlichen Natur.

Wer nämlich vom Guten des Menschen ausgeht, wird keine Kriege in die Welt treiben, sondern durch Gespräch ersuchen, dass Verständnis und Miteinander möglich werden. Wer aber den Krieg beginnt und die Schuld bei anderen dafür ablädt, ist infam feige die eigene Aggressivität zuzugeben, er zeigt durch den Beginn des Krieges seine Respektlosigkeit dem Menschen an sich gegenüber. Und das sie ihm gleichgültig sind.

Es ist nämlich logisch unmöglich den Menschen zum Frieden zu bringen, wenn man ihm mit Krieg droht. Und dieser Zwang der Drohung mit Krieg und Gewalt ist und führt in Sklaverei – und dieser fehlt die Freiheit in Frieden zu leben.

Wer also von dieser globalen Idee des Weltfriedens beseelt ist, der benötigt auch ein globales Denken. Und dieses kann nur dann sinnvoll sein, wenn er erkennt und versteht, dass alle Menschen gemeinsame Interessen haben, die nämlich im Weltfrieden beruhen. Wer aber dies nicht versteht und anerkennt, der wird anderen Schuld unterstellen (Personen, Nationen, Ideen und Systemen) und an ihrem legitimen Interesse am Weltfrieden zweifeln. Dies ist aber ein Ausdruck seines Misstrauens, dass noch nicht global genug erkennt und versteht, wie gleich wir Menschen in unserer Verschiedenheit sind. Wer einem anderen Teil der Welt misstraut und kriegerisch agiert, in dem liegt die große, infame Täuschung verborgen, die von Weltfrieden faselt und den Krieg vorantreibt.

Um diesen Kommentar zu beschließen: Der Weltfrieden kann nicht über ein anderes Mittel als dem Weltfrieden selbst erreicht werden. Alles andere sind – noch nicht einmal – Zwischenstationen auf dem Weg zum Weltfrieden, sondern Resultate einer großen, infamen Täuschung, die auf eitlem Selbstinteresse, irrigen Überzeugungen und zuweilen aggressiver Selbstbehauptung beruhen, was alles nicht-rationales – also irrational-verworrenes – Denken und Fühlen bedeutet.

In diesem Sinne: Seid auf der Hut, wenn manche von Weltfrieden reden; das klingt nur verführerisch. Man muss schauen, wie sie das erreichen wollen, mit welchen Verbündeten und was diese Leute sonst noch Denken und Fühlen. Wenn es denen nämlich an Menschlichkeit mangelt und Verstand, Vernunft und Friedfertigkeit, dann handelt es sich um typische Protagonisten dieser großen, infamen Täuschung.

226
Vom Finden und Herz

Wenn du etwas gefunden hast, woran dein Herz sich bindet, wirst du gefesselt sein und den Sklaven der geliebten Ideen in dir nicht erkennen wollen und können. Und andere, die mit dir sind, könnten dich ermuntern dich von deinem Sklave-Sein zu befreien, und sie werden dazu neigen, dich mit wehenden Fahnen in den Krieg dafür zu schicken. Sie werden dir vorgaukeln die Lösung für den Weltfrieden gefunden zu haben. Das ist ihr Lockmittel. Aber es verhält sich wahrscheinlich anders. Ihr werdet eure Verständnislücken mit euren Phrasen zu schließen versuchen. Das ist aber unmöglich, weil die Phrasen keine Dichtigkeit besitzen, denn sie sind löchrige Konstrukte der Vergangenheit. Und keine aus dem Augenblick der Lebendigkeit geborene Schöpfungsnotwendigkeit. Denn diese wird nur im Augenblick sichtbar und spürbar und trägt befreit und heiter weiter in die Zukunft. Ihr aber wählt eure Phrasen aus einer Kampfnotwendigkeit heraus, weil ihr euch gebunden habt und davon doch frei sein wollt. So wird in euch die Schuld diktiert und nicht das Vertrauen ins Leben. Eure Phrasen basieren damit auf dem Misstrauen in das Leben und den Menschen. Weshalb sich unter euch Lebens- und Menschenfeinde tummeln. Ihr solltet euch also nicht mit dem Herzen an bloße Ideen fesseln, sondern in jedem Augenblick davon zu befreien suchen. Dies ist eine andere Befreiung als die, der sich deine Umgebung und Wortführer verschrieben haben, denn diese wollen nur einen Umweg gehen. Sie gehen über äußere Veränderungen, über Einmarsch, über Krieg, über Reformen, über Revolutionen. Ihr solltet aber versuchen eure Verständnislücken offen zu lassen und schauen, was sich aus diesem Nichts des Augenblicks für euch anbietet. Und dann könnt ihr Fragen stellen, ihr könnt erforschen, ihr könnt erkunden, was es mit diesen Fragen und euch selbst auf sich hat. Ihr werdet so zu wunderbaren Einsichten gelangen, denn ihr werdet augenblicklich frei sein. Wenn ihr diese innere Stimme kennt, die in diesen Augenblicken des Nichts unaufdringlich und vertrauensvoll, inspirierend und freudvoll, sich euch zeigt, werdet ihr der Freiheit gewahr, die keine Krieg benötigt, keine Unruhen, keine Revolutionen und keine Systemwechsel, sie wird euch leiten und ihr werdet glücklich sein, weil ihr den Weg zum Weltfrieden nicht über Unruhen und Krieg geht, sondern über einen inneren Frieden selbst.

227
VORSICHT VOR SUGGESTION UND LEICHTFERTIGKEIT

Manche Menschen neigen dazu, leichtfertig zu glauben, was andere ihnen suggerieren. Aufgrund ihrer verzweifelten Hoffnungen und Wünsche suchen sie nach Strohhalmen, die plakativ das anbieten, nach was sie begrifflich suchen. Aber die Plakativität der Verführer ist meist mit einer Täuschung verbunden, mit einem Missbrauch der edlen Gesinnung, die dadurch suggeriert wird. Gebt daher Acht auf die, die mit großen Begriffen um sich werfen, untersucht sie, befragt sie, schaut auf die Widersprüche und seht ihre Taten. Die große Verwirrung entsteht, wenn den Verführern geglaubt wird und ein Selbstläufer entsteht, der in den Abgrund zu führen droht. Lehrt euch die Weisheit und Wahrheit zu ergründen, selbständig, leidenschaftlich und nachhaltig, allein für euch selbst und im freien Austausch mit anderen. Schaut hin und spürt jenseits der Worte. Lest Sachbücher. Dies bedarf eines sehr langen Atems. Wenn ihr dies nicht beginnt oder zu früh aufgrund der Anstrengungen und Enttäuschungen kleinbei gebt, werdet ihr nicht die Früchte ernten, die darauf warten von euch genossen werden zu können. Wie zuvor genannt: Der Weltfrieden beginnt bei jedem einzelnen, jetzt und augenblicklich.

228
UMGANG MIT GEWALT

Wie kann es uns gelingen mit Gewalt jeder Art (physisch, verbal, non-verbal, psychisch) in einer Weise umzugehen, dass

1. die Gewalt entmutigt wird und gar nicht erst erscheint, indem eine Scham verspürt werden kann, die sie intrinsisch in die Röte schickt, um sich zu besinnen, bevor sie emotional zu greifen, zu provozieren, zu verletzen und zu kämpfen sucht?

2. die Gewalt rechtzeitig wieder entmutigt wird, wenn sie schon sichtbar wurde, sodass Einhalt geboten werden kann, bevor sie zu eskalieren droht, wenn sie schon die Scham überwältigt haben wird und dennoch die Chance besteht, ihr Einhalt zu gebieten, ihr Grenzen zu set-

zen, sie zur Mäßigung ihrer Drohgebärden anzuhalten aufgerufen sein wird?

3. das nicht mehr verhinderbare und schon entfachte Feuer der Gewalt anderer nicht auf uns überspringt und wir im – noch nicht hervorge-quollenen – Gegenhass irrig glaubten sie erwidern zu müssen, kopf-los geworden dann, die Seele verraten, das Herz vollends zerrissen und nur vom Bauch getrieben, von scheinbarer Gerechtigkeit und Recht, ja von Recht und Wahrheit verführt, verführt in doch die Rache hin-ein? Oder: Weil wir noch löschen können, im Frieden bleiben, im Ver-trauen, in der Kraft?

4. uns nur übrig bleibt das Ende der Gewalt anzustreben, die schon ent-facht ist und uns als Selbstläufer erschien, dann am Point of no return, mit dem Mittel der Gewalt – das unser derzeitiges plausibles Muster zu sein scheint –, für den Fall der Verteidigung auf einen Angriff? – Dies könnte aber: die letzte Option gewesen sein, die uns je zu entscheiden übrig blieb. Könnte. Konjunktiv.

Aber wie sollten wir, andererseits, der offenkundigen und infamen Gewalt gehorchen wollen, die mit dem Äußersten taktiert, das nie so öffentlich aus-gesprochen wurde, wie gerade. Wie sollten wir mit einer Erpressung umge-hen, die den maximalen Tod zu inszenieren sucht, um am Ende, doch ohne dies, die Furcht der anderen, nämlich unsere, groß und überwältigend – und uns klein und hilflos – zu haben, zu Sklaven dahingedroht, als Sklaven der Furcht vor dem Tod, im geistigen Tod ohne Rückgrad, geendet? Und damit in einem Leben ohne Würde?

Würde die Würde daher doch Leben, das Leben ist, sein und gleichsam das letzte Geleit für den absoluten Tod bedeuten? Im Falle des Gehorsams gegenüber der nachhaltigen, infamen Drohgebärde, wäre die Würde nicht mehr, sie wäre zerstört, denn in der Sklaverei, die der Gewalt gehorcht, gibt es keine Würde mehr. Die Würde umschließt damit das Leben und den Tod. Und lässt den Weg des Kleinbei in die Sklaverei für nicht gangbar erschei-nen. Wer der Gewalt gehorcht wird ihr Sklave. Wer der Würde folgt, dagegen, bleibt frei, auch wenn das den finalen Tod bedeutete.

Doch im Falle des Gehorsams bleibt der Sklave am Leben, aber ohne Würde und ohne Chance auf ein würdevolles Leben, der selbstverschuldete Sklave würde es nie mehr schaffen heraus zu gelangen aus seinem Verrat an der Menschlichkeit. Daher ist, wer das Leben schätzt, die Menschlichkeit entschieden und frei lebt, der Tod (durch Drohgebärden der besonderen Art von anderen) kein Grund der Drohung kleinbei zu geben. Wer das Leben schätzt, wird auch sterben können und sieht im Tod keinen Gegner, der zu besiegen oder zu vermeiden wäre, der zu scheuen oder zu verachten wäre, der sieht im Tod keine Strafe, der er entkommen müsste, der er fliehen wollte oder sollte, denn er hat nichts Unrechtes getan.

Wer aufrecht und gerade lebt, wird das Leben bejahen und den Tod nicht fürchten. Daher wird er auch durch maximale Drohgebärden nicht eingeschüchtert sein und kann vernünftig am Leben, in der Welt, sowie in und am Frieden arbeiten. Dabei rührt ihn das Leid der Gewalt in der Welt und lässt ihn mit tiefem Mitgefühl die Scham für das ganze Menschengeschlecht verspüren.

Um an dieser Stelle noch einen ehrwürdigen und bekannten Begriff zu verwenden, nämlich den des Pazifisten beziehungsweise des Pazifismus, möchte ich dazu noch etwas anfügen. Nach meinem Verständnis dieses Begriffes, ist die friedliebende Haltung dieser Überzeugung, darin zu sehen, dass auf kompromisslose und absolutistische Weise der Frieden unter allen Umständen gewahrt sein müsse. Das hört sich zunächst wunderbar an. Aber auch einfach, zu einfach.

Das Problem dabei erscheint, wenn Drohungen mit Gewalt ins Spiel kommen und nahe heran, sodass eine Lebensregung spürbar wird, die etwas gegen diese Drohung mit dem eigenen Leben tun möchte, denn der Mensch lässt nicht gerne mit seinem Leben spielen, er will es gerne erhalten. Den Pazifismus, der sich so verstehen würde, wie es hier gerade formuliert wird, dass er auch eines im Anschluss an die Drohungen erfolgten Angriffs nichts entgegen setzen würde, um in Frieden zu sterben, kann ich hierbei natürlich mit einem Sich-Kreuzigen-Lassen gleichsetzen.

Und um bei diesem Bild zu bleiben, glaube ich entschieden nicht, dass sich dieser 33-jährige Redner, der vor 2-tausend Jahren eine große Geschichte unabsichtlich losgetreten hatte, sich – nicht – hat kreuzigen lassen, um der nachfolgenden Geschichte einen großen Streit zu bescheren, wie denn nun zu verstehen sei, warum er gestorben ist. In meinem Verständnis ist dieser kühne 33-jährige ermordet worden und zwar mit Mitteln des damals möglichen Mobbings von einigen, die sich gegen ihn verschworen hatten, weil er so kühn war und für Aufsehen sorgte.

Wenn uns bewusst ist, wie die heutige Zeit der modernen Kommunikation Schwierigkeiten hat sich einander verständlich zu machen und wirklich fruchtbare, verständige und konstruktive Gespräche eher selten sind, im Allgemeinen, so müssen wir uns nicht wundern, wenn vor 2-tausend Jahren dieser 33-jährige fundamental falsch verstanden wurde. Denn ich verstehe ihn als Lebensfreund, als Menschenfreund, der wohl gerne lebte und wusste, was er konnte und wollte, eine Gemeinschaft gründen und auf eine Gefolgschaft zählen, die tragfähig werden könnte sich selbst zu ernähren. Aber was geschieht in 30 Jahren nach einem Mord nicht alles, dass herangezogen wird, um aus einem tragischen Scheitern doch noch einen sinnvollen Funken zu retten, der doch da und anwesend war? Der geistig trug, wenn auch noch nicht wirtschaftlich.

Um zur pazifistischen Haltung zurück zu kommen. Klar, sich töten lassen geht immer, wenn einem sein Leben nicht wert erscheint, gerettet zu werden, dann braucht es keine Gegenwehr, keine Gegengewalt. Und jetzt kommt das Beste: Diese Gegenwehr und Gegengewalt geschieht, wenn sie denn doch geschehen will und muss, aber für den Post-Pazifisten – ohne – Gegenhass! Verstehen Sie? – Wo nämlich die nachhaltige und dauernde Drohgebärde mit dem Schlimmsten, das uns provozierte, aus einem Hass entstand und sich immer wieder neu aus einem Hass ergab – und damit aus einem Selbsthass (der eigentlich therapierbar sein müsste), wie so viele kluge Psychologen verstehen und erkannt haben – dort sind die Lebensfreunde und Menschenfreunde unbeeindruckt von diesem Schauspiel des Hasses und lassen kommen, was kommen soll. Sie fürchten nicht Leben und nicht Tod, sie sind Unerschrockene, diese Demokraten, Humanisten und Lebensfreunde, denn sie sind dem Leben zugewandt und werden, nicht wie die genannten absolutistischen Pazifisten sich kreuzigen lassen, sondern aufrecht und gerade – also ohne Hass zu verspüren – tun, was sie tun müssen, nämlich verteidigen auf einen Angriff, der nichts anderes als Unrecht sein kann, weil er aus Hass geboren ward und nur dort her kommen konnte, wenn er kommen sollte. Denn nur der erste Stein ist von Hass geführt und jeder weitere erste Stein der Provokation und der finalen Drohgebärde, denen eine „Drückebergerei vor den Aufgaben und Herausforderungen des Friedens" attestiert werden kann, wie Thomas Mann dies einmal formulierte auf die Frage, was Gewalt und Krieg ist.

Und nun kommt noch etwas Bestes: Wer wollte sich sagen lassen, ihn hätte der Hass getrieben zum Sieg? Und nur der Hass? Und nichts Edles, Sinniges, alle Menschen mit ins Boot nehmende?

Und wer wollte darauf vertrauen, dass die mögliche Nachwelt doch erkennt, dass er nicht vergeblich gestorben sei, weil er dem Leben bejahend verbunden war (wie jener 33-jährige) und(!) das Leben verteidigend – und hasslos, wie Humanisten, Demokraten und die Rationalität, denen der gesunde, freie Lebensimpuls selbst stets inne wohnt?

Wen würde eine mögliche Nachwelt eher verehren? (Und ich spreche nicht vom Point of no Return eines dahingebombten Winters). Denjenigen, dem man den ersten Stein des Hasses, Selbsthasses, Menschenhasses und Lebenshasses nachweisen könnte? Oder denjenigen, dem das erste Ziel der Frieden für alle Menschen ist und der daher keine ersten Steine wirft, auf die er sich vernünftig zu verteidigen angehalten sieht, wie eben beschrieben? Wird die Zukunft den Hass fördern und verehren? Oder den Frieden? Was wäre vernünftig? Im Sinne dessen, was die letzten zweieinhalb bis dreitausend Jahre tradiert wurde?

Wenn wir evolutionär gerade an der Entwicklungsmarke für die Menschheit angekommen wären, die besagte, dass die letzten 2 Millionen Jahre unvernünftig gewesen wären, dann bitte sehr. Aber das kann auch ausführlich gerade anders formuliert und wohl begründet werden. Hier schlösse sich ein eigener Gesprächsfaden an, den ich gerade nicht weiter verfolgen möchte. –

Es ist ersichtlich, dass die Gewalt und der Hass nur verlieren können, wenn sie den ersten Stein werfen sollten (und alle weiteren Steine voll Drohgebärde finaler Vernichtung). Denn sollte doch etwas übrig bleiben, wird die Nachwelt des Guten, Wahren, Schönen, für Ordnung in der Geschichte sorgen. Und *dieser* vertraut der hasslose Humanist, der würdevolle Demokrat und die entsprechende Rationalität.

Ich weiß, das drohende, absolute Ende der Menschheit könnte dafür keine Bücher mehr schreiben und veröffentlichen, darin lesen und rezensieren, daraus rezitieren und zum lernenden Lesen und Verstehen anbieten können. Es kann das Ende sein. Ja. Es kann. Aber gerade weil die Zukunft offen ist, ist das, in meinem Verständnis, gerade nicht absolut sicher, weshalb der Gehorsam vor diesem möglichen Ende ja gerade die Furcht zum Ausdruck bringen würde, die gerade die infame Drohgebärde mit diesem finalen Ende erreichen will.

Ich versuche mich hier stets auf der Hut zu zeigen und gerade dieser Gewaltattitüde nicht auf den Leim zu gehen. Die Freiheit, das Leben, die Würde, die hasslose Kraft das letzte, sowohl individuelle als auch mögliche kollektive Ende nicht vorzuziehen, aber auch sich durch es nicht in Furcht und Verzweiflung treiben zu lassen, sollten unser Dasein beherrschen. Und nicht der Gehorsam vor den infamen Drohungen aller Art. Sei es in der kleinen Welt des Mobbing oder in der großen Welt der Politik.

Dass absichtsvolle Gewalt pervers ist, habe ich, unter anderem, in *Die Schwäne der stillen Gewalt. Über die Psychologie der Mobber* dargelegt. Wer im Angesicht davon nicht ablassen will, ist zu ignorieren und zu demaskieren, zu entlarven als ein Menschen- und Lebensfeind, den wir zur Seite schieben und keine Macht in die Hand geben sollten oder ihm diese wieder aus der Hand nehmen.

Es nützt dabei nichts, zu behaupten, dies sei nicht realistisch und zu naiv gedacht. Ich bitte darum, nicht zu entmutigen, was alle wissen sollen, es sollen nämlich alle Menschen dies wissen, dass wir der Gewalt und ihrer Drohgebärde nicht gehorchen werden, denn gerade, weil dies traditionell gefordert wird und erfüllt, ermutigt dies die hasserfüllten, kompromisslosen und uneinsichtigen Verbrechertypen, dieses Muster ihres dreisten Erfolges zu wiederholen. Wir sollten aber lehren der Gewalt nicht zu gehorchen, die uns kommandieren will und beherrschen.

Das Problem ist dabei, dass manche in der demokratischen Staatsgewalt diese Gewalt sehen, die sie angeblich kommandieren und beherrschen will. Hier braucht es verstärkt gesunde und friedliche Lehre und Aufklärung, auf der einen Seite und auf der besagten anderen, die freiwillige Bereitschaft zuzuhören und sich selbst tiefer in das Studium der frei verfügbaren und unzensierten Literatur und Sachbuchthemenvielfalt einzutauchen. Es braucht also ein auf und zwischen allen Ebenen und Schichten praktiziertes, gemeinsames Miteinander, ein gemeinsames, dialogisches Forschen. Ich kann das nur betonen, aber ich weiß, dass manche dazu nicht bereit sind.

Was psychologisch fundiert ist, kann folgendermaßen formuliert werden: Die Gewalt braucht Hilfe, der Gewalttätige braucht Hilfe, zur Not Abhilfe, und diese erhält sie und er zunächst und als aller erstes durch unseren Ungehorsam ihr und ihm gegenüber. Wenn wir der Gewalt nachgeben, fühlt sie sich nur dauernd bestätigt, was wir nicht fördern wollen. Und dies müssen alle wissen. Und wenn es alle wissen, dann wird es Realität. Und damit wäre der Frieden keiner Bedrohung mehr ausgesetzt.

Der Umgang mit der Gewalt beginnt also in der Lehre über den Ungehorsam gegenüber der Gewalt, gemeinsam mit der Lehre von Freiheit und Vielfalt. Wir müssen also die Unfreiheit der Gewalt lehren, die ein Fakt ist, und die Freiheit der Erkenntnis fördern, die den Frieden intendiert und die Erfüllung. Gleichsam. Hierüber wurde schon und wird noch viel zu sprechen, schreiben und lehren sein.

229

Die Welt verbessern –
Oder: wie es nachhaltiger geht

Nicht die bejammernde Klage ist das Mittel die Welt zu verbessern, sondern das friedliche, vermittelnde und lehrende Wort.

Nicht der bewaffnete Kampf ist das Mittel die Welt zu verbessern, sondern die befreiende Liebe der Erkenntnis von friedlichem und befriedendem Sinn.

Nicht die raffinierte Gabe der Täuschung anderer und sich selbst führt dazu die Welt zu verbessern, sondern die aufrecht-gerade Haltung des Vertrauens in das Gute der aller meisten Menschen.

230

Über das Internet
und die Notwendigkeit für Frieden jetzt

Die Erfinder des Internets haben sich leider damals nicht darum bemüht, zu verstehen, was im Internet und der Welt geschehen würde, wenn auch die Irrationalen es für sich nutzen. Da waren die Erfinder nicht rational genug und überließen die Erfindung einfach der weiten und vielschichtigen Welt, die nun damit in irrationaler Weise und mit Macht jene Grundlagen zu zerstören suchen, die das Internet erst möglich machten.

Denn jede Irrationalität ist von einem zerstörerischem Impuls begleitet, der zwischen Leben und Tod nicht zu unterscheiden weiß.

Wer also immer noch blind das Internet der vielfältigen, konstruktiven Möglichkeiten wegen lobt, sollte spätestens jetzt erkennen, dass die Irrationalen keine konstruktiven Möglichkeiten in Blick nehmen können und wollen, weil sie dazu nicht in der Lage sind. Gerade der Widerstand gegen kluge Lehre und das egoisch-eitle Widersprechen der Irrationalen zerstört die edle Gesinnung rationaler Zugewandtheit zu Leben, Mensch, Tier und Welt.

Die Irrationalität ist nämlich nicht nur Feind des Lebens und des Menschen, sondern auch Feind der Demokratie und des gesellschaftlichen Friedens. Das Internet muss aber in der Hand der Rationalität bleiben und sich die gute Macht nicht aus ihr nehmen lassen. Denn wenn dies weltweit geschehen sollte, wäre eine globale Sklaverei die Folge, die bis in die Wohnzimmer reichen würde und durch Aggressoren forciert wäre, die heute bereits öffentlich durch ihre Irrationalität und Kompromisslosigkeit auffallen.

Lasst nicht zu, dass die Falschen euch durch ihre Drohungen einschüchtern und euch gefügig in die Ängste treiben. Bleibt oder werdet aufrecht und gerade.

Geht *Jetzt* millionenfach auf die Straßen für den *Frieden*, denn das ist *Jetzt* vernünftig, rational und geboten.

– Bitte verbreiten, teilen und unterstützen. –
(Anmerkung: am 03.11.2023 auf LinkedIn von mir gepostet, zur Aktualität der Zeit, die ab 11.01.2024 offenbar auch durch die Recherchen von CORRECITIV angestoßen wurden und in den drei Wochen danach etwa drei Millionen Menschen in Deutschland auf die Straßen brachte für Demokratie und Menschlichkeit. Sehr gut. Danke.)

231
Brecht, um zu retten

Um einmal ein deutliches Wort zum Ausdruck zu bringen, wenn es darum geht den überlasteten Begriff der Toleranz zu exemplifizieren und sein Verhältnis zu Würde und Demokratie: So kann gesagt werden, dass Feinden der Demokratie es nicht erlaubt werden darf, demokratisch an die Macht zu gelangen. Denn dies würde bedeuten, dass in der Demokratie keine Grenze gesetzt wäre, die ihrer eigenen Abschaffung Abhilfe leisten könnte und sie schützen würde. Das kann aber nicht der Idee des Grundgesetzes und der Würde der Demokratie entsprechen. Denn die Würde ist nicht nur unantastbar, sondern auch wehrhaft und überlebenswillig. Und sie muss auch wehrhaft sein, sonst bliebe sie ein leeres, kognitives Konstrukt ohne verteidigende Konsequenz.

Wenn also die Gefährlichen und Dummen überhand nehmen, müssen die Klugen zu den Waffen greifen. Wer wäre also klug genug die einen von den anderen glasklar zu unterscheiden? Denn das bedeutet, dass die Feinde der Demokratie festzusetzen sind und des Landes zu verweisen. Denn sonst greift der Selbsterhaltungstrieb der Demokratie nicht und sie würde sehenden Auges ihrer eigenen Vernichtung zusehen müssen. Das kann nicht die Idee der Würde des Menschen entsprechen, die an der Gesunderhaltung des Menschen und der Menschlichkeit einer Staatsform interessiert ist und nicht daran den drohenden Gefahren für das würdige Fundament ohne entschiedene Abhilfe entgegen zu treten.

Die Forderung die Klugen von den Dummen zu unterscheiden, die Friedliebenden von den Gefährlichen, die leidenschaftlich Sachlichen von den irrational Verwirrenden, die Demokraten von den Anti-Demokraten, die Humanisten von den Faschisten, wird nicht auf einer ad hoc Bewertung beruhen, wie bei den jeweils Zweitgenannten. Und nicht auf emotionalisierenden Verhetzungen, wie bei diesen. Sondern durch analysierende Beobachtung, Prüfung, Befragung und Deutung ihrer Worte, im Sinne der Würde des Menschen und der Fundamente der klugen Demokratie. Denn zu dieser empathischen Klarheit, sind die Zweitgenannten, die Unklugen, nicht in der Lage, ihnen fehlt oder mangelt dazu das charakterliche Vermögen deutlich. Ihre selbstbewusst gewordene, verbale Eloquenz, täuscht dabei die Klugen nicht darüber hinweg, dass die Unklugen einer Unbildung aufsitzen, die sie durch aggressive Forderungen und radikal-extreme Äußerungen zu kaschieren suchen. Aber diese verbale Großmäuligkeit ist aus der Geschichte und Gegenwart bekannt und kann die Erstgenannten nicht irritieren und täuschen oder aus dem Konzept bringen. Und dies gilt auch für die aufgeklärte und gebildete, empathisch kluge Bevölkerung.

Die Macht in der Demokratie geht nämlich nicht uneingeschränkt vom Volke aus, sondern von jenem Volke, dass sich der Demokratie verpflichtet sieht und der Würde des Menschen. Denn auch eine Staatsgesetzgebung muss einen Selbsterhaltungswillen eingebaut haben und interpretationsfähig dafür sein, denn wenn es durch ihre Gesetze nicht an einer gutartigen Weiterentwicklung und am Leben und Überleben interessiert wäre, stellte sie ein bereits totes Konstrukt dar, dass mit dem beliebigen Willen des unklugen Teils des Volkes umgeformt oder gestürzt werden könnte. Und das ist eine Demokratie, die mit einer unantastbaren Würde des Menschen unumstößlich verknüpft ist, nicht, mit ihr kann nicht nach Belieben verfahren werden, Anti-Demokraten können nicht die Strukturen der Demokratie nutzen, um sie loszuwerden. Das widerspricht dem Selbsterhaltungswillen der Demokratie. Hier muss es entschiedene Grenzen der Toleranz geben, die wohl-überlegt bei gegebener Zeit in die Tat münden werden müssen, der Selbsterhaltung willen.

Die Demokratie muss also – nicht in ihrer Routine, aber in einem sich entwickelnden gesamtstaatlichen Notfall – in der Lage sein, manche ihrer Gesetze zu brechen, um die Gesamtheit der Gesetze, die auf der Würde des Menschen basieren, zu retten. Brecht also manche Gesetze, um die Gesamtheit zu retten. In Bezug auf die offenkundig gewordenen, öffentlichen Stimmen der Feinde der Demokratie bedeutet dies: verbietet die entsprechenden Gruppierungen, verhaftet sie, wo sie nicht aufhören können gegen Würde und Demokratie zu wettern, sperrt sie ein und verweist sie schließlich des Landes. Und dann kommt zur Tagesordnung zurück und beweist die extreme Ausnahme dieser Maßnahmen, die nicht zu einem Muster werden darf. Und diese Maßnahmen werden auch nicht zum Muster der Routine werden, wenn es sich um eine kluge Demokratie handelt.

Die Gefährlichen sind zu beseitigen, wenn sie drauf und dran sein sollten, die Fundamente der Demokratie zu zerstören und sie auch durch ihre anti-demokratischen Attitüden zeigen, dass sie an der Würde des Menschen kein Interesse haben. Dabei spielt es keine Rolle, ob sie demokratisch legitim gewählt wurden. Denn die sie Wählenden wissen ja nicht, was sie tun. Und da es seit zwei Jahrtausenden durch die Welt schallt: Vergib ihnen, denn sie wissen nicht, was sie tun. So ist auch ihnen zu vergeben. Doch eine kluge Demokratie kann es sich nicht leisten zuzuschauen, wie die Unwissenden die Fundamente der Demokratie und der Würde des Menschen zerstören. Es gibt nämlich auch das Prinzip der Fremd- und Selbstgefährdung. Danach ist

Freiheitsentzug möglich, um größeren, weiteren und möglichen, absehbaren Schaden abzuwenden. Dies ist zu beachten. Dies ist zu tun. Und zwar jetzt. Besonderes Augenmerk liegt aber nicht so sehr auf den Wahlberechtigten, sondern auf den zur Wahl stehenden Anti-Demokraten und Wortführern dieser unguten Gesinnung.

Und wer unter den intellektuellen Juristen hat ein Problem mit dem Satz: Brecht manche Gesetze, um die Gesamtheit zu retten? Dies ist kein Widerspruch, sondern ein Paradox, ein nur scheinbarer Widerspruch, der sich auflöst, wenn beachtet wird, dass eine Demokratie in einem Widerspruch gefangen bleibt, wenn sie Anti-Demokraten zur Macht verhilft. Denn der Selbsterhaltungstrieb eines Staatsgefüges, das so viel an Weiterentwicklungsmöglichkeiten besitzt, braucht nicht umgestoßen zu werden von solchen, die viel weniger auf Entwicklungsmöglichkeiten setzen, als auf Ausgrenzung, Abschottung, Kontrolle, Beherrschung und Unterdrückung, wie die Geschichte und Gegenwart lehren. Ich erinnere: Anti-Demokraten sind meist Faschisten und umgekehrt und sie haben nichts Gutes im Sinn.

Betrachten wir einmal die Natur des menschlichen Denkens, so wird ersichtlich, dass seine von ihm gefundenen Gesetze und Erkenntnisse, immer Lücken aufweisen und nie ein vollends abgeschlossenes und konsistentes Gedankenkonstrukt darstellen. Daher ist es weiterentwicklungsfähig, wenn die Denker und Gestalter in der Lage sind die Lücken zu erkennen und dort anzuknüpfen.

Wenn nun die gesellschaftlichen Bewegungen und Realitäten den Staat in eine Situation bringen, die zu einer Gefahr für das Fundament dieses Staates führt und das Gesetzesgefüge sich zu diesem Zeitpunkt in die Untätigkeit argumentiert, müssen außergesetzliche Entscheidungen zu einer Behebung der Gefahr beitragen können. Bei Auftreten einer fundamentalen Gefahr für die Unantastbarkeit der Würde, die sich eine gewisse Zeit bereits abzeichnen wird und mit gesetzlichen Mitteln nicht mehr behoben werden kann, darf das naturgegeben lückenhafte Gesetz nicht dazu beitragen, dass es sich selbst abschafft. Indem nämlich eine Untätigkeit durch das Gesetz impliziert wäre oder argumentiert, bestünde die Lücke in der fehlenden Grenzziehung und den fehlenden und ausstehenden Maßnahmen um die Gefahr für das Fundament der Würde zu beseitigen und die Selbsterhaltung zu gewährleisten.

Anti-Demokraten darf es nicht erlaubt sein, demokratisch gewählt zu werden und schon gar nicht in Regierungsverantwortung zu gelangen. Denn das hat demokratisch keinen Sinn, es ist nicht zielführend und widerspricht der Würde des Menschen, des Lebens, des demokratischen Staates und des Selbsterhaltungswillen. Wer hier den 12, 15 oder mehr Prozent der Wähler demokratisch huldigen würde, hätte versäumt daran zu denken, demokratische Grenzen zu ziehen, nämlich Grenzen der Toleranz, die nötig sind, um sich selbst nicht vernichten zu lassen. Und gerade den Anti-Demokraten in der Demokratie müssen entschieden Grenzen gesetzt werden. Es muss ein entschiedenes Zeichen ausgehen, dass anti-demokratische Gesinnungen keinen Platz haben in einer demokratischen Welt. Wenn nötig und gekommen, sind diese Zeichen und Mahnungen auch mit außergesetzlichen Maßnahmen, wie oben beschrieben, zu untermauern.

Was bliebe denn sonst übrig? Alles intellektuelle Erörtern könnte versäumen den Selbsterhaltungswillen der Demokratie und der Würde zu ignorieren. Denn es gebietet der Selbsterhaltungswille der Würde des Lebens, des Menschen und des Staatsgefüges, dass sie auch unantastbar bleibt, indem sie sich zusätzlich wehrhaft und entschieden zeigt. In diesem Sinne muss man wachsam bleiben und etwas tun, zu gegebener Zeit.

Es tut mir daher leid für die Anti-Demokraten, aber es sei ihnen mitgeteilt, dass wir so mit ihnen verfahren müssen, wenn sie nicht freiwillig und einsichtig aufgeben und sich selbst auflösen. Denn die Demokratie, mit der Würde des Menschen, ist keine beliebige Vereinbarung, die mal eben so durch Widerstand, Alternativen-Phrasen und Zerstörungswillen außer Kraft gesetzt werden könnte. Sie fußt nicht auf dem Ego des Menschen oder seinem Narzissmus und dient daher nicht dem Ego und dem Narziss. Sie ist das Klügste, das bisher gefunden wurde und beschlossen und das, wie bereits gesagt, innerhalb ihrer Grenzen für jeden und jede Entwicklungsmöglichkeiten und Schutz bietet. Daran mitzuarbeiten, steht jedem frei.

Aber es steht dem Ego und Narziss nicht frei es umzuwerfen und zu zerstören. Daran werden wir sie hindern. Und zwar entschieden und nicht lediglich argumentativ vereint. Zur Not mit konkreter und außergesetzlicher Gewalt, die für die betroffen Anti-Demokraten in öffentlichen Führungspositionen auch final enden könnte. Und zwar auch ganz plötzlich und unerwartet für sie. Dafür gibt es auch in der außerpolitischen Welt radikal entschiedene, demokratisch überzeugte Kräfte, die sich hier bündeln würden, um nach einem Aufräumen wieder an die sachliche und würdevolle Arbeit der Weiterentwicklung und Verbesserung demokratischer Möglichkeiten und Notwendigkeiten anzuknüpfen.

Denn es sei den Anti-Demokraten ebenso mitgeteilt, dass wir ihre verbalen Beschmutzungen und ihre argumentative Unsachlichkeit sehr wohl erkennen und gleichsam uns bewusst sind, dass sie sich darauf besonders viel einbilden, weil sie erkennen, dass wir hier meistens nichts Rationales entgegen zu setzen haben und sie dies als Triumphgefühl verzeichnen, das sie motiviert weiter phrasenhaft auf Stimmenfang zu gehen. Aber da es sich bei ihren Argumenten um Pseudo-Argumente handelt, die irrational gestaltet und emotionalisiert getriggert sind, müssen wir auch gar nicht auf solchen gefährlichen Unsinn zu reagieren haben.

Wenn sie sich aber durch unsere rationalen und der Würde verpflichteten Argumente weiter widersetzen sollten, wird ihnen ihr Unverständnis und Unwille, ihre Aggressivität und Verwirrungstaktik, auf die Füße fallen. Und zwar in dem eben genannten Sinne. Denn wir Rationalen sind mit größerem und weitreichenderem, tiefsinnigerem und verständnisvollerem, Sinne begabt, als die irrationalen Anti-Demokraten, für die wir verpflichtet sind, um Schaden von der Mehrheit abzuwenden, sie in ihre Grenzen zu verweisen.

Denn das Merkmal der Irrationalität der Anti-Demokraten und Faschisten ist auch „Expansion und Vernichtung durch Verletzen der Grenzen zur Würde"; sie auf ihre ihnen zustehenden Grenzen zurück zu verweisen, ist mehr als legitim, dort können sie ihre Würde entdecken, dort können sie sich entwickeln.

Das Merkmal der Rationalität der Demokraten, Humanisten, Menschen- und Lebensfreunde, ist dagegen ein anderes: Es heißt „Freiheit und Selbstentwicklung in den Grenzen des demokratisch sinnigen Kósmos".

Wir können daher nur begrenzte Zeit zuschauen, wie sich die irrationalen Anti-Demokraten gebärden und nach oben in die Reichweite ihres Stimmenfangs gelangen. Wir werden es aber entschieden nicht zulassen dürfen, sie demokratisch zu politischer Macht gelangen zu lassen. Denn dem Unwissen und der Fahrlässigkeit eines gewissen Teils der wahlberechtigten Bevölkerung werden die Wissenden und Klugen etwas entgegen zu setzen haben müssen.

Und es wird die infame Hetze beenden, die sachliche Leidenschaft wieder ermöglichen, die Lüge dezimieren, die Tatsachen und Fakten wieder in den Blick rücken und daher das finale Gegengift gewesen sein, das die demokratische Ordnung wiederhergestellt haben wird. Nicht aus Willkür und beliebig egoischer Selbstgefälligkeit heraus, wie diese versuchten zu Macht zu gelangen, sondern aus Weisheit und Besonnenheit geboren. Und diese Weisheit und Besonnenheit wird sich wieder finden lassen, wenn die verworrenen und irrationalen, selbstgefälligen und emotionalisierenden, sowie egoisch-narzisstischen Zeitgenossen von ihren anti-demokratischen und europafeindlichem Vorhaben final abgebracht worden sein werden.

Wenn es die gewählte, politisch-demokratische Elite nicht zuwege bringen wird, werden es außerpolitische Demokraten sein, die ihnen behilflich sein werden. Dazu gab es schon Zeichen in letzter Zeit. Dies ist rational zu erwarten. Denn, zusammengefasst, werden es Demokraten entschieden nicht zulassen, dass Anti-Demokraten die Macht übernehmen. Und zwar auch mit außergesetzlichen Mitteln.

Es werden sich also alle demokratischen Kräfte bündeln, um den Anti-Demokraten und Faschisten den demokratischen Weg zu versperren die Demokratie zu stürzen. Denn es wäre widersinnig und stellte einen unbesehenen Widerspruch dar, wenn eine Demokratie es ohne gebührende Gegenreaktion zulassen würde, mit den eigenen Mitteln ausgeschaltet zu werden. Dies entspräche dem Zulassen eines von den Anti-Demokraten und Faschisten erwünschten Suizids der Demokratie. Und dies entspräche einem forcierten Mord.

Ich hatte beschrieben, dass eine kluge und entschiedene Demokratie zur günstigen Zeit zur Tat schreiten muss, diesen Mord zu verhindern und die für die Forcierung dieses Mordes verantwortlichen öffentlichen Wortführer festzusetzen, einzusperren und des Landes zu verweisen. Denn dies wäre rational, konsequent und die Würde des Menschen schützend.

Ich kann mir nun gut vorstellen, dass manche das Gesagte als naiv und andere als dreist bezeichnen würden, ebenso, wie, dass weiteren es eine Offenbarung sein könnte. Und diejenigen, die intellektuell Zweifel an der juristischen Machbarkeit und Klugheit hätten, habe ich indirekt geantwortet.

Wir dürfen nicht ewig zuschauen, wie die irrationalen Anti-Demokraten und Europafeinde die Stimmung vergiften und die unbescholtenen BürgerInnen verwirren. Das Einfangen mit emotionalisierenden Phrasen und Furchteinflößungen, mit suggerierenden Unterstellungen der bösen Absicht und all dessen, was sie selbst im Schilde führen, die projektive Verwirrung und Verdrehung von Fakten und Zusammenhängen, das Weigern eines klaren Bekenntnisses zur Menschlichkeit, zur Würde, zur Demokratie, zur Vielfalt und zur Freiheit, dies allem darf zeitlich nicht ewig zugeschaut werden.

Und: Eine Demokratie darf nicht Opfer der Unwissenden und Unwilligen werden. Dies sei in Richtung derjenigen genannt, die solche Anti-Demokraten noch nicht als solche erkennen. Denn das Ego und der Narziss werden, in einer würdigen und klugen Demokratie, die nicht von Ego und Narziss geboren wurde (und auch nicht nur von Sozio und Globalio allein, sondern gewiss von dem die Würde verstehendem und verteidigendem Universalio), in ihre Grenzen verwiesen werden müssen, zu ihrem eigenen Schutz und zur Verhütung von weiterem Schaden im Sinne der Vergiftungen der sachlich-demokratischen Debatten.

Wer sich scheut die angesprochenen Grenzen der Toleranz zu ziehen und mit außergesetzlichen oder gesetzlichen Maßnahmen zu untermauern, arbeitet daran durch fahrlässige Untätigkeit die wirr agierenden Tätigkeiten und irrationalen Denkweisen der Zerstörung unerwidert gewähren zu lassen. Das können Demokraten, Humanisten, Menschen- und Lebensfreunde entschieden nicht zulassen.

Denn wenn die Gefährlichen und Dummen überhand nehmen, müssen die Klugen zu den Waffen greifen und Maßnahmen durchsetzen, die mit der Gefährlichkeit aufräumen, um den Status Quo einer gesunden, friedlichen und klug agierenden Demokratie wieder herzustellen. Denn wer den Gefährlichen spielt, muss mit Gefahren rechnen. Und wer die Gefährlichkeit nicht sieht, den müssen wir lehren, ante actionem und post actio.

Wer sich vor der Gewalt scheut, die dies mit sich bringen kann, bedarf der Veranschaulichung des Bildes unseres Selbsterhaltungswillens. Dieser ist implizit wehrhaft in der unantastbaren Würde des Menschen enthalten. Damit im Blick, wird überzeugt das Richtige getan werden können.

Es lebe daher die Demokratie weiter. Und es möge ihren Feinden Gnade vor Recht ergehen.

232
GLAS UND DIAMANT

Vergessen ist das Wort des einen über den anderen vom „lupenreinen Demokraten". Da hat der erstere wohl Glas und Diamant verwechselt. Und umso mehr wirft dies das Bild von manchen Herrschenden, dass diese offenbar psychologisch ungebildet sind und einen anderen diesbezüglich nicht einzuschätzen wissen. Denn wer den Menschen durchschauen kann, wird nicht an seinen offenbaren Worten hängen bleiben und beteuernden Absichtsbekundungen und seine Bewertungen diesbezüglich vornehmen. Sondern er wird genau zuhören und Fragen stellen und prüfen und auf den Zahn fühlen. Wenn aber in der großen Welt der Politik dafür keine Zeit bleibt, weil sie sich mit ihren Verhandlungen, Abmachungen und Entscheidungen gegenseitig nur drängen ihre egoischen Interessen zu befriedigen, für Volk und Vaterland, dann bedarf es grundsätzlich einer anderen Haltung zum Menschen gegenüber. Denn wer am Menschen interessiert ist, wird sich Zeit nehmen, genau zu schauen, mit wem er es zu tun hat, um die Wahrscheinlichkeit zu erhöhen sich vor eklatanten Fehlurteilen und Fehleinschätzungen hüten zu können. Und um der Erkenntnis am Menschen willen. Wenn aber das Volk die Herrschenden drängt ihm egoisch bei seinen jammernden Klagen Abhilfe zu leisten, dann ist auch das Volk Schuld daran, wenn die Herrschenden keine Zeit finden, sich auf das gegenseitig Menschliche einzulassen. Dann hat man eben mal ein paar Kriege am Hals.

233
ERFAHRUNGEN UND TATSACHEN

Wir müssen uns bemühen den Erfahrungen und Tatsachen zu trauen, sie zuvor in den Blick nehmen und zu unterscheiden lernen, wann die Worte, die damit in Verbindung treten, einer irrigen Interpretation zum Opfer gefallen sind und wann sie die Erfahrungen und Tatsachen wirklich darstellen und spiegeln.

Wer vorschnell annimmt, was über Erfahrungen und Tatsachen gesagt wurde, könnte den irrigen Interpretationen zum Opfer fallen. Da aber nicht in jedem Fall eine persönliche Überprüfung der Erfahrungen und Tatsachen möglich ist, werden viele danach urteilen, wessen Worten vertraut werden kann und wessen Worten nicht oder weniger. So kommt der Zweifel in die Welt, den auch jene aushalten müssen, die den Erfahrungen und Tatsachen klar einsichtig sind.

Aber Erfahrungen und Tatsachen sind keine Frage des Vertrauens oder Zweifelns, sondern des Erkennens deren Realität und Wirklichkeit. Wer sich also stets bemüht in seinem Umfeld und Einflussbereich die Realität und Wirklichkeit zu prüfen, was bedeutet die Vertrauenswürdigkeit der eigenen Worte und der von anderen zu erkennen, der wird eher in die Lage kommen, die Erfahrungen und Tatsachen, die ihm zugetragen werden, als solche zu erkennen und anzunehmen.

Wer auf die Prüfung der Vertrauenswürdigkeit verzichten sollte, der läuft Gefahr Worten anderer kritiklos zu trauen und daher zu deren Spielball zu werden und zwar abhängig von deren Irrtum und Fehleinschätzung. Die Güte der Vertrauenswürdigkeit der Worte anderer einschätzen zu können, wiederum, geht einher mit dem erworbenen und gewordenen Selbstvertrauen, das ein Mensch sich erarbeitet hat. Wer nur wenig Selbstvertrauen besitzt, von Zweifeln bevölkert ist und irrigen Ansichten anhängt, wird auch anderen Vertrauen, denen eigentlich nicht vertraut werden kann und darf, weil diese nicht vertrauenswürdig sind.

Wer also seine eigenen Lebenserfahrungen und Tatsachen des Lebens nicht gut genug und nicht gesund genug verarbeitet hat, wird auch nicht das Selbstvertrauen gewonnen haben, den Erfahrungen und Tatsachen in anderen Zusammenhängen vertrauen zu können. Er und sie wären also weit entfernt davon der Realität und Wirklichkeit verstehend gegenüber zu stehen und ihr erkennend etwas Sinnvolles abgewinnen zu können. Ihm und ihr wäre Sinn und Bedeutung abhanden, weshalb solche Menschen dazu neigen, Sinn und Bedeutung nicht aus sich selbst heraus schöpfen zu können, sondern durch das Hängen an den Lippen anderer, durch den Gehorsam gegenüber Figuren der Identität der Macht und durch das Weigern im Leben und den Erfahrungen und Tatsachen selbst einen Sinn zu erkennen.

Weshalb solche Leute zu Lebensfeinden und Menschenfeinden werden können, zu Ignoranten der Realität und Wirklichkeit, zu Leugnern von authentischen Erfahrungen und Tatsachen, die damit mehr misstrauen als vertrauen und die den Falschen vertrauen, die ihnen keine authentischen Erfahrungen und Tatsachen zur Kenntnis bringen, sondern kognitive Gebilde der

Flucht, der Aggressionsabfuhr und des abstrusen Glaubens.

234
SCHAMLOS

Gerade räkelt sich unser Hund in seiner felligen Natur auf dem Sofa. Er spreizt alle vier Beine von sich in die Höhe, auch die hinteren und diese besonders breit, sodass sein Genital sichtbar ist zwischen dem Fell. Können wir damit sagen, dass Tiere schamlos sind? Für Hunde und Katzen trifft das wohl zu, denn mit ihnen haben wir in unserem Kulturkreis am meisten Erfahrung. Aber sind sie damit gleich in einem moralischen Sinne schamlos? Lässt sich menschliche Moral auf Tiere übertragen? Und was bedeutet die menschliche Bezeichnung der Schamlosigkeit für einen Menschen? Wer nutzt diese abwertende Bezeichnung für andere Menschen, aus welchem Grund und aus welcher inneren Haltung erscheinend?

Es scheint zunächst, dass das Geheimnis des Sexuellen die Erfindung der Scham in die Welt bringt, jenes Verbergen von Natürlichkeit und Tiefe, die verletzlich erscheint. Ein verletzliches Geheimnis aber, das auch Schönheit involviert und Freude, leibliche und damit seelische, wenn die Verletzung ausbleibt und das Vertrauen und die Sicherheit erfüllt sind.

Die Tiere scheinen sich darum nicht zu sorgen, sie scheinen das natürliche Vertrauen und die Sicherheit in ihre Sexualität zu haben, sodass sie auf dem Hundeplatz auch sexuell getriggerte Stellungen miteinander zeigen, die kurz andauern und dann wieder ins Spiel übergehen. Natürlich können Hunde sich auch gegenseitig auf die Nerven gehen und sich bei Bedrängungen ärgerlich zeigen. Auch bei sexuell getriggerten Stellungsversuchen. Aber ein Geheimnis scheint das Sexuelle für die Hunde nicht zu sein, da sie es offen in einer Hundegruppe zeigen.

Schamlos scheint es für den Menschen dann zu sein, wenn die Vereinbarung der Beteiligten nicht durchgängig vorhanden ist, das Geheimnis des Sexuellen respektvoll zu wahren und gegenseitiges Vertrauen zuzusichern. Dabei ist es gleichgültig ob das Sexuelle privat oder für den öffentlichen Bereich praktiziert wird, um andere filmisch daran teilhaben zu lassen.

Der Moralist wird erst dann zur Bezeichnung der Schamlosigkeit finden, wenn er sich mit dieser Vereinbarung über das Geheimnis des Sexuellen gerade nicht übereinstimmend finden kann und will. Denn wenn er sich in der Welt der Verborgenheit, der Bedeckung, der Flucht und der Verleugnung der Natürlichkeit befindet, wird er keinen Kontakt finden, das Geheimnis des Sexuellen als Schönheit und Erfüllung für sich zu erfahren. Er wird sich bedrängt finden und daher zur Abwertung der Schamlosigkeit greifen, die sich ihm geistig aufdrängt. Er drängt damit, wie der ärgerliche Hund, die natürlich sexuelle Regung eines anderen von sich und setzt eine Grenze, die er gerade nicht überschritten sehen möchte. So wird die Bewertung der Schamlosigkeit zu seinem Emittenten zurück geführt und zeigt lediglich seinen Ärger und sein Unwohlsein an, das er empfindet, weil er gerade nicht bereit ist, das Geheimnis des Sexuellen für sich zuzulassen. Aber moralisch höher stehend ist er damit nicht.

Das mag er sich vielleicht einbilden, aber die Tatsache hat ihn ergriffen, dass er mit dem Geheimnis des Sexuellen – und damit mit dem Geheimnis des Lebens – gerade nicht in Verbindung kommen möchte. Darin liegt aber lediglich eine Augenblickskonstellation vor und kein Grund für eine höhere moralische Bewertung der eigenen charakterlichen Haltung oder einer niedrigeren moralische Bewertung derjenigen, die sich gerade dem Geheimnis des Sexuellen vertrauensvoll und im Einvernehmen hingeben möchten.

Im Grunde hat also das Geheimnis des Sexuellen mit Moral nichts zu tun, da die abwertende Moral erst durch den Unterschied zwischen dem einen und dem anderen in die Welt gerät, nämlich zwischen dem, der gerade nicht bereit ist sich dem Geheimnis des Sexuellen zu öffnen und hinzugeben und dem oder denjenigen, die gerade bereit sind sich dem Geheimnis des Sexuellen hinzugeben. Moral und besonders sexuelle Moral ist damit lediglich aus einem Unterscheidungswillen heraus getriggert und suggeriert, der sich gerade nicht in den oder die anderen hineinversetzen kann und will.

Moral und besonders sexuelle Moral entstehen damit aus einem Narzissmus heraus, der nicht in der Lage ist sich in einen anderen verstehend hinein zu versetzen. Moral und besonders sexuelle Moral ist also die Folge eines unverstandenen Trennungswillens und Abschottungswillens, der sich nicht in den oder die anderen hineinfühlen kann und will. Moral und besonders sexuelle Moral ist damit einem Unvermögen zur Folge werdend, das nicht in der Lage ist mitzufühlen und mitzudenken. Moral will nicht verstehen und empfinden, sondern abgrenzen und verdrängen. Daraus entstehen moralische Grenzziehungen, Forderungen und Bedrängungen.

Vom Geheimnis des Lebens will also solche Moral nichts wissen, weil sie dazu neigt, das Leben zu ersticken, das Geheimnis des Sexuellen zu verraten und damit die natürliche Freiheit des Menschen. Das findet sich nicht lediglich im sexuellen Kontext, aber gerade dort.

Aus der verbalisierten Schamlosigkeit über das Verhalten anderer, wird also die Schamlosigkeit desjenigen, der das Verhalten anderer abwertend verbalisiert. Denn sein Trennungs- und Abschottungswille wird mit Aggression und Ärger gepaart sein, weshalb er dazu neigt das Geheimnis des Sexuellen und damit das natürliche Vertrauen eines oder mehrere anderer, massiv zu verletzen. Wer aber keine Rücksicht auf die Gefühle anderer nimmt und diese moralisch abwertet, weil er irrig meint, moralisch höher zu stehen, steht dies gerade nicht, weil er das Leben und die Gefühle anderer nicht schützt und respektiert, sondern verletzt und verurteilt. Er hat also seinen Mangel an Einfühlungsvermögen irrig übersehen und täuscht sich dabei in seiner Wertung anderer.

Seine Moral entspringt also einer Verachtung und nicht einem Verstehen. Seine Abwertung ist Folge eines Unvermögens und nicht Resultat einer Fähigkeit. Sein Ärger und seine Aggression sind Folge eines Mangels und nicht Ergebnis einer lebendigen Fülle. Seine Reaktion ist das Resultat eines Hasses und Selbsthasses und nicht die Konsequenz einer Liebe zum Leben und den Menschen.

235
DER EINDRUCK

Vielleicht haben manche Leserinnen und Leser schon einmal die folgende Erfahrung gemacht. Da berichtet ein Mensch von einer wirklich glasklaren Wahrheit, zum Beispiel einer wissenschaftlichen oder einer philosophischen Weisheit, einer ethischen Klarheit oder einer augenscheinlichen Faktenlage – und ein Zuhörender oder eine Zuhörende widerspricht kurz und knapp. Welcher Eindruck kommt dabei auf?

Meine Erfahrung damit ist, dass sich der Eindruck aufhellt, etwas charakterlich Defizitäres über den Widersprechenden oder die Widersprechende spielt dabei eine Rolle und führte zum kurzen und knappen Widersprechen, ohne dass eine Frage gestellt worden wäre. Es ist zunächst ein gewisses Maß an Eitelkeit, die spürbar wird. Es ist des Weiteren Uneinsichtigkeit und Desinteresse an dieser vorgebrachten Wahrheit und Faktenlage, dieser Weisheit und wissenschaftlichen Erkenntnis, zu sehen. Zudem ein Abgeschottet-Sein in eine eigene Welt, die nicht verlassen werden möchte und aus der heraus sie oder er sich nicht öffnen möchte. Denn es wird in solchen Situationen auch niemals eine Frage gestellt. Der Zuhörende und Widersprechende signalisiert indirekt und fraglos, er oder sie hätten verstanden und können und wollen das Gesagte nicht teilen und annehmen. Der Eindruck verfestigt sich, dass das Vorgebrachte dem Widersprechenden schlicht gleichgültig ist und gerade launisch nicht in den Kram passt und daher kurz und zuweilen schnippisch widersprochen wird. Die vorgebrachte Tatsache, Erkenntnis und Faktenlage wird nicht geglaubt und daher ignoriert. Es spürt sich eine kognitive Arroganz und Verachtung.

Es zeigt sich also der Eindruck, dass die widersprechende Person mehr einem irrationalen Glauben zuneigt, als einer rationalen Erkenntnis. Denn darum handelte es sich ja. Das Desinteresse am Gesagten spiegelt außerdem kleingeistige Eigensinnigkeit wider, die gar nicht wirklich an Wahrheit und Erkenntnis interessiert ist, von keiner Neugier und Offenheit berührt und zudem von sich selbst zu sehr überzeugt ist, sodass sie ihren eigenen Irrtum für unmöglich hält. Es fehlen also Respekt und Bescheidenheit, Geduld und Aufgeschlossenheit. In Ergänzung dazu verfestigt sich der Eindruck, der andere wäre gerade mit etwas anderem beschäftigt und hätte gar keine Zeit, Lust und Kraft sich nun auch noch damit zu beschäftigen.

Ein Fakt, eine Tatsache, eine glasklare Erkenntnis einer wissenschaftlichen Feststellung, sind unglaublich, es entscheidet nicht das Gutdünken des eitlen Ego darüber und damit nicht sein Glaube oder Unglaube über diesen Fakt, diese Tatsache, diese glasklare Erkenntnis einer wissenschaftlichen Feststellung. Und da erkannt werden kann, dass solche Leute dem Glauben zuneigen und nicht der Erkenntnis, setzt sich der Eindruck fest, dass solche Menschen sehr eitel auf sich selbst bezogen sein müssen und es ihnen damit an einem Willen zum gemeinsamen Denken und Erkennen mangelt oder dieser schlicht fehlt. Das spiegelt aber deren narzisstische Respektlosigkeit wider, die nicht lediglich in diesem Augenblick erkennbar sein wird, sondern immer wieder bei anderen Gelegenheiten und Zusammenhängen deutlich werden wird.

Der Eindruck dieser Erfahrung kann aber damit nur derjenige und diejenige machen, der und die selbst nahe genug an Wahrheit, Erkenntnis, Fakt und Tatsache ruhen und sich mit ihnen schöpferisch bewegen und die daher der Selbst- und Fremdtäuschung viel weniger erlegen sein werden, als jene.

236

Wir Kinder der Natur

Je mehr wir in unserer vergangenen Menschheitsgeschichte dazu kamen, zu überleben und uns gegen die Gefahren der Natur, seiner Mitbewohner und gefährlichen Eigenheiten zu schützen, um so mehr scheinen wir vergessen zu haben, dass wir ein Kind der Natur sind. Dass wir also aus der Natur heraus geboren wurden und es eigentlich kaum möglich sein kann, dass sie uns böses will, gegen das wir andauernd und immer noch kämpfen müssten.

Da wir zudem nunmehr nicht mehr in der Natur einen Feind erkennen müssen, sondern wir leider glauben, im fremden Nachbarn und dem Mitmenschen diesen Feind vorzufinden, haben wir immer noch nicht gelernt, dass wir aufeinander angewiesen sind und dass wir daher friedlich und kooperativ, offen und vertrauensvoll, miteinander leben sollten.

Wir sind also noch mit weiteren Aufgaben beschäftigt, die uns nun nicht mehr die äußeren Lebens- und Naturbedingungen aufgeben zu lösen, sondern wir selbst, als Mitmenschen, geben uns Aufgaben, innerlich nachzuspüren und zu verarbeiten, wie wir miteinander friedlich, vertrauensvoll, konstruktiv und aufgeschlossen miteinander leben können.

Denn das oberste Prinzip heißt Frieden, das durch Bildung, Erkenntnis, Wissen, Verstehen, Meditation, Erfahrung und den essenziellen Fragen über diese inneren Realitäten, verwirklicht werden kann. Wo wir Jahrmillionen von der äußeren Welt bedroht waren und nun so gut wie entbunden davon sind, müssen wir nun die inneren Welten des Friedens und der Liebe entdecken, damit wir als Gesamtheit überleben und leben können.

Denn der Frieden und die Liebe sind untrennbar mit Erkenntnis und Verstehen verwoben. Und dies ist erst seit 500 Jahren eine institutionell gewordene und differenzierte Disziplin. Im Angesicht der letzten zwei Millionen Jahre warten also aufregende, interessante, erkenntnisreiche und friedliche weitere zwei Millionen Jahre auf uns.

Wenn wir gute Kinder sind, werden wir aus dem Kampf gegen die Natur und gegen den Mitmenschen aussteigen und uns allmählich am Erblühen eines inneren Friedens erfreuen, der darauf wartet, von uns entfaltet zu werden.

237
Millionär und Arbeitnehmer

Ob wir nun Millionär sind und glauben finanziell unabhängig von der Gesellschaft zu sein und Freiheiten nach Belieben verwirklichen zu können oder ob wir Lohnempfänger sind, die von der Geldzahlung des Arbeitgebers abhängig sind, stehen wir alle vor gemeinsamen menschlichen Problemen, die wir nicht leugnen sollten.

Denn der Millionär wird dazu tendieren, zu glauben, er hätte die Lösung gefunden, um in der Welt nicht nur zu überleben, sondern sehr gut zu leben. Und der Arbeitnehmer tendiert dazu, zu glauben, seine prekäre Situation läge am „System" und dessen angeblich schlechten Bedingungen, weshalb er versuchen wird an den Details des Systems zu feilen, um so bessere Bedingungen zu erreichen, von denen er erhofft, dass seine Probleme dadurch gelöst werden könnten.

Beide irren sich, beide machen sich und anderen etwas vor. Der Millionär wird dazu neigen, seinen Erfolg als „selbst-erreicht" zu verstehen, durch Anstrengung, Klugheit, Ideenreichtum und Nachdruck – und ignoriert dabei den Zufall und die ihn fördernden gesellschaftlichen Bedingungen, die ihm zugute kamen.

Und der Arbeitnehmer wird dazu neigen, sich in den Details der gesellschaftlichen Bedingungen zu verlieren und wird zudem aggressiver werden, wenn seine sich steigernden Vorstellungen und Erwartungen zu langsam oder nur unter Kompromissen oder gar nicht verwirklicht werden können.

Beide werden sich egoisch täuschen, da sie dazu neigen, der eigenen Sicht mehr zu trauen als dem tieferen Verständnis gesellschaftlichem und menschlichem Gewordensein. Sie werden dazu neigen, auf Fragen zu verzichten und keine forschende Haltung annehmen, sondern mehr impuls-gesteuert agieren und nicht mit Bedachtsamkeit, Offenheit und Aufgeschlossenheit.

Denn die Entwicklung der gesellschaftlichen Situation wird hauptsächlich von der technologischen Entwicklung getriggert und mit Begrenzungen und Freiheiten ausgestattet sein. Das eine geht nicht ohne das andere, die Freiheiten nicht ohne die Begrenzungen. Die Freiheiten und Begrenzungen der Millionäre gehen nicht ohne die Freiheiten und Begrenzungen der Arbeitnehmer. Wer es anders versteht, wird zu egoischer Hybris und Arroganz neigen (wie manche Millionäre) oder zur egoischen Beschuldigung und Aggression (wie manche Arbeitnehmer und deren Vertreter).

Denn es ist ganz und gar nicht schlüssig, dass die Freiheiten der Millionäre sich auf den Rücken der Arbeitnehmer abspielen. Vielmehr erscheint es manchen so, die kausal Schuld zu begründen suchen. Aber sie irren sich, zuweilen mit fatalen Folgen.

Mancher Millionär wird sich zudem auf seinem Erfolg ausruhen und dem Motto anhängen „Erfolg hat Recht". Und vergisst dabei, dass dies lediglich in der Medizin einen gewissen eindrücklichen Sinn besitzt. Im Bereich der Wirtschaft muss Erfolg noch nicht auf einem für alle Menschen gültigen Boden ruhen. Und der wissenschaftliche Erfolg ist das Ergebnis eines Fragens, Suchens, Irrens und Findens, der letztlich von der Vergangenheit geprägt sein wird, gepaart mit dem Zufall der schöpferischen Genies und der geistigen Einfühlung in die logische Struktur der Wirklichkeit, die ihrerseits das letzte Wort spricht und nicht der Mensch.

Wenn der Millionär und der Arbeitnehmer sich beide in ihrer äußerlichen Verschiedenheit anschauen könnten und zu verstehen suchen würden, dass weit weniger ihr Wille für ihre Situation verantwortlich ist, als der genetisch-evolutionäre Zufall, der sie zu dem werden ließ, der sie heute sind, müsste ihnen aufgehen, dass sie mit einem bedingungslos global gleich verteilten Einkommen mehr Freiheiten und damit tieferen Frieden für mehr Menschen erreichen könnten, als in der Aufrechterhaltung einer finanziell verschieden entlohnenden Welt, die argumentativ in der Luft hängt und durch die Macht der gestrigen Zeit geprägt ist. Und nicht von der schöpferischen Kraft der augenblicklichen Wahrhaftigkeit.

Wenn sie erkennen würden, dass sie gleich sind, weil „jeder tut, was er kann", so würden ihre unterschiedlichen Schlussfolgerungen aus ihren wahrgenommenen Erfolgen und Unzufriedenheiten, eine gemeinsame Basis besitzen und damit auf anderen Perspektiven sich entfalten und finden können. Die gleiche Basis der Menschen würde die irre geleitete Orientierung (im Sinne einer Verabsolutierung) der äußerlichen Verschiedenheit (wie unterschiedliches Einkommen und Vermögen, unterschiedliche Gaben, Fähigkeiten und Talente) auf innerliche Wirklichkeiten und Wahrheiten lenken können (oder mit ihnen gemeinsam eine Vervollständigung erreichen und die angedeutete Einseitigkeit der äußerlichen Orientierung ausgewogener gestalten). Hier würden die Menschen ihre Gemeinsamkeiten entdecken können, die sie als Mensch auszeichnen und die sie alle als existenziell gemeinsame Basis erfahren würden. Gerade solche Sinngefüge, wie Erkenntnis, Verstehen, Liebe, Wahrhaftigkeit, Selbsterfüllung, schöpferische Kraft und Freude, würden in den Blick der Menschen geraten. Und sie würden sich weniger in der äußerlichen Welt aufreiben und verlieren, sondern sich zunehmend innerlich finden.

Denn eine globale Welt benötigt globale Antworten, ja sogar universell gültige. Denn damit wird und würde jeder Mensch in seiner Einzigartigkeit gewürdigt, geachtet und geschätzt werden, weil „sie alle tun, was sie können". Wo gäbe es hier eine Ungerechtigkeit? Wo eine Gleichmacherei? Die Verschiedenheit würde gewürdigt und die gleiche Entlohnung garantierte den Respekt, den jeder für sein Dasein und sein Werk verdient. Die technischen Innovationen würden weiterhin möglich sein und die Arbeitsmoral würde hoch sein. Auch würden die schöpferischen Künste weiterhin gedeihen und die Zufriedenheit des Menschen würde durch tieferen Frieden ermöglicht, dem nicht ein Kampf ums Überleben oder ein Leben für den Kampf im Wege stehen würden. Der Dialog und das offene Gespräch würden gefördert, der äußerlichen Freiheit käme eine innerliche Selbstfindung hinzu.

Das „Ding der Unmöglichkeit" würde einem möglichen neuen Sinn weichen, der zunehmend vertiefend und entfaltend verwirklicht werden könnte. Was ja auch ohnehin schon geschieht. Aber der Mensch würde sich vom „Zufall" zum „Einfall" (zur Idee, Gedanke, Kreativität, Selbstfindung) entwickeln, er würde – was er ohnehin schon tut – zunehmend selbstbestimmter – aber in einer Weise, die das Universelle, Globale und Soziale durch Wahrhaftigkeit verwirklichen würden, anstatt weiterhin durch egoische Aggression das antiquierte „Recht des Stärkeren" blind und respektlos durchsetzen zu wollen. Er würde Mensch werden, er würde durch den Kontakt mit dem inneren Schatz der Wahrhaftigkeit und dessen Verwirklichung zu einem globalen Frieden finden können.

Wer hier schon abwinkt, bedarf dringend ein paar grundsätzlicher Fragen. Oder einen Therapeuten, der mit ihm über Verschlossenheit und Belastungen durch Abgrenzung, Vorurteil und Voreingenommenheit spricht. Fragen helfen. Schweigen unterstützt. Und Besinnlichkeit fördert.

Dies würde, sowohl dem Millionär als auch dem Arbeitnehmer und seinen Vertretern, gut tun.

238
Von Kleidung und der Nase des Denkens

Es scheint nicht so wichtig zu sein, welche Kleidung wir tragen oder welche Hautfarbe und Herkunft wir haben; es scheint nicht so wichtig, welche Nase wir haben oder welche Haarpracht wir zeigen oder auch nicht. Es scheint viel wichtiger zu sein, ob wir verstehen und uns bewusst sind, was und warum wir denken, wie wir denken, ob wir uns der Gefühle bewusst sind, die auf das Leben und den Frieden bezogen sind. Denn alles zuvor Genannte, bis auf die Hautfarbe und die Nase – nämlich die Kleidung und die Haarpracht – werden durch unser Denken entschieden. Wenn wir innerlich friedlich und liebevoll denken, so werden auch unsere Veräußerlichungen einen friedlichen und liebevollen Sinn ausstrahlen und bedeuten. Wer sich seines Inneren nicht oder kaum bewusst ist, bleibt ein ungehobelter, grober und unverständiger Typ Mensch, der gerne zum Kampf neigt und andere beschuldigt. Es ist also das Innere wichtig, alles andere kann ins Verstehen gebracht werden, eben durch die Selbsterkenntnis innerer Wirklichkeiten, die bewusst sind oder wurden. Wer sich von der Kleidung, Hautfarbe, Nase und Haarpracht oder Bedeckung anderer verführen lässt diese äußerlichen Erscheinungen zu diskriminieren und zu verurteilen, sich davon abzusetzen und sich selbst als der bessere Mensch zu betrachten, dem mangelt oder fehlt innerliche Selbsterkenntnis. Seine Nase des beliebigen Geschmacks wird sein Denken eitel ausgestalten, sodass er die Aggressivität als sein Mittel nutzt, um sich gegen andere abzuheben. Aber er hat die Augenhöhe vergessen, denn seine Nase ist ihm genauso mitten im Gesicht, wie anderen.

239
Ist alles nur Strickmuster?

Besteht das Dasein lediglich aus einem Außeneindruck? Gibt es nur die Außenwelt? Die Natur und das fast unendliche All?

Wenn es nur ein Außen gäbe, wäre alles Dasein nichts weiter als aus unzähligen verschiedenen Strickmustern bestehend. Und die Lebewesen auf der Erde wären Strickmuster, die gewebt wären und gestrickt.

Es ist schon zu erkennen, dass die Entwicklung entlang der Zeit dieses Bild des Strickmusters nicht aufrecht erhalten kann. Denn alles Dasein wird augenblicklich „gestrickt" und verändert, belebt, beatmet und bewegt. Und wenn dies lediglich auf ein Außen bezogen wäre, strickte sich das Außen selbst. Was dem Energieerhaltungssatz zu widersprechen scheint.

Woher also kommt die Kraft und die Kreativität dieser Veränderung? Sollte sie als Perpetuum mobile aus sich selbst heraus sich in der Außenwelt selber stricken? Woher stammt die Energie und der schöpferische Impuls für das stetig augenblickliche Wachsen und Gedeihen, für die Bewegung und das Atmen? Sollte der Mensch sich damit zufrieden geben, dass dieses All ein ungeheuerliches Strickmuster ist, das sich selbst entwickelt? Das sich selber strickt?

Es ist schon lange für manche eine Frage, was der Geist ist, den wir Menschen offenbar entwickelt haben und was das Leben ist, aus dem dieser Geist entfaltet wurde. Was sind die Träume der Menschen? Nicht lediglich die Nachträume des Schlafes, sondern die Träume für eine friedliche Welt und die Sehnsucht nach dem, was Liebe genannt wird?

Was ist also Bewusstsein? Wie kommt es, dass wir uns selbst bewusst sind? Dass wir den Tod erkennen – und uns selbst im Spiegel – und den Tod hinauszögern, weil wir im Grunde gerne leben? Weil das, was wir im Spiegel sehen uns gefällt und wir das sind, was wir mit unseren Augen sehen. Uns selbst, die Welt und das Leben. Wir sind also Leben, das leben will. Und das nicht sterben soll. Solange es geht. Solange das Muster sich stricken will.

Wer das Innen des Bewusstseins ignoriert, wird sich im Außen verloren gehen, er wird mehr dazu neigen Kriege zu führen und im Leben einen Kampf erkennen, für den er lebt. Aber er irrt sich. Er strickt nicht, er reißt auf. Wer dagegen das Innen hütet und pflegt, gewahrt und bewegt, betrachtet und empfindsam wägt, der wird kein Leben für den Kampf führen, sondern schöpferisch leben, verantwortungsbewusst, respektvoll und entschieden.

240

Die Würde des Menschen
versus
die Kriege der Welt

Die Würde des Menschen bedarf einer Kraftanstrengung, um sie zu schützen und zu wahren. Wer im Krankenhaus arbeitet und im Sozialwesen sollte sich dessen bewusst sein. Doch diese Kraftanstrengung ist nicht so hoch, wie die an einem Krieg teilzunehmen, dort ist die Schwere der Last viel gewichtiger als beim Schutz und der Wahrung der Würde des Menschen. Denn der Krieg kümmert sich nicht um die Würde des Menschen, weshalb der Krieg würdelos ist. *Der Krieg ist eine viel größere Last als die tägliche Anstrengung zum Schutz und zur Wahrung der Würde des Menschen.* Allein diese Perspektive sollte für die Klugen genügen am Frieden und der Würde Gefallen zu finden und den Krieg zu entmutigen.

Gerade dieses Streben und Ringen um Würde und die dazu nötige Kraft, sollte uns leichter im Leben möglich sein. Denn wenn wir an die Kriege denken, ist der Vorteil und Nutzen der Kraftanstrengung für die Würde des Menschen unermesslich wertvoller, da wir bei den Kriegen gar nicht von Vorteil und Nutzen sprechen können. Denn in einer global werdenden Welt, ist der Nutzen am Größten, wenn es so vielen, wie möglich zugute kommt. Eine Welt im Krieg dagegen nützt niemandem, auch wenn die Sieger in spe dies anders sehen sollten. Sie sehen noch nicht den Wert des Friedens und der Würde des Menschen, und dass die Kraft und Anstrengung um sie, weniger Last bedeutet, als die Kraft und Anstrengung für den Krieg.

Denn es kostet mehr Energie einen Krieg zu führen, als im Frieden sich um die Würde des Menschen zu kümmern. Und die Kosten des Krieges übersteigen in allen Bereichen beträchtlich die Kosten für den Schutz und die Wahrung der Würde des Menschen.

241

Wahrheit und Demokratie –
Oder: die Wahrhaftigkeit der Hominiden

An folgendem Verständnis misst sich die Bildung eines Menschen: Es ist nicht die Wahrheit, die sich an der Demokratie orientieren müsste, sondern im Gegenteil, es ist die Demokratie, die sich an der Wahrheit orientieren muss. Schließlich fragt das Sonnenlicht auch niemanden wie lange es für seinen Weg von der Sonne zu den Planeten benötigen darf. Es wäre widersinnig darüber abstimmen zu wollen und zeugte von der Hybris und Blindheit des Menschen dies zu verlangen. Wenn die Menschheit solcherart Selbstbezogenheit nicht aufgeben sollte, wird sie an der kompromisslosen Wahrheit der Natur zugrunde gehen. Wenn sie aber die Wahrheit zu entdecken suchen sollte und diese auch finden und erkennen wird, besteht zwar nicht die Chance zum ewigen Leben, aber dazu glücklich, friedlich und erfüllt leben und sterben zu können.

Wer also von den Tatsachen der Wahrheit nichts wissen wollte, wird daran arbeiten den Frieden und das Glück der Menschheit zu zerstören. Er wird kein Demokrat sein, der begriffen hätte, dass die Wahrheit sich nicht an einer Mehrheit misst, sondern ihren eigenen Beweis anbietet, der gesucht, erforscht und gefunden werden kann. Die Anti-Demokraten, mit wenig Bildung, werden dies noch nicht verstehen können oder wollen und meinen, sie könnten für die Tatsachen der Wahrheit einfach so hinweg gehen. Die Geschichte der Menschheit aus den letzten 2 bis 5 Millionen Jahren zeigt eindeutig, dass wir es geschafft haben, mit den Mitteln der Technologien Realitäten der Wahrheit und Funktionsweisen zu entdecken, zu etablieren, zu verbreiten und zu verbessern, ohne die ein modernes Leben nicht mehr denkbar ist. Dass wir also auf der Wahrhaftigkeit der vergangenen Menschheit aufbauen und ihnen dankbar sein müssten, dass sie den Tatsachen der Wahrheit wahrhaftig und nachdrücklich Ausdruck und Langlebigkeit gespendet haben. Ohne diese lange Tradition der Wahrhaftigkeit, lebten wir jetzt noch auf den Bäumen und hangelten uns von Ast zu Ast.

242
Kontrolle und Spiegel

Wenn Menschen dazu neigen anderen Menschen vorzuschreiben, wie sie richtig zu leben hätten, erzeugen sie, ohne sich dessen bewusst zu sein, eine Kontrolle über ihr eigenes Leben. Denn wenn andere Menschen klug sind, werden sie die ihnen vorgehaltenen Forderungen am Fordernden prüfen und schauen, ob diese auch selbst tun, was sie von anderen verlangen.

Der Vorschriften-Macher erzeugt also einen Spiegel, in den zu schauen er gezwungen sein wird, denn je mehr er anderen vorschreibt, wie sie zu leben hätten, um so mehr wird er kontrolliert werden. Dies äußert sich dann zunächst als Neugier für deren Lebensweise, dann als kritische Bemerkung und Reflexion und schließlich als Versuch ihn an seinen eigenen Forderungen zu messen. Wehe wenn er hier abweichen sollte.

Aber auch wenn der Fordernde und sein eigenes Verhalten für Dritte nichts zu wünschen übrig lässt, ist dies noch kein Grund von der Richtigkeit seiner Forderungen für andere auszugehen. Denn was für ihn passt, muss anderen noch nicht Genüge leisten.

Anderen vorzuschreiben, wie sie zu leben hätten, was sie tun und lassen sollten, ist meist auf Uneinigkeit stoßend, weil doch die Menschen zu unterschiedlich sind und manche Forderungen zu viel Freiheit nehmen, anstatt Möglichkeiten aufzuzeigen, wie Freiheit gelebt werden könnte. Die dunkle Moral wird für unangenehme Gefühle, für Zwang, Diskriminierung und Unterdrückung sorgen; die lichte Moral für Freude und Angenommen-Sein, Verständnis und Selbsterfüllung. Denn das Lichte wird Möglichkeiten der Freiheit aufzeigen und nicht, wie das Dunkle, begrenzen und beengen.

Die natürliche Freiheitsbewegung des Menschen wird sich bei Bedarf zu wehren wissen und der aufgezwungenen Enge zu entfliehen suchen. Sollte das Dunkle eines Tages die absolute Macht übernehmen, wäre das der endgültige Niedergang der Menschheit. Daher müssen wir im Kleinen beginnen, die Freiheit und das Lichte zu ehren, zu mehren und die Chancen zu zeigen, die jede Zeit für das Glück und die Erfüllung des Menschen bereit halten. Aber wir dürfen nicht davon ausgehen, dass unsere Lebensweise die einzig wahre und richtige sei, sie kann für uns stimmen, aber für viele andere nicht. Hierin liegt die Herausforderung für die globale Welt, jedem seine

Nische zu lassen, in der er nicht auf die Gedanken kommen muss, andere nach seinen Vorstellungen zu formen, weil er annimmt, die Lösung für das Leben gefunden zu haben und er sich an der Agonie der weltlichen Situation aus der Verzweiflung in den Zweifel und schließlich in den absolutistischen Glauben manövriert, der leider noch fehl darin geht, die vielfältige Welt und Menschheit begriffen zu haben.

In jeder normativen Forderung liegt also die unausgesprochene Verzweiflung zu Grunde, die verdrängt wurde und durch Selbstbetrug sich und anderen etwas vormacht. Den Spiegel, den wir solchen zeigen sollten, sollte kein konfrontativer sein, sondern ein lehrender und zur Not belehrender. Aber vielleicht sind auch lange noch manche gar nicht lehrbar oder belehrbar, weshalb diese Norm ebenso nicht die Lösung sein könnte. Es gibt immer Weiteres, das zu beachten und zu beschauen ist.

243

Abschaffung des Patriarchats – ein Buch

Der Titel klingt kompromissloser als der Klappentext. Ich finde die Differenzierung der Weise feministischen Denkens wichtig davon zu wissen, weshalb ich jede Art Differenzierung gerne anhöre. Verstehen und Erkenntnis sind unabdingbar. Wir beiderlei Geschlechter sollten es doch schaffen miteinander die Gegenwart und Zukunft zu gestalten. Gewalt ist immer ein Zeichen der Verzweiflung und nicht der Macht, sie ist der Ausdruck einer Hilflosigkeit und Schwäche, ob sie nun physisch von Männern ausgeübt wird oder psychisch von Frauen. Ich wünsche uns allen erhellende Gespräche und die Kraft allzeit den Respekt zu wahren. Denn er ist die Voraussetzung für das, was mit Liebe gemeint sein könnte. Und so wie Männer keine Könige sind, sind die Frauen keine Engel. Wer aber als Frau das Böse in den Männern bekämpft, wird sich mit dem eigenen Bösen verbinden und letztlich langfristig nichts gewonnen haben. Nicht der abschaffende Kampf gegen etwas wird die Menschheit voran bringen, sondern das Ringen um Erkenntnis und Verstehen. Denn dies zeugt sein eigenes Handeln, das die Probleme augenblicklich erkennen kann und daher eher zu einer adäquaten Lösung beitragen wird. Die Fahne der Gegnerschaft sollte abgelegt werden und der verstehende Mensch gefördert. Denn wer immer nur opponiert wird nicht zur Weisheit finden, die in der Macht der Erkenntnis ruht und daher zu Frieden, Liebe und Verzeihen fähig sein wird. Denn darin ist die Gegenwart und Zukunft der Menschheit zu finden.

244
Gewalt

Gewalt ist pervers, weil sie zur Perversion verführt, in ihr einen Sinn zu sehen. Sie ist eine Verzweiflung und Hilflosigkeit, der Grenzen gesetzt werden müssen. Das kann auch darin bestehen, sie ins Leere laufen zu lassen und sich ihr zu entziehen, wenn das noch möglich ist.

245
„Glauben Sie, was andere Leute denken?"

Der Physiknobelpreisträger Richard P. Feynman schrieb einst ein Buch mit dem Titel „Glauben Sie, was andere Leute denken?". Wenn wir sehen, wie wir dazu neigen Worte von anderen zu bewundern, werden wir erkennen können, dass diese Worte anderer immer nur aus der Vergangenheit stammen und nicht gegenwärtig sind. Unsere Irrtümer und Täuschungen beruhen auch darauf in der Vergangenheit, wie in einem zeitgebundenen Käfig unfrei zu bleiben und nicht den Sprung in die Gegenwart zu wagen und ganz auf uns selbst gestellt zu denken. Da es gewiss graduelle Unterschiede gibt, wenn wir die Worte anderer für uns vereinnahmen oder verwenden, bleibt dennoch ebenso zu erkennen, wie wir uns im Laufe der Zeit entwickeln und wie Evolution wirksam ist, sowohl nach oben als auch nach unten, sowohl in Richtung Weisheit als auch in Richtung Dummheit. Wir kommen also nicht darum herum uns mit beidem zu beschäftigen und beides für uns an uns und anderen zu entdecken, zu verstehen und augenblicklich hinter uns zu lassen. Das scheint die Aufgabe zu sein, wenn der Weg der Erkenntnis und des Verstehens eingeschlagen werden wollte: das Licht und die Schatten, die Weisheit und die Dummheit, die Liebe und den Hass, die alle in uns angelegt sind, zu erkennen, zu verstehen und hinter uns zu lassen, um im Augenblick frei zu sein, dem Leben und seinen Bedingungen, sowie seinen Aufgaben, Pflichten und seiner Kür zu entsprechen. Damit scheint die Wahrscheinlichkeit am höchsten, in Frieden zu wandern und leben zu können.

246
Anerkennung

Ob wir uns dessen bewusst sind oder noch nicht, wir streben alle nach Anerkennung, wir wollen alle angenommen und gemocht sein. Aber die Vorstellung, dass wir Menschen uns um unserer selbst Willen anerkennen und annehmen müssten, entstammt einer idealistischen Vorstellung vom Menschen und ignoriert die Tatsache, dass wir in dieser Welt nicht um unserer selbst Willen leben, sondern weil wir handeln und entscheiden müssen, um so einen Beitrag zur Aufrechterhaltung und Weiterentwicklung der Gesellschaft und des Lebens zu leisten. Wir werden also an dem gemessen, wie gut wir etwas machen und welche wertvollen Dinge wir tun und denken, denn die Erhaltung der Gesellschaft und des Lebens geht uns alle an. Für unseren Beitrag zur friedlichen Weiterexistenz der Gesellschaft werden wir anerkannt und gemocht. Und wer keinen Beitrag zum gesellschaftlichen Miteinander leistet oder ihm nicht die Möglichkeit dazu gegeben wird, dem fehlt dieser wesentliche gesellschaftliche Sinnzusammenhang, dem fehlt oder mangelt diese Chance auf Anerkennung.

Nun ist aber das Streben nach Anerkennung nicht in jedem Falle gleich zu bewerten. Denn die Mittel und Überzeugungen, der wir uns bedienen und die Ziele, die wir verfolgen, unterscheiden sich voneinander. Weshalb es von der Gemütslage und Laune der Gesellschaft abhängig ist, welche Mittel und Überzeugungen gerade anerkannt werden. Je größer das Interesse der Gesellschaft an Boxkämpfen, Fußball, Horrorgeschichten, Krimis, Kochbüchern, Reiseführern und Mode ist, umso mehr werden diese Betätigungen anerkannt, unterstützt und können gedeihen. Warum aber müssen wir feststellen, dass die philosophische Betätigung traditionsgemäß auf so geringes Interesse stößt und die Anerkennung, wenn überhaupt, bei vielen erst posthum erfolgen kann?

Es macht den Anschein, dass die meisten Menschen doch nur um ihrer selbst Willen tätig sind und nicht das Wohl der Menschheit im Blick haben, wie es die Philosophen zu tun pflegen. Wie wäre es anders zu verstehen? Jeder tut, was er kann. Ja. Der Boxer kann boxen. Der Fußballer Fußball spielen. Der Schreiberling schreibt sich seine dunklen Phantasien vom Leib. Der Koch und Gourmet gestaltet Kochbücher. Der Reiselustige berichtet von seinen Reisen. Und der Modebewusste hat Spaß an guter Kleidung und Gediegenheit. Sie tun, was sie können und wollen. Aber das ist auch alles. Und die Anerkennung wird sich mehr oder weniger intensiv einstellen.

Zum Menschsein aber gehört noch etwas anderes dazu und das ist viel schwerer zu erlangen, als nur zu tun, was man kann und will, um damit nach Anerkennung zu streben. Nämlich dieses Leben, den Menschen, die Gesellschaft und die Wahrheit und Wirklichkeit zu erkennen, als das, was sie ist. Denn wer nicht erkennt, was ist, wird unwissend und verirrt durch das Leben laufen, er wird die Fragen um Frieden und Krieg, um Liebe und Hass und um Erkenntnis und Wirklichkeit, nicht zu beantworten suchen und daher nicht wirklich glücklich werden können. Die Wirklichkeit und Wahrheit aber, muss nicht anerkannt werden, sondern entdeckt und durchschaut, belassen und kommuniziert werden. Denn ihr Boden und Grund ist Glück und Frieden, Liebe und Verstehen. Der Rest ist die Flucht davor in eine Anerkennung hinein, die von der Zeit und Welt abhängig ist, von der Mode der Welt, von der Laune des Gemüts und von der Fahrigkeit eines Desinteresses für die wirklich wichtigen Themen. Können wir also unabhängig von der Zeit und der Welt sein und etwas finden und immer wieder finden, das uns erfüllen wird und in Frieden sein lässt, produktiv und engagiert, weil es von der Mode, Laune und Fahrigkeit der Menschen nicht abhängig ist und uns etwas Grundlegendes erfahren lässt, nämlich Erfüllung und nicht lediglich Anerkennung?

Das Streben nach Anerkennung des Boxers, bedient sich anderer Mittel, als das Streben nach Anerkennung des Philosophen. Der erste schlägt die Nase des Gegners blutig, der zweite sucht ein Verstehen für die Irrtümer der Welt zu spenden, um sie zukünftig immer weniger zu begehen und die Welt und die Menschheit so immer mehr in einen Frieden und eine wirkliche Erfüllung zu bringen. Das ist das Entscheidende, das ist das Wesentliche. Anerkennung ist also das eine, aber Frieden und wirkliche Erfüllung das andere, das sich anschließt und das für die meisten Menschen noch wartet verwirklicht zu werden.

Wir können also nicht nur Streben, um Anerkennung und Erfolg zu erlangen, denn so mancher Erfolg hat den Erfolgreichen nicht wirklich glücklich gemacht. Der Weg aber in den Frieden und die wirkliche Erfüllung schließt sich an die Anerkennung an, weshalb keiner darum herum kommt nach Anerkennung zu streben. Aber wir sollten uns hüten, in der Anerkennung und dem Erfolg bereits einen Selbstzweck zu erkennen und wir sollten vermeiden anzunehmen, dies wäre schon alles, was erreicht werden soll.

Der Weg des Philosophen aber, der nach Wahrheit und Wirklichkeit schaut, ist der vielversprechendste, denn die Wahrheit erfüllt und befriedet den Menschen und trägt ihn durch die Wirklichkeit hindurch. Die Anerkennung, die er erfahren sollte, wird ihm nicht genügen und er wird sich nicht auf ihr ausruhen oder sie zu einem eitlen Gegenstand der Selbstanbetung machen.

Der Philosoph wird sich der Fallen und Täuschungen bewusst werden wollen, die mit ihr verbunden sind, denn er strebt letztlich nach Erfüllung und Frieden, die er durch sein Beispiel weiter geben muss. Die Anerkennung und der Erfolg sind ihm dabei zwar willkommen, aber er bleibt nicht bei ihnen stehen und wird die Gefahr zu vermeiden suchen, sie als Selbstzweck zu belassen. Auch auf das Risiko hin, dass die Anerkennung wieder schwinden wird. Denn letztlich ist ihm bewusst, dass der Frieden und die Durchdringung der Wirklichkeit hin zu einer augenblicklichen Wahrheit, frei ist vom Gemüt, der Laune, der Mode und der Fahrigkeit einer schwankenden Welt, die noch an ihren Leiden leidet, denen der Philosoph Widmung spendet, Anschauung und Pflege, um sie weniger für sich und andere belassen zu müssen. Er wird also ersuchen nicht Opfer und Spielball der Leiden der Menschen zu werden, indem er von deren und seinen Irrtümern frei zu werden sucht.

Wer also schon soweit ist, zu erkennen, dass ein Streben nach Anerkennung nichts Verwerfliches ist, der wird auch dazu kommen müssen, sie nicht als Selbstzweck zu erfahren und zu verwirklichen, indem er nach etwas Tieferem strebt. Er wird hin zu einer Erfüllung mit einem Frieden streben, der in der Lage ist produktiv und engagiert die damit verbundene Wahrhaftigkeit der Liebe den Menschen anzubieten. Dass dies etwas anderes ist, als das Streben nach Anerkennung, ist insoweit klar, da die Anerkennung den Weg von der Welt zum Menschen findet und daher ein Nehmen darstellt. Das Angebot des Menschen aus seiner verwirklichten Wahrhaftigkeit der Liebe den Menschen zu dienen, ist dagegen mit einem Geben verbunden. So sind also Nehmen und Geben miteinander verwoben.

So ist Anerkennung und Erfüllung nicht getrennt voneinander zu finden, indem das Zweite sinnhaft aus dem Ersten folgt. Denn wem etwas gegeben wurde, der möchte es auch wieder als Dank und Liebe, in seiner spezifisch freien Weise, anderen zurück geben.

247
Von der Erfindung der Flucht

Wer gerne schreibt, hat wohl durch intensives Lesen und Schreiben in der Vergangenheit und einer großen Freude daran, irgendwann dazu gefunden, selbst Texte und Bücher zu verfassen. Er wird Autor geworden sein und auf seine spezifische Weise seine Texte verfassen, mit einer Freude an der Sprache, der Leidenschaft für sein Thema – und dem Erfindungsreichtum seines Geistes.

Wenn wir die Themen betrachten, die sich Autoren wählen, fällt auf, dass Kriminalgeschichten, Horrorfantasien, Fremde Welten, Science Fiction, Kochbücher, Reiseführer und zuletzt suggestive Glücklich-Macher-Bücher die Themenliste der Autoren der heutigen Zeit anführen, wenn es um Erwachsenenliteratur geht. Philosophische oder psychologische Texte überlässt man den Studierten, den Doktoren und Professoren, sicherlich nicht nur daher, weil die meisten Schreibfreunde in jungen Jahren, nach der Schule, nicht den Weg ins Studium der Philosophie und Psychologie gefunden haben, sondern auch, weil sie gar nicht daran Interesse zu haben scheinen.

Wie kommen intelligente Menschen dazu sich Kriminalgeschichten, Horrorfantasien, Fremden Welten und Science Fiction zu widmen? Welchen Charakter besitzen diese Themen? Und welche innere Bewegung leitet die Autoren bei ihren erfinderischen Ergüssen?

Die Realität ist eine Aufgabe für den Philosophen und Psychologen, sie wollen verstehen, was ist und geschieht und daher begreifen können, wie wir helfen können und unterstützen die Leiden der Wirklichkeiten des Menschen zu lindern, zu mindern und zu heilen.

Die Realität der Autoren, die sich Kriminalgeschichten, Horrorfantasien, Fremden Welten und Science Fiction widmen, bewegt sich mehr im Fiktiven und geistigen Konstrukt, das sich höchsten Falls am Möglichen orientiert, aber nicht am faktischen Sein oder Gewesen-Sein. Denn sonst würde sich der Autor in die Realität hinein bewegen und müsste recherchieren, was bedeuten würde, er wäre im Genre der Dokumentation und Berichterstattung und nicht im Fiktionalen, in dem er sich mehr zu Hause fühlt und sieht, als im erstgenannten. Die Realität dieser Autoren wird also die Realität des Faktischen zu meiden suchen und lediglich ein Mögliches oder auch Erfundenes, Phantastisches als Gegenstand seiner gültigen Schreibkunst akzeptieren. Er wird also die Flucht vor der Realität des Faktischen stets zu erfinden suchen.

Dass dabei der Geist und das Gemüt des Autoren selbstgefällig wird und gleichgültig gegenüber der Realität des Faktischen ist dem psychologisch Verständigen ersichtlich. Denn die ausschließliche Widmung des Fiktiven, wird seinen Geist derart formen, dass dieser das Interesse an der Realität des Faktischen immer mehr verliert, weshalb er gleichgültig gegenüber ihr werden wird. Und dies bedeutet eine Kontraktion auf die geistig fiktiven Ergüsse und eine Expansion der Motivation durch die erfolgten Produkte und den Erfolg des Geschrieben-Habens.

Zudem stellt sich eine scheinbare Sicherheit ein, die zu gerne glaubt, sie hätte damit etwas gefunden. Denn die Ausblendung und Verdrängung der Realität des Faktischen erzeugt eine Scheinzufriedenheit, die suggeriert, damit sei der Frieden erreicht und möglich geworden. Aber die Realität des Faktischen ist nicht lediglich auf die Innenorientierung des Menschen bezogen und seiner illusionären Selbstbestätigung; die Realität des Faktischen ereignet sich auch in der Außenorientierung von Leben und Welt. Dass solche Leute nichts Wesentliches zum Zustand der Welt und des Lebens sagen können, ist damit einleuchtend, denn ihnen fehlt oder mangelt die Reflexion an der Realität des Lebens und der Welt, weshalb sie zur Realität des Faktischen auch gar nicht essenziell hindurchdringen können.

Ich selbst tue mich schwer solch einer Flucht vor der Realität meine Toleranz zu gewähren. Denn handelt es sich bei der Aufgabe des gesellschaftlichen Menschen und Künstlers nicht um die Möglichkeit, nach Belieben geistig schöpferisch tätig sein zu dürfen. Und warum? Weil jeder erwachsene Mensch eine Verantwortung für das gesamtgesellschaftliche Sein und Werden besitzt. Wo die Gesellschaft erlaubt, dass die Menschen verantwortungslos agieren dürften, würde sie nicht lange überleben und bald zerfallen und sich durch Unverständnis und mangelnder Bereitschaft sich konstruktiv in den gesamtgesellschaftlichen Zusammenhang einzubringen, in die Tatenlosigkeit und Gleichgültigkeit hineinmanövrieren. Nur eine Gesellschaft, die aus interessierten Bürgern zusammengesetzt ist, wird auch die Aufgaben, Herausforderungen und Wandlungsbewegungen meistern können, ohne in Katastrophen abzudriften.

Wer also nicht an der Realität des Faktischen interessiert ist, wie die genannten Autoren, macht sich verdächtig am gesamtgesellschaftlichen Gelingen vorbei zu leben und damit lediglich den Status eines Nutznießers und Schmarotzers zu haben, der lediglich an den Möglichkeiten einer Gesellschaft partizipiert, aber nicht an den Aufgaben und Herausforderungen Anteil nimmt, indem er Zeichen der Verantwortlichkeit äußert. Eine Beschäftigung mit fiktionalen Themen wird den Lesern ebenso Zeit und Aufmerksamkeit rauben und nicht in die Lage versetzen selbständig zu verstehen zu suchen worin die Realität des Faktischen besteht. So wird der flüchtende Autor die Leser ebenso zu einer Flucht verleiten, mit all den unguten Folgen des Unverständnisses und der Verdrehung und Verzerrung von Wahrheit und Faktizität.

Ich selbst lasse mich also nicht verleiten mich von der Realität des Faktischen wegzubewegen in Welten hinein, die nichts mit ihr zu tun haben (wollen) und die den Eindruck erwecken, von einem Desinteresse an der Vielschichtigkeit des Lebens und der Wirklichkeit begleitet zu sein. Denn die schöpferischen Ergüsse des Fiktiven, sind zwar schon eine Leistung, aber eben eine, die sich lediglich an sich selbst ergötzt und nicht an dem anderen der Realität der Wirklichkeit, die wir alle menschlich aufgefordert sind zu entdecken. Wer sich lediglich um die eigenen erfindungsreichen Gedanken dreht und durch diese Drehbewegung Produkte erzeugt, die ihm gefallen, zeigt eben die Selbstgefälligkeit des Autor gewordenen Künstlers, der sich gleichgültig wegbewegt von sich selbst. Er täuscht sich also, wenn er glaubt, er könnte sich finden, indem er sich in seinem geistigen Erfindungsreichtum wohl zu fühlen meint. Sein Wohlgefühl ist das Resultat einer fatalen Ausblendung der Realität des Faktischen, weshalb er oder sie am Leben vorbei zu leben tendiert, indem er vor ihr und vor sich selbst flüchtet.

Wie sähe eine Welt aus, in der wesentlich mehr Menschen sich der Realität des Faktischen widmeten und es zu ergründen suchten?

Die Täuschungen des Geistes würden mehr und mehr erkannt werden können, die Fehldeutungen des interpretierenden Verstandes besser entlarvt, die Verdrehungen der Wahrheit und ihr Missbrauch wäre entmutigt und weniger wahrscheinlich. Es ist offensichtlich, dass es sich dann um eine wesentlich friedlichere und verständigere, liebevollere und erfülltere Welt handeln würde in der wir alle wesentlich würdevoller miteinander leben könnten. Nur für solch eine Welt lohnt sich der Einsatz für das Leben, lohnt sich die Arbeit des Schreibens und Fragens, Hinschauens und Erkennens. Die flüchtenden Anderen sind dabei leider nur Ballast, die das gutartige Geschehen dieses schöpferischen Einsatzes mancher Weniger unterminieren und behindern.

Hier geschieht also eine indirekte Diskriminierung von solchen, die sich aufrichtig und nachhaltig verantwortlich zeigen und die in Sorge um die gutartige Entwicklung der Menschheit und allen Lebens auf der Erde die Realität des Faktischen zu ergründen, zu entdecken und zu kommunizieren suchen, nicht, weil es aus ihrer Phantasie entsprungen ist, sondern weil es das Anliegen der Menschheit seit erst 500 Jahren ist, die Wirklichkeiten und Wahrheiten zu begreifen, um weniger Krieg und Leid den Menschen zuzumuten.

Wer dagegen noch im Fiktiven verhaftet ist, kann Wahrheit weder nachvollziehen noch bestätigen, nämlich, dass die Wahrheit befriedet, dass Erkenntnis befreit und dass Verstehen die Liebe möglich werden lässt, die wir alle bedürfen.

248
Die Weiter-Entfaltung

Wir können nicht davon ausgehen, dass wir schon wüssten, wie es um den Menschen bestellt ist und um seinen Weg auf dieser Erde. Wir wissen zwar schon viel, gerade auch aufgrund der in den letzten 500 Jahren aufgekommenen Wissenschaftlichkeit. Aber noch gibt es viele klaffende Lücken im Verständnis des menschlichen Verhaltens und Denkens, seiner Auffassungen von Gerechtigkeit und den Fragen, was Wahrheit und Wirklichkeit im Grunde sind und wieso sie uns noch nicht voll und ganz verfügbar ist. Die Fragen unseres Irrens und unserer Täuschungen gehören bei den Fragen um die Wahrheit und Wirklichkeit mit dazu. Und die Fragen, die zu ergründen suchen, warum manche Menschen unsere Irrtümer und Täuschungen, Wahrheiten und Wirklichkeiten, besser erkennen können als andere. Oder andere

Schwierigkeiten damit haben und zuweilen Ressentiments zeigen und Widerwillen.

Die einfache Antwort, die das Verständnis verabsolutiert, dass wir Menschen verschieden seien, mit unterschiedlichen Begabungen und Vermögen, ist zwar keine falsche Antwort, aber ein Stehenbleiben bei dieser Antwort beließe sie unvollständig und ungenügend. Der aufrichtige Mensch ist mit einem stetigen Forschen nach neuen Antworten und Fragen beschäftigt und lässt sie durch sein aufrichtiges Gemüt zu sich herein. Er wird auch die Grenzen anerkennen, die ihm persönlich gesetzt sind. Aber er wird sie nicht als Schlusspunkte zu akzeptieren suchen, weil er auch sieht und erfährt, dass Leben und Geist offen sind und sich durch Entwicklung langsam und allmählich zu mehr Erkenntnis und tieferem Verstehen weiter entfalten.

249
Vom Sich-Selbst-Finden

Wer sich selbst nicht findet, wird erfinderisch, er wird sich in Phantasiegebilde flüchten und sich vormachen das sei eine große Sache. Aber er wird an der Wirklichkeit vorbeileben und dabei den Wahrheiten nichts abgewinnen können. Er wird dazu neigen die Existenz von Wahrheit und Liebe zu leugnen und ein sehr selbstbezogenes und selbstgefälliges Leben führen. Oder vielmehr von Leben und der Welt verführt, verwirrt und leicht in Aggression getrieben werden können. Denn wer seine heiligen Phantasiegebilde kritisiert, hat keinen guten Stand bei ihm und wird Gegenstand von Spott, Trotz und Verfolgung sein, denen er sich leicht hingibt und die ihm einen Wert vermitteln, den er sonst nirgends finden kann. So wird er leider unter seinen Möglichkeiten bleiben, wo ihm eine Widmung gegenüber den Wahrheiten der Wirklichkeit von seinem ängstlichen und feigen, leidlichen und unduldsamen Leben, befreien könnte. Aber die Flucht in die Phantasie ist ein Ausdruck seiner Feigheit vor sich selbst und seinen Möglichkeiten und Anlagen. Nur wem diese Anlagen erstickt wurden, wird nicht mehr die freie Luft atmen können, die er findet, wenn er der Wahrheit und Wirklichkeit in sich und in der Welt Beachtung schenkt. Da er feige darauf verzichtet, wird er in der selbst-verschuldeten Unmündigkeit (Kant) landen und dort dem willkürlichen Wind der Welt ausgesetzt sein, ohne etwas gegen ihn ausrichten zu wollen oder zu können. Er wird Mitläufer werden, wenn er entgegen laufen sollte; er wird Revolutionär werden, wo er Reformer sein sollte; er wird Ja-Sager werden, wo er Nein sagen sollte; und er wird Nein sagen zu sich selbst und seinen Möglichkeiten, wo er Ja sagen sollte, um einen Mut zu zeigen, die eigenen Lügen zu entdecken und sie bei anderen zu entlarven. Denn der Wert des Sich-Selbst-Findens liegt im Ergebnis des tieferen Glücks und verlässlicheren Friedens, die er sonst vergeblich und irrtümlich zu erreichen suchte. Und schließlich: wer den Unterschied zwischen Phantasie und Wirklichkeit nicht erkennen sollte und sich ihm verschließen sollte, wird auch zwischen Lüge und Wahrheit nicht zu unterscheiden wissen. Eine solche phantastische Welt lebte an ihren Möglichkeiten vorbei und damit an der stetigen Chance auf Glück, Frieden, Vertrauen und Liebe.

250
DER KNECHT-RUPRECHT-HUMOR

Es gibt Menschen, die erscheinen in manchen Situationen humorvoll und lustig, näckisch und sympathisch. Aber was sie eigentlich tun, ist, mit dem Zeigefinger zu wedeln und dem anderen mit breitem Lachen ins Gesicht zu grinsen, wenn sie ihm mit „Knecht Ruprecht" und seiner „Rute" Gewalt und Strafe androhen, wenn etwas nicht nach ihren Wünschen verlaufen sollte.

Die Einschätzung, dass dies doch nur ein Scherz sei, der verbindet, widerspreche ich, denn das verwendete Bild der Rute stellt Strafe und Gewaltsanktion dar, daran lässt sich nicht rütteln. Wieso sollte der Mensch mit diesem Bild der Strafe spaßen? Wieso sollte dies „nur Spaß" darstellen und nicht auch das bedeuten, was es ist: eine Androhung von Ärger und Rüge, die sie sich erlaubt einseitig anzukündigen. Ohne bisher einen triftigen Grund dafür gehabt zu haben. Mit Gewalt macht man keine Scherze, das Thema ist zu Ernst und sollte nicht veralbert werden oder verniedlicht. Aber dass ein Mensch sich dazu hinreißen lässt, spricht Bände.

Was psychologisch hier involviert ist, ist das Folgende: Solche Menschen sind bei diesen Situationen von einer Selbstgefälligkeit durchdrungen, die gar nicht begreift, was sie hier eigentlich zum Ausdruck bringen. Nämlich die selbstherrliche Macht eines Menschen der Arbeitswelt, die dem anderen

Schlechtes unterstellt und nicht von einem Wohlwollen oder Anerkennung der erwiesenermaßen guten Arbeit in der Vergangenheit geleitet ist. Hier ist auch jene innere Haltung zu finden, die Schuld gerne bei anderen ablädt, anstatt zu begreifen, dass die Arbeitswelt verflochten ist und vielschichtig organisiert ist, weshalb es diesen Leuten nicht aufgeht, dass gewöhnlich der Mensch sein Bestes zu tun gedenkt und die möglicherweise entstehenden Verzögerungen oder kleineren Fehler dem Gesamtgeschehen im komplexen Arbeitszusammenhang geschuldet sind.

Solche Menschen sind nämlich nur oberflächlich freundlich und zugewandt erscheinend, im Grunde mangelt es ihnen an Vertrauen zu sich selbst und die Personen des Arbeitszusammenhangs, mit denen sie zu tun haben, eben weil sie von der Schlechtigkeit der anderen auszugehen tendieren und die Suche nach Fehlern bei ihnen dominiert, anstatt das Vertrauen in den guten Willen und die Kapazität des anderen.

Solche Menschen sind leider menschlich nicht wirklich vertrauenswürdig, weil sie eine gefühlte Stimmungslage der Unberechenbarkeit erzeugen, die eine Nuance Böswilligkeit besitzt und nicht Aufrichtigkeit, kontinuierliche Sachlichkeit und Geradlinigkeit. Kooperative Sachlichkeit ihrerseits zeigt sich anders, nämlich durch respektvolles Vorschussvertrauen, das keine widersprüchlichen Signale sendet, wie die von solchen Menschen, die zunächst von der Fehlerhaftigkeit des Menschen ausgehen und gleichsam ein Kontrollsystem errichten, dass durch Drohung, Strafe und Schuld geregelt werden soll.

Eine kooperative Sachlichkeit wird freundlich und sympathisch agieren können und nicht kalt, wie es von manchen verstanden wird. Denn die kooperative Sachlichkeit freut sich an der gemeinsamen Arbeit und dem Gelingen des gemeinsamen Projekts. Dies ist Folge einer inneren Haltung des Vorschussvertrauens und auch des Willens gute und sehr gute Arbeit leisten zu wollen. Hier sind Misstrauen und Beargwöhnung charakterlich unerwünschte Eigenschaften, die vermieden werden. Nicht so bei diesen Menschen mit dem Knecht-Ruprecht-Humor.

Menschen, die den wedelnden Zeigefinger zeigen und die lächelnde Drohung mit Knecht Ruprecht im Wort führen, sind nicht humorvoll, sondern uneins und unsicher, wie sie mit den Leistungsanforderungen und möglichen Fehlern umgehen sollen, die entstehen können, sowohl den eigenen als auch den von anderen. Ihre Toleranzschwelle von Fehlern scheint auch sehr niedrig zu liegen, denn sie machen den Anschein bei kleinen Fehlern schon nach Strafe und Rüge rufen zu wollen.

Im Vergleich mit gleichrangigen Anderen schneiden solche Leute denn auch unterdurchschnittlich ab, weil sie eben selbst nicht die Besten sind, fachlich, sachlich und charakterlich. Hier muss es einen Zusammenhang geben zwischen den widersprüchlichen Signalen und der inneren Unsicherheit einerseits und der unterdurchschnittlichen Perfomance im Job. Der vorgespielten, anscheinend freundlichen Menschlichkeit, mangelt die letztendliche Professionalität. Die Professionalität ihrerseits erkennt im widersprüchlichen „Spiel des augenfälligen Spaßes" keinen Sinn. Denn deren Freude am Leben und an der Arbeit mit anderen wird durch den Erfolg der gemeinsamen Projekte genährt.

Da solche Leute sich nicht zu hundert Prozent so verhalten und auch sachlich und konstruktiv sein können, seien ihre widersprüchlichen Signale als Charakterschwäche gedeutet, die manchmal bei ihnen durchscheinen und die der Betrachtung und Wahrnehmung bedürfen, sei es durch vertrauensvolle Dritte oder in einer Psychotherapie. Denn Seelenhygiene scheinen sie noch nie betrieben zu haben, sonst würde ihnen durch Selbstreflexion aufgefallen sein, worin die Widersprüchlichkeit ihres unaufrichtigen Verhaltens zu finden ist.

251

Perspektiven versus Absolutismus

Sie sprach kontinuierlich und nachhaltig von einer einzigen spirituellen Sache. Sie machte denn Anschein, zu verstehen, von was sie spricht und lud die Menschen ein sich mit ihr über diese eine Sache auseinander zu setzen. Sie bekam viel Zustimmung und Anerkennung, denn von was sie sprach, vermittelte eine tiefe Weisheit, eine letzte Erkenntnis, ein Schlüssel zum Glück. Sie hatte zwei Bücher geschrieben und bereits viele davon verkauft. Das gab ihr Ansporn auf diesem Wege weiter zu gehen und ihre eine spirituelle Sache weiter bekannt zu machen.

Doch ich fragte: „Wo ist die Perspektive der Perspektiven? Auch der Absolutismus spricht nur von einer Sache. Aber das Bewusstsein hat die Fähigkeit, die Welt nach innen und nach außen, als Individuum und als Kollektiv zu betrachten. Das Bewusstsein ist mehr als nur eine homogene Masse geistiger Einheit. Und ES ist in der Lage, mehr als nur eine Sache zu verstehen. Deshalb ist ES in der Lage, sich mit verschiedenen Perspektiven zu identifizieren, die alle zur Vielfalt von Wissen, Weisheit und Verständnis beitragen. Diese Perspektiven zu ordnen, bewahrt den menschlichen Verstand eher vor den Fehlern und Irrtümern der Vergangenheit und der gegenwärtigen Geschichte. Und ES lässt die klugen und wissenden Männer und Frauen glücklich und erfüllt sein, sowie produktiv, hilfreich und tolerant. Er gibt weit mehr zu sagen, also nur diese eine Sache."

252
EIN PARAPHRASIERTER SATZ

Um einen Satz von Martin Luther King[5] zu paraphrasieren: Nichts auf dieser Welt ist gefährlicher als unaufrichtiges Interesse und gewissenlose Intelligenz.

253
EIN SINNLOSER SINN?

Was ist ein sinnloser Sinn? Ein Sinn, der keinen Sinn ergibt. Auch der Unsinn ist aber ein Sinn, denn mit Unsinn machen sich Kinder einen Spaß. Nichts ist also frei von Sinn. Alles hat Bedeutung. Es ist immer nur die Frage welche?

254
DIE FÜNF PROZENT

Wenn die Zahlen auf einer seriös erscheinenden Internetseite stimmen, dann können nur fünf Prozent der Autoren, die Bücher veröffentlichen, wirklich davon leben. Die fünfundneunzig anderen teilen sich ein Durchschnittseinkommen von etwa zweiundzwanzigtausend Euro im Jahr (2020). Damit können nur fünf Prozent der Autoren von Büchern eine Familie gründen und ernähren, die anderen widmen sich der Beschäftigung des Schreibens lediglich im Nebenberuf und „Hobby". Und betrachten wir solche, die zu den fünf Prozent gehören, dann fällt auf, dass sie oftmals ein Genre bedienen, dass sich der philosophischen und realen Wirklichkeit verschließt und in der schöpferischen Fantasie zu finden ist. Für einen Philosophen und Psychologen also keine Fundgrube der Erkenntnis.

255
Die Furcht vor der Menschlichkeit

Von Menschlichkeit kann man nicht vereinnahmt werden oder unterdrückt, denn sie ist eine innere Haltung, lebendige Erkenntnis und politische Überzeugung, die für die höchsten und edelsten Werte des Menschen eintritt, auch gegen handfeste Widerstände oder formale Hürden.

Wer sich daher nicht zu gegebener Zeit zu Menschlichkeit bekennt und sich argumentativ darum windet, wird unter seinen Möglichkeiten als Mensch bleiben, denn er oder sie werden nicht das höchste Potenzial an Gewinn für die Menschheit erwirken wollen. Es ist nur vorstellbar, dass solche Leute eine Furcht vor sich selbst besitzen und damit eine Furcht vor ihrem unverletzlichen Kern an Menschlichkeit, die mit einer Würde verbunden ist, die unantastbar scheint. Wie sollte es sonst zu verstehen sein, dass manche sich – beobachtbar – einem Bekenntnis zu Menschlichkeit zu entziehen suchen und dagegen die Forderung aufstellen, dass sie hier nicht erwünscht sei und doch bitte woanders geübt werden sollte?

Die Menschlichkeit wird sich nicht verdrängen lassen wollen und in die Privatsphäre abdrängen lassen, denn das fordern solche, die sich nicht zu ihr bekennen wollen und sie nicht in ihr Leben integriert haben, nicht in ihre innere Haltung, ihre lebendige Erkenntnis oder ihre politische Überzeugung. Mit solchen Menschen ist menschlich nichts anzufangen, sie werden die Übel in der Welt tatenlos geschehen lassen oder sich an die mit ihnen verwobenen politischen Veränderungen anpassen und daher als Mitläufer, Ja-Sager und Helfershelfer von Verbrechern agieren. Sie werden auch schwankende Gestalten sein, die mit dem Wind der politischen Mode oder der formal korrekten Argumentation gehen, aber die edlere Beziehung zur Notwendigkeit gegen ein größeres Übel einzutreten, vermissen lassen. Sie werden Fluchtargumente erfinden, mit denen sie sich vor der Menschlichkeit in Sicherheit wiegen können. Denn sie haben vor ihr Angst und vor den Konsequenzen, die das mit sich bringen könnte. Denn die Menschlichkeit wird und ist bedroht und dieser Bedrohungslage suchen die Flüchtenden zu entkommen. Anstatt mit aufrecht-gerader Haltung, selbstbewusstem Sinn und Mut der Gefahr, der die Menschlichkeit ausgesetzt ist, zu begegnen, winden sie sich mit Schein-Argumenten um eine menschliche Positionierung und unterstützen die Bedrohung der Menschlichkeit, indem sie deren Schutz unterminieren und entmutigen. Sie unterbinden die Verteidigung der Menschlichkeit, sie unterlassen den Beistand für Menschlichkeit und sie ignorieren die Gefahren, der die Menschlichkeit ausgesetzt ist. Ihre Sicht auf die Welt ist daher getrübt und verzerrt, gefärbt von Ausflüchten und Ausreden, sich für eine bessere Welt einzusetzen und dafür gerade zu stehen.

256

ZEN

Es heißt im Zen: „Wenn es schneit, fällt jede Schneeflocke an ihren richtigen Platz". Und es kann ergänzt werden: Und der richtige Platz wird verschwinden, wenn die Wärme wieder kommt. Dann wird die Pfütze des Meeres zu ihrem Zuhause.

257

IMMER DIESES DIES-UND-DAS

Wahrheit dies und Wahrheit das; Selbsterkenntnis dies und Selbstlosigkeit überall und nirgends: Wir müssen zusammenkommen und uns gegenseitig zu verstehen suchen! – Denn ohne Verständnis und Verstehen gibt es nur Kampf, Leid und Krieg.

258

DIE HÄNDE GEBUNDEN

Den Klugen sind manchmal die Hände gebunden, wenn die Unklugen (oder weniger Informierten) die Tatsachen und Fakten nicht verstehen können oder wollen, die in der Realität zu finden sind. Dann können Gegenstimmen erscheinen, die Stimmung machen gegen die Vernunft und die klugen Entscheidungen, die zu treffen wären oder für die Zustimmung erforderlich wäre. Was als ärgerliche Faktenvergiftung wahrnehmbar ist und als törichte Positionierungen, die mehr Trotz, als Wahrhaftigkeit zum Ausdruck bringen, mehr garstige Widerworte, als verständige Aufmerksamkeit, mehr Unruhe und Aggression, als erkennende Stille und Frieden.

Denn über Tatsachen und Fakten sollte keine Uneinigkeit herrschen, sondern klare Erkenntnis und verständiges Wissen. Es wundert aber nur ein wenig, dass diese Klarheit nicht sofort vorhanden ist, schließlich sind die Fähigkeiten zu verstehen, verschieden talentiert gestreut und die Anforderungen im Leben zu bestehen, behindern auch die allzeit informierte Gewissenhaftigkeit für Dinge, die als Fakten und Tatsachen gerade erst ins Leben treten. Und gerade erst, bedeutet: in den letzten fünfzig oder sechzig Jahren. Denn diese Tatsachen und Fakten werden zuweilen von Einzelnen entdeckt und veröffentlicht. Und es bedarf eine Weile, bis sie weit verbreitet und akzeptiert sind, mit all den Konsequenzen, die darauf folgen können oder sollten. Oder der Konsequenz, das handlungsbewusste und verstehende Konsequenzen ausbleiben, die eigentlich notwendig wären zu verwirklichen.

Die Klugen müssen also weise sein oder werden, um in dieser misslichen Situation, nicht mit gebundenen Händen in die Tatenlosigkeit zu geraten. Die wirklich Klugen und Weisen werden Wege finden, nicht der Tatenlosigkeit der Unklugen und deren unwissenden Kritik zum Opfer zu fallen oder auf deren pessimistischen Leim zu gehen.

<h2 style="text-align:center">259
Von den Wünschen an die Politik</h2>

Manche Wünsche an die Politik scheitern am Unwillen nicht weniger Bürger, die in der Mentalität gefangen erscheinen, von der Politik nur egoisch zu fordern, was diese tun und lassen müsste. Politik wird auch ein wenig überbewertet, sie kann nur Rahmenbedingungen bilden. Das Glück der Welt kann aber durch Äußerlichkeiten nur bedingt bewirkt werden, denn wie wir gerade feststellen müssen, wird selbst der materiell ausgestattete Bürger seelisch noch nicht wirklich glücklich sein und erfüllt. Daher ja gerade die Proteste der Wohlstandsdünkelnden, die mit gar nichts zufrieden scheinen und denen obendrein die Dankbarkeit fehlt oder mangelt. Die Wünsche an die Politik, die manche dann zu äußern scheinen, erscheinen mir dann eher, wie die von Kindern an die Eltern zu sein. Wie von den braven Unzufriedenen, die sich wünschend bettelnd machen und anbiedern, weil sie eben freundlich bleiben und durch den Ausdruck von Naivität ihre Kindlichkeit zeigen. Tatkräftiges Mitdenken auf erwachsener Augenhöhe bedarf mehr als bloßes Wunschdenken. Die Politik ist ihrem Gewissen unterworfen und nicht den divergierenden Wünschen der freundlich bittenden Bevölkerung. Daher ist es mehr die Aufgabe der Bürger, herauszufinden, ob die Politiker ein aufrichtiges Gewissen pflegen oder ob sie gewissenlos sind. Ein Stehenbleiben bei Wünschen, würde dem gewissenlosen Politiker schmeicheln und ihn in seinem Ego aufbauen, weshalb er keinen Anlass sehen würde, zurückzutreten und sich in seinem Denken zu korrigieren oder zu entwickeln; er würde gewissenlos bleiben und weiter gewissenlos handeln. Eine echte erwachsene Augenhöhe dagegen, würden die Politiker prüfen und ihr Gewissen fordern, sodass sie selbst das Beste geben müssten. Dadurch würde sich deren Gewissenhaftigkeit vertiefen und damit deren Vorbildfunktion. Wer dabei nur mit Wünschen an sie heran träte, bliebe unter den Möglichkeiten der konstruktiven Kommunikation und politischen Auseinandersetzung.

260

Vom erfüllenden Gefühl des Gemeinsamen

Ein kreativer Dialog wird wechselseitiges Erkennen ermöglichen, Vertrauen schaffen und bestätigen – und ein erfüllendes Gefühl bewirken.

Dialog kann aber auch missverstanden werden durch gefühlsduselige Sympathie, einerseits, oder durch die unverständige Macher-Mentalität, die im gemeinsamen Aktionismus das Leben und die Welt nicht recht begreift und sich im Tun tröstet und an echter Erkenntnis vorbei lebt.

Ich wünsche jedem das erste und bin auch für mich selbst auf der Hut, nicht zweitem zu erliegen.

261

Von den Gefühlen
zwischen Kindern und Erwachsenen

Um einmal ein mögliches Missverständnis einer gewissen Thematik aufzugreifen und etwas anzubieten, dass der Tiefe der Differenzierung würdig ist, ja sogar notwendig zu besprechen, möchte ich zum Thema der Beziehung und Gefühle zwischen Kindern und Erwachsenen etwas sagen.

Es ist ersichtlich und spürbar, dass in einem vertrauensvollen Verhältnis zwischen Kindern und Erwachsenen, ein Gefühl der Freude zu vernehmen ist. Das Kind wird sich vertrauensvoll dem Erwachsenen nähern und ohne Arg sein, denn es empfindet Sicherheit und Geborgenheit, die sich durch vorangegangene Begegnungen des Vertrauens und der Zuversicht, entwickelt und gefestigt hatten. Das Kind wird auf die seine Weise Respekt dem Erwachsenen gegenüber zeigen, ergänzt durch manchen Schabernack, der aber als kindlicher Spaß zu verstehen ist und nicht als Respektlosigkeit oder Misstrauen. Und der Erwachsene wird Respekt für das Kind empfinden, dennoch manchmal Grenzen ziehen müssen und Anweisungen geben, doch das Kind zu schützen suchen, wo er es in der Gefahr sieht oder eine solche kommen. Er wird mit dem Kind lachen, es zu lehren versuchen, wo es gerade angebracht scheint, doch auch Grenzen ziehen und achten müssen, die notwendig sind, um Unordnung, Verletzungen, Weh und Tränen zu verhindern, wo sie sich verhindern lassen.

Wenn ein Kind auf einen Erwachsenen zugeht, es mit einer Unschuld und Offenheit zum Erwachsenen spricht, wird es vorkommen, dass dieses Kind sich auch körperlich dem Erwachsenen nähert, denn es denkt sich noch nichts dabei und drückt dadurch seine kindliche Verbundenheit mit dem Erwachsenen aus. Der Erwachsene wird nun an sich selbst erleben, dass ihn diese Unschuld körperlich ansprechen wird und er ein vertrauensvolles Gefühl der Zuneigung zu diesem Kind empfinden wird. Bei einem Erwachsenen, der um seine Verantwortung weiß und der seine körperlichen Bedürfnisse und Gefühle im verständigen Blick hat, wird es daher nicht zu einem Konflikt oder zu einem Missbrauch dieser Gefühle und Annäherung kommen, sondern diese lebendigen Gefühle werden sich einem tieferen Verständnis von Liebe und Verantwortung widmen und die Erkenntnis darum aufrichtig annehmen und zu ergründen suchen.

Er wäre also ein fatales und unglückliches Verständnis, wenn andere diese erwachsenen Gefühle der körperlichen Bedürfnisse in solchen Situationen als unrein, falsch, verdorben oder potenziell verbrecherisch bezeichnen würden. Schließlich dienen diese erwachsenen Gefühle weiterhin dem Schutz des Kindes und reichern durch ihre unverletzliche Lebendigkeit die vertrauensvolle Beziehung zwischen Kind und Erwachsenem lebendig an. Wer hier Übel denken oder empfinden sollte, wird selbst unrein, falsch, verdorben und potenziell verbrecherisch agieren, indem er oder sie projektiv agitieren und Ungutes unterstellen würde, das nicht der verständigen Realität entspräche.

Unschuldige Freude und Vertrauen auf Seiten des Kindes wird unschuldige Freude auf Seiten des Erwachsenen bleiben, wenn der Erwachsene selbst auch zu unschuldiger Freude und Vertrauen fähig ist. Denn der Erwachsene, der um die Schuld und mögliche Schuld weiß, wird sich eher bewusst sein, wo die Gefühle seiner Bedürfnisse auf welche Weise befriedet werden können und wo nicht. Und zwar durch den Kontakt mit seiner eigenen Unschuld, durch die lebendige Berührung und das unschuldige Berührt-Sein von Liebe, Zuneigung und Vertrauen. Wer also um die eigene, unschuldige Liebe weiß, wird die unschuldige Liebe und Zuneigung des Kindes nicht missbrauchen oder verletzen, er wird keine Schuld auf sich nehmen, nicht schuldig werden und dem Kind daher nicht Schuld einflößen durch eine ungebührliche Annäherung des Erwachsenen an das Kind.

262

Wir Rationalen und unsere Verpflichtung

Wir Rationalen müssen mit der folgenden Deutlichkeit auftreten und den Irrationalen unmissverständlich zu verstehen geben, dass sie nicht dafür vorgesehen sind die Macht in der Welt und den Ländern inne zu haben. Denn deren willkürliches, beliebiges und ungenaues Denken führt nicht zu den notwendigen Entscheidungen, die wir treffen müssen, um die globale Welt weiter zu entwickeln und mehr und mehr Frieden und Erfüllung in der Welt zu ermöglichen. Die Irrationalen sind daher mit Leidenschaft zu belehren, wo immer es nötig erscheint, ihnen ist über den Mund zu fahren, wo sie aggressiv versuchen sollten die Fakten, Tatsachen und bekannten Wahrheiten zu leugnen. Sie sind nicht zu bekehren, sondern zu belehren, ihnen sind die Fakten, Tatsachen und bekannten Wahrheiten nahe zu bringen. Doch sie müssen diese nicht glauben, sondern sie müssen sie im Rahmen der Verknüpfung mit der Wirklichkeit erkennen, schauen, verstehen und daher anerkennen, nicht durch Zwang, sondern durch die freiwillige Einsicht in deren Realität.

Wer sich von denen daher nicht auf den Weg machte diese freiwillige Mühe auf sich zu nehmen, kann nicht damit rechnen, dass seine alternativen Denkweisen akzeptiert werden könnten, wenn diese sich außerhalb der Realität bewegten und der grundlegenden Intention Frieden und Erfüllung unter den Menschen zu erreichen entgegen stehen. Die Irrationalen werden in sich das Gefühl aufkommen spüren, dass sie sich nicht belehren lassen wollen, da sie glauben, nicht belehrt werden zu müssen, weil sie die Wahrheit schon wüssten. Dort sind Ruhe und Entschiedenheit notwendig, denn die Argumente der Wahrheit, würden durch aggressives Verhalten beschmutzt werden und verlören ihren Status der ehrwürdigen Wahrheit. Da die Irrationalen selbst zu aggressiver Rede neigen, besteht die Herausforderung darin, ihnen bei Bedarf Grenzen zu setzen und zu zeigen, worin ihr Widerspruch besteht. Denn diesen zu entdecken und zu kommunizieren, ermöglicht den Missbrauch an den Fakten, Tatsachen und bekannten Wahrheiten aufzudecken.

Mögen wir also allzeit klug genug sein, deren Aggressivität nicht auf den Leim zu gehen. Denn die Schuldeinflößungen, zu denen die Irrationalen neigen, werden wir entmutigen und klar bei uns und unserer authentischen Wahrhaftigkeit bleiben müssen, indem wir auch unseren Gefühlen und Emotionen gebührende Beachtung schenken und stets bereit sind über uns selbst zu reflektieren und die Kraft besitzen werden, Irrtümer einzugestehen und anzuerkennen. Nicht um uns zur Schuld zu bekennen, sondern um uns Rationalen den Weg zu mehr Wahrheit und authentischer Tiefe zu verhelfen. Denn auch die Rationalität hat sich weiter zu entwickeln, sie ist nicht Selbstzweck und nicht letzter Ort der Vernunft.

263

„WIR BRAUCHEN, WIR FORDERN, WIR WOLLEN ERREICHEN, DASS"

Ein Bundesschülervertreter legte sich ins Zeug und zog vom argumentativen Leder. Eine markige Schrift mit dem, was angeblich schlecht läuft und dem großen Wort der Klage und der Forderungen. Mir blieben nur die folgenden Worte zu sagen:

„Sich gegen Stress beklagen und doch mehr und bessere Leistungen zu fordern, klingt irgendwie lediglich protestlerisch.

Die eigentliche Persönlichkeitsentwicklung findet im Stillen statt, durch das Erkennen von Widersprüchen und den eigentlichen Bedürfnissen der Heranwachsenden und erwachsenen Menschen.

Wer von der Politik und Gesellschaft Lösungen erwartet, wird nicht in deren Zukunft schauen können und nur bei dem hängen bleiben, was sie ihm vorsetzt.

So wird keine Zukunft wirklich Zukunft werden, sondern das bleiben, was es ist und was man davon hält. Proteste und Forderungen werden Ausdruck einer Gesinnung bleiben, die sich füttern lassen will, statt selbst auf den Acker zu gehen.

Es ist nicht so einfach, mein Freund."

<h2 style="text-align:center">264
Wer die Sexualität verachtet</h2>

Wer die Sexualität verachtet oder ignoriert wird in einem Modus des Kindes verhaftet sein und nicht erwachsen werden wollen. Er wird dazu neigen seiner Verachtung entlang einen Kampf zu erzeugen, der dem Leben, der Freiheit und dem Vertrauen zwischen Menschen entgegen wirken wird, er wird einen Ekel verspüren, der ihn vom Leben trennt – und er wird sein Opfer sein und nicht selbst-mächtiger Akteur eines reifen Verständnisses.

Daher wird dieser Mensch keinen gehaltvollen Beitrag zum Leben und zum Frieden leisten können, weil er Unfrieden stiften, Misstrauen säen und Unsicherheit erzwingen wird. Er oder sie werden nicht nur an der unguten Irritation bei diesem Thema beteiligt sein, sondern auch darauf hinwirken wollen, dass eine erwachsene Auseinandersetzung mit dem Thema Sexualität und der mit ihr verbundenen Verantwortung als Erwachsener, gar nicht erst stattfindet.

Solche Menschen werden für die Tabus verantwortlich sein, die sie durch ihre aggressive Haltung dem Thema gegenüber immer wieder äußern werden und die bewirkt, dass es den Menschen nicht gelingt, eine auf eigener Erkenntnis, Erfahrung und Kraft beruhenden Verantwortlichkeit zu leben. Dadurch kommen erst die unguten Verhaltensweisen, die mit ihr verbunden sein können, ins Leben und in die ungute Zwischenmenschlichkeit. Denn da das Erwachsen-Sein sich nicht entfalten können wird, wird auch die Verantwortlichkeit und Erkenntnis ihr gegenüber in der Verantwortungslosigkeit bleiben.

Es nimmt daher nicht Wunder, dass der Mensch nicht erwachsen wird, verklemmt bleibt, respektlos wird und sich die Verbindung zu seiner eigenen Lebendigkeit und seinem inneren Frieden abschneidet. Wer die Sexualität verachtet, ist daher verachtenswert, weil er nicht dem Leben und Frieden dient, sondern Sklave seiner unerfahrenen Vorurteile und Voreingenommenheit ist, nämlich seines Hasses auf sich selbst. Man muss ihn verachten, weil er die grundlegende Bewegung des Lebens ignoriert und unterdrückt, verachtet und beschmutzt. Die Verachtung, die ihm so entgegen kommt, ist lediglich eine Spiegelung seines Zustandes, der sich ein Recht herausnimmt, das ihm nicht zusteht. Denn da er dem Leben keine Beachtung schenkt und das Leben verachtet, ist es das Leben, das ihm die Chance zu Selbsterkenntnis spendet. Nämlich den direkten Blick auf sein verachtenswertes Unterdrückt-Sein, auf seinen Hass auf das Leben, den Menschen und die Natürlichkeit.

<h1 style="text-align:center">265
Apropos Ruhe und Kraft</h1>

„In der Ruhe liegt die Kraft", sagt so mancher, der entspannt sein möchte, nichts tun und keinen Verpflichtungen entgegnen zu müssen. Aber in Wirklichkeit meint dieses Zitat, dass in der Tätigkeit die Ruhe wirkt, die uns die Kraft verleiht die Tätigkeit angemessen, korrekt und zielführend auszuführen. Dies ist eine oder zwei Stufen über der ersten Interpretation und Anwendung, denn wer in der Tätigkeit des täglichen Arbeitsgetriebes die Ruhe bewahren kann, ist mit höheren Fähigkeiten und Gaben ausgestattet als jemand, der einfach nur seine Ruhe haben will. So geschähe aber ein irrtümlicher Gebrauch eines Zitates, dessen Kontext willkürlich vereinnahmt worden wäre. Daher sei dies hier ergänzt und gerade gerückt.

266
Brief an eine Ex-Freundin

„Meine Liebe, ich halte mich kurz und ohne große Einleitung, denn das Thema soll auf den Punkt kommen: Du hättest sie töten sollen, jene böse Großmutter, die dir dein Kätzchen getötet und es dir auf dein Kopfkissen gelegt hatte. Ich hätte dich verstanden und dich frei gesprochen. Und auch den Pfarrer hättest du töten sollen und dessen Freund, die dich zu dritt im Keller missbrauchten und rituell gequält hatten, dich beinahe selbst töteten, doch weil sie mit dem Messer an deiner Brust doch zitterten und es nicht taten, du dennoch unsäglich erniedrigt wurdest. Ich weinte damals, als du es mir erzähltest. Daher hätte ich es verstanden, wenn du sie getötet hättest. Ich weiß, du warst zu jung, noch Kind und Jugendliche, da ist die Demütigung dieser Gewalt tiefgreifender als dass Gegenwehr hätte geleistet werden können. Ich weiß nicht, wann diese drei letztlich gestorben sind, da sie schon alt waren. Hättest du mit zwanzig oder fünfundzwanzig es nicht doch probieren können sie zu töten? Es würde mir eine Last von der Seele nehmen, denn ich wüsste dann, dass es möglich ist, sich selbst aus solcher Demütigung zu befreien, da doch diese Gewalt dazu neigt, den Menschen ins Schweigen zu zwingen. Und ich sehe es lieber, wenn dieses Schweigen ob der Gewalt gebrochen werden würde und die Opfer sich wehrten. Das wäre keine Rache. Nein, nein, ihr guten Polizisten. Das wäre allenfalls verspätete Notwehr, denn schließlich ginge die Tat vom Opfer aus und nicht von einem Sympathisant oder Helfershelfer. Wer meint, dies sei Rache, der irrt. Es wäre nicht Rache, sondern Gerechtigkeit. Du Gerechte, bist mir so lieb, gerade weil du diese drei schuldigen Verbrecher getötet hättest. Ich liebe dich aber auch so, doch es sollte mit uns nicht werden. Das ist aber eine etwas andere Geschichte. Ich wünsche dir die vertrauensvolle Liebe, die du suchst und wünschst. Und verbleibe dir für immer herzlich.“

267
Die Sorten von Kritikern

Kritiker – oder solche, die sich dafür halten oder als solche wahrgenommen werden (wollen) – lassen sich in folgende Gruppen unterteilen:

1. in Sachliche und Freundliche

2. in Hinterfragende und Konstruktive

3. in Jammernde und Nörgelnde,

4. in Beschuldigende und Unterstellende,

5. in Emotionale und Manipulierende,

6. in Zynische und Alberne,

7. in Kampfbereite und Kriegslüsterne und

8. in Schwafelnde und Langweilige.

Die Nummer 1 und 2 der Sorten von Kritikern haben also mit vielen konkurrierenden Sorten zu kämpfen, weil Menschen dazu neigen, Kritik auch gerne in den Sorten 3 bis 7 zu verorten und zu glauben, bei einem solchen Gebaren handelte es sich schon um berechtigte Kritik, weil diese doch so „leidenschaftlich" seien. Ebenso die auch zuweilen vorkommende Sorte Nummer 8, die meistens den Eindruck hinterlassen, dass sie nicht auf den Punkt kommen und mehr drum herum reden, als sich auf etwas logisch Rationales festzulegen und dieses zu vertreten.

Die Kritiker Nummer 3 bis 7 sind von diesen Schwafelnden (Nummer 8) etwas zu unterscheiden, da die Erstgenannten meiste nicht harmlos sind, wie die Nummer 8 hingegen. Dennoch handelt es sich bei den Kritiker-Nummern 3 bis 8 nicht um vollwertige Kritiker im guten Sinne. Denn eine gelingende Welt bedarf der Sorten Nummer 1 und 2, da ohne diese Fähigkeiten, die verschiedenen und vielschichtigen Aufgaben und Entwicklungen einer Gesellschaft nicht gelingen werden. Und es wird auch das gemeinsame Miteinander in den Familien nicht gelingen, denn Vertrauen wächst und vertieft sich in den Sorten der Kritik Nummer 1 und 2, den Sachlichen und Freundlichen und den Hinterfragenden und Konstruktiven. Das sollte klar sein oder bald klar werden.

268

Schuld und Macht
versus
Unschuld und Verantwortungslosigkeit

Es gibt keine Schuld, sie wird von einer Macht bestimmt und kommt erst durch sie in die Welt, weil die Macht sich erhalten will und sichern. So ist es in gerechten politischen Systemen, die eine maximale Ordnung und Freiheit ermöglichen wollen. Und so ist es in ungerechten Systemen, die weniger an Freiheit für andere interessiert sind und mehr an der eigenen Selbstgerechtigkeit, die sich aus ihrem kleinen Verständnis ergibt.

Aber wo es keine Schuld gibt, gibt es auch keine Unschuld. Wo die Schuld von der Macht in die Welt hinein erzeugt wird, wird eine angenommene Unschuld sich täuschen an der eigenen Verantwortungslosigkeit. Wer sei schuld an was? Wo beginnt die Schuld sich zu manifestieren? Wann wird die Unschuld verletzt? Wer ist für sein Geboren-worden-sein verantwortlich? Wer ist für das Leben und die Welt verantwortlich? Letztere ist keine rhetorische Frage, die mit „niemand" beantwortet sein wollte. Denn wo es niemanden gäbe, der dafür verantwortlich wäre, wären alle gleichermaßen dafür zuständig.

Da wir im Wachstum begriffen und im Verständnis erwachsend sind, werden unterschiedliche Verständnis-Sphären aufeinander treffen, die geordnet werden müssten, um eine Hierarchie des Verstehens zu etablieren. Denn diese fehlt sowohl der Macht als auch der Verantwortungslosigkeit; jener Macht, die sich mit Schuld und Gewalt sichert – und jene Verantwortungslosigkeit, die sich an der Unschuld täuscht und Schaden anrichtet.

Die Hierarchie entsteht also aus der Tatsache und Erkenntnis des Wachstums und der Zeit. Wo es keine Zeit gäbe, gäbe es daher auch keine Schuld und Unschuld. Wo also der Geist noch an Zeit gebunden ist, wird er Schuld erzeugen und Unschuld behaupten, wo beide nicht sind.

So war es bei Jesus von Nazareth und Pilatus. Und bei den Helfershelfern in den Konzentrationslagern und Gulags, die sich für unschuldig hielten oder erklärten, dass sie daran keine Schuld trügen und sie nur die Befehle der Macht ausgeführt hätten. In Wahrheit war nämlich Pilatus bereits schuldig geworden, weil er in der Hierarchie der politischen Zeit von damals eingeordnet wurde, die Schuld und Gewalt bereits zum Gesetz erhob. Ein Entrinnen der Schuld war so niemandem möglich, weder Jesus von Nazareth noch Pilatus. Und die Helfershelfer des Grauens fanden sich ebenso bereits im Zwang einer Macht zu gehorchen, die Schuld, Gewalt und Strafe nutzte, um sich zu sichern.

Was folgt daraus? Es folgt daraus die Erkenntnis, dass im Kleinen – bei dir und mir und unseren menschlichen Beziehungen – die Schuld erzeugt wird, die das Grauen ermöglicht, für das es sich gleichsam unschuldig sieht. Das ungestüme Wollen der gegenwärtigen Ordnung – *und nicht ein Verständnis von ihr* – erzeugt die Schuld und die Gewalt und gleichsam die irrige Selbsterkenntnis der Unschuld.

Wer andere mit Schuld bezichtigt und sich auch auf die eigene Unschuld beruft, zeigt eine unverständige Macht, die den Widerspruch nicht sieht, der darin verborgen liegt. Der Widerspruch, der daraus folgt, dass dies für alle gelten muss und nicht nur für ihn, und dass daher seine Beschuldigung ein Irrtum ist und seine Unschuld-Behauptung ebenso.

Daher sind alle Menschen (und alle Lebewesen) weder schuldig noch unschuldig. Wir sind, was wir sind. Nur ein Verstehen und Verständnis kann dies erkennen und der oder die Verstehenden werden weniger zu den Konzepten der Schuld, Macht, Strafe und Gewalt tendieren, sondern rechtzeitig erkennen können, wo sie nicht angebracht sind, wo sie also gerade dabei sind die Welt durcheinander zu bringen und das Leben und die Welt nicht frei entfalten und gestalten zu lassen.

Das Konzept Schuld stammt also aus einer Täuschung, genauso, wie das Konzept Unschuld. Die weltliche Macht geht daher einher mit Verantwortungslosigkeit, wenn mit Schuld bezichtigt und Unschuld behauptet würde.

269

„Deutschland ist dies.
Deutschland ist das.
Deutschland ist jenes"

In den sozialen Medien war ein Beitrag zu lesen, der mich stutzig machte. Jemand identifizierte Deutschland mit vielen Attributen, zu denen sie das ganze Land gleichsetzte. Daraufhin schrieb ich einen Kommentar in der Art (die hochgestellten Zahlen sind keine Exponenten, sondern Endnoten, siehe unter Anmerkungen am Ende des Buches):

„Rein logisch ist das nicht. Wie kann $D = m^6$ und $D = j^7$ und $D = q^8$ und $D = S^9$ und $D = b^{10}$ et cetera, sein, wo mindestens m und j sich gegenseitig ausschließen? Das „ist" scheint leider mehr zu wünschen und zu fordern, als zu differenzieren. Abwägung täte gut, das heißt Gewichtung mit Fingerspitzengefühl. Und nicht lediglich mit dem Hammer der Brachial-Identifikation. Das tut nämlich dem Verständnis nicht gut, wenn es darum geht aus der Akzeptanz Forderungen abzuleiten, die den Bedarf haben, gewichtet zu werden. Oder sind wir alle am Ende gleich? Also $D = m = j = q = S = b$? Das schiene einmal wieder die Unterschiede verwischen zu wollen, weshalb sich viele zurecht beklagen würden. Das schon oft genannte und der Wirklichkeit zugrunde liegende Paradox der *Gleichheit in Verschiedenheit* lässt sich nicht mit absolutistischer Gleichsetzung lösen, sondern mit dem Fingerspitzengefühl tiefer Erkenntnis und Gelassenheit. Die Fahnen schwenkende Gleichsetzung von „Wir sind alles" leidet wohl an einer Hybris der Selbsteinschätzung, denn wer alles sein wollte, wird nicht wissen, wer er ist. Und das wäre ungut. Wir brauchen Verbundenheit *und* Abstand, Nähe *und* Distanz, Freiheit *und* Ordnung, Antwort *und* Fragen. Wer sich mit allem identifiziert wissen will, wird keinen Respekt mehr haben (da die Verbundenheit den Abstand nicht mehr wahrt), keine Luft zum Atmen mehr haben (da die Nähe distanzlos geworden sein wird), keinen Frieden mehr haben (da die Freiheit der Unordnung zum Opfer gefallen sein wird) und keine intelligente Entwicklung mehr haben (weil die Antworten und Fragen bereits beantwortet erscheinen). Dies wird eine tote Welt sein, eine Welt, in der es sich nicht mehr lohnt zu leben. In solch einer Welt des Everything-Goes, wird sich keiner Zuhause fühlen. Und da alle sich mit allem identifizieren sollen – was unmöglich ist –, werden alle unglücklich sein."

270
Woran das wohl liegt?

Wer nur für sich selbst und seine Vorteile kämpft, ist dadurch dem Verdacht ausgesetzt, nicht für die Menschheit kämpfen zu wollen – und dass ihm die Menschheit, also andere Menschen, egal sind, dass er sich nicht für sie interessiert, sondern nur für sich selbst und seine bessere Stellung zu ihnen. Spüren Sie sich schon ertappt? Das Streben nach Karriere ist von diesem eitlen Geschmack. Nicht wahr? Die meisten Menschen nehmen den Status Quo als gegeben und als Sprungbrett für ihr Ego, um etwas für sich zu erreichen. Aber sie suchen nur selten zu verstehen, worin sie sich befinden, in welcher Welt, durch welche Mechanismen und Logiken gelenkt. Sie suchen nur nach anerkannten Wegen, die sie für sich nutzen, gleichgültig der verständigen Essenz von deren innerem Antrieb, der daher meist verborgen bleibt. Daher kann gesagt werden, dass die meisten Menschen Getriebene der Bedingungen sind, Gehorsame der gesellschaftlichen Macht und Unerhörte in Sachen seelischer Bedürfnisse. So ist auch die Einsamkeit zu verstehen, die daher kommt, dass die Welt fernab und unverstanden ihrer eigenen Logik steht. Daher drängt es die meisten Menschen egoisch nach Sicherheit im Außen, durch Geld und Besitz, durch das Erreichen einer „hohen" Position, im erlangten Status und schließlich in der damit verbundenen Macht und angeblichen Freiheit und Selbstmächtigkeit, mit der nicht wenige herumlaufen, wie eitle Gockel und sich gehörig was einbilden, wie toll sie seien, weil sie „was erreicht" hätten. Und danken der Welt und dem Leben im Gesamten nicht, das sie dorthin geleitet hatte.

Und die Einsamkeit bleibt bestehen, trotz des Gewinns von Vorteilen. Gerade bei jenen, die sich ihre Selbstmächtigkeit einbilden und die nicht kapieren in welcher Welt sie leben und welche sie empor hat kommen lassen. Der sie also nicht danken, wie es sich gehört, sondern die sie ausgebeutet haben, missbraucht für ihre egoischen Ziele der gottischen Selbsterhöhung. Und der sie daher nichts zurück geben, außer ihre Vermögenssteuer, die sie emsig suchen so gering wie möglich zu halten. Wie kommt es wohl zu solchen Charakteren? Ist es die Erziehung? Ist die Politik schuld? Haben ihre Elten sie zu sehr verwöhnt? Hatten sie Entbehrungen zu leiden in ihrer Kindheit, weshalb sie sich kräftig anstrengten, um es im Alter ihren Kindern anders zu ermöglichen? Und gekämpft? Gegen die böse Welt, die sie hat als Kind so arm sein lassen? Woran das wohl liegt, dass solch eine Reaktion der Welt, der Menschheit, der Natur und dem Klima nicht hilft und alles nur noch schlimmer macht?[11]

271
Wie die Moderne denkt und reagiert

Wer die Moderne kritisiert oder spiegelt, wird immer wieder dieselben Reaktionen und Antworten erhalten, wenn er Fragen stellt, die ergründen und erforschen sollten und wollten, welchen Glaubenssätzen selbst die Moderne eventuell noch irrig gehorcht und sich daher selbst auszubremsen droht. So eine Glaubensfrage kommt dem Kritiker entgegen, wenn er Gründe anbietet, warum das Leistungsprinzip auf unsicherem argumentativen Boden ruht und warum es sich auf ihm selbstgefällig gemütlich macht.

Die Rückfrage lautet dann: „Glauben Sie nicht, dass es gerecht ist, dass derjenige mehr erhalten soll, der mehr leistet?" Hier hat das Gegenüber anscheinend noch nicht verstanden, dass es bei der Wahrheitssuche und der Suche nach Gerechtigkeit nicht um einen Glauben oder Nicht-Glauben geht, nicht um Glaubensbekundungen und Positionierungen. Sondern um die Fragen, die uns in ein tieferes Verständnis der Wirklichkeit führen, was zunächst seinen eigenen Wert besitzt, noch ganz ohne Ambition politisch etwas verändern oder erreichen zu wollen. Denn wer Erkenntnis sucht, um der Erkenntnis willen, wird eine freie Bewegung des Geistes und Herzens fördern wollen und nicht danach fragen, welchem Glauben oder Nicht-Glauben zugestimmt werden soll.

Die Glauben betonende Rückfrage des Skeptikers und Modernisten, zeigt aber schon einen Hinweis auf die beliebige, willkürliche und Macht orientierte Haltung der Gleichgültigkeit gegenüber tiefer gehende Fragen nach echter Erkenntnis der Strukturen des Denkens der Moderne. Dieses erstickende Denken, das vorzeitig abbricht und glaubt, schon zu wissen, ist aber der Moderne nicht eigentümlich, sondern auch in der Prä-Moderne der Glaubenskirchen vorzufinden gewesen. Was der Moderne aber fehlt – und das ist gut so – ist, dass sie ihre intellektuelle Nachlässigkeit nicht dem Fragesteller zum lebensbedrohenden Nachteil angedeihen lässt, die Moderne wird also keine Scheiterhaufen errichten oder Konzentrationslager, sondern schlimmsten Falls schlicht passiv und uninteressiert ignorieren, was an weiterem Verständnis ihrer selbst möglich wäre. Sie wird in ihre eigenen Erforschungen der Außenwelt involviert bleiben und bis über beide Ohren in Arbeit versinken, den erforschenden Kopf nicht hebend und die weiteren

Fragen belassend, anstatt inneres Feuer zu entfachen dem eigenen inneren Kern der Wirklichkeit und des Denkens auf den Grund zu gehen.

Die Leistungsunterschiede der Menschen basieren in erster Linie auf dem evolutionär-genetischen Zufall, auf der Intention der Natur und – wenn man will – auf dem Willen und der Gnade Gottes. Jeder Mensch ist, was er ist, in erster Linie dies, nicht aus eigenem Verdienst heraus, sondern weil er so sein sollte, wie Natur, Gott und der Zufall ihn wollten. Ein Mozart ist ein Mozart ist ein Mozart, weil er so sein sollte und ihm erkenntlich wurde, dass er diese Gabe geschenkt bekam. Ein gewöhnlicher Mensch ist ein gewöhnlicher Mensch ist ein gewöhnlicher Mensch, er kann nichts dafür, dass er so gewöhnlich ist und hat es sich nicht ausgesucht. Beide sind nicht verantwortlich für ihr In-der-Welt-sein, sie wurden beide nicht gefragt und müssen nun mit ihren gewordenen Bedingungen, Möglichkeiten und Grenzen leben. Wieso also den einen höher entlohnen als den anderen? Hier beginnt die Ungleichheit Wurzeln zu schlagen und die Beliebigkeit der Argumentation sich im Kreise zu drehen – und angebotene Erkenntnis und Wahrheit wird tendenziell zu ignorieren versucht, zu diskreditieren oder in prä-modernen Kreisen Schlimmeres verordnet.

Jeder tut, was er kann. Wo wäre hier ein Glaube, ein Vorurteil oder eine Unterstellung involviert? Wenn jeder tut, was er kann und ein anerkanntes Mitglied der Menschheit sein möchte, dann wird er für deren Gesellschaften arbeiten wollen. Warum sollten die Menschen also gegeneinander ausgespielt werden wollen, indem man sie auf einander neidisch sein ließe, weil sie unterschiedlich entlohnt werden für ihre Arbeit? Worin läge der damit verwobene Sinn der Stiftung von Unfrieden unter den Menschen? Da es vernünftig keinen Sinn gibt, der den Unfrieden begründet, ist damit klar vorauszuschauen, dass mit dem bedingungslos global gleich verteilten Einkommen mehr Friedfertigkeit für die Menschheitsfamilie ermöglicht werden würde, als bei der unsäglichen Aufrechterhaltung der Ungleichverteilung der Einkommen, Löhne und Gehälter, die den Unfrieden, den Neid, den Kampf für die angebliche Verbesserung der Zustände und den Krieg in die Welten führt, indem sich das daraus wahrgenommene Leid mit Gewalt zu lindern sucht, was widersinnig erscheint. Und was vergeblich ist und offenbar anzeigt, dass ein Widerspruch nicht aufgelöst ist.

Nämlich der Widerspruch, der sich ergibt, wenn das Prinzip Gleichheit auf das Prinzip Ungleichheit stößt. Nur im Verständnis aber des *Paradox der Gleichheit in Verschiedenheit* bringt sich eine neue Erkenntnis ins Leben, die sich nicht am Widerspruch aufreibt und für Unfrieden und Zerrüttung sorgt, sondern das zu zeigen versteht, welchen Unterschied ein Widerspruch zu einem Paradox ausmacht, denn beide sind nicht identisch oder austauschbar. Wo der Widerspruch für Unfrieden sorgt oder sich einem ignoranten Glauben oder Nicht-Glauben anschließt, wird die Erkenntnis des Paradox schöpferisch Wege zeigen können, den Widerspruch aufzulösen und in eine weitere signifikante Stufe der Menschheitsentwicklung voran zu kommen. Doch nicht als Glaube, sondern als Verstehen und Verständnis.

Wer also noch nicht versteht, sollte Fragen stellen, vor allem sich selbst und auf rein rhetorische Glaubensfragen verzichten, die lediglich nach Bestätigung des Gegebenen suchen oder dieses unkritisch einfordern. Die Wahrheit ist nämlich nicht in der Forderung oder im Glauben zu finden, sondern in der Erfahrung von authentischer Erkenntnis, die selbständig bereits grundlegende Fragen erforscht hat.

Fragen sind also erwünscht, Kritik ist möglich – und Erkenntnis wird zur Wahrheit finden.

272

Wahrheit und Widerstand

Es ist nicht die Wahrheit, die schwer zu verstehen wäre; es sind die Widerstände, die ihre Erkenntnis zu verhindern suchen.

273

Apropos Gleichberechtigung

Die Gleichberechtigung ist gut. Aber lediglich eine Idee. Die paritätische Gleichbehandlung von Männern und Frauen scheitert an den Wünschen der Frauen, denn, sie wollen 1. einen Mann, der körperlich größer ist, als sie selbst, 2. einen Mann, der intelligenter ist, als sie selbst, denn 3. wollen die meisten Frauen körperlich und geistig zu einem Mann aufschauen können. Das zeigt schon die Beobachtung von Paaren auf den Straßen. – Auch wenn sie als radikale Feministin überhaupt keinen Mann dulden sollten, sind diese Damen lediglich mit Frauen einverstanden, von denen sie was lernen können. Wenn sie sich eingestehen, von anderen was lernen zu können – und nicht glauben, alles nicht nur besser als die Männer zu wissen, sondern auch als alle anderen Frauen. Solche Frauen gibt es auch. Feminismus ist gut, aber…da gibt es solche, die…Wir sollten also aufhören von Gleichberechtigung zu reden, indem manche immer nur dieselbe Mühle der Forderungen drehen und nicht akzeptieren, dass wir verschieden sind, bei aller wahrnehmbaren Gleichheit. Die Mehrzahl der spirituellen Lehrer sind männlich; deren Zulauf und Teilnehmer von Veranstaltungen besteht hauptsächlich aus Frauen. Warum das wohl so ist, sollte erforscht werden, denn die Bedürfnisse der Männer und Frauen sind nicht in allen Belangen alle gleich. Wir sind also gleich in der Verschiedenheit. Wer nur Gleichberechtigung predigt, leugnet wahrscheinlich die Verschiedenheit und zeigt sich damit undifferenziert und von schwacher Beobachtungsgabe. Und obendrein legt sich der Verdacht auf ihn oder sie, die Gleichheit lediglich absolutistisch und rigoros zu fordern, ohne der genannten augenfälligen Verschiedenheit gebührend Rechnung zu tragen. Das wäre nachlässig und dauerhaft fatal, weil damit an der Wirklichkeit wieder einmal vorbei gelebt werden würde. Feministinnen, die diesem ungeachtet dennoch weiterhin Gleichberechtigung fordern sollten, fehlte es wahrscheinlich an Selbsterkenntnis und einer realitätsbezogenen Aufrichtigkeit und Einordnung in die gegebenen geschlechtlichen Verhältnisse. Dies ist keine Polemik, sondern der Versuch das Dogma der Gleichberechtigung zu relativieren und seinen absolutistischen Charakter zu entmutigen. Denn es ist Differenzierung notwendig. Und nicht das langatmige Pochen auf unerfüllbaren Forderungen, die an der Realität vorbei agieren.

274
Langzeitstudien und ihre Essenzen

Sie präsentierte in Kurzform eine strukturierte Essenz einer Langzeitstudie über 30 Jahre, mit 75-tausend Antworten. Die Studie wollte Prinzipien von Führungskräften herausarbeiten, die sie leiten und erfolgreich sein lassen. Die Prinzipien, die sie summieren konnten waren: 1. Vorbild sein; 2. Vision haben, 3. Prozesse anregen; 4. zum Handeln motivieren; 5. das Herz ansprechen.

Mir blieb keine andere Wahl, als das Folgende zu kommentieren: „Vielen Dank für diesen Kurzabriss der Essenz einer 30-jährigen Studie mit 75-tausend Antworten. Daher wird meine folgende Einordnung und Erwiderung wahrscheinlich ungerecht erscheinen. Was nicht zu meinem Charakter gehört und ich mich absolut nicht so verstanden wissen möchte. (Bitte zur Not mein Profil anschauen). Aber ich kann gerade nicht anders als diesen Beitrag so zu kommentieren, wie folgt (ist nicht böse gemeint):

1. Vorbild: Hitler wurde zum Vorbild von Millionen; 2. Vision: das 1000-jährige Reich? 3. Prozesse: die gab es zu Hauff, sogar kurze, Konzentrationslager und Guillotine und so; 4. Handeln: H. hat das deutsche Volk zum Handeln inspiriert, an einem durch ihn angefachten Krieg teilzunehmen; 5. Herz: das Herz der Nazis wurde angesprochen, sie waren Feuer und Flamme für das Dritte Reich und brannten innerlich für diese widerliche Sache.

Kurz: Was fanden die amerikanischen Forscher in 30 Jahren und 75-tausend Antworten über die Moral und Ethik der Führungskräfte heraus?"

275

Apropos Physiknobelpreis

Ich habe vor solcher Geistesleistung Respekt und gratuliere jedem aufrichtig zu diesem Preis, der ihn zuerkannt bekommt. Dennoch kann ich nicht daran vorbei gehen die Königsdisziplin der Moderne, die Physik, in einem lediglich äußeren Kósmos verortet zu wissen und betone dies gerne. Das Glück und die Zufriedenheit, die Fähigkeit zu Liebe der Menschen, bedarf aber nicht lediglich außen-orientierter Fortschritte und Erkenntnisse, sondern auch die lebendige Wahrhaftigkeit innen-orientierten Strukturen gegenwärtig sein zu können. Der Kósmos besteht aus Außen *und* Innen, aus Individuum *und* Kollektiv. Die absolutistische Verehrung der Außenorientierung ist also in Wahrheit ein Hemmschuh für die gesamte, ausgewogene und nicht-einseitige Weiterentwicklung des Menschengeschlechts. Warum? Weil der außen-orientierte Absolutist dazu neigen wird, die Innenorientierung 1. zu ignorieren, 2. zu leugnen 3. zu entmutigen 4. zu diskreditieren und 5. zu bekämpfen. Was dem psychologischen Schatten der Moderne entspricht. Eine Balance zwischen Außen- und Innenorientierung täte nicht nur dem Individuum, sondern auch der gesamten Menschheitsfamilie gut.

276
Über die Feinde der Demokratie

Wir müssen verschärft aufrufen die „Feinde der Demokratie" zu entlarven und ihre inakzeptable Denkweise verneinen. Und dies beginnt damit von „rechts von Rechts" und „links von Links" zu sprechen, von jenen Bereichen des demokratischen Tellers, der in der Luft hängt, also nicht mehr auf den demokratischen Teller gehört und dort auch gar nicht sein will. Und das Bild passt auch so: Deren „Argumente" hängen in der Luft, wie jede faschistische Gesinnung argumentativ keinen rationalen Boden berühren. Artikel 18 Grundgesetz kann helfen.

277
Die uns ergänzende Erkenntnis

Es gibt immer eine Erkenntnis, die uns ergänzt oder die uns korrigieren könnte. Wir sind nie vollständig abgeschlossen und fertig damit. Selbst wohl nicht auf dem Sterbebett. Besonders der schöpferische Mensch wird diesen Eindruck gewinnen, denn ihm werden stetig und verlässlich neue Einsichten zuteil, die ihn aufhorchen lassen und ihn mit dem Frieden der Wahrheit und Wahrhaftigkeit erfüllen werden.

Die anderen, denen das nicht ersichtlich ist, werden mit Widerständen zu tun haben, die in doppelter Weise mit einem Unfrieden verbunden sein werden, in ihnen selbst und in die Welt hinein. Diese Leute werden also Störenfriede sein, solche, die hinterfragende Kluge ihrerseits als Störenfriede bezeichnen werden, weil diese Leute sich in ihrer dumpfen Trägheit und geistig-emotionalen Nachlässigkeit gestört empfinden, eben weil sie in latenten Widerständen verhaftet sind. Solchen wird also nicht der Eindruck zuteil, stetig dazuzulernen, sondern viel eher die Störung zu nahe kommen, die sie aus klugem Befragen und offenem Austausch durch andere erfahren, eben weil sie verschlossen sind und nicht offen, misstrauisch der Welt Böses unterstellen, die sie angeblich indoktrinieren wolle. Dabei wissen sie noch nicht, dass sie das selbst tun. Sie sind nicht in Kontakt mit dem Fluss der neuen Erkenntnis, die Freisein und Freiheit spiegelt, sondern gehalten vom Widerstand der Vergangenheit, dem sie erlauben ihre Gegenwart zu beherrschen. So sind sie Beherrschte und wollen andere beherrschen; so sind sie Störenfriede, die Vertrauen schaffen wollende Einladungen als lästig und störend empfinden, weil sie noch nicht in den Fluss der Erkenntnis eingestiegen sind und verschlossen von inneren Widerständen festgehalten werden.

Das alles beruht auf Beobachtung und beschreibt die Erfahrungen, die gemacht werden können. Es sind keine Unterstellungen oder Verleumdungen, sie entsprechen der Struktur der Erfahrung und geben diese klar wieder. Wer sie nicht nachvollziehen kann, wird wohl die Erfahrung noch nicht gemacht haben oder widerständig sich der Erkenntnis verweigern, dass die als Projektion bekannte psychologische Dynamik real für den Unfrieden in der Welt sorgt und daher Seelenhygiene essenziell wäre. Und dass die Katze sich hier in den Schwanz beißt.

Wer für die uns ergänzende Erkenntnis offen ist, wird lernen und andere lehren wollen, in Austausch treten und Vertrauen zu Erkenntnis- und Wahrheitssuche schaffen wollen. Alle anderen sind häufiger Opfer ihrer eigenen Widerstände. Verlorene Zeit. Verlorene der Zeit. Verloren in der Zeit.

278

Apropos Lesen und der PISA-Schock

Lesen ist nicht gleich Lesen. Wenn erwachsenen Autoren das Menschliche mangeln sollte, würde den nachwachsenden Bürgern die Motivation für gute Bücher fehlen. Denn der Mensch ist am Menschlichen interessiert, wenn er noch gesund ist. Der Glaube an die eine Stellschraube, die Nachwachsende zum Lesen motiviert, ist eine Illusion und selbst bereits Ausdruck eines anderen Schocks: dass zu wenig Nachfrage für gute, menschliche Bücher existiert und die erwachsenen Autoren sich für das Menschliche nicht wirklich zu interessieren scheinen, sondern sich mehr der Fantasie, den Horrorgeschichten, dem Kriminalroman, der Science-Fiction widmen. Und warum? Weil sie vor der Realität zu flüchten tendieren. Eine Katze, die ihren Schwanz verschluckt.

279

Sehen Sie den Widerspruch?

Frauen wollen Gleichberechtigung und Gleichbehandlung, ja. Aber sie wollen in der Mehrzahl keinen Mann, der so ist, wie sie, sondern der größer, stärker, intelligenter und reicher ist als sie selbst. Sehen Sie den Widerspruch, zwischen dem Wollen von Gleichberechtigung und dem Wollen eines Mannes, der von den Frauen verschieden ist? Oder was genau wäre hier im Weiteren zu beachten und zu fragen?

Die Idee der Gleichberechtigung wird inzwischen auch von Männern übernommen, die sie als Dogma verstehen und zu verteidigen tendieren, wenn differenziert und kritisch erscheinende Fragen und Antworten kommuniziert werden. Du erkennst es an ihren verbalen Zähnen, die sie ausfahren, indem sie zunächst schnippisch, ungehalten und unruhig werden und ihre Position zu rechtfertigen oder deine zu diskreditieren suchen. Sie stellen keine Gegenfragen und interessieren sich nicht für die mit dem Gesagten verbundenen Hintergründe. Das Gespräch wird zu einem Gegeneinander ausarten, wenn du nicht rechtzeitig bei dir selbst denselben Mechanismus erkennst, der wie ein Feuer auf dich überzuspringen droht. Nimm dich in Acht vor diesem Feuer, es kann dich zerstören und mindestens diskreditieren, indem die irrationalen Gegenspieler dich beschmutzen werden, wenn du nicht vorsichtig bleibst.

Denn es besteht mit dem Gesagten die Logik, dass mit Fortschreiten der Gleichberechtigung, die Männer für die Frauen unattraktiv werden, weil ihnen das psychologische Moment der Geborgenheit und Sicherheit fehlen wird, denn Frauen und Männer sind nicht nur gleich, sondern auch verschieden. Wer nur auf der Gleichheit pocht, wird in Irrtum verfallen, weil er der augenscheinlichen Verschiedenheit keine Beachtung schenkt. Wiederum wegen der Verabsolutierung der Gleichheitsprinzipien unter Verleugnung der Verschiedenheit und der Ignoranz gegenüber dem *Paradox der Gleichheit in Verschiedenheit.*

Der Absolutismus der Gleichheit ist aber keine moderne Denkweise, sondern stammt von Vertretern der Prä-Moderne, jener Glaubenshaltung, die nur an das eine Gute glaubt und es der Moderne schwer macht ihre Differenzierung zum Verständnis zu bringen.

Evolutionär sind im Laufe der letzten hunderttausenden von Jahren die Frauen im Durchschnitt etwas kleiner gewachsen als die Männer, was bedeutet, dass es mehrheitlich mehr größere Männer gibt, die Frauen überragen. Dass die Frauen nun einen Mann wünschen und wählen, der größer ist als sie selbst, ist einerseits durch die Mehrheit der größeren Männer gedeckt, andererseits durch das psychologische Prinzip der Herdentriebs. Das heißt, da es mehrheitlich zu beobachten ist, dass Frauen größere Männer haben als sie selbst, möchte der Wille und Wunsch der meisten Frauen auch genauso eine Wahl treffen, nämlich einen größeren Mann haben. Um zur Masse zu gehören. Und nicht aufzufallen, wenn sie aus der Herde herausstechen und mit einem kleineren Mann als sie selbst durch die Fußgängerzone flanieren und Händchenhalten. Das wäre ungewöhnlich und wird nicht gewünscht, in der Mehrzahl der Fälle.

Doch dieses Prinzip scheint nicht nur für die Körpergröße zu gelten, sondern auch für den Wunsch der meisten Frauen kluge Männer an ihrer Seite zu wissen. Mancher würde einwerfen, dass dies nicht stimme, denn es sei ebenso gerechtfertigt, dass Frauen mindestens auf geistiger Augenhöhe mit ihren Partnern sein möchte. Hier stehen Behauptungen gegeneinander, und es könnte eigentlich nur eine Studie klären, wie es sich verhält, was Frauen also wirklich wünschen, mit welchen Männern sie wirklich zufrieden und glücklich wären. Und sich sicher und geborgen finden würden.

Aufgrund ihrer schwächeren Konstitution ist es aber naheliegend anzunehmen, dass die Mehrheit der Frauen mit Männern zusammen sein möchte, die einen körperlich stärkeren und robusteren Eindruck machen als sie selbst. Einfach, weil die evolutionäre Prägung diesen Wunsch als Sicherheitsbedürfnis für die Frauen den Frauen mitgegeben hat.

Frauen wünschen also aus evolutionären Gründen einen 1. körperlich größeren und 2. körperlich stärkeren Mann als sie selbst. Die Frage wäre also im Weiteren, ob die Frauen mit einem Mann einverstanden wären, der geistig weniger intelligent erschiene, als sie selbst? Vermutlich nicht. Frauen wünschen sich also vermutlich einen Mann, der mindestens so intelligent ist, wie sie selbst. Die Frage wäre also, ob dies den Frauen mehrheitlich genügt oder ob sie für die kniffligen Dinge des Lebens, nicht doch lieber klärende Erläuterungen von ihrem Partner erwarten, auch weil dies wiederum die Sicherheit der Frauen anspricht, weil sie sich auf den Mann verlassen können müssen, nicht nur, dass er für die Kinder aufkommt und da ist, sondern auch, dass er klug genug ist, das alles zu managen und zu bewältigen. Frauen sind mehrheitlich mit anderen Themen beschäftigt, schon aus evolutionären Gründen und haben daher normalerweise nichts dagegen, wenn ihr Mann 1. körperlich größer, 2. körperlich stärker und 3. geistig fitter ist als sie. Das Aufschauen gehört wohl zur Grundausstattung der meisten Frauen, weil sie evolutionär so geprägt wurden.

Dass sich in moderner Zeit die Gleichberechtigung anschickt evolutionär etwas korrigieren zu wollen, kann unter Umständen noch zu manchen Aha-Erkenntnissen führen, wenn sich nämlich herausstellen sollte, dass die evolutionär gewordene Verschiedenheit zwischen Mann und Frau, sich nicht so rasch korrigieren lässt und dass bei zwangsweiser Erlangung von Gleichheiten, dies eventuell zu anderen, noch ungeahnten, negativen Auswirkungen kommen kann. Ich möchte die Anstrengungen für Gleichberechtigung nicht entmutigen. Aber ich möchte davor warnen, das starke Gewicht der Evolution und die bedürfnisorientierten Verschiedenheiten zwischen Männern und Frauen zu ignorieren. Hierin liegt keinerlei Diskriminierung, sondern die Aufforderung Erkenntnis zu finden, wie es sich denn wirklich verhält.

Wer also nur Politik betreiben möchte, wird solche kritischen Fragen zu diskreditieren suchen, weil es nicht in seine politische Agenda der Dogmen-Sicherung und des Parteiprogramms passt. Wer aber an Erkenntnis um der Erkenntnis willen interessiert ist, der wird seinen Gewinn daraus ziehen und in der Kommunikation mit der weiteren Welt seine eigenen Erfahrungen machen. Wohl dem, den der dogmatische Gegenwind nicht entmutigt.

280

Von der ungerechten und gerechten Welt

Wer in einer ungerechten Welt Unrecht begeht, wird unter Umständen in einer gerechten Welt ein Gerechter sein und dort kein Unrecht begehen. Und wer in einer ungerechten Welt, das Recht einfordert und bekommt, wird unter Umständen in einer gerechten Welt am Recht nicht vorbei kommen und für seine Klage auf Recht – nicht – Recht bekommen. Es scheint also, wie wenn das Recht beliebig wäre, aber das ist nicht der Fall. So wie es eine Hierarchie der Werte gibt, gibt es eine Hierarchie des Rechts. Ganz oben steht das junge Menschenrecht. Wer darunter bleibt, muss sich ihm dennoch fügen. Und wenn er es verstehen sollte, wird es nicht nur ihm nützen. Wer aber das Menschenrecht verletzen sollte oder bekämpfen, wird bekämpft, verletzt und verurteilt werden. Und zwar mit dem Siegel und Spiegel des höchsten

Rechts, das erkannt und anerkannt ist. Und wer das Recht nicht auf das Menschenrecht ausrichtet, um sich zu ihm zu entwickeln, wird unsäglich darunter bleiben und am Leben des erkennenden und wahrhaftigen Geistes versagen.

281
Menschen und ihre Ismen

Wenn du mit Menschen sprichst, die den Feminismus (oder jeden anderen Ismus) lediglich als Dogma verstehen, das es zu verbreiten, zu schützen, zu verteidigen und zu etablieren gelte, dann wird ein sachlicher, rational angesetzter Gesprächsverlauf nicht möglich sein, denn diese Leute haben kein differenziertes Verständnis des Feminismus (oder jedes anderen Ismus) und werden dich daher persönlich angreifen und zu diskreditieren suchen, wenn du versuchen solltest Aspekte, Perspektiven und kritische Differenzierungen vorzutragen oder zu erörtern. Solche Leute können und wollen nicht kritisch beleuchten, was ihnen als unantastbar und göttlich erscheint. Und sie werden Gewalt gegen dich intendieren, die zunächst mit verbalen Angriffen erfolgen wird und die letztlich nicht in der Lage ist, in Friedfertigkeit und Vertrauen gemeinsam zu erforschen, was es zu verstehen gibt. Denn sie glauben in ihrem Feminismus (oder jedem anderen Ismus) die absolute Wahrheit bereits gefunden zu haben, die es gilt nur noch so vielen Menschen, wie möglich durch, inzwischen zu Phrasen gewordenen, Glaubenssätze einzutrichtern. Du wirst es erkennen müssen dadurch, dass du perplex bist, wie plötzlich persönliche Angriffe und Zynismus, Zurechtweisungen und Fehldeutungen, Unterstellungen und vorauseilende Wertungen, dir um die Ohren gehauen werden, die völlig an deiner Intention der gemeinsamen Erforschung des Themas vorbei gehen. Sie werden sich daher auch als selbstgerechte Moralisten zu zeigen verstehen und dies dennoch abstreiten, weil ihnen nicht bewusst ist, was sie tun. Ihr egoischer Glaube an die Wahrheit wird sie blenden. Wer glaubt, die Wahrheit bereits gefunden zu haben, wird daher kein adäquater Gesprächspartner für dich sein, wenn du die Absicht hast, kontinuierlich dazu zu lernen und auch von anderen zu lernen und mit ihnen. Diese Menschen lernen nicht, sondern behaupten nur und unterstellen den Forschenden falsche Ansichten, mit denen sie ihr Weltbild, von der Schlechtigkeit der Menschheit, bestätigen können und sich daher für ihren selbst-gewählten Kampf gegen das angeblich Böse im Recht erfahren, tragischerweise lediglich durch ihre eigene irrige Selbst- und Weltwahrnehmung bedingt. Was die Wurzel ihrer typischen Projektion des eigenen, dunklen und widerständigen Unerkannten auf andere festigt und bedeutet. Du musst dich also vor solchen Leuten in Acht nehmen und ihnen eventuell ihren Übergang von der Sachlichkeit auf die persönliche Ebene der Angriffe durch sie – rechtzeitig – spiegeln – oder Schweigen und dich in Sicherheit bringen.

282
„Was hast du ausserhalb deines Bildungsweges Wichtiges gelernt?"

Sie nannte sechs persönliche Weisheiten, die sie außerhalb ihres Studiums an einer Universität gelernt hatte. Und stellte dann diese Frage in dem sozialen Netzwerk an ihre Leser. Die Weisheiten waren persönlich, treffend, nachvollziehbar und erkenntnisreich. Ich sah mich aufgefordert und angesprochen und schrieb das folgende:

„Vielen Dank für diese persönlichen Weisheiten. Von „außerhalb" meines Bildungsweges zu sprechen, trifft es für mich nicht ganz. Ich habe offizielle Bildung und Lebensbildung nie getrennt gesehen. Und das Wissen und die Erfahrung aus Erstem hat das Zweite angeregt. Beides sind innere Bewegungen, die wirken und zu einem Effekt und Ergebnis führen, einer Erkenntnis. Wissen, Erfahrung und Weisheit gehören zusammen und bewirken das Fragen und dessen vorübergehenden Antworten."

Sie schrieb zurück: „Vielen Dank für deinen Input."

283
„Ich nahm den selten gegangenen Weg"

„Ich nahm den selten gegangenen Weg, und das war der Unterschied." (nach Robert Frost).

Das *ist* der Unterschied zwischen den Philosophen, Denkern und Weisen, im Vergleich zu den Leidenden, Streitenden, Jammernden und Aggressiven inmitten der Masse der Gläubigen, Kämpfer und Reformer aller Zeitalter, die nicht auf der Suche nach dem ungebahnten Weg der Freiheit und Neuheit eines jeden Augenblicks sind, sondern sich auf ausgetretenen Wegen und geteerten Straßen bequem und eilig zu überholen suchen. Und die dann Unfälle und Katastrophen provozieren. Es ist eindeutig, dass die Philosophen, Denker und Weisen wohl signifikant weniger zu Gewalt und Kriegen neigen, als dies die anderen Genannten zu tun pflegen. Können wir alle auf eigenen, selten gegangenen Wegen gehen und dennoch die moderne Gesellschaft weiter entwickeln? Vielleicht wird daher gerade Weiterentwicklung auf friedliche Weise möglich. Denn wer das Eigene findet, findet den Frieden und die tätige Erfüllung. Könnte also klappen.

284
Eine Frage an die Non-Dualisten

Was sagen die Konzepte der Non-Dualität über die Realität der Identifikation mit Konzepten der Non-Dualität aus? Wer ist wirklich frei? Ist die Annahme eines höchst überlegenen Konzepts das Ergebnis des leidvollen und schattenhaften Bereichs der unbewussten Realität? Oder gibt es eine letzte Wahrheit, die alles verändert? Die ständige Rührung und berührende Bewegung dieses und jedes Augenblicks?

285
Freier Wille versus Determinismus

Es scheint besser zu sein, ein Paradoxon zu verstehen zu suchen, und nicht den Absolutismus des „dies *oder* das" zu entscheiden. Und zwar das Paradoxon des „Determinismus im freien Willen" – oder zumindest eine Komplementarität von beidem zu akzeptieren. Denn der Absolutismus scheint nur dem prä-modernen Denken zu entsprechen, wenn geglaubt wird, es reiche aus über ein und nur ein allgemeines Prinzip einer Welterklärung zu verfügen. Die Welt hat sich weiter entwickelt. Wir sollten gelernt haben konkurrierende Ideen nebeneinander stehen zu lassen, wenn sie beide für sich Evidenz zeigen, die wir nicht leugnen sollten. Wieso also den einen gegen den anderen ausspielen? Das wäre wiedereinmal ein Fehler der Gegenwart, der nicht aus der Vergangenheit gelernt haben könnte.

286
Neun Essenzen

1. Sprechen (nur Reden und Worte) ist auch ein starkes und kraftvolles Tun. Besonders, wenn es gewichtig ist.

2. Der eigene Weg des wirklich Eigenen, ist wohl eher der richtigere Weg, als ein uneigener Weg, der eigentlich nicht zu einem Menschen gehört. Aber der eigene Weg ist nicht der einzig richtige Weg. Denn es gibt auch andere richtige Wege, als den eigenen. Nämlich den eigenen Weg von anderen. Das, was genau das Eigene ist, darf nicht trivial beantwortet werden.

3. Beschuldigung ist Flucht. Und zwar Flucht vor der Erkenntnis des Zusammenhangs und des Verständnisses.

4. Der Friede ist immer nur Jetzt. Oder er ist nicht.

5. Denken ist begrenzt. Intuition denkt weiter.

6. Echtes Interesse führt zu engagiertem Einsatz.

7. Abfinden sucht nicht (mehr). Wer sucht, der findet, und zwar immer wieder und so gut wie ständig.

8. Aus schwierigen Situationen lernen, während der schwierigen Situation, hilft beim Wachsen und Entwickeln.

9. Man muss seine Träume nicht nur einem Realitätscheck unterziehen, sondern sie auch schützen.

287
„Wer die Wahrheit verkündet, hat sie noch nicht verstanden"

Dieser Satz war in einem sozialen Netzwerk zu lesen, eine Entwicklungspsychologin hat aus einer „gestrigen Erfahrung" mit einem Klienten diesen Satz in ein persönliches Bild montiert. Und dann einen kleinen Aufsatz geschrieben. Ich kommentierte folgendes:

„Vielen Dank für diese Formulierung, die mich das Folgende anbieten lässt: – Die Verkündung der Wahrheit „Wer die Wahrheit verkündet, hat sie noch nicht verstanden" hat sich selbst noch nicht verstanden.

Es scheint die Aussage dieses Satzes sich selbst zu widersprechen, das nennt sich „performativer Widerspruch", denn der Satz verkündet eine Wahrheit, die der Satz negiert und als noch nicht verstanden definiert.

Ich möchte nicht in Verlegenheit bringen, und vielleicht habe ich nicht verstanden. Aber der Satz scheint nicht haltbar zu sein."

Sie schrieb zurück: „Genauso war es beabsichtigt." Ich war kurz irritiert, weil es schien, dass sie sich selbst den Satz zugeschrieben hatte und nicht eine ihrer „gestrigen" Klienten, von denen sie ja gesagt hatte, dass sie zu „Wahrheitsverkündungen" neigen. Ich ließ es dabei bewenden und schrieb zurück: „Die Wahrheit »Es gibt keine Wahrheit«, ist auch so eine unhaltbare Formulierung."

288

DER INDIREKTE

Er sprach still und etwas schnell, an einem Schnürchen und zeigte eine fixe Vorstellung von solchen, die er offenbar nicht leiden konnte: „…die moralische Indoktrination dieser Leute halte ich für eine Krankheit der Zeit…". Doch es war nicht klar, wie er darauf kam und wen genau er meinte, in der gegenwärtigen Runde von zehn Leuten hatte keiner eine Haltung geäußert, die eine solche Gegenposition nötig erschienen ließe, man kam für den konstruktiven Austausch zusammen, eine politische Klarstellung war nicht erforderlich. Oder etwa doch? Er sprach dunkel, es hörte sich die Bereitschaft zum verbalen Kampf heraus, gespannt, wie eine Aufziehfeder. Sein Kopf hielt er etwas gesenkt, wie zum Rammen bereit, er sprach nicht gerade aus, sondern mit einer hörbaren Bereitschaft für den Kampf. Das Gespräch in der Runde ging weiter und kein weiterer Teilnehmer ging darauf ein, doch es hinterließ einen gewissen emotionalen Geschmack, der mit Irritation verbunden war. Die weiteren Monate sollten herausstellen, um was es sich wirklich handelte. Eine erste Habachtstellung war angefacht und die Möglichkeit ideologischer Verblendung, die sich im Tarnmodus demokratischer Überzeugung engagiert, stand im Raum.

289
Eine Erwiderung auf vorauseilende Abwertung

Es gibt eine emotionalisierte Ausdrucksweise einem anderen etwas zu unterstellen und doch mit den Worten Dank auszudrücken für diese wahrgenommene Haltung des anderen, die aber nicht so der Wirklichkeit entspricht, wie vom Unterstellenden angenommen. Solcher vorauseilenden Abwertung und Missdeutung eines anderen, möchte ich folgendes zu Gehör bringen:

„Ich bin mir nicht sicher woher Ihre Wertung stammt, ich sehe mich darin nicht gespiegelt, sondern eher mit dem Schmutz der Unterstellung konfrontiert. Warum sagen Sie das, was Sie sagen? Wie kommen Sie dazu so zu denken? Und warum verlassen Sie die Sachlichkeit und waten in den Sumpf der Unterstellung hinein? Könnten Sie nicht vielmehr ernsthaft bleiben und nicht abwehren, was angeboten wird, sondern vielmehr abzuwägen suchen, was bei Ihnen ankommt? Ihre vorauseilende Abwertung verhindert den Beginn einer sachlichen Chance auf Klarheit und Erkenntnis. Ich werfe Ihnen das nicht vor, aber ich versuche Ihnen meinen Eindruck zu erläutern, denn ich suche Erkenntnis und bin bereit meine eigene zu korrigieren, wenn das ersichtlich ist. Aber dazu benötige ich Ihre Sachlichkeit und Ernsthaftigkeit – und nicht Ihre vorauseilende Abwertung auf meine Worte, die sich zwar als irrig herausstellen könnten, was aber noch nicht erwiesen ist und Sie hierzu noch keine Begründung angeboten haben. Aber mich festzuzurren an meinen möglichen und nicht erwiesenen Irrtümern und sie mir unterstellend vorzuwerfen, anstatt mir meinen möglichen Irrtum zu erläutern, ist nicht die angemessene Haltung, die uns beiden nützlich sein könnte. Eine Gegenfrage klärte manche Fehlwahrnehmung, an der sich der Irrtum aufreibt. Vielen Dank für Ihr Verständnis, das sie nicht haben müssen, aber das für alle nützlich sein würde.“

290
Durch die Jahrhunderte

Es findet sich durch die Jahrhunderte immer wieder dasselbe Denken und dieselbe undifferenzierte Mühle des Absolutismus. Beim Feminismus der Moderne macht diese prä-modern stoische Widerspruchshaltung leider erfahrungsgemäß keinen Halt. Das ist dann, wie immer nur ein Hemmschuh für den wirklichen Fortschritt, weil man der Ausgewogenheit und Sachlichkeit Feindseligkeit gegenüber dem gestellten Thema unterstellt. Fälschlicherweise. Durch solches Denken kommen regelhaft die Falschen an die Macht und die Falschen in den Kerker oder Schlimmeres.

291
Über das Aufhören
der innen-orientierten Widmung

Wer aufgehört hat den psychologischen Schatten der täglichen Begegnungen mit Menschen Widmung zu schenken, wird sich dem Wissen widmen und sich den Menschen und ihrem Streben rein objektiv zu verstehen suchen. Denn der nörgelnde, widerständige Druck und die drohende Gewalt jenes Denkens der psychologischen Schatten, wird ihn nicht nur resigniert haben lassen, sondern auch die Sicherheit ersehnt haben, um sich vor den Unruhen und Wirren zu schützen, die durch dieses schattenhafte Denken, Treiben, Klagen und Kämpfen, regelhaft in die Welt und an ihn heran geraten. So wird angebliche Rationalität zu einer Flucht vor der Wirklichkeit des Menschen und die Welt bleibt kalt, materialistisch und hartherzig. Es würde helfen, weiter zu machen und sich weiterhin den innen-orientierten Wahrheiten und Weisheiten, die täglich warten entdeckt zu werden, offen gegenüber zu bleiben. Wer resigniert, macht sich selbst zum Opfer der niederen Geistesstruktur, anstatt, dass er weiter macht und nicht kleinbei gibt.

292
Erscheinung und Täuschung

Die Erscheinung der angeblichen Offensichtlichkeit kann täuschen. Wir müssen uns also dauerhaft in Acht nehmen, den Offensichtlichkeiten des Tages nicht zu früh zu trauen, sondern ihnen den Status der Angeblichkeit verleihen, ohne in dauerhaftes, ungesundes Misstrauen zu verfallen. Wer offen ist und die Kraft der Selbstreflexion besitzt, wird eher eingestehen können, dass er sich geirrt und der Offensichtlichkeit zu früh getraut hatte, ohne zurück zu treten und Kontrollfragen zu stellen. Da diese Kontrollfragen nicht immer möglich sind, bleiben wir im Risiko haften, uns irren zu können. Gerade im Zwischenmenschlichen des Austausches in den sozialen Medien, kann eine solche Haltung allen Beteiligten gut tun. Wenn sie denn auch allen Beteiligten als menschliches Vermögen empathisch bereit steht.

293
Apropos Gendern

Meine verehrten Damen und Herren, liebe Sprachfreundinnen und Sprachfreunde, geschätzte Kolleginnen und Kollegen, sehr verehrte Mitarbeitenden, liebe Engagierte, Betroffene und Getroffene, Liebhaber und Liebhaberinnen, Freiheitsliebende, Demokratietreue und Nachdenkliche, Empörte und Verstörte, ihr Frauen und Männer der Welt...was wäre *da-gegen* zu sagen?

294
Über den Umgang mit Furcht

Wir können zunächst zwischen Furcht und Angst unterscheiden. Furcht scheint latent, Angst eher situativ anwesend sein zu können. Wer sich fürchtet, meidet etwas kontinuierlich, wer Angst spürt, wird flüchten oder kämpfen wollen. Wie können wir mit der eigenen Furcht umgehen und der von anderen, wenn wir sie wahrnehmen oder eine Irritation erkenntlich wird, die von der Furcht getriggert wird? Was können wir tun? Oder: was geschieht bei der Furcht? Was macht sie zum latenten Druck für den Menschen?

Wer fragend, suchend und forschend durch die Welt geht und das vertrauensvolle Gespräch mit anderen sucht, wird feststellen, dass nicht wenige Menschen mit einer latenten Furcht besetzt sind, die dieses Vertrauen nicht zu suchen scheint. Ist die Wahrheit etwa gefährlich? Müssen wir uns vor den Wahrheiten zu schützen suchen? – Für die Fürchterlichen lautet die Antwort beides Mal: Ja.

Leider. Der Grund liegt aber nicht in den Wahrheiten an sich begründet, sondern in dem vermeintlichen Glauben, die Wahrheit bereits zu kennen und die daraus erscheinende Aggression und Gewalt, wenn andere, noch unbekannte Wahrheiten vorgetragen werden und der Widerspruch zur eigenen Meinung und Überzeugung nicht angeschaut wird. Wer dagegen die Wahrheit schon erkannt hat, dass, wer in Wahrheit ruht, Gewalt und Aggression nicht nötig hat, der wird sich bewusster und achtsamer im Augenblick zu bewegen suchen und den Frieden gewahren, der ist.

Nur diejenigen, die aus dem Augenblick und seinem Frieden herausfallen und an Glauben, Konzepten, Theorien und Phrasen haften, werden zu den verbalen, non-verbalen und materiellen Waffen greifen. Denn wer im Augenblick ruht, wird den Frieden gewahren, der da ist. Nur wenn das Leben bedroht wird, wird der Mensch in die Aktion gehen wollen und flüchten oder sich verteidigen. Aber dass es so weit kommt, scheint durch das Herausfallen aus dem Frieden des Augenblicks zu geschehen. Und oftmals durch andere, die nicht von uns verschieden sind, weil wir selbst dazu neigen aus dem Augenblick und Frieden zu fallen. Krieg, Aggression und emotionale Aufwallungen sind aber nicht ein Dauerzustand; es ist der Friede, der führend ist und der die Basis bildet der täglichen Wege und Bedingungen.

Wie setzt sich also eine Furcht fest, die glaubt, Wahrheit sei zu meiden? Oder zu bekämpfen? Die Vergangenheit ist keine Last, die wir stets vollständig ablegen könnten, denn sie ist in unserem Denken gegenwärtig. Das Leid der Zeit ist in die Last des Denkens verwoben, sodass der Mensch nicht ohne beides sein kann. Was nun nicht bedeutet, daran zu resignieren, sondern, es sollte uns daran gelegen sein, durch den Versuch der stetigen Achtsamkeit ihr Meister zu werden, sodass die Furcht immer weniger uns bestimmt. Was einer kontinuierlichen Übung entspricht, die ihr eigenes Ziel bedeutet, das sich im Augenblick findet – auch wenn das bedeutet, dass er sich im Herausfallen aus ihm findet.

Wer die Übung begreift, wird zum Frieden zurückkehren, zur Verzeihung und zur Demut. Wer die Übung ignoriert oder verlacht, wird sich für den Krieg rüsten und den Kampf gegen das angeblich Böse anderer anführen wollen. Der Ignorante wird Furcht, Leid und Angst erzeugen, die er in sich selbst als Last der Zeit und Vergangenheit verborgen lässt, indem er aggressiv deren Betrachtung vermeidet und die damit verwobene Wahrheit bekämpft. So bleibt er unwahrhaftig und wird niemals authentisch werden, denn er steht neben dem Frieden des Augenblicks, der allein das authentische Leben ermöglicht. Denn aller Kampf ist eine vergebliche Suche danach, ein dreistes Wollen von Surrogaten der Abkehr von Wahrheit.

295
„Sie fragten mich… und ich sagte: Ja!"

„Sie fragten mich, ob ich LSD genommen hatte. Und ich sagte, weil ich die Wahrheit sagen wollte und mich mit der Lüge nicht wohl fühle: Ja. Doch dann berichteten sie davon und machten so ein Dinge daraus, bliesen es auf und empörten sich darüber. Aber ich sagte nur die Wahrheit." (nach Paul McCartney, in den 1960-er Jahren)

Haben wir Menschen Schwierigkeiten mit der Wahrheit? Sind wir zu schwach, um sie auszuhalten? Oder sind es meistens immer wieder nur dieselbe Art Leute, die sich über die Wahrheit moralisch ereifern und nicht ihre Authentizität begreifen können, weil sie selbst noch nicht authentisch geworden sind und es nicht aufrichtig mit der Wahrheit nehmen?

Mag sein, dass es Situationen gibt, wo wir wirklich die Wahrheit verschweigen sollten. Aber gewiss in erster Linie nur dann, wenn wir unser Leben schützen müssen, wenn es ernsthaft bedroht ist. Aber in einer Demokratie, in der wir kontinuierlich am gegenseitigen Vertrauen zu arbeiten aufgefordert sind, wo wir mit klarer Sprache, rationalem Verstand und wohlgesonnenem Interesse an den besten gesellschaftlichen Lösungen arbeiten sollten, ist es dem Frieden nicht förderlich, wenn dort in die moralische Abwertung und Feindseligkeit gegangen wird und manche meinen, es gäbe nichts Wichtigeres als die moralischen Fehler anderer offen zu legen und bloß zu stellen.

Verständnis für die Wahrheit beinhaltet eine Geradheit, die anerkennt, was an Aufrichtigkeit zu sehen ist. Wieso sollten wir uns durch eine latente Drohung mit moralischer Abwertung zum Lügen erziehen? Warum sollten wir uns in das Tabu hinein zwingen und die wahrhaftige Bewegung der Neugier des Menschen ins obskure Geheimnis, in den Verdacht und in die Unterstellung manövrieren? Wo wir doch einfach die unschuldig oder zuweilen naiv vorgebrachte Wahrheit anerkennen sollten.

Gerade jene, die nur glauben, was das richtige Leben sei, neigen zu solcher moralischen Verurteilung und blasen Dinge auf und erfinden unter Umständen verbale Konstrukte, die ihrerseits davon zeugen, von welcher unmoralischen Gesinnung sie wiederum entstammen. Wer psychologisch verständig ist und schon eine gewisse erkennende Weisheit besitzt, wird dies verstehen können, dass gerade die Obermoralisten sehr unmoralisch sein können. Wer in die Geschichte und Gegenwart der Welt zu schauen versteht, wird sie ausmachen können.

296

Keine schlechte Angewohnheit, sondern Charakter

Wer das aufrichtige Gespräch sucht und sich bemüht sachlichen Austausch zu pflegen, der wird so manches Mal erkennen müssen, wie dies nicht jedem Gesprächspartner gelingt. Und wie mitunter das Gegenüber von einer sachlich angesetzten Diskussion auf eine persönliche wechselt und beginnt zu verletzen und moralisch zu bevormunden.

Dies geschieht dann, wenn dem Gegenüber die argumentativen Felle davon schwimmen und er dennoch die Oberhand behalten will, wenn er also an Macht und Sagen interessiert ist und nicht an Erkenntnis, um der Erkenntnis will. Solchen Menschen liegt die Identifikation mit ihren Meinungen und Ansichten recht tief im Fleisch, sodass sie nicht die Flexibilität besitzen, auf andere Gedanken und Aspekte offen genug einzugehen und zu verstehen zu suchen, was der andere warum und wie denkt.

Dies könnte auf den ersten Blick als schlechte Angewohnheit angesehen werden, aber das ist es nicht. Es ist ein Ausdruck der Struktur und Dynamik des Denken und Fühlens eines Menschen, der bereits zu einem gewissen Teil Charakter geworden ist. Dieses Verhalten entstammt aus einer Unachtsamkeit und mangelnden Seelenhygiene, die sich noch nicht bewusst genug wurde, wie es um die Sachlichkeit bestellt ist. Der Moment des fatalen Übergangs von der Sachlichkeit zum persönlichen Angriff ist von Emotionalität getriggert, die sich als moralisierende Bevormundung äußern wird und die im sachlichen Gegenüber eine Irritation auslöst, der im ersten Moment frappiert ist, wie das Gegenüber so etwas sagen kann. Wenn der Sachliche nicht achtsam genug ist, wird er diese ungute Einladung zum Gegenangriff eingehen. Doch dann ist ein Streit entbrannt um Recht haben wollen und Unrecht bezichtigen. Das gemeinsam mögliche Forschen wurde aufgegeben oder noch nicht erreicht. Die Identifikation mit der letzten Wahrheit wird zum Kampf. Der Friede und das Vertrauen sind gebrochen. Das Gespräch wird nicht fruchtbar, sondern frustrierend. Der Respekt füreinander wird leiden. Die Verachtung kann die Beziehung zerrütten. Der Hass kann erscheinen und sich festsetzen.

In diesem Zusammenhang ist auch eine Wahrnehmung möglich, die den angreifenden Gegenüber, als einen Kämpfer mit sich selbst empfindet. Das Bild des Angreifenden wird deutlich, dass er wie ein Degen-Kämpfer mit verbundenen Augen verteidigend und angreifend verbal herumfuchtelt. Ein Schauspiel, dass seine Verzweiflung deutlich macht, weshalb der Sachliche nicht auf die Beleidigungen und Angriffe des Gegenüber eingehen wird und sich nahezu entspannt im Frieden wähnen kann, wahrhaftig erkennend, dass der andere ein Problem mit der Wahrheit hat, die offenbar im Vorfeld zur Sprache gekommen war und die er nicht dulden oder eingestehen konnte. Das verzweifelte Fuchteln mit dem verbalen Florett entspricht seinem Widerstand gegen die Wahrheit, denn wer die Wahrheit erkennt, wird in Frieden sein. Nur derjenige, der sich gegen die Wahrheit stemmt, wird in Unfrieden mit sich sein. Er ist noch nicht stark genug anzuschauen und zu erforschen, was angeboten und gesprochen wird, er meint nur zu wissen, doch versteht er nicht, er sieht sich in Gefahr, da ihm die charakterliche Größe mangelt, einen Widerspruch stehen zu lassen und vorsichtig zu betrachten. Wer den Widerspruch sieht und spürt, kann rechtzeitig zurück treten und jenen Abstand suchen, der es ihm erlaubt, mit genug Raum und Zeit den Widerstand zu beleuchten. Wer zu nahe am Widerspruch sich befindet, wird nicht die Ruhe haben für Raum und Zeit zu sorgen, um ihn zu beschauen, er *wird* Widerspruch *sein*. Wer dagegen Abstand findet, wird freier davon sein als jener.

Das bedeutet aber nicht, dass dieser Abstand vom Widerspruch eine Trennung oder Abspaltung davon mit sich brächte. Der Abstand zum Widerspruch, entspricht einem Respekt davor. Eine Trennung oder Abspaltung davon würde bedeuten, dass derjenige den Widerspruch aus dem Blick verliert und damit keinen Kontakt mehr zu ihm hätte, ihn keines Blickes mehr würdigen würde. Wer den Abstand zum Widerspruch gebührend einnehmen kann, wird eine Beziehung zu ihm haben, ihn würdigen, beachten und einordnen können. Das gelingt einer Trennung und Abspaltung davon nicht.

Dies kann erfahren werden, wenn wir mit Menschen in Kontakt kommen, die sich ihrer Widersprüche noch nicht sehr bewusst sind und die noch keine Seelenhygiene betrieben haben, weil sie Psychologie nicht mögen oder abfällig darüber denken. Ihre moralischen Attitüden, die sie uns um die Ohren hauen wollen, sobald sie die argumentativen Felle davon schwimmen sehen oder ihnen die aufgeworfenen Fragen zu bunt werden und sie genervt werden, weil diese Fragen sie in ihrer Selbstherrlichkeit und Anbetung der eigenen Meinung stören. Solche Leute werden für sachliche Gespräche nicht lange zu gewinnen sein, denn sie können recht schnell zu der Meinung gelangen, man wolle sie belehren oder bevormunden. Eine Projektion, die noch nicht begriffen hat, dass sie das genau andersherum beabsichtigen, wenn sie die Sachlichkeit in Richtung persönlicher Angriffe verlassen oder nie gefunden haben. Wenn man mit ihnen über unverbindliche Belanglosigkeiten spricht, Allgemeinplätze von sich gibt, im Erzählmodus von Geschichten und Erlebnissen verharrt, kann das Gespräch friedlich verlaufen. Aber wehe, wenn wir Fragen stellen, die nach Verständnis suchen und die potenziell dazu prädestiniert sind die narzisstische Selbstverliebtheit zu beleuchten, dann wird der Erzählende genervt sein von den Fragen des Forschenden, der um der Erkenntnis willen an den Fragen interessiert ist und nicht, weil er die Absicht hätte persönlich zu denunzieren oder zu verletzen.

Dass dies geschieht und zwar immer wieder, kann beobachtet werden. Wer sich nicht entmutigen lässt oder den Angriff erwidert, wer also sachlich bleiben kann und keinen Kampf kämpfen will, wer also früh genug spürt, wann der unsägliche Übergang vom Konstruktiven zum Destruktiven geschieht, vom Sachlichen zum Persönlichen, der wird sich eines klugen Charakters sicher wissen. Oder zumindest mit höherer Wahrscheinlichkeit als sein Eigen annehmen können.

297

Die Gefahr der Phrasendrescher

In einem sozialen Medium wurde ich zu einem Kommentar bewegt. Der Autor, ein Professor, hatte aus seiner Studienzeit erzählt, wie er seinen Professor für dies und das bewunderte und was dieser seinen Studenten und auch ihm mitgegeben habe. Der Herr listete mehrere Punkte dessen Denkens auf (die offenbar auch in einem Buch und Meisterwerk enthalten waren), um knackig zusammen zu fassen, um was es ginge. Es ging um Kommunikation und gelingende Gemeinsamkeit, Gespräche und das Belassen der Unterschiedlichkeit, die an uns Menschen haftet. Ich schrieb also meinen Eindruck, wie folgt:

„Vielen Dank. Das kann ich gut nachvollziehen, ein konstruktiver Versuch das dialogisch menschlich Mögliche zu verwirklichen. Um zu einem Verstehen zu kommen. Das unterstütze ich und ersuche selbst alltäglich zu verwirklichen. Bei Ihren oben genannten Punkten finde ich lediglich manche Formulierung für mich nicht stimmig, doch ich meine den Kern erfasst zu haben. Wenn es aber um Rezepte ginge, wie Gespräch, Kommunikation und Gesellschaft gelingen sollten, dann würde ich das kritisch sehen. Einen Abriss über wesentliche Punkte des Schaffens einer Persönlichkeit zu geben, birgt immer die Gefahr, dass am Ende Steigbügelhalter für ankommende Phrasendrescher übrig bleiben, die wir ja eigentlich überwinden wollen und in ihre Grenzen setzen. Aber ich glaube, Sie wissen das."

Er antwortete kurz darauf mit einem „Gefällt mir"-Klick. Denn, da es die Zeit war, hatte ich den Kommentar geschlossen mit: „Frohe Weihnachten, wenn Ihnen das etwas bedeuten sollte."

298
Eine widerständige Täuschung

Es entspräche einer widerständigen Täuschung, zu glauben, wer auf die psychologischen Schatten der Menschenwesen aufmerksam macht, sei respektlos und unverschämt. Schließlich stellt es ein Anliegen des modernen Menschen dar, der Wirklichkeit verständig auf den Grund zu gehen. Die Haltung der Erkenntnissuche darf dabei nicht mit der unguten Attitüde der Schuldbezichtigung verwechselt werden. Ersterer liegt nicht das Strafen am Herzen, sondern das Verstehen.

Wer sich also voreilig dazu hinreißen ließe und sich empörte über die Darlegung menschlicher Schatten, wird an einem inneren Widerstand Opfer davon geworden sein. Er wird leider ungerecht werten und agieren und zu Aggressionen und seinerseits zu Schuldbezichtigungen neigen, weil der Widerstand, den er nicht klar sieht, ein Schmerz ist, den er abzuwehren sucht. Aber die Darlegung der Schatten verursacht nicht den Schmerz, sondern spiegelt die damit verbundene Wahrheit, weshalb er auch diese abzuwehren tendiert, da der Schmerz eine Verschlossenheit bewirkt, die ihrerseits die Wahrheit und Wirklichkeit erstickt.

Das ist auf dem Wege der Wahrhaftigkeit zu finden, das prägt die Hindernisse auf dem Weg der Wahrheit über die Schatten des Menschen und seiner Leiden.

Wem die Gefahren bewusst sind, wird dennoch weiter gehen wollen, denn wieso sollte der Wahrhaftige sich von den Widerständen anderer einschüchtern lassen? Wieso sollte er zulassen, dass die Leiden der Welt blieben und sich zum Sieger der Einschüchterung küren dürften? Schließlich will der Wahrhaftige die Leiden lindern und ihre Widerstände befreien helfen, zu klären suchen und aufrichtig, im Mitgefühl mit ihnen, trösten und sich kümmern um das Unglück. Ein Stopp seiner Kommunikation und Angebote der Vermittlung von Wahrheit und Wirklichkeit kommt für ihn oder sie nicht in Frage. Er wird also nicht in die Vermeidung gehen oder ins kontinuierliche Beschweigen, sondern auch durch die Leidenschaft der Fragen-Möglichkeiten eine Aufmerksamkeit zu erzeugen suchen, die sich für Erkenntnis erwärmen könnte. Damit die Leiden lindernd zu bewältigen sind und die Chance für tieferes und verlässlicheres Glück erhöht ist.

Die Wahrheit kann nicht erzwungen werden, die Freiheit nicht befohlen und die Liebe nicht verordnet werden.

Die Widerständigen aber tendieren genau dazu. Daher auch kann und wird der Wahrhaftige sich nicht durch solche davon abbringen lassen über das Licht und die Schatten zu sprechen. Seine Kommunikation, in Wort und Schrift, wird manche aufhorchen lassen und ins Interesse führen, andere werden eingeschüchtert werden und sich fürchten, obwohl dazu kein Grund besteht. Es ist die Furcht der Grund, der verhindert, dass die Wahrheit und Wirklichkeit erkannt und von Herzen angenommen werden. Doch die Furcht hat Gründe, die zu beleuchten sind. Und daher darf es nicht ausbleiben sie zu beleuchten, darüber zu sprechen und zu schreiben, um auch ihre Wahrheit und Wirklichkeit zu erkennen und bewusst zu machen.

Wer diese Schatten ignorierte, leugnete die Gründe für das Leid, die Aggressionen und die Kriege in der menschlichen Welt. Wer also den Frieden und die Liebe unter den Menschen helfen will zu verbreiten und ins Verständnis zu bringen, der muss sich mit auf diesen Weg der Beleuchtung setzen, um den Schatten Licht zu geben. Aber nicht um sie in den Mittelpunkt der Aufmerksamkeit zu rücken und sie zu feiern, wie einen Popstar im Rampenlicht. Das wäre ja selbst bereits ein Ausdruck der Schatten und Widerstände vor dem eigenen Leben zu flüchten und das seltene Andere zu verehren und anzubeten, reich zu machen – und doch arm zu bleiben, suchend, verzweifelt, latent unzufrieden, jammernd, klagend und nur selten freuend – und dann nur begeistert andere anbeten könnend.

Der Weg für das wirklich Eigene, das eigene Glück, die eigene Authentizität und Wahrhaftigkeit, liegt woanders, wobei der Popstar und andere Seltene, die Funktion erfüllen, den Menschen an sein Noch-nicht-gefunden-Sein zu erinnern, das der Popstar bereits gefunden haben kann, was aber nicht sicher ist. Denn es scheint nur so, dass Talent und Fleiß, Erfolg und Schönheit, den Eindruck von diesem erwecken. Er wird aber als solcher Motivator auf die noch nicht Gefundenen wirken. Die Frage nur ist, wem von diesen Noch-nicht-Gefundenen dies bewusst ist. Denn wenn sie in der Anbetung bleiben, werden sie nicht zum Eigenen finden. Dies liegt woanders zu finden. Bei Zeit wird dann aus den schattenhaften Anbetungen ein authentisch erfahrener und geäußerter Respekt. Aber nicht lediglich den seltenen Talenten gegenüber, sondern gegenüber vielen Lebenswegen und Verwirklichungen, die Authentizität und Wahrhaftigkeit spiegeln und erkennen lassen.

Doch wer bei der widerständigen Abwehr authentischer Äußerungen von Schatten und dunklen Dynamiken verhaftet bliebe, wäre auch nie dazu in der Lage dorthin zu gelangen, wo die Entdeckung des Eigenen den Respekt für andere, in dem genannten Sinne, ermöglichen und fördern würde. Die Wahrhaftigkeit, die sich den Schatten widmet und dem Glanz und Leuchten, wird menschlich weiter gelangen als die Widerständigen, die sich an sich selbst und der Wahrheit und Wirklichkeit täuschen. Das ist beobachtbar und deutlich. Besonders, wenn verstanden ist, was unter „weiter gelangen" zu verstehen ist. Nämlich nicht der große gesellschaftliche, politische oder kulturelle Erfolg und das damit verbundene hohe Geldvermögen – sondern der menschliche Gewinn an Wahrheit und Wahrhaftigkeit, Authentizität und ja, der Fähigkeit zu Liebe *und* Erkenntnis.

299
Einstein-KI-Simulation

Ein in der Öffentlichkeit stehender Kolumnist berichtete in einem sozialen Medium über ein Projekt, dass er mit anderen verwirklicht hatte. Es ging um ein Interview mit Albert Einstein. Sie fütterten eine KI mit Einsteindaten (Dauer 2 Stunden), stellten der KI Fragen (also befragten den Einstein darin) und modulierten Einsteins Stimme aus den überlieferten Tonträgern, nahmen technische Korrekturen vor und stellten einen Podcast mit dem Interview dem sozialen Medium zur Verfügung. Ich sah mich zu folgendem Kommentar veranlasst:

„Der Kitzel der Herausforderung mit der Vergangenheit zu sprechen und die Toten zum Leben zu erwecken, spielte dabei wohl eine psychologische, aber auch entdeckerfreudige Rolle. Ich kann mir aber nicht vorstellen, dass hier etwas entdeckerartig Neues dabei herauskommt, im Sinne einer neuen Entdeckung Einsteins oder gar verlässliche Weisheit. Schließlich liegen Jahrzehnte dazwischen. Denn es scheint doch das Futter für die KI lediglich – und immer und ewig – aus der Vergangenheit zu stammen, die bekanntlich begrenzt ist. Was bedeutet, dass es das schöpferische Moment der Einsicht in neue Erkenntnisse nicht geben kann und der kreative Impuls sich lediglich aus den vergangenen und aufgezeichneten Worten der Toten speist. Wenn allerdings Ereignisse und Worte aus der Zeit nach dem Tod des Toten als Futter verwendet würden, hätte man keinen reinen KI-Einstein mehr und bewegte sich in einer Melange aus KI-Zufalls-Ergebnissen, die von den Algorithmen der KI erzeugt würden – und eben nicht von einem schöpferisch-lebendigen Impuls echter Intuition, wie Einstein (und andere) sie hatte. Ich lasse mich gerne lehren, aber dieses Projekt taugt wohl im Moment nur als frappierende Unterhaltung mit Schmunzel-Faktor. Verlässliche Experten sind anders."

Hier war die Begrenzung der Zeichenzahl erreicht und ich musste enden. Es schien also einmal wieder der Spielcharakter der neuesten Techniken die Menschen zu begeistern. Gleich darauf fanden sich auch Leute, die begeistert waren von der Idee, die sie irgendwie hoch stilisierten und schon als zukünftige Möglichkeit betrachteten Fortschritt zu erzielen. So klang ihre Begeisterung, wie eine Erleichterung, dass jetzt etwas Erlösendes gefunden sei. Wer glaubt Fortschritt und Erlösung könnten aus der Vergangenheit generiert werden, der irrt gewaltig. Die Toten sind tot, die Vergangenheit vergangen. Und Einstein nur ein Bild, Ton und Zeichengeber, aus diesem längst vergangenen Zeitabschnitt. Nichts macht hier lebendig, außer die schwere, aufwändige, intelligente und gnadenhafte Bewältigung der Erkenntnisse und Gedanken, die von Einstein übermittelt sind. Wer die Vergangenheit wiederbelebt, belebt die Toten, die sich nicht wehren können. Dies scheint eine andere Variante von der eitlen Vorstellung mancher Menschen zu sein, den Tod überwinden zu können. Und es besteht wieder einmal der Verdacht, das ihnen die Bescheidenheit und Demut mangelt oder ganz zu fehlen scheint.

300
Die perfekten Menschen

Die perfekten Menschen wird es wohl nach wie vor nicht geben. Ich fürchte, das dauert noch.

Bis es soweit ist, müssen wir Menschen uns wohl damit zu arrangieren suchen, dass es sie noch nicht gibt, die Perfekten. Jene also, die alles richtig machen – und zwar immer und verlässlich. Jene, denen man gerne zuhört, weil sie immer Wichtiges, Richtiges und Wahres von sich geben – das uns dann auch immer interessiert, wenn sie zu sprechen beginnen. Jene also, die immer den richtigen Zeitpunkt für ihre Äußerungen kennen – und die Schweigen, wenn sie schweigen sollen. Jene also, die sich einbringen, wenn sie es sollen – und die sich heraushalten, wenn sie es müssen und es uns nicht recht wäre. Jene also, die weder brav, noch rebellisch sind, die weder frech sind, noch sich anbiedern, die immer freundlich sind, aber nicht übertrieben und künstlich, sondern aus dem Herzen heraus – die also authentisch sind und sich doch nicht unangenehm hervortun wollen, die bescheiden sind und zuvorkommend. Jene, die also fleißig arbeiten und erfolgreich sind, an denen man gerne hochschaut und sich anlehnen kann – die aber auch immer Zeit für uns haben, wenn wir sie mit ihnen verbringen möchten. Jene, die uns nicht kritisieren, sondern die uns lassen, wie wir sind, die alles tolerieren und alles erdulden, was ihnen geschehen sollte. Jene also, die nie unhöflich sind, nie unfreundlich, nie ungehalten, nie emotionalisiert und nie launisch – die uns also nie verletzen und nie irritieren. Auch jene natürlich, die unsere Fehler verzeihen können und darüber hinwegsehen, die unser Vorbild sind und daher auch unser bester Freund.

Diese Perfekten sind also so zu denken, wie nicht wenige sich das für sich selbst denken, wenn ihnen der Ärger schwillt über einen anderen, der sie gerade nervt und den sie gerade nicht dulden können, weil er oder sie offenbar nicht dem geheimen und unbewussten Bild des perfekten Menschen entspricht. Der also gerade nicht so ist, wie sie selbst. Nämlich perfekt. Nicht wahr?

Ist das nicht der Grund, warum die meisten Menschen sich ärgern über andere? Dass sie nicht so sind, wie sie sich das gerne denken, wie sie das gerade wollen? Dass sie selbst also nicht in dem eben genannten Sinne immer perfekt sind? Wieso ärgern sie sich denn dann? Aus welchem Grunde? Wenn der oder die andere für sie perfekt wäre, würden sie sich nicht über ihn oder sie ärgern müssen und sie könnten in Frieden leben. Aber so kommen diese unperfekten Störenfriede ihnen immer ungelegen, immer nervend und reizen sie zuweilen bis aufs Blut. Warum nur haben diese Leute solch ein Bild des perfekten Menschen im Sinn? Und ärgern sich über die Unperfekten, die sie provozieren, die sie kritisieren, die sie anhalten ein perfekter Mensch zu sein? Was sie dann selbst doch nicht zu sein scheinen und einen Anspruch ärgerlich an die Welt herantragen, den sie selbst nicht erfüllen. Warum also ist dieser Widerspruch in ihnen? Den perfekten Menschen zu erwarten? Und selbst noch nicht perfekt zu sein? Denn wenn sie dieser Attitüde nicht gehorchen würden, würden sie sich nicht ärgern müssen. Oder woher stammte sonst dieser unperfekte Ärger über andere Menschen und deren Worte und Anwesenheit?

Wir Menschen können nicht alleine leben, wir brauchen Gesellschaft, selbst Robinson Cruso bekam einen Gefährten, im Roman. Zu zweit lässt es sich doch besser gegen die Menschenfresser in der Welt leben, um sich vor den Unperfekten besser schützen zu können. Gemeinsam sind wir stark. Der Freund ist immer der Perfekte. Zumindest eine gewisse Zeit. Nach einer Weile oder ein paar Jahren, schleicht sich das Unperfekte in die Beziehung. Warum nur? Ist es das Gefühl und der Eindruck, der andere müsse uns zu Diensten sein und stets unsere Wünsche von den Lippen ablesen können? Weil wir sie uns selbst nicht erfüllen können? Weil wir auf andere angewiesen sind und alleine nicht wirklich glücklich sind – auf Dauer? Dass wir also nicht nur so oberflächlich einen Gefährten oder eine Gefährtin benötigen, sondern tief in unserem Herzen und unserer Seele stets noch etwas unvollständig sind, uns stets noch etwas unperfekt fühlen?

Eigentlich ist das eine gute Nachricht, wenn sie stetig, perfekt bewusst wäre. Aber das ist sie nicht. Denn mit dieser Erkenntnis kommt die Demut ins Spiel des Lebens der Beziehungen. Jene Zurückhaltung, die aus der Selbsterkenntnis des gewordenen Lebens entspringt, jene Bescheidenheit, die nicht dazu neigt, regelhaft zu fordern und zu klagen, zu beschuldigen und zu kämpfen, zu rechten und zu richten. Wer das Leben zum Kampf erklärt, erklärt unbescheiden und mit der Hybris des Aggressiven die Welt des Menschen für unperfekt und sucht durch Kampf und Krieg den Zustand der perfekten Welt der perfekten Menschen zu erwirken. Er sieht sich selbst also bereits als perfekten Menschen an und meint das Recht zu besitzen, mit Gewalt die Welt verbessern zu können. Das scheint der unperfekte Widerspruch einer Attitüde zu sein, die sich selbst nicht annehmen kann in seiner Unperfektheit, dem es also an Demut und Menschlichkeit mangelt. Zur Menschlichkeit scheint zu gehören, die eigene Unperfektheit angenommen zu haben und das Unperfekte der Menschen nicht beschuldigend, beklagend und bekämpfend an den Pranger der Selbstgerechtigkeit stellen zu wollen. Das ist das Unperfekte, das den Kampf und Krieg provoziert, weil es irrig glaubt bereits selbst perfekt zu sein. Das Perfekte scheint aber eher auf dem Weg zur Menschlichkeit zu liegen, auf dem Weg des Friedens, der das eigene Unperfekte gewahrt, erkennt und zu vermeiden sucht. Eben weil der Mensch – in Richtung – Perfektsein strebt. Aber nicht über den Widerspruch, der annimmt, selbst bereits perfekt zu sein, um die Welt damit zwingen zu können, so zu sein, wie man selbst. Das funktioniert so nicht. Das ist das Unperfekte, das wir annehmen müssten, doch das wir zuweilen nicht annehmen können, weil es uns bedroht, wenn es überhand nimmt und zu nahe an uns heran.

Der Mensch strebt nach technischen Verbesserungen, er strebt nach menschlichen Verbesserungen, nach der Entfaltung und Entwicklung der inneren Liebe, nach der menschlichen Vervollkommnung für einen ersehnten Ewigen Frieden. Aber das perfekte Ziel ist wohl noch lange nicht erreicht, weil wir die Macht über den perfekten Augenblick nicht besitzen und es immer eine zufällige Komponente der Unsicherheit gibt, die das Unperfekte zu nahe an uns heran bringt und wir daher durch das Feuer der Unperfekten selbst zur Unperfektion angefacht werden. Wir können anscheinend nur üben unserer Unperfektheit immer öfter gewahr zu werden, um sie dann, situativ, augenblicklich zu meiden.

301
Über die Wahrheit der Lüge

Es scheint nur die Wahrheit zu geben, denn auch eine Lüge ist eine Wahrheit, eine Realität, die ihren Grund und Hintergrund besitzt, ihre verborgene Wahrheit, die sie sein lässt, was sie ist, eine Lüge.

Denn die Lüge ist eine kausale Folge von Wahrheit, sei es eine schmerzliche oder der Wahrheit einer Unachtsamkeit, die nicht achtsam sein konnte, die noch nicht erfahren genug sein konnte, noch nicht wissend genug und noch nicht weise genug, die Wahrheit – und nicht die Lüge – zu äußern. Denn es gibt nur die Wahrheit. Dass wir Menschen auch Lüge kennen, heißt nicht, dass es zwei Dinge davon gäbe, hier Lüge, dort Wahrheit. Der Mangel an Fähigkeit die Wahrheit dauernd zu erkennen, lässt die Lüge erscheinen. Die Lüge ist also die Folge eines Mangels. Und dieser Mangel kann allmählich beseitigt werden. Von diesem Hunger nach Wahrheit will der Mensch gesättigt werden. Dies ist sein Bedürfnis. Dies ist sein Anliegen. Dies ist seine Sehnsucht.

Wenn wir dieser andauernden Wahrheit achtsamer auf den Grund gehen würden, würden wir nicht an den Lügen verzweifeln oder andere damit zu Grunde richten können. Denn die andauernde Wahrheit kann entdeckt werden, sie ist da, teilweise offensichtlich, teilweise verborgen. Die verborgenen Wahrheiten sind keine absoluten Geheimnisse, obwohl es Fragen gibt auf die keine Antworten möglich sind. Was ich meine, ist etwas anderes. Es geht darum dem wertenden Charakter des raschen Denkens und Reflexes zu werten und abzuwerten zu entkommen, indem wir durch Energieeinsatz, Achtsamkeit und verstehendes Vermögen selbst und gerade in den Lügen die dort spezifisch befindliche Wahrheit oder Wahrheiten zu entdecken versuchen. Denn da die meisten Menschen dies nicht tun, werden sie eine Trennung zwischen Lüge und Wahrheit errichten oder zwischen dem, was sie für Lüge und Wahrheit halten. Wer dagegen die Lüge zunächst als Lüge erkennt, hat immer die Chance die darin enthaltene Wahrheit zu entdecken, und er wird im Falle des Erfolges mit einem Frieden belohnt und nicht mit den Emotionen des

Kampfes und Kriegsgetrommel oder der Beschuldigung.

Wer die Wahrheit der Lüge schaut, kann ruhig und friedlich bleiben, er wird handeln und Dinge tun müssen, die den aus der Lüge resultierenden und möglichen Schaden so gering wie möglich zu halten versucht, er wird aufklären und die Wahrheit der Lüge erläutern. Es ist hierbei aber nachrangig ob er von anderen verstanden werden wird, denn wenn diese anderen in einer selbstgerechten Abwertung der als Lüge wahrgenommenen Realität verhaftet blieben, kann der eine, der die Wahrheit der Lüge erläutert, bei ihnen nichts erreichen, da solche Menschen in einer Hurra-Haltung die Schuld und die Verwerflichkeit dem Lügner anzuheften suchen, sie suchen ihn zu bestrafen und zu belehren, zurecht zu weisen und zu bekämpfen. Dies ändert sich, wenn die Kraft und das Vermögen vorhanden sind, die Wahrheit der Lüge zu erkennen, den Hintergrund der Lüge zu schauen und ein Verstehen zu finden, das nicht nach Entschuldigung ruft, nicht zur Verzeihung auffordert, sondern Erkenntnis findet, ausspricht und vermittelt.

Denn Erkenntnis ist mit einer grundlegend anderen inneren Geistes- und Herzenshaltung verwoben, als es die Attitüde der Schuldbezichtigung, des Aufrufs zur Entschuldigung oder der Anregung zu verzeihen beinhalten. Denn Erkenntnis ist freier, tiefer, friedlicher, liebender und daher menschlicher als die feindselige Schuldbezichtigung, die beschwichtigende Entschuldigung oder die naive Verzeihung. Das Beschuldigen, Entschuldigen und Verzeihen sind ihrerseits aufsteigend auf eine Rangfolge der Bewältigung von Lüge zu finden. In einem noch weiter oben befindlichen Bereich findet sich das Erkennen der Wahrheit, sowohl das Erkennen der Wahrheit der Lüge, als auch das Erkennen des Beschuldigens, Entschuldigen und Verzeihens.

Das Erkennen der Wahrheit der Lüge und deren illusionären Abwehr (Beschuldigen, Entschuldigen und Verzeihen) bricht nicht, wie diese, den Kontakt zur Wahrheit ab und kann daher mit Klarheit sagen, dass die Wahrheit ungeteilt ist und ungebrochen, dass die Erkenntnis der Wahrheit der Lüge, keine Trennung und Spaltung einführt zwischen Lüge und Wahrheit. Was natürlich nicht bedeutet, dass die Lüge zur Wahrheit würde. Es findet keine Vereinnahmung der Lüge statt, sie bleibt eine Lüge und wird als Lüge gesehen. Aber die Wahrheit kommt hinzu und lässt die moralische oder pseudo-moralische Wertung und Abwertung nicht zu, sondern dringt in das Verständnis ein, das sie erfordert. Sie lässt die Lüge nicht ungeschehen und ungeahndet, aber sie fügt der Lüge Erkenntnis und daher Wahrheit hinzu, die mit ihr immanent verwoben ist. Und erfindet keine neue Wahrheit, sondern spricht die Wahrheit der in der Lüge enthaltenen Hintergründe aus. Dies ist wirklich etwas ganz anderes, als es die Schuld, die Entschuldigung oder das Verzeihen, in der Lage sind zu tun.

Denn die bezichtigende Schuld glaubt nur an die Lüge (was zu Aberglauben, Missdeutungen und Missbrauch führen kann); die geforderte Entschuldigung belässt die Lüge unverstanden (was zum auf Macht orientierten Ritus der illusionären Absolution führen wird); und die einseitige Anregung zu Verzeihen sorgt für das naive Gefühl, dass es damit erledigt wäre (was die Unachtsamkeit belässt, die in der Lüge enthalten war und nicht bewusst macht, was geschehen ist).

Wer die Wahrheit der Lüge erkennt, wird sie nicht verhindert haben können, aber er wird sein Bewusstsein schärfen können, ihr das nächste Mal nicht zum Opfer zu werden. Zumindest wird die Wahrscheinlichkeit erhöht, dass es ihm gelingt die Lüge rechtzeitig zu erkennen.

302
Das Fass der Klage in Beziehung

Es kommt vor, dass ein Mensch mit einem anderen Menschen schon längere Zeit verbunden ist und er die menschlichen Widerstände des gewöhnlichen Beziehungsgeschehens des anderen erträgt, duldet und daher den anderen trägt und annimmt –, und der andere aber in gerade diesem Umstand des durch den anderen getragen und mitgetragen Werdens, nun seinerseits den ersteren irgendwann nicht mehr mittragen und ertragen kann. Die Tragekraft des Zweiten hat sich erschöpft und die stille Duldung des Zweiten durch den Ersten, kann den Zweiten zu der irrigen Annahme verleiten, dass er sich weniger schwer Erträgliches geleistet haben wird und er daher die Last einseitig auf seiner Seite sieht, weshalb er zu einem Schlussstrich der Beziehung kommen könnte.

In Wahrheit ist es das stille Erdulden des Zweiten durch den Ersten über lange Strecken, das zu würdigen wäre, nämlich die Kraft der Menschlichkeit nicht wegen irritierenden Kleinigkeiten jedes Mal die Beziehung in Frage zu stellen. Denn dies heißt den anderen Tragen und Ertragen: Dass ich still erdulde, was mich zuweilen an ihm stört, indem ich ihm die Freiheit gebe, der sein zu können, der er ist oder sein will und nicht anders kann, als der zu sein, der er ist. Und nicht wegen jeder persönlichen Irritation das Fass der Klage aufzumachen und in die Vorwurfhaltung und Zurechtweisung zu gehen. Der Zweite wird aber zum Ausdruck bringen müssen, was ihn stört, anstatt die Kraft zur Duldung aufzubringen, zu tragen und zu ertragen.

Es wird sich herausstellen, dass gerade Menschen in Beziehung, die grundlegend mit sich selbst nicht zufrieden sind und sich selbst in einer Tätigkeit noch nicht erfüllend gefunden haben, dazu neigen, gerade den anderen auch darin nicht mittragen zu können und zu wollen. Wie wenn ein Neid und eine Missgunst vorhanden wären, die es dem Zweiten nicht ermöglicht den Ersten in seinem erfüllenden Tätigsein anzunehmen. Wer seine Rolle im gesellschaftlichen Leben noch nicht gefunden hat, wird auch dazu tendieren die Rollen anderer, die sich dort schon gefunden haben, nicht anerkennen und annehmen zu können.

303

Weihnachtsoratorium:
„Uns ist ein Kind geboren"

Dieser Satz spendet Hoffnung für die Menschen. Doch sie brauchen nicht nur Geduld, damit das Kind erwachsen wird, nicht nur Glaube. Man könnte diesen Satz auch leicht verunstalten, wenn wir von Hoffnungslosigkeit, Abwertungswille und Kritikkälte geprägt wären. Wer aber eine reife und nicht mehr naive Hoffnung sein Eigen nennen kann, der wird in diesem Bild des Kindes die ganze Menschheit erkennen, ihre frohe Entwicklungschance, ihre junge Bewusstheit, ihre zarte Verletzlichkeit, ihre kindliche Unreife, ihre Hilfebedürftigkeit, ihr Entzücken und ihre Schönheit. Denn so wirkt das neugeborene Kind auf die meisten Menschen. Und wie wäre es anders zu verstehen, als dass der Mensch diesem schönen Entzücken entspricht? Denn dieses Entzücken scheint verloren zu gehen, wenn das Kind älter wird, jugendlich erblüht und erwachsen wird. Heute nennt man es die Egoentwicklung, die uns das schöne Entzücken vergessen lässt und glauben lässt, die Realität hätte sich nun geändert. Warum vergessen wir das Bild des Kindes? Das Bild einer Menschheit, die verletzlich ist, hilfebedürftig, unreif, unbewusst? Die

Entwicklungschance ist stetig vorhanden, es findet sogar stetig Entwicklung statt. Und die Schönheit in der Kunst und Musik spricht auch für dieses Bild. Und diese Kunst und Musik stammt meist von schon Erwachsenen, selten auch von Heranwachsenden. Warum aber geht das Bild des Kindes verloren? Und damit unser Entzücken an der Menschheit und am Nächsten? Am Dasein selbst? An unseren Chancen zu werden, was wir sind? Warum?

Manche würden sagen, wir müssten das Kind ins uns wiederentdecken. Das würde es aber für mich nicht treffen. Denn das assoziierte die eigene Kindheit und die Unreife, Unbewusstheit, Hilfebedürftigkeit und Verletzlichkeit. Wir werden erwachsen und es sind nun wir selbst, die zu Reife kommen müssen, zu mehr Bewusstheit, die der Menschheit helfen sollten und die auf Verletzungen anderer zu verzichten haben. Warum gelingt es oftmals noch nicht? Hier gibt es keine einfache Antwort, denn sonst gäbe es nicht die Religionen der Welt, die in ähnlicher Form dasselbe fragen, nur mit anderen Bildern. Und es gäbe nicht die Philosophie und die Psychologie, die hier unterstützend mithelfen möchte das Kind erwachsen werden zu lassen. Die Menschheit muss – aus einer intrinsischen Bewegung heraus – erwachsen werden, und das obige Zitat und Bild aus dem Christentum gilt für die ganze Menschheit, was aber nicht und nimmer bedeutet, dass es das einzige Bild sei, das Gültigkeit besäße. Die anderen Religionen und die Erkenntnisse aus den Disziplinen der Philosophie und Psychologie und anderer erkenntnistheoretischer Praxis, verfolgen, nach meinem Verständnis, dasselbe Ziel: die Menschheit reifer und erwachsener zu machen und sie mit Erkenntnissen zu versorgen, die dieser Realität der uns allen gewordenen Entwicklung Rechnung trägt.

Wer sich verschließen sollte und für nur dieses eine Bild oder sonst ein anderes und einziges Bild schwärmen sollte, verfehlte die Vielfalt der Erkenntnisse und innerlichen Erfahrungen und würde die Menschheit in bruchstückhafter Eigenheit nicht voll und ganz würdigen können und damit würde ihm der Respekt mangeln, den dieses und zahlreiche andere Bilder der ganzen Menschheit anempfiehlt. Denn die Vielfalt der Bilder weisen alle in dieselbe Richtung: Ein ganzer, erwachsener Mensch zu sein und immer mehr zu werden, der durch das Entzücken an der Schönheit des Neuen im Augenblick die Freude des lebenslang Ewigen findet.

304
KI-Bilder – Vierter Versuch

Es sind inzwischen sieben Monate vergangen seit denen ich eine kurze Zeit lang mit einer Gedichtzeile von mir eine KI-Bilderzeugung gefüttert hatte und gespannt war, was ansprechendes herauskommen konnte (siehe die Kommentare 3, 4 und 11 auf den Seiten 5, 7 und 16). Nun hatte ich mit demselben Text das dritte Mal Ergebnisse erzielt und einige Vorschläge an Bildern für diesen einen Text erhalten. Nach sieben Monaten war die Bildgestaltung nicht mehr mit den vorangegangenen Versuchen zu vergleichen, es waren nun nicht mehr nur eine Person darauf zu erkennen, sondern eine ganze Versammlung an Personen. Der Charakter der „Interpretation" durch die KI hatte sich gewandelt und ist von individueller Auslegung zu kollektiver gewechselt. Das Metaphorische der ersten Bilder und gewiss Schlichte, aber ästhetisch Ansprechende in ihnen, war einer Art Überladung der Bildkomposition gewichen und die Bildergebnisse schienen mehr Grafik, Ansammlung und Darstellung zu sein, als künstlerische Eleganz und Klarheit. Daher konnte ich bei diesen nun erzeugten Bildern keines erkennen, das mich irgendwie ansprach, sie schienen durch die informationelle Überladung der Bildkomposition vielmehr „kopf-gesteuert" und „gewollt" erzeugt worden zu sein. So, wie wenn ein Künstler entschieden hätte, er gestalte seine Bilder nun mit einer anderen führenden Idee, die er zum Ausdruck bringen wollte, die aber mehr Schema darstellte als Bild, mehr Erklärung als Anschauung. Es war offenbar nicht möglich ähnliche Bilder, wie vor sieben Monaten sich ausgeben zu lassen, zumindest war meine Kenntnis der Bedienung der KI-Eingabeaufforderung nicht hinreichend geschult und erfahren. Dieselbe Strophe des Gedichts hatte an sich etwas wesentlich Verschiedenes erzeugt. Und wenn Pablo Picasso recht hat, „kann man vom selben Thema hundert verschiedene Bilder malen." In diesem Sinne war der KI daher ein gewisser Variationswille zuzuerkennen. Und wenn die Weisheit stimmt, dass „man nicht zweimal in denselben Fluss steigen kann", dann war hier eine ordentliche Portion an Hintergrundprogrammierung wohl vorgenommen worden, die von den KI-Freaks sicher als Lernfähigkeit und Entwicklung gedeutet werden würde, wie beim sich entwickelnden Menschen eben, der sich stetig weiter entwickelt und im Grunde nie dieselbe Person ist, wie gestern.

305
Über die Wirklichkeiten und Wahrheiten
in der Welt

Es scheint immer wieder dasselbe mit der Mehrheit der Welt und der Menschen zu sein, durch all die Jahrhunderte hindurch: Dass sie einer Weigerung gehorcht sich der Wirklichkeit der Wahrheit zu widmen.

Dieser Eindruck kann erlangt werden, wenn wir in die griechische Philosophie schauen und das große Exempel des städtischen Athen an dem Prototyp des Philosophen Sokrates betrachten. Er wurde zum Tode verurteilt, weil er sich um die Wahrheit und Erkenntnis bemühte. Und zahlreiche weitere Beispiele sind durch die Jahrtausende überliefert, was sicherlich nicht alles spiegelt, aber zumindest eine gewisse Grundtendenz. Und heute? Sind wir heute in der wissenschaftlichen Moderne bereits fortgeschritten und weiter entwickelt? Hat sich die Grundtendenz erübrigt? Ist sie verschwunden und leben wir bereits in einer wahrhaftigen Welt? Einer Welt, die sich der Wahrheit und Wirklichkeit widmet?

Wenn ich sage Nein, dann ist damit in der Folge kein Vorwurf verbunden, sondern die Aufforderung sich den Wahrheiten und Wirklichkeiten dieses Daseins nun zu widmen. Und ich meine damit nicht lediglich die Widmung der kognitiven, intellektuellen Wahrheiten, sondern ergänzend eigentlich mehr die Frage: Wie kann es für uns Menschen möglich werden, ein friedliches, liebendes, erfüllendes und die Naturgrundlagen schützendes Leben, im Einklang mit Mensch, Tier, Natur und dem ewigen Augenblick, zu erlangen? Meine Antwort darauf ist nicht einsilbig und nicht monochrom. Sie kann nicht mit einem Satz beantwortet werden oder mit fünf. Denn diese Unternehmung scheint eine stetig herausfordernde zu sein, denn neben der Pflicht gibt es diese herausfordernde Kür der Wirklichkeiten und Wahrheiten auf den Grund zu gehen. Und wir müssen dabei ebenso stetig auf der Hut sein, unseren Voreingenommenheiten, unseren Widerständen und unseren Irrtümern nicht aufzusitzen und uns in der Täuschung von anderen ermahnt oder angegriffen, ignoriert oder verachtet, zu sehen dafür. Denn dies geschieht auch, wenn wir nicht dauerhaft achtsam und aufmerksam sein sollten. Aber solches Ungute geschieht, weil die Mehrheit der Welten sich derzeit immer noch nicht den Wirklichkeiten und Wahrheiten widmet, weil sie glaubt, diese bereits zu kennen. Nicht wahr? Können wir diese Grundtendenz der Menschen nicht täglich beobachten? Wie sie richten und rechten? Wie sie jammern und klagen und meinen damit bereits ihr demokratischen Recht auf bürgerliche Kritik adäquat geäußert zu haben? Die Saat der Unterdrückung ist allgegenwärtig. Das Gift der verbalen Selbstgerechtigkeit wird ständig gespritzt. Die Eitelkeit des Wissens und der Wissenden wird ständig gefördert. Bin ich ungerecht? Täusche ich mich? Sitze ich einem fundamentalen Irrtum auf? Oder die Welt und die meisten Menschen?

Mögen viele dies lesen und ihre Reaktionen darauf betrachten. Was wird geschehen? Nicht wenige werden sich abwenden, weil sie diese Direktheit der Betrachtung von Erfahrung aus der Wirklichkeit und Wahrheit der Welt, nicht wahrhaben wollen. Und warum? Weil sie selbst dazu gehören und weil sie einem Mangel an Selbsterkenntnis aufsitzen und nicht in den Spiegel der Welt schauen und nennen, was zu nennen ist. Wie gesagt, ich sage das nicht mit der Aggression des Vorwurfs oder der Beschuldigung. Mir geht es um die Wahrheit der Wirklichkeit. Und dazu muss stetig ein Anfang gewagt werden. Wenn wir nicht beginnen nach der Wahrheit der Wirklichkeit zu schauen, werden wir uns nicht, wie gewünscht, weiter entwickeln. Wenn wir nicht unsere Täuschungen und Irrtümer anschauen, zu entdecken suchen, was es zu entdecken gibt, wird die Welt so bleiben, wie sie ist. Die Reformer, Revolutionäre, Populisten, Diktatoren, sie alle werden die Mehrheit der Welt zu täuschen wissen und daher die Lüge in der Welt belassen.

Daher musst du jetzt beginnen, da du schon so weit gekommen bist, dich weiterhin oder erstmals der Wirklichkeit der Wahrheit zu widmen und der Wahrheiten der Wirklichkeiten. Wer den Frieden für die Menschheit möchte, bedarf diesen Einsatz, bedarf dieser Leidenschaft, bedarf dieser Widmung. Es wird zuweilen ein einsames Unterfangen werden, zuweilen ein schmerzliches. Doch die Essenz der Wirklichkeit der Wahrheit wird uns finden, wenn wir dabei bleiben, wieder zurück kommen und uns nicht unterkriegen lassen. Gerade weil es das Übel und die Lüge in der Welt des Menschen gibt, bedarf es des Einsatzes für die Wahrheiten der Wirklichkeiten. Und es bedarf der Widmung und Zuneigung für die Fragen nach der Wirklichkeit der Wahrheit. Wer sich weigert, reagiert verantwortungslos.

306
Der Philosoph versus der Künstler

Der Philosoph und Weise dient den Menschen und der Welt anders, als dies die Künstler tun. Dies sollte den Menschen klar sein, wenn sie, im Falle der Philosophen, zu deren Büchern greifen oder deren Worte hören; sie unterscheiden sich zu den Worten der Schriftsteller von Romanen und meist auch zu den heutigen Dichtungen. Denn die Künstler haben mehrheitlich wohl den Anspruch schöne Werke der Öffentlichkeit anzubieten, mit denen die Menschen ihre Muße befrieden können und sich selbst, durch die Harmonien und Kompositionen, angenehm und innig fühlen können, getragen vom damit transportierten Trost und Frieden. Die Philosophen und Weisen agieren mehrheitlich wohl nicht in diesem Sinne. Denn sie verfolgen die Idee, den Menschen mit Weisheit und Selbsterkenntnis, mit Weltverständnis vertraut zu machen, in der Hoffnung, dass dadurch bei den Menschen mehr Frieden und Liebe, mehr Verständnis und Verstehen, einkehren. Der Weg über die Erkenntnis und Wahrheit daher, ist mit Widerständen und Beschwerlichkeiten verbunden, dies ist keine Party, auf der man sich dauerhaft und garantiert wohl fühlen wird, wie auf den Party der schöngeistigen Schriftsteller, die in der Betonung auf Schönheit und Wohlsein, Frieden und Freiheit, agieren. Der Philosoph und Weise, wird auch die Aufgabe verfolgen wollen, die Schatten und Widerstände, die Irrtümer und Lügen, zu befreien. Denn: „die Wahrheit befreit", heißt es schon seit einiger Zeit.

Dieser Satz ist sicherlich kein Glaubenssatz, sondern stammt aus der Erfahrung. Dieser Satz kann allerdings als Glaubenssatz missbraucht werden, wenn behauptet wird, die Wahrheit bereits zu kennen, ohne ihr wirklich demütig angesichtig geworden zu sein. Denn wer die Wahrheit schaut, trägt sie nicht vor sich her, sondern sucht sie stetig authentisch und wahrhaftig. Und wird ihr auf eine neue Weise immer wieder fündig. Er erkennt die Fallen, den Irrtum, die Lügen, die Täuschungen, die alle zur Wahrheit gehören, aber nicht Wahrheit sind.

Dieses Paradox muss daher wahrhaftig verstanden werden, denn wer es nur glaubt, wird der Wahrheit eine Fahne anhängen, eine Phrase abgewinnen und einen Kampf dafür kämpfen wollen, der seinerseits beweist, wie unwahrhaftig und irrtümlich er oder sie die Wahrheit verstanden, also missverstanden hat. Daher werden auch die schöngeistigen Schriftsteller nicht so nahe an der Wahrhaftigkeit stehen und mit ihr gehen, wie dies der kluge Weise zum Ausdruck bringt. Letzterer wird daher weniger der breiten Masse, derzeit noch, zu Diensten sein können, weil die breite Masse mehr an schöngeistigen Werken und dem durch sie möglichen Streicheln des leidenden Ego interessiert zu sein scheint. Der Philosoph und Weise wird mit klarer Erkenntnis die Mitarbeit und das Mitdenken seiner Zuhörerinnen und Zuhörer erforderlich machen, was mehr Kraftaufwand, ernsthafteres Interesse und den Mut erfordert, sich der Selbsterkenntnis zu widmen, also auch dem Weltverständnis. Was leichter gesagt ist, als getan.

Denn die Schwierigkeit die Widerstände aufzulösen, kann nicht durch das Streicheln des Ego erlangt werden, denn dieses würde sich in seinem widerständigen Agieren und Reagieren lediglich ermutigt sehen. Es geht daher um das immer wieder anzuschauende und achtsame Auflösen des Ego im Augenblick. Dazu ist Kraft, Ausdauer und Achtsamkeit erforderlich, denn das Ego ist raffiniert und geht täuschend zu Werke. Der Weise und der Philosoph stehen also vor einer schwierigeren Aufgabe, als sie den Künstlern gestellt ist. Wo der Künstler etwas ins Außen stellt, ein Bild, eine Skulptur, ein Musikstück, eine äußerliche Komposition, dort sucht der Weise und Philosoph den Menschen etwas in ihre Innerlichkeit hinein zu geben. Und in dieser Innerlichkeit warten die Widerstände, das Weh der Wunden, das Leid und die mögliche reaktive Aggression auf diese Annäherung. Es ist zu sehen, dass die Freiwilligkeit und Liberalität des philosophischen Ansatzes von großer Wichtigkeit ist, aber gleichsam auch die derzeit nicht vorhandene Einschränkung etwas Sinnvolles zu erreichen, etwas Nachhaltiges zu bewirken. Wo der Künstler der Gegenwart dienen wird, wenn auch unmittelbar erst posthum, wird der Weise und Philosoph wohl mehr auch der Zukunft dienen können, denn die Natur der beschriebenen innerlichen Situation, erfordert einen auch posthum noch zu verfolgenden Atem. Diesem sollten sich alle Beteiligten im Klaren sein. Wer von der Philosophie zu viel oder etwas anderes erwartete, wäre seinerseits wohl mehr in der Attitüde verhaftet, dass sie nicht genüge oder ungenügend agiere oder agierte. Er stünde in der Haltung der Schuldbezichtigung und suchte die Fehler bei der Philosophie und den Weisen, anstatt zu erkennen, dass die Natur der innerlichen Situation auf Freiwilligkeit zu bauen hat und nicht auf der Stärke und Güte des äußeren

Einwirkungspotenzials. Denn was von außen kommt und ins Innen reicht, darf nicht eine gewisse Intensität übersteigen, sonst gelänge die Erkenntnis nicht, die mit Wahrhaftigkeit und Freiheit verbunden ist.

Das selbständig Eigene zu finden und zu verwirklichen, ist ein Anliegen der Philosophen und Weisen, zu diesem Zwecke dienen sie den Menschen. Anteil am Schönen zu bieten und zu ermöglichen, ist das Anliegen der Künstler, zu diesem Zwecke dienen sie den Menschen. Dies sind daher grundlegend verschiedene Ansätze. Die sich aber insgesamt auch komplementär ergänzen können.

307

Von der Parteilichkeit der Menschen – und dem Paradox der Wahrheit

Wer einer gewissen Überzeugung anhaftet, der wird sich hier und da oder auch öfters, parteiisch zeigen, das heißt, er oder sie werden Partei ergreifen und einem anderen zur Seite springen, wenn dieser etwas sagt, das ihnen gelegen kommt und das sie für wahr und richtig halten, das aber jemand anderes gerade in Frage gestellt hatte. Dies geschieht in allen Ismen der Welt, in allen von Glauben, Meinung und Phrasen durchzogenen vermeintlichen Überzeugungssystemen, die sich auch den Kampf auf die Fahnen geschrieben haben.

Aber was dabei auch geschieht, ist, dass Missdeutungen, Fehlinterpretationen und Vorverurteilungen getätigt werden, um andere Menschen zu unterdrücken, auf die Seite zu drängen und zu verunglimpft. Eben weil diese anscheinend nicht auf Parteilinie denken.

Wer sich nicht der Wahrheit widmen möchte und einer Suche danach, sondern sich einem Kampf verschreibt für diese oder jene angeblich gute Sache, der wird für den Krieg rüsten, der wird im Unverständnis des Gegebenen bleiben und der wird keinen wirklich nachhaltigen Erfolg für den Frieden in der Welt erreichen.

Dies ist so, weil klar ersichtlich ist, wie Menschen dazu tendieren die Suche nach Wahrheit zu unterbinden, zu verhindern und zu bekämpfen. Eben, weil sie glauben bereits die Wahrheit gefunden zu haben.

Die Wahrheit ist aber etwas, das nicht vor sich her getragen werden kann, weil sie sich wandelt und doch sie selbst bleibt. Wiederum ein Paradox: Das Paradox der Wahrheit, die sich wandelt und doch sie selbst bleibt.

Wer kann dies schon verstehen und erkennen? Und wer macht daraus eine Phrase und wird missdeuten, worauf gedeutet wird?

In der Parteilichkeit wird die Wahrheit zum Motto, zum Slogan, zur Marschrichtung, zur Phrase. Und hört damit auf Wahrheit zu sein. Zwar kann dem gesellschaftlichen Entwicklungsgang eine gewisse gutartige Weiterentwicklung im großen Bogen attestiert werden. Doch ist diese Weiterentwicklung mehr durch die äußeren Entwicklungen der Technologien bedingt und weniger durch die innere Erkenntnis von Wahrheit, die jeweils immer nur die Entdecker und Erfinder Anteil nehmend zum Ausdruck brachten. Der große Teil der Mehrheit der Menschen nutzt dann lediglich die technologischen Produkte zu ihrem Zeitvertreib. Aber von den innerlichen Mühen der dazu nötigen Wahrheiten und Erkenntnis Anteil nehmend gewahr zu werden, hat die Mehrheit der Menschen keine Ahnung. Daher bedarf es der Philosophen und Weisen, nicht um die Mehrheit der Menschen zu Entdeckern der physikalischen noch unentdeckten Welt zu machen. Sondern um sie mit einem innerlichen Verstehen zu berühren, dass sie gegenseitig vor Irrtum im Alltag und in der Interpretation des politischen Weltgeschehens schützt. Wer das eben genannte Paradox der Wahrheit schon verstünde, ist diesem Schritt näher gekommen.

308
Von den Selbstverständlichkeiten

In welcher Welt leben wir? Welche Selbstverständlichkeiten müssten wir anschauen, um herauszufinden, in welcher Welt wir leben? Und wie werden wir wohl mit möglichem Entsetzen umgehen, wenn das, was wir erkennen, schockierend wirken könnte und uns abwenden ließe, weil es so unglaublich sein könnte, diese Wahrheiten über unsere Welt?

Das Profane und Selbstverständliche entpuppt sich manchmal als verborgener Krieg, als eine Eigenart des Menschen, die sein Kriegsbedürfnis zum Ausdruck bringt. Und er wird sich dieser Erkenntnis verweigern und Krieg gegen sie führen.

Wie ist das zum Beispiel mit dem Fußball? Oder generell dem Wettkampfsport? Ist das ein Friedensprojekt? Zehntausende und Millionen am Bildschirm, die friedlich zuschauen, wie andere sich bekämpfen? Und sich dann diebisch über einen Sieg freuen, wenn sie den Gegner bezwungen haben, ihn auf den Boden geworfen haben werden? Ihm eine Niederlage beigebracht haben und ihn demütigen auch noch der faire Verlierer sein zu müssen?

In welcher Welt leben wir? Was ist aus uns geworden? Oder genauer und vielversprechender: Was konnten wir noch nicht erreichen? Und welchen Bedingungen und Denkweisen, die wir für selbstverständlich halten, müssen wir auf ihre Grundlagen überprüfen? Um uns in eine angenehmere und friedlichere Zukunft hinein zu entwickeln?

In meinem Buch *170 Aspekte. Über die Moderne und ihre heilige Kuh* bin ich darauf ein wenig eingegangen und habe die Selbstverständlichkeit des Leistungsprinzips der Moderne auf seine Grundgedanken hin untersucht.

309
Was sollen wir mit den Narzissten tun?

Mit den Narzissten ist nicht viel anzufangen. Sie glauben an das Schlechte im Menschen und werden zu projektiven Unterstellungen neigen. Und sie meinen, durch ihre unreflektierten Meinungen schon die eine absolute Wahrheit verkündet zu haben. Nietzsche hätte sie für die Verachtung frei gegeben, wenn der Begriff des Narzissmus nicht erst ein paar Jahre nach ihm von Freud etabliert worden wäre. Aber der Narzissmus entwickelt sich weiter und wird sich durch die Zeit in verschiedenen Gewändern finden. Und vor allem: Wir sind aufgefordert ihn auch in uns selbst zu gewahren, um nicht in seine Fallen zu tappen und der Selbsttäuschung und dem damit verbundenen Widerspruch aufzusitzen. Wohl dem, der die Kraft und Weisheit dafür schon besitzt. Wer nicht, der sollte den Mut zu lernen aufbringen. Und dies erscheint mitunter schmerzlicher als vermutet und unerwarteter als gedacht. Doch eine Liebe für die Wahrheit und die Leiden der Welt, kann nicht ohne solche Erfahrungen werden.

Wenn auch mit den Narzissten nicht viel anzufangen ist, können wir sie nicht ignorieren. Doch sie dienen den Klugen als Prüfstein der eigenen Wahrhaftigkeit, denn sie müssen die Narzissten achtsam im Auge behalten, wie eine giftige Schlange, um als Ganzes am Leben zu bleiben und weiter gehen zu können. Wer auf sie tritt, kann gebissen werden und sterben. Es gibt aber kein Rezept dafür, wie wir mit ihnen umzugehen hätten, die Zeit und der Augenblick werden es zeigen.

Wenn man sie nur lehren könnte. Aber sie sind nahezu unbelehrbar, weil sie nicht zuhören und nur sich selber hören wollen. Und die dann noch andere anblaffen, dass diese ihnen nicht zuhören und nicht an ihren widersprüchlichen, engen, flachen und kleinen Gedanken Anteil nehmen. Nein, hier schiene die Hoffnungslosigkeit auf, wenn nicht schon eine grundlegende Zugewandtheit zu Leben, Mensch, Natur und Welt vorhanden wäre. Wohl dem, der seinen Narzissmus schon etwas mehr als jene bewältigt hat.

Im Narzissmus findet sich übrigens eine Gleichverteilung auf die Geschlechter, Männer und Frauen sind hiervon gleichermaßen betroffen. Mit dem Unterschied, dass Männer ablehnend aggressiv werden, wenn sie darauf angesprochen werden – und Frauen offensiv einfordern, man solle sie gefälligst so tolerieren, wie sie sind und sich nicht einbilden, man könne ihnen Vorschriften machen, was sie tun, lassen oder denken sollten. Leider mangelt also beiden Geschlechtern dieses Entwicklungsstadiums die gelassene Einsicht in sich, den anderen, die Welt und den Kósmos. So liegt bei beiderlei Geschlechtern ein latenter Narzissmus vor, zwar nicht bei allen, aber immerhin bei dem einen und anderen immer wieder ersichtlich. Nämlich als eitle Selbstbezogenheit, die aggressiv sich durchsetzen will und auf Spiegelung mit Verachtung, Hass und Gewalt reagiert – oder als eitles Toleranz-Geschwurbel, das seine nicht gare und engstirnige Denkhaltung zum gefälligst zu akzeptierenden Dogma erklärt. Ich denke, hier liegt noch viel Entwicklungspotenzial vergraben und müsste gehoben werden.

Das ist aber nicht so einfach, wie es sich hier als Anregung anhört. Denn die Narzissten verstehen es einen anderen psychisch zu vergewaltigen, wenn dieser ihnen nicht gelegen kommt oder Anstalten macht ihn ändern zu wollen. Oder wenn der Narzisst nicht bekommt was er will, dann wird er oder sie ebenso dazu neigen den anderen psychisch zu vergewaltigen und ihm Unterstellungen und Anschwärzungen um die Ohren hauen. Das Feuer, dass der Narzisst in sich trägt, der Schmerz des Verbrennens, gibt er oder sie einem anderen weiter, in dem er dieses Feuer dem anderen an den Kopf schleudert und in das Herz hinein. Dadurch besteht die Gefahr des Brandes und der Aggression auch bei solchen, die gewöhnlich zu den Friedlichsten zählen. Daher kann im Grunde mit diesem Entwicklungsstadium wenig bis gar nichts an konstruktivem Miteinander erreicht werden, lediglich Befehle wird ein solcher eventuell ausführen, müssen dann aber von solchen Menschen kommen, die von den Narzissten angebetet und kritiklos, sowie unreflektiert angenommen sind. Der Rest der Menschheit will dem Narzissten Böses oder steht bei ihm oder ihr in völligem Desinteresse.

Am Narzissmus der Menschheit wird es scheitern, wenn politisch, gesellschaftlich und kulturell, ein suizidaler Niedergang Wirklichkeit würde. Daher brauchen wir die Reifen und Rationalen, die hier schon mehr herausgewachsen und entwickelt sind, als jene. Und diese Reifen, Klugen und Rationalen müssen dann Therapeuten und spirituelle Lehrer werden. Hier bedarf er mehr an Angebot und Nachfrage, hier bedarf es mehr an öffentlicher Anerkennung. Wenn aber selbst unter dem Flaggschiff der Rationalität die Religion madig gemacht und in der Attitüde des Terriers an der Wade der Religionen agiert, dann ist gerade auch unter dieser Fahne der Narzissmus aktiv. Da sind wir also wieder beim Ausgangspunkt: Die Narzissten sind darin der Hemmschuh, die sich die feinsinnigen Gedanken und Erfahrungen einverleiben und aus klarem Wasser einen trüben Brei an eitler Selbstgefälligkeit arrangieren ohne schon verstanden und erfahren zu haben, was an Essenziellem darin zu finden ist.

Und diejenigen, die so tun, als seien sie sachlich und rational, verlieren sich in den Details von Wissen und Geschichte und lösen sich vom menschlichen Geschehen ab, das doch so unmittelbar und immer augenblicklich zu erkennen und zu erfahren ist. Aber gerade, weil die Narzissten mit projektiver Aggression (Männer) und zurechtweisender Dogmatik (Frauen) auftreten, zeigt sich in den vermeintlich rationalen Lehrern der Details von Wissen und Geschichte, eine gewisse Nachlässigkeit gegenüber dem augenblicklich zu verstehendem Geschehen und ihnen muss attestiert werden, dass sie mehr in der Vergangenheit leben als in der Gegenwart. Daher entgeht diesen Gelehrten auch die eigentliche Essenz des Menschlichen, die nämlich nicht allein im Wissen liegt, sondern in dem Vermögen in der augenblicklichen Gegenwart zu verstehen, was geschieht. Und gerade diese augenblickliche Gegenwart, die erkennt, was geschieht, ist freier von narzisstischen Bewegungen, als es ein eitles Wissensreservoir über die Details der Geschichte zum

Ausdruck bringt. Denn die Erinnerungen der Vergangenheit trügen zuweilen, aber nicht immer, den Menschen über die Güte seiner Erkenntnis. Nur in der Gegenwart ist der Mensch augenblicklich frei von dunklen und feurigen Tendenzen des Narzissmus. Und diese Gegenwart umfängt Vergangenheit und Zukunft. Die Vergangenheit liegt nur als Möglichkeit der Betrachtung in der Gegenwart enthalten. Und die Zukunft ist Jetzt. Wer mehr in der augenblicklichen Gegenwart lebt, kann aus der Vergangenheit besser lernen und wird die Zukunft besser gestalten und vorbereiten können als jene, die in den Details des Wissens und der Geschichte verloren zu gehen scheinen. Der Narzissmus hemmt hier auch die Rationalität. Denn wer sich nur Rationalität auf die Fahnen schreibt und im objektiven Feld der Wissens der Details der Geschichte und Logik agierte, der leugnet zuweilen tendenziell die subjektiven Wahrheiten des Narzissmus, die ihn auch selbst noch besetzt halten können.

Und wer von allen diesen den Begriff des Narzissmus als Kampfbegriff verwenden würde und damit missbrauchen und vereinnahmen, litte wohl selbst noch an einem Narzissmus, der verhindert, dass der Mensch sich selbst wahrhaben und liebhaben kann.

310
Was ist die Welt? Was ist das Leben?

Wer die herrschende Moderne und ihre Eigenheiten betrachtet, wird feststellen, dass sie Komfort, Sicherheit, Entwicklung und Individualismus fördert. Dies ist zunächst nicht verkehrt und nicht das Problem. Das Problem, das daraus resultiert, ist ein Selbstverständnis, das annimmt, die Welt sei ein Freizeitpark, in dem man sich vergnügen müsse. In den modernen Ländern gehen die Menschen in Urlaub, am Abend und am Wochenende geben sie sich zu Freizeitbeschäftigungen hin und meinen, so sei nun das Leben, weil die Welt es ihnen bietet und ermöglicht.

Das Leben findet aber auch noch woanders statt, zeigt sich in anderer Weise dem Menschen, die er zu vermeiden sucht, weil er dazu tendiert, zu glauben, so sei die Welt und so müsse die Welt und das Leben sein. Dieses Selbstverständnis aber wird durch den Komfort erkauft, durch die Bequemlichkeiten, durch die Freiheiten, die angeboten werden. Dies wirkt sehr verführerisch, sehr blendend und sehr vereinnahmend, sodass für Reflexion und kritische Betrachtung der darunter und dahinter liegenden Denkweisen kein Interesse besteht, kein Bedürfnis erwächst es zu ergründen und Fragen zu stellen. Ist es etwa nicht so?

In den sozialen Medien haben Profifußballer zig Millionen von Folgenden. Und philosophische Magazine oder Persönlichkeiten nur einige hundert oder tausend. Warum ist das so? Und muss es so sein? Was sagt dies über die Welt aus? Über den Hintergrund und die Grundlagen des Interesses?

Wer die auch vorhandenen Kriege betrachtet, sollte sich klar machen, dass es nie einzig die anderen sind, die Böses tun und gegen die eine Verteidigung angesagt sein kann. Nur der zuvor besprochene Narzisst wird dies annehmen. Die Kriege sind eine Folge der narzisstischen Attitüde, die glaubt, dass das Böse immer nur bei anderen zu finden sei.

Wer sich zurücknehmen kann, reflektieren, Abstand gewinnen und durchzuatmen versteht, wird in der edlen Haltung der Selbsterkenntnis gewahren, dass er vom anderen kaum verschieden ist, dass also eine Rede von Schuld und Kampf einer Selbstbezichtigung und Selbstbekämpfung gleich kommt. Er wird die Größe besitzen oder sich dahin entwickeln wollen, sich nicht selbst die Schuld zu geben, sondern sich im Boot mit dem Gegenüber spüren und sehen, dass etwas anderes vonnöten ist, als ein Kampf und Krieg. Dass also eine neue Weise miteinander zu sprechen, zuzuhören und zu entscheiden vonnöten ist, die es erforderlich macht, dass der Narzissmus überwunden wurde.

311

Vom Bücherlesen

Wenn der moderne Mensch aufhören sollte Bücher zu lesen, weil er glaubt, durch das Eintauchen in die sozialen Medien mit seinem Kommunikationsbedürfnis genug gesättigt worden zu sein, verlieren diese Menschen die Stille und Ruhe mit einem vertrauensvollen Buch, das auf mehr als nur ein paar Sätzen eine Thematik und eine Rührung vermitteln möchte. Wenn der moderne Mensch sich also einer Rührung verschließt, die ein gutes und interessantes Buch vermitteln können, wird er dumpf und trübe werden und seine Empfindsamkeit für die stillen und feinen Dinge und Sinngebungen des

Lebens werden verloren gehen oder nicht angeregt. Die Schnelllebigkeit der Internetmedien, die kurzen Beiträge, das eigentümliche Darstellungsverhalten der Menschen, deren Wille anderen das Beste an Ratschlag und Unterstützung zu kommen zu lassen, wird vergessen, dass die meisten davon selbst noch den Bedarf in sich tragen, angerührt und mitgenommen werden zu wollen. Die Internetmedien scheinen dies nicht in dem qualitativen Maße leisten zu können, wie ein gutes und interessantes Buch das kann.

312

Das andere Lied der Welt

Sie forderten einen Philosophen auf, erfolgreicher zu sein, damit sie ihn steuerlich anerkennen konnten. Aber der Philosoph meinte, dass sein Erfolg nicht allein an ihm hinge, sondern auch an der Gesellschaft und ihrem Interesse für die Themen, Fragen und Gedanken, die er äußerte.

Aber sie sagten ihm, dass dies sie nicht interessiere, denn er müsse, um steuerlich berücksichtigt werden zu können, mehr Einnahmen generieren als Ausgaben, sonst wäre es nur eine Freizeitbeschäftigung und er nicht als ernsthaft, gewinnorientiert und unternehmerisch einzustufen. Seine Tätigkeit würde dann als „Liebhaberei" eingestuft werden, was ein anderer Ausdruck dafür sei, nicht ernsthaft an Einkommen interessiert zu sein. Was wiederum ein Ausdruck dafür sein kann, insgesamt als nicht ernsthaft verstanden zu werden.

Der Philosoph meinte aber zurück, dass sein Denken, Schreiben, Reden und Tun sehr wohl ernsthaft seien, dass aber er sich nicht nach den Gepflogenheiten der Gesellschaft richten könne, da diese in einer erwiesenermaßen misslichen Lage sei, bedenke man die Gegenwart und Geschichte der Kriege, der Unruhen, der Gewalt und der revoltierenden Forderungen von Gerechtigkeit, die allesamt wiederum nur Kriege, Unruhen, Gewalt und Forderungen beinhalten, die letztlich doch nicht die Gerechtigkeit erreichen, die sie suchten und die mit Schuldbezichtigungen, Verleumdungen, Lügen und Erfindungen einhergingen und mit sich brächten. Und in keinen solcher Fälle mit Wahrhaftigkeit und einem ernsten Interesse an Aufrichtigkeit zur Wahrheit verbunden sei, wie bei ihm selbst

Denn dem Hintergrunde und diesem unsäglichen Geschehen zugrunde liegenden Realitäten und Wirklichkeit widme er sich in seinem Denken, Schreiben, Reden und Handeln. Wenn aber nun die Gesellschaft an ihren Grundlagen kein Interesse zeige, wäre es nicht die Schuld des Philosophen, wenn dieser mit seinem Denken, Schreiben, Reden und Handeln kaum Erfolg erziele und kaum Umsätze generiere, sondern sei der Nachlässigkeit und dem Desinteresse der Gesellschaft anzuschreiben, die damit dem Philosophen gar nicht die Chance gäben, auf ein erträgliches Einkommen zu gelangen und ein Umsatzgeschehen zu erzeugen, dass die Steuerbehörden zufrieden stellte.

Er könne also unter keinen Umständen diese Wertung über ihn akzeptieren, er sei nicht ernsthaft genug darin interessiert Umsätze zu erzielen und weise die Wertung zurück, nicht ernsthaft genug seine Tätigkeit zu verfolgen. Diese Umstände seien ja bereits der Ausdruck dessen, was er beleuchtete und was er nicht akzeptiere. Wenn also nun die Gesellschaft kein Interesse an ihren eigenen gedanklichen Grundlagen und Hintergründen besäße, könne es unmöglich zu einem Nachteil für den Philosophen kommen dürfen, denn wo ein Desinteresse an Wahrheit nicht angeschaut werden will, darf das daraus folgende reale Geschehen für den Philosophen und seine unzureichenden Umsätze, nicht ihm und anderen, die dasselbe tun, unbesehen und unkritisch zum Nachteil werden. Zumindest in einer wahrhaftigen Gesellschaft. Und von dieser ginge der Philosoph aus.

Und er fragte sie, ob er denn für die Wahrheit ins Fernsehen gehen sollte, dort in die Werbung, täglich. Oder auf den Markt, wie der Philosoph Sokrates, dem dies mit der Zeit zum Verhängnis wurde und eine Mehrheit von Athener Bürgern ihn zum Tode durch den Schierlingsbecher verurteilte. Und ob er auch so die Wahrheit anpreisen sollte, wie man es dort auf dem Markt pflegte: „Fünf Stück Wahrheitssätze, heute besonders günstig, kauft meine Wahrheitssätze, heute fünf für drei." Sollten sie ihn also zwingen wollen die Wahrheit zu verkaufen, seine Wahrheit, damit sie sagen könnten: „Ja, das ist ein ernsthafter Philosoph, der strengt sich nach den bestehenden Gesetzen an, ihn wollen wir steuerlich anerkennen und als ernsthaft bezeichnen."

Sollte man ihn also zwingen wollen Wahrheiten anzupreisen, wie billiges Toilettenpapier? Wobei er zu bedenken gab, dass diese Methode bei Früchten, Pflanzen, Gurken und eben Toilettenpapier funktioniere, aber nicht beim Thema Wahrheit, da doch die meisten Menschen glaubten, die Wahrheit schon zu besitzen und sie glaubten, sie nicht mehr zu benötigen.

Wie sollte er sich also verhalten? Sollte er auf die Suche nach Wahrheit verzichten und auch so tun, wie der aller größte Teil der Menschen, als besäße er sie schon und sich daher nicht mehr um sie kümmern, wie sie es taten? War es das, was sie von ihm wollten, wenn sie ihn steuerlich nicht anerkannten und ihm die Ernsthaftigkeit absprachen, mit der er seiner Beschäftigung nachging?

Es erschiene ihm gerade umgekehrt: Nämlich, weil die meisten Menschen glaubten, die Wahrheit schon zu besitzen, seien sie als nicht ernsthaft zu bezeichnen. Und sollten daher im Weiteren, die aus dieser Nicht-Ernsthaftigkeit folgenden Gesetze ernst zu nehmen sein? Oder vielmehr korrigiert werden müssen? Denn, wie kann aus etwas Nicht-Ernsthaftem etwas Ernsthaftes werden? Das ist widersinnig und nicht vorstellbar. Daher müssen die Gesetze korrigiert werden und die Anstrengungen der ernsthaften Philosophen, die nachweislich Bücher schreiben, steuerlich berücksichtigt werden. Oder etwa nicht?

Ja, das war seine ernsthafte Ansicht. Doch die Gesetze sangen von einem anderen Lied. Und dieses Lied sang nicht nur davon, die Wahrheit schon zu besitzen, sondern indirekt auch von der Vernachlässigung der Wahrheit, denn sie kümmerten sich nicht um sie. Denn wenn sie sich um sie kümmern würden, würden sie schon festgestellt haben können, dass die Wahrheit nicht nur zu suchen, sondern die Suche nach ihr auch zu schützen und zu verteidigen ist und obendrein zu fördern, da Wahrheit sehr oft angegriffen wird, wenn sie gefunden wird. Oder sie wird nicht geglaubt und wenn sie geglaubt wird, dann wird sie kaum richtig verstanden. Wieso förderten die Steuerbehörden also nicht die ernsthaften Belange des Philosophen, wie er es eben dargelegt hatte?

Doch das schienen sie noch nicht richtig verstanden zu haben, da sie dem Philosophen Vorschriften machen wollten, wie er sich zu verhalten habe, um als ernsthaft von ihnen anerkannt werden zu können. Da sie ihm aber Vorschriften machten und Bedingungen setzten, die dazu führen würden, dass er die Wahrheit verkaufen müsste, anstatt einfach aufrichtig zu kommunizieren und mit anderen sie zu entdecken suchen, zeigten sie damit ihre Nicht-Ernsthaftigkeit und Nachlässigkeit der Wahrheit gegenüber.

Und dies sang das Lied der Welt. Dies zeigten ihre schrägen Töne des Streits und Kampfes, der Unruhen und Kriege, des Jammerns und der Klagen – und ihre eitle Macht des unernsten Gesetzes bezüglich der Wahrheit. Doch daran litten sie schon lange verzweifelt und konnten noch keinen dauerhaften Frieden finden.

Der Philosoph ließ sich nicht beirren und suchte weiter Wahrheit und Fakten, Vertrauen und Aufrichtigkeit, Selbsterkenntnis und Wahrhaftigkeit. Hier war jeden Augenblick etwas zu tun, auch dann, wenn er am Abend, nach der Pflicht des Tages, in seinem Zuhause saß und friedlich dem gesamten Kósmos lauschte.

313
Gezielt und personifiziert

Denn irrationalen Politikern der AfD darf unter keinen Umständen Zugeständnis zu irgendwas gemacht werden, was sie vorbringen. Deren Haltung muss unter allen Umständen stets negiert werden, stets entmutigt werden, stets verurteilt werden. Wer das irrationale Verwirrspiel dieser Zeitgenossen nicht begreift, wird ihren Narrativ übernehmen. Und das ist unter allen Umständen zu vermeiden.

Gelingt es nicht die AfD so Schach-Matt zu setzen, wird es übergesetzliche Handlungen geben können, die diesem irrationalen Teufelsspiel mit Gewalt ein Ende setzen werden. Gezielt und personifiziert. Das wird so kommen können.

314
Eine Erfahrung mit den Vergewaltigern
der Philosophie und Politik

In einem sozialen Medium fand ein Beitrag gefallen, der die gegenwärtige Regierung kritisierte und damit der faschistoiden Partei rechts von Rechts des politisch-demokratischen Spektrums Zulauf zu bescheren drohte. Ich schrieb folgenden Kommentar:

„Die Interpretation, dass das Handeln der Regierung ein Grund für den Erfolg der AfD sei, ist ein AfD-Narrativ. Und sollte vermieden werden. Es ist tunlichst das Vertrauen in die Regierung nicht im Stile der AfD zu untergraben. Das ist jetzt besonders wichtig. Hier muss man dem Handeln der Regierung Vertrauen schenken und nicht auf das AfD-Narrativ hereinfallen. Alles was die AfD vorbringt *ist* zu negieren(!), diese Partei darf unter keinen Umständen ihr irrationales Spiel gewinnen. Keinen argumentativen Raum für deren Gesinnung, kein Zugeständnis für irgendwas, was sie vorbringen. Daher sind Abstriche bei der Bewertung der Performance der Regierung zu unterlassen. Tun Sie es!"

Ein Herr schrieb zurück, dass dies „schön geschriebene Träumer Worte" seien und dass aber die Politik „nicht erst seit der gegenwärtigen Regierung dafür sorge, dass das Land gesellschaftlich und wirtschaftlich zugrunde gehe", sondern schon „seit Kohl" (ab 1982). Ich schrieb wiederum das Folgende zurück:

„Aha, jetzt zeigen Sie also, dass es Ihnen grundsätzlich um die falsche Politik der letzten 40 Jahre geht. Wenn das nicht der Populisten erstes und letztes Narrativ ist um diese Demokratie zu Grabe zu tragen? Ich fürchte nicht, dass Sie die Aufklärung falsch verstanden haben,[12] aber Sie sollten die Demokraten fürchten, dass Sie Ihnen bis aufs Blut zeigen und erklären werden, was Aufklärung und Demokratie an selbst geschulter Mündigkeit zu bieten haben."

Er reagierte damit, dass er meinte, es sei keine faktenbasierte Diskussion mit mir möglich und dies sei ja der Ton der Zeit mit der Nazikeule und der Populistenschelte die Diskussionen zu vergiften und dass er die AfD auch nicht mag und die Populisten ebenso. Darauf schrieb ich den letzten kurzen Kommentar:

„Wenn das so ist, wie Sie sagen, dann erkennen Sie noch nicht, dass Sie den Populisten und der AfD Zulauf bescheren."

315

In Ergänzung zu Immanuel Kants Satz aus „Was ist Aufklärung?"

Aufklärung ist der Beginn und die kontinuierliche Fortsetzung einer sich selbst schulenden Mündigkeit, die ebenso kontinuierlich der selbstverschuldeten Unmündigkeit zu entgehen sucht, indem sie auf wirklich Eigenes zurück findet und die Phrasen und Zitate anderer überwiegend hinter sich gelassen hat, durch Transzendenz und Einsicht in die Erkenntnis des Zeit umfassenden Augenblicks der Stille und des Friedens von Wahrheit in Wahrhaftigkeit.

Diese Person und innere Haltung wird sich also keine Phrasen und Zitate anderer auf die Fahnen schreiben (müssen), sondern durch authentisch eigenmächtiges Denken zu menschlichen und ausgewogenen Worten, Beschreibungen, Handlungen und Entscheidungen finden. Dass dies nur unter einer demokratischen Welt gelingen kann ist ihm offensichtlich. Dabei ist es weniger wichtig zu wissen, ob er oder sie sich politisch, gesellschaftlich, kulturell oder philosophisch engagieren. Die demokratische Grundlage ist die unabdingbare Basis, dass der damit verbundene freie Geist der Menschlichkeit gedeihen kann und eine sich selbst schulende Mündigkeit möglich sind und gefahrlos verwirklicht werden können.

Die Einverleibung von Phrasen und Zitaten anderer und deren Fahnen schwenkende dreiste Selbstbewusstheit, werden von der sich selbst schulenden Mündigkeit erkannt werden können und damit entlarvt werden. Die sich selbst schulende Mündigkeit ist zudem mit einer Demut vor der Geschichte und Gegenwart verbunden und kein rein geistig wirkendes und zu erkennendes Gut und Weise einer Person oder inneren Haltung. Denn die damit verbundene Herzenswärme und Seelentiefe, werden sich nicht in Treuseligkeit oder Weichheit äußern, sondern durch die gerade Linie des empathisch-rationalen Narrativ der Suche nach Wahrheit und Wahrhaftigkeit, Erkenntnis und Verstehen. Dies bedeutet auch eine Verteidigung der Demokratie und eine Arbeit hin zur Erhöhung der Güte der demokratischen Gesprächskultur.

Was dagegen die selbstverschuldete Unmündigkeit tut, dessen wird sich die sich selbst schulende Mündigkeit widmen und nicht nur die Leidenschaft des Fragens, Zuhörens, Antwortens und In-der-Schwebehaltens praktizieren, sondern auch sich dem Gegenwind widmen, die er und sie den antidemokratischen Gesinnungen und resignativen, revoltierenden, revolutionären und destruktiven Denkweisen und Andeutungen zuführen wird, die der Würde des Menschen abträglich sind und die demokratische Basis zu zerrütten suchen.

Die Konstruktivität und Menschlichkeit, das Interesse an Erkenntnis und Wahrheit, die aufrichtige Suche zwischen Stille und Wort, das Fragen und Schauen, was wirklich ist, sind die führenden inneren Haltungen der sich selbst schulenden Mündigkeit. Doch da ihr die Worte nie völlig genügen, wird die sich selbst schulende Mündigkeit dem eben Genannten Fragen entgegen bringen wollen und daher in der Haltung der sich selbst schulenden Mündigkeit nach einem eigenen Verständnis des Gesagten suchen und sich dabei bewusst sein, dass es sich beim Eigenen nicht um beliebige oder willkürliche Ausformulierungen von eigenem Denken handelt. Sondern um eine echte, innerliche Wahrhaftigkeit der Suche nach Erkenntnis und Vertrauen.

Fragen sind ihr daher unabdingbar, denn über das Fragen finden Öffnungen statt, die das Vertrauen und die Freiheit erst ermöglichen, die den Frieden und damit die Liebe erst ermöglichen sich entfalten zu können, da dies nicht voneinander zu trennen ist und sich gegenseitig bedingt und befruchtet.

Wer die Früchte der Aufklärung nicht nur genießen möchte, sondern sie unterstützen möchte, sie erst einmal zu säen, sowie dabei helfen möchte zu wachsen und zu gedeihen, kommt um die sich selbst schulende Mündigkeit nicht herum. Und wer den Frieden und die Liebe in der Welt sehen möchte und an der allmählich zunehmenden Gerechtigkeit mitarbeiten möchte, der kann in der sich selbst schulenden Mündigkeit zu einer inneren Haltung der Geradheit, Aufrichtigkeit und Entschiedenheit finden, die so wertvoll nicht nur für sein persönliches Glück ist, sondern für das Glück der ganzen Menschheit.

Und diese ganze Menschheit wird der Prüfstein sein für solche, die sich die Aufklärung lediglich auf die Fahnen geschrieben haben werden. Denn es ist zu beobachten, dass solche Leute die Haltung einer globalen Perspektive verneinen und sogar bekämpfen, die also zu noch keiner ausgewogenen Erkenntnis und Fragebewältigung zwischen lokalen, nationalen Bedürfnissen, einerseits, und globalen, internationalen Notwendigkeiten und Bedürfnissen, andererseits, gefunden haben. Aber die sich selbst schulende Mündigkeit wird hier die Erkenntnis verstanden haben, was eine moderne Entwicklung benötigt und wo zwischen den Polen der lokalen-globalen, sowie nationalen-internationalen Anliegen zu arbeiten ist und welche vielschichtigen und komplexen Zusammenhänge dabei zu berücksichtigen sind.

Die selbstverschuldete Unmündigkeit wird den einfachen Weg anpreisen und die Phrasen einverleiben und zu übernehmen tendieren, die sich eine sich selbst schulende Mündigkeit erarbeitet haben wird und in wahrhaftige Erfahrung und Erkenntnis hat bringen können.

Es ist daher ein dauerndes Unterfangen damit verwoben und eine Aufrichtigkeit vonnöten, die der kontinuierlichen Suche nach dem wirklich Sinnigen nicht vorzeitig den Abbruch beschert. Denn die Bescherung eines Endes des Fragens, die eine Suche auszeichnet, ist der Beginn der selbstverschuldeten Unmündigkeit. Eine sich selbst schulende Mündigkeit wird die Fragen suchen, die es benötigt, um Vertrauen und Gerechtigkeit, Frieden und Freiheit, sich entwickelnd in die Welten zu bringen, um dort daran zu arbeiten, sie konstruktiv weiter zu entwickeln.

Was also ist Wahrheit? Was Freiheit? Was heißt Wirklichkeit? Wo sind Fakten Fakten? Und wo und warum werden Fakten auf welche Weise erfunden, geleugnet, ignoriert und verachtet?

Wann ist der Mensch zufrieden? Und wieso ist er unzufrieden? Welches ist der Friede nach dem er und sie suchen?

Welches ist die Beziehung zwischen Schuld und Macht? Wo wird die Beschuldigung anderer zu einer Machtfrage? Und wie wird das Prinzip Schuld missbraucht? Wo und wann beginnt die Schuld Schuld zu sein? Und wo und wann ist Schuld einem Unwissen und einer Bedürftigkeit zu hassen verbunden?

Wo und wann ist der Mensch schwach? Und wie kann er stark werden? Was heißt Größe? Was heißt Wille? Worin liegen seine Kleinheit und Größe miteinander in Beziehung? Und was bedeutet das für die Schuld?

Wo findet das Prinzip und die Erkenntnis des Weder-noch, des Sowohl-als-auch und des Entweder-oder ihre Anwendung? Und wie werden diese Prinzipien missbraucht, um die Demokratie, die Freiheit, das Vertrauen und die Liebe zu zerrütten?

Wo, wann und warum täuscht sich der Mensch und greift zum gewalttätigen Prinzip der Schuld?

Diese Fragen ließen sich leicht fortsetzen. Wer mag sie zu beantworten suchen? Daran wird sich messen, wer bequem und selbstverliebt in der selbstverschuldeten Unmündigkeit ruht – oder wer sich schon aufgemacht hat die sich selbst schulende Mündigkeit zu ergründen.

Denn die kontinuierliche Suche der sich selbst schulenden Mündigkeit, entspricht nicht lediglich einer Position, sondern einer sich entwickelnden Position der Bewegung zu umfassenderer, gegründeter und verlässlicher Erkenntnis und Wahrheit. Schon aus diesem Grunde wird diese Bewegung der sich selbst schulenden Mündigkeit keine Fahnen, Zitate oder Phrasen vor sich her tragen (wollen), da sie in der gegenwärtigen und augenblicklichen Bewegung von Leben, Geist, Seele und Wahrhaftigkeit ruht. Und dies ist ein Paradox (ein nur scheinbarer Widerspruch), das Paradox der Bewegung in Ruhe und der Ruhe in Aktion, das Paradox der Freiheit in Bedingung und der Stille des Wortes – und das Paradox der Frage in der Antwort und des Friedens in der Welt.

Daher ist die Differenzierung zwischen der selbstverschuldeten Unmündigkeit und der sich selbst schulenden Mündigkeit so wichtig und so dringend geboten. Denn der Frieden in der Welt wird von ihrer Verwirklichung bedingt oder von seiner Vereitelung verhindert sein.

316

Liebe

Wenn ein Mensch liebt, was liebt er oder sie dann? Er oder sie liebt seine Partnerin oder den Partner. Aber was liebt er oder sie dann? Er oder sie liebt eine Beschäftigung. Was liebt sie oder er dann? Er oder sie liebt den Urlaub. Was liebt er und sie dann? Der Mensch liebt ein Wochenende, Freizeit, ein Treffen mit einem Freund oder einer Freundin. Was liebt er dann? Was liebt der Mensch – am Leben? – an der Welt? – im Augenblick? Was macht ihn lieben?

Es könnte sein, dass der Mensch liebt, wenn er sich geliebt fühlt. Wenn der Mensch spürt und sieht, dass der Frieden anwesend ist. Der Mensch liebt also den Frieden, er liebt die Liebe, die darin anwesend ist. Und er liebt die Liebe, wenn er den Frieden spürt, wenn er die Liebe spürt. Das heißt, wenn er in Frieden weilt und die Liebe ist.

Und dies ist aber nicht so leicht zu verstehen, wie es sich gerade anhört. Denn so manche Leute glauben sich gerade in Frieden, sind aber mit ihrem Geist in einer abwertenden Weise auf der Spur den Menschen schlecht zu reden, zu verurteilen, die Welt zu beklagen oder argumentative Kämpfe des

Besserwissen zu führen. Solchen Menschen geht meist nicht auf, dass sie eben gerade nicht in Frieden sind und dass sie daher auch nicht wissen, was Liebe ist und was sie gerade lieben. Würden sie erkennen, dass sie nicht im Frieden sind, würden sie den Unfrieden auf der Stelle beenden. Zwar gibt es Menschen, die bewusst in den Krieg steuern. Aber diese habe ich gerade nicht im Blick. Die Menschen von denen ich gerade spreche, meinen sich im Frieden und sind es nicht, weil sie sich nicht geliebt fühlen und dies nicht erkennen. Sie lassen sich durch die unguten Gefühle lenken und leiten, streiten, zanken und verbal kämpfen. Sie rechten und richten.

Wer dagegen liebt und in Frieden ist, empfindet Erfüllung. Dies ist etwas anderes als Glück. Glück scheint durch Zufall bedingt auch zu sein und kann durch Zufall bedingt sein. Aber Erfüllung? Erfüllung scheint eine geschenkte Gabe zu sein, die einer Gnade gleich kommt. Von innen. Glück dagegen, zumindest, wie das Wort meist gebraucht wird, scheint von außen zu stammen. Erfüllung ist aber auch kein innerliches Glück, denn der Begriff Glück klingt zu weltlich, als dass ich ihn für den Begriff Erfüllung verwenden wollte. Erfüllung ist mehr Gnade, die zu einer Gabe wurde, einer Zugabe zum Leben, zu allem Leid des Lebens und dem Durcheinander und den Aufregungen der weltlichen Wege.

Wer liebt und in Frieden ist, der weiß darum, der kennt seine Gabe, seine gewordene oder angeborene Innerlichkeit, die ihn erfüllt. Dahin wird und muss sich die Menschheit entwickeln. Auf diesem Wege gibt es viel Irrtum an den Dingen, viel Kampf gegen andere und viel Selbsttäuschung. Das ist leider so. Schon lange und derzeit noch. Aber es ändert sich auch in die richtige Richtung, hin zur Liebe, Gerechtigkeit, Freiheit und zum Frieden.

Pass dennoch und gerade daher auf dich auf.

Anmerkungen

Rechtlicher Hinweis

1. (Seite iv) Durch Künstliche Intelligenz (KI) erzeugte Bilder sind frei von Copyright. Bei KI-Technologie handelt es sich nicht um eine copyrightfähige Person, da ihre Funktionsweise auf unlebendigen Algorithmen beruht und sie eine unlebendige, digitale Maschine als Grundlage besitzt. Das Copyright kann nur auf lebende Personen und Schöpfer von absichtsvollen Eigenkreationen angewendet werden. Die Erzeugung eines Bildes mit KI-Technologie gelingt nicht absichtsvoll, eigenständig und schöpferisch, sondern aufgrund der schöpferischen, eigenständigen und absichtsvollen Eingabe einer wortreichen Anweisung durch eine lebende Person. Dieser lebenden Person kann die freie Nutzung der durch KI-Technologie erzeugten Bilder nicht untersagt werden. Die Personen, die für die Programmierung der Algorithmen der KI verantwortlich zeichnen, sind an der konkreten Erzeugung der Auswahl der KI erzeugten Bilder nicht schöpferisch beteiligt, denn sie wissen nicht, was erzeugt werden soll und wie die Worte und Frage dafür lauten. Dies schafft allein die lebende Person, die für die wortreiche Anweisung schöpferisch Verantwortung zeichnet. Zusätzlich erzeugt eine bereits vorhandene, legale und vergütete Lizenz (für eine Produktpalette oder eine Einzellizenz), die eine Nutzung der entsprechenden KI-Technologie beinhaltet, die Möglichkeit für den Lizenznehmer und die lebende Person, schöpferische und absichtsvolle Eigenkreationen zu erstellen, die selbst wieder frei von Copyright sind. Damit wird auch die kommerzielle Nutzung solcher Bilderzeugnisse möglich, da es keinen begrenzenden Grund gibt – außer willkürliche Festlegung und unbegründetes Verbot –, dies nicht zu gestatten. Eine kreativ-schöpferische und freiheitliche Welt wird und darf sich nicht von

willkürlichen Festlegungen und unbegründeten Verboten begrenzen und behindern lassen. Diesem Denken gebührt der Respekt. (Anm. d. Red.)

14 Der haftende Groll

2. (Seite 22) Siehe auch den Kommentar 315 auf Seite 364.

103 Mut, Übermut, Hochmt und Edelmut

3. (Seite 162) Siehe Thomas Klinger. *Menschentiefen. Gedichte.* Mensaion Verlag. 2023.

214 Apropos Leistungsgerechtigkeit

4. (Seite 243) Eine ausführliche Besprechung des Prinzips Leistung und seines modernen Selbstverständnisses habe ich, mit seinem Licht und seinen Schatten, in „Thomas Klinger. *170 Aspekte. Über die Moderne und ihre heilige Kuh.* Mensaion Verlag. 2023" beschrieben. Hierin findet sich auch ein ausführliches Nachwort, dass der vorangegangenen pointierten Sachlichkeit prosaische Tiefe verleiht und dabei einige daraus folgende Anwendungen betrachtet, die es wert sein sollten, besprochen zu werden. Da dieses Buch das Ergebnis eines erkenntnistheoretischen Prozesses ist, wurde darauf hingewiesen, dass die naheliegenden politischen Forderungen für mich als Autor zunächst zweit- oder drittrangig sind. Denn das Grundanliegen erkenntnistheoretischer Betrachtungen liegt im Verständnis des Gesagten und der darin liegenden Wahrheit und Richtigkeit, die sich stets klar darüber ist, dass sie auch irren könnte. Die Frage ist dann immer: worin genau bestünde der Irrtum? Oder: worin läge *kein* Irrtum verborgen?

252 Ein paraphrasierter Satz

5. (Seite 297) In einem sozialen Medium stand der folgende Martin Luther King zugeschriebene Satz: „Nichts auf dieser Welt ist gefährlicher als aufrichtige Ignoranz und gewissenhafte Dummheit."

269 „Deutschland ist dies. Deutschland ist das. Deutschland ist jenes"

6. (Seite 311) *m* = muslimisch.
7. (Seite 311) *j* = jüdisch.

8. (Seite 311) *q* = queer.
9. (Seite 311) *S* = Schwarz.
10. (Seite 311) *b* = behindert.

270 Woran das wohl liegt?

11. (Seite 312) Vielleicht liegt es an der Ungleichverteilung der Gehälter und Löhne, der Einkommen und des Besitz? Und daran, dass das Paradox der *Gleichheit in Verschiedenheit* noch nicht verstanden wurde? Denn entweder sie fördern die Gleichheit (und ignorieren die Verschiedenheit) oder sie fördern die talentierten Individuen, um eine kulturelle „Vielfalt" mit Niveau zu ermöglichen, weil sie glauben damit wirklichen Fortschritt erreichen zu können (und ignorieren, dass sie damit die Ungleichheiten und Ungerechtigkeiten, die Schere zwischen Arm und Reich, noch tiefer zementieren. Und damit die Motivation für Krieg aufrecht erhalten.) Wo die materielle und finanzielle Ungleichheit beseitigt ist – ohne die Anreize für gute und hohe Leistung zu kappen und ohne den Unternehmen Spielraum und Planungssicherheit zu stehlen – wird logischerweise auch die Motivation für Diebstahl, Verbrechen und Krieg beträchtlich sinken. Oder etwa nicht?

314 Eine Erfahrung mit den Vergewaltigern der Philosophie und Politik

12. (Seite 364) Der Herr hatte als Motto und Beschreibung seiner Person das berühmte Zitat des Philosophen Immanuel Kant angeführt: „Aufklärung ist der Ausgang aus der selbstverschuldeten Unmündigkeit".

Alphabetisches Verzeichnis

Impressum

Mensaion Verlag
c/o Block Services
Stuttgarter Str. 106
70736 Fellbach
Deutschland

E-Mail: kontakt@mensaion.de
Internet: https://www.mensaion.de/